만주족의 역사

만주족의 역사
— 변방의 민족에서 청 제국의 건설자가 되다

패멀라 카일 크로슬리 지음 | 양휘웅 옮김

2013년 3월 25일 초판 1쇄 발행
2023년 12월 8일 초판 4쇄 발행

펴낸이 한철희 | 펴낸곳 돌베개 | 등록 1979년 8월 25일 제406-2003-000018호
주소 (10881) 경기도 파주시 회동길 77-20 (문발동)
전화 (031) 955-5020 | 팩스 (031) 955-5050
홈페이지 www.dolbegae.co.kr | 전자우편 book@dolbegae.co.kr
블로그 blog.naver.com/imdol79 | 트위터 @Dolbegae79

책임편집 김진구
표지디자인 디자인비따 | 본문디자인 박정영·이은정
마케팅 심찬식·고운성·조원형 | 제작·관리 윤국중·이수민
인쇄·제본 영신사

ISBN 978-89-7199-531-0 (03910)
이 도서의 국립중앙도서관 출판시도서목록(CIP)은 e-CIP 홈페이지
(http://www.nl.go.kr/ecip)에서 이용하실 수 있습니다.(CIP제어번호: CIP2013001510)

책값은 뒤표지에 있습니다.

만주족의 역사

변방의 민족에서 청 제국의 건설자가 되다

패멀라 카일 크로슬리 지음 | 양휘웅 옮김

돌베
개

이 책을 썼어야 할

고故 조지프 프랜시스 플레처Joseph Francis Fletcher, Jr. 교수에게

서문

이 시리즈*의 저자로서 독자에게 책을 읽는 위험성을 경고하는 것이 평범한 일은 아닌 것 같다. 그러나 이 페이지를 넘겨서 계속 책을 읽을 독자라면 알게 되겠지만, 만주족의 역사와 문화에 대한 최첨단 지식은 너무 빠르게 진부해지고 있어, 사실 일반 대중을 대상으로 만주족의 역사와 문화를 서술하겠다고 자처하고 나서는 일은 위험하다. 대중 속의 어떤 한 사람에게 그 사람이 읽는 내용을 믿게 하려는 것도 마찬가지로 위험하다. 그러나 만주족은 매우 중요하고 어떤 형태로든 오랫동안 우리의 염두에 있었던 주제였기 때문에, 이제는 사실 이에 대한 작업을 착수해야 할 시기이다. 비록 나는 연구의 결과물이 근거 없는 설명은 아니라고 주장하겠지만, 내가 그랬던 것처럼 동료 전문가들 역시 이 책에는 많은 복잡한 논점이 간략하게 설명되어 있다고 느낄 것이다. 비전문가들은 자신이 막혀 있는 것처럼 보이는 세세한 부분들을 헤쳐나가고 있다고 느낄지 모르겠다. 그러나 나는 그들이 그 흔적의 끝에서 분명한 것들을 찾기를 희망한다.

얼핏 보기에는 일반적인 중국사에서 만주족을 구분한다는 것이

---

* 이 시리즈는 원래 아시아의 민족The Peoples of Asia 총서로 기획된 것으로, 현재 만주족과 아프가니스탄 민족, 페르시아 민족, 티베트 민족 등을 다룬 책들이 출간되어 있다.

어렵게 느껴질지도 모른다. 그러나 어쨌든 나는 이 책에 담긴 내용이 결코 중국의 역사는 아니라는 점을 독자들에게 우선적으로 알려야 한다(중국의 역사에 대해서는 지금까지 훌륭한 글들이 많이 발표되어왔다). 이 책의 내용 중 일부가 청 제국의 역사를 다루고 있고, 청 제국의 역사에서 중국은 그 일부였다. 하지만 내가 주장하는 것처럼, 청 제국의 역사는 사실상 동시대 유라시아의 육상제국들, 특히 로마노프 왕조와 오스만 제국 역사와의 비교를 통해 더욱 잘 이해될 것 같다. 그럼에도 불구하고 청 제국은 한 민족(실제로는 여러 민족)의 역사에서 하나의 시기에 불과하며, 우리들 대부분은 실감하고 있는 것보다 그 민족에 관해 훨씬 잘 알고 있다.

이 책을 구상한 것은 내가 아니라 모리스 로사비Morris Rossabi였다. 물론 그의 생각과 내 생각이 약간은 달랐을 것이고, 내가 저지른 오류 중 그 어떤 것도 그와 협의를 거친 것이라고 생각해서는 안 된다. 모리스와 함께 책의 가독성과 기본적인 상식 차원에서 원고를 검토해준 존 데이비John Davey에게도 책임을 물을 수는 없다. 브리짓 리Brigitte Lee, 세라 맥나미Sarah McNamee, 에마 고치Emma Gotch가 책의 제작과정을 진행했고, 그 기간에 피오나 슈얼Fiona Sewell은 어리석은 실수를 놀라울 정도로 많이 잡아주었다. 물론 그녀의 날카로운 눈을 피해간 착오는 여전히 존재할 것이다. 천 위Chen Yu, 엘리자베스 몬Elizabeth Mawn, 게리 얀Gary Jan, 낸시 토스Nancy Toth가 최종 원고를 준비하는 데 필요한 지루한 일들을 도와주었다. 나는 그들이 최종 결과물에 만족하기를 바란다.

이것은 개인적인 위기를 겪으면서 완성된—완성되었다고 한다면—소규모 프로젝트의 일환이었다. 다른 경우, 다른 형태에서와 마찬가지로, 이 책을 저술하는 과정에서도 일이 잘 진행될 수 있도록 물심양면으로 도움을 주신 모든 분의 이름을 거명하기에는 내게 허락된 지면이 충분치 않다. 그러나 최소한 다음의 몇 분은 언급해야겠다. 릴리언 리Lillian M. Li, 마거릿 헤니건 블룸Margaret Hennigan Bloom과 알프레드 블룸 3세A.H.B. III 부부, 일랭 로스먼Yeeleng Rothman과 조슈아 로스먼Joshua Rothman 부부, 파에 마엔 응Fae Myenne Ng, 수전 나퀸Susan Naquin, 캔디스 하우프Kandice Hauf, 오다일 후라니Odile Hourani, 폴라 해리스Paula Harris, 에벌린 로스키Evelyn Rawski, 조애나 웨일리-코헨Joanna Waley-Cohen, 조너선 스펜스Jonathan D. Spence, 찰스 우드Charles Wood와 수전 우드Susan Wood 부부, 수전 블레이더Susan Blader, 얀 펑Yan Peng, 그리고 내가 'P. N.'과 'G. B.'라고만 표기해야 하는 두 사람에게 감사한다. 나는 수전 레이놀즈Susan Reynolds에게 매우 큰 신세를 지고 있고, 그 신세의 일부는 1995년에 라 베르주리La Bergerie에 묵었던 그녀의 손님들에게도 졌다. 그들은 내게 많은 친절을 베풀어주었고, 그들 덕분에 일반적으로 생각하는 '휴가'의 의미를 되새기게 되었다.* 감각보다는 인내를 보여줌으로써 나를 도와준 숀 웨이클리Sean Wakeley, 베스 웰치Beth Welch, 존 데이비, 실라 러빈Sheila Levine 등 여러 출판사의 편집자들을 잊지 않고 있다.

다트머스대학교의 많은 친구와 동료들도 의무감 이상의 개인적·전문적 도움을 주었다. 모든 것을 가능하게 한 게일 버나자Gail Vernazaa와 토머스 버나자Thomas Vernazaa 부부를 비롯하여, 메리사 나바로

---

* 라 베르주리는 프랑스 남부에 있는 개인 농장이다. 지은이는 휴가 기간에 이곳에 머물면서 이 책의 교열 작업을 마무리했다고 한다. 휴가를 즐기고 있는 다른 숙박객과 달리 지은이는 홀로 책의 교열을 마무리하면서 '휴가'의 의미를 되새겨보았다고 한다. 이 내용에 대해 상세한 설명을 해준 지은이에게 감사를 표한다.

Marysa Navarro, 진 가스웨이트Gene Garthwaite, 메리 켈리Mary Kelley, 제임스 라이트James Wright와 수전 라이트Susan Wright 부부, 파펀 시서바디Aphanh Sithavady, 존 홀브룩Jon M. Holbrook이 이 책에 분명하게 기여를 한 분들이다.

마지막으로 집에 있든 타지에 있든 심란한 마음을 달래주고 이런저런 요구를 들어주고 긴급 상황의 대처요령에 있어 나를 지원해주었으며 다양한 친절을 베풀어준 데 대해 신비스러운 케드론 밸리Kedron Valley와 그 주변에 사시는 여러분들, 그중에서도 몇 분만 꼽자면 데버러 도너휴Deborah Donahue, 콘스턴스 다우스Constance Dowse, 폴 켄들 Paul Kendall, 칩 켄들Chip Kendall, 애나 애벗Annah Abbott, 샬린 셰퍼드 Charlene A. Shepard에게 감사한다. 그리고 자신들이 이 책을 쓰는 데 도움이 되었다는 점을 이해할 수도 없고, 결코 책을 읽지도 않을 것이며, 이 책의 존재에 전혀 관심이 없는, 그리고 이 책을 선물한다면 후다닥 달아날 가장 특별한 두 사람, 에이샤Aisha와 로지Rosie도 고맙게 생각한다.

한국어판 서문

마침내 『만주족의 역사』가 한국어로 번역되어 정말 기쁘다. 아래에서 설명하겠지만, 만주족과 청 제국 간 그리고 다른 한편으로 만주족과 조선 간의 관계는 복잡하다. 그러한 관계들은 청대에 이미 그 가치가 인식되었고, 오늘날에는 더욱 분명하게 인식되고 있다. 게다가 출간된 지 10년 이상이 지난 이 책은 증보가 필요한 시점이었다. 따라서 이번 한국어 번역은 단순히 한국 독자들에게 이 책을 소개할 기회일 뿐만 아니라, 새롭게 추가된 참고문헌을 통해 1997년 이후 만주족 연구의 주요 성과가 축적되고 반영된 책을 독자들에게 전달할 수 있는 기회이기도 하다.

　더욱 고무적인 것은 운 좋게도 이 책의 번역자가 영어와 중국어로 쓴 중국 역사 분야의 책을 한국어로 옮기는 데 매우 훌륭한 역량을 갖춘 양휘웅 씨라는 점이다. 그의 노력 덕분으로 이 책의 내용은 번역에 앞서 꼼꼼하게 검토되었고, 그 결과 많은 오류가 발견되었다. 이것은 이번 한국어판이 이 책의 가장 권위 있는 판본이며 언젠가 새롭게 나오게 될 영어판의 기초가 될 것임을 의미한다.

　1783년 수십 년간의 연구와 저술 끝에 청조의 건륭제乾隆帝는 『만주원류고』滿洲源流考의 출판을 후원했다. 건륭제는 그 책에 직접 서문을 썼다. 그가 언급한 많은 주제 중에는 동북아시아 문명의 출현과정에 나타난 초기 한반도의 중요성에 관한 내용도 있었다. 건륭제의 관점에서 볼 때, 한국의 역사에서 삼한三韓 시대는 동북아시아에 정치적 유산을 남겼다. 그는 그러한 유산의 발전에 공헌한 부여夫餘, 발해渤海 등 삼한 이후의 한국 문화와 한국 민족의 역할에 대해서도 계속해서 논의했다. 그는 언어, 왕권의 전통, 종교적 관습에서 만주족과 한국 민족의 친족관계는 분명하다고 주장했다.

건륭제는 동북아시아가 독특한 역사와 문명을 가졌으며, 청 제국이 그런 역사와 문명의 결과물이라고 주장했다. 그것은 청조가 중국 문명에 종속될 필요가 있다고 느끼지 않은 이유 중의 하나였다. 건륭제는 동북아시아 문명, 중국 문명, 몽골과 티베트 문명, 그리고 마지막으로 중앙아시아의 유목적인 튀르크 문명이 모두 청 제국 안에서 공존할 수 있다고 주장했다. 그의 이상에 영감을 불어넣은 것 중 일부는, 어떤 영속적인 문화적·정치적 영향력이 동북아시아 문명을 형성하고 있다고 그가 이해한 데서 비롯되었다.

그러니까 조선의 학자들이 여러모로 청조학淸朝學의 연구에 중요했다는 점은 적합한 말이다. 우선 『조선왕조실록』朝鮮王朝實錄과 『용비어천가』龍飛御天歌와 같은 총서에는, 건주여진에서 시작된 가장 초기 형태의 만주족 국가의 기원에 대하여 추가적이고 때로는 대안적인 관점을 제시하고 있다. 『용비어천가』는 1975년 이후 피터 리Peter Lee(한국명 이학수)의 영어 번역이 활용되고 있다.*

이 두 총서 외에도 중국 측 학자들은 물론, 개개인의 조선 학자들

---

* Peter Lee, *Songs of flying dragons: a critical reading* (Cambridge, Mass.: Harvard University Press, 1975).

도 명조에 대해서는 조천록朝天錄, 청조에 대해서는 연행록燕行錄의 형태로 자료를 제공했다. 가장 유명한 저작인 박지원朴趾源의 『열하일기』熱河日記를 비롯한 자료들을 통해 우리는 중화제국 근세사의 여러 양상을 이해할 수 있다. 이런 자료들이 없었더라면 우리는 이런 부분을 좀 더 깊이 이해할 수 없었을 것이다. 이 자료들은 우리에게 일상의 소소한 것들, 이를테면 거리를 걸은 일, 물건을 산 일, 끼니를 때운 일, 청조에 입조入朝한 일, 편안한 숙소에 머무른 일, 끼니 비용을 처리한 일, 그리고 날씨를 비롯한 청대 실생활의 수많은 양상을 말해준다. 이처럼 숨겨진 청조의 정치와 풍취의 여러 양상을 보여주는 기록들에서 우리는 여러 가지 암시를 얻는다.

　물론 청조에 관해 새로운 것 한 가지를 알게 되면, 우리는 조선 자체에 대해서도 배운다. 사행단 일행은 조선의 사회적 관습에 의해 통제되었고, 중국 여행에 대한 기대감에 대해서도 솔직했으며, 조선으로 피난하여 청조에 저항한 한족 반란군의 전통을 기록했다. 이들 한족의 후예들은 오늘날에도 한국에 살고 있다. 물론 이 사행단으로 파견된 조선의 관료들과 그 조력자들은 동북아시아 전통에 대한 건륭제의 관점에 동조하지 않았다. 그들은 조선으로 돌아온 과거의 동료들과 마찬가지로, 대부분 명조에 동정적이었고 청조에 대해서는 회의적이었다. 그러나 이것은 역사 기록을 더욱 복잡하고 거칠게 만들 뿐이다.

　오늘날 우리가 알고 있는 사실은 한반도와 동북아시아의 나머지 지역 사이에 지속적인 언어적·문화적 연계가 있었음을 더욱 분명하게 보여준다. 그러나 연행록의 작자들은 설령 이를 알았다 하더라도 관심을 가지지는 않은 것 같다. 그들은 명조가 국가를 뛰어넘는 윤리적 이상의 전형적인 예라고 생각했고, 그래서 여전히 명조에 충성했기 때문이다. 이런 귀중한 자료를 오늘날 우리 학생들이 접할 수 있는 것은 청대사를 연구하는 수많은 한국의 학자들 덕택이다.

해외의 학자들은 한국인 개척자들로부터 더욱 구체적인 신세를 지고 있다. 나는 대학원생 시절 일리노이 대학교University of Illinois at Urbana-Champaign에서 1981년에 중국사 전공으로 박사학위를 취득한 'Kaye Soon Im'의 박사논문을 읽은 적이 있다. 그 논문의 제목은 「청대(1644~1911) 팔기주방八旗駐防의 성장과 쇠퇴: 광주廣州, 항주杭州, 형주荊州 주방의 연구」The Rise and Decline of the Eight Banner Garrisons in the Ch'ing Period(1644~1911): A Study of Kuang-chou, Hang-chou, and Ching-chou Garrisons였다. 이 논문의 저자는 바로 한양대학교 사학과의 교수로 재직했던 임계순任桂淳 선생이다. 그녀의 박사논문은 후일 중국어로 번역되었고,* 그 책은 임계순 교수가 청대사, 사료편찬학, 청과 조선의 관계, 중국에 대한 조선의 태도, 한국인의 정체성에 관해 쓴 여러 훌륭한 출판물들 중 첫 번째 작품이었다.

오늘날 한국의 주요한 대학에는 모두 청대사 및 조청朝淸 관계에 관한 저명한 전문가가 포진하고 있지만, 임 교수는 미국의 청대사 연구가 새로운 국면에 진입하는 데 핵심적인 역할을 했다. 팔기주방에 대한 그녀의 논문 덕택에 나는 내 논문에서 항주의 수완 구왈기야 Suwan Gûwalgiya 종족의 주방생활을 더욱 면밀하게 검토할 생각을 하게 되었다. 지난 30년 동안 미국에서 등장한, 청조와 팔기제도의 연구 전문가들은 임 교수의 작업에 큰 신세를 졌다. 이러한 이유로 나는 다

---

* 任桂淳, 『淸朝八旗駐防興衰史』(北京: 三聯書店, 1993).

른 무엇보다도 이 책의 한국어판이 번역·출간됨으로써 만주족 연구
가 다시 제자리로 돌아온 것이라고 생각한다.

미국 버몬트 주 노위치에서
2012년 1월 15일
패멀라 카일 크로슬리

일러두기

• 1번 이외의 항목은 한국어판에서 옮긴이가 추가한 것이다.

1. 이 책은 만주학, 중국학, 몽골학의 전문가가 아닌 사람들을 대상으로 쓰여졌다. 하지만 모든 독자에게 표기법과 형식에 관한 다음의 사항을 언급해야겠다. 대부분의 중국어 인명과 용어는 1979년 이후에 출간된 많은 영어권 출판물의 관례에 따라 병음拼音 방식으로 표기한다. 그러나 'Genghis Khan'(칭기즈 칸), 'Peking'(북경) 등 독자들에게 익숙한 단어와 용어는 익숙한 형태로 표기한다.*

재위 기간과 그 기간을 통치한 각각의 황제에 관해서는 가능한 한 구분할 수 있게 표기했다. 나는 독자들이 황제 개인의 이름을 알아야 하는 수고를 덜어주었지만(부록I에서는 다른 책과의 대조를 위해 예외를 두었음), 군주를 언급할 때에는 강희연간(1662~1722)의 황제를 의미하는 'the Kangxi emperor'(강희제)와 같은 방식으로 언급했다. 많은 출판물에서 이 황제를 'Kangxi' 내지 'K'ang-hsi'라고만 언급함으로써 '강희'가 마치 개인의 이름인 것으로 착각하게 만들었음을 독자들은 알 수 있다(강희제의 실제 이름은 현엽玄燁이다). 내가 보기에 이러한 관례는 청조(및 그 이전 왕조의) 당시 군주의 정체성이라는 매우 중요한 측면을 애매하게 만드는 것이며, 원전 기록의 표현 용례와도 심각하게 어긋난다. 이것이 내가 흔쾌히 기존의 일반적인 용례를 사용하지 않

---

* 한국어판에서는 한족의 인명과 지명을 우리말 한자음으로 표기하고, 만주족 등의 인명에 대해서는 가급적 원서의 표기에 따르되 만주족이라도 저자가 중국식 한어 병음으로 읽은 경우는 한자음으로 표기한다. 일러두기 5번, 6번 참조.

고 변화를 선호한 한 가지 이유이다. 또 한 가지는 보통 'Taiping Rebellion' (태평천국의 난)으로 부르는 것으로, 이 말은 엄청나게 컸던 백성들의 소요를 축소시키는 느낌이다. 따라서 이 사건을 나는 'Taiping War'(태평천국전쟁)이라고 언급했다. 내게는 이것이 더욱 극명하고 정확한 묘사로 느껴진다.

2. 원서의 내용과 다르게 번역한 일부 사료와 내용은 지은이와의 협의를 거쳐 원서의 오류 또는 오탈자를 수정하여 반영한 것이다.

3. 지은이의 주는 숫자로 표시하여 책 말미에, 옮긴이의 주는 *로 표시하여 페이지 하단에 배치했다.

4. 중국의 인명과 지명은 대부분 우리말 한자음으로 표기했지만, 우리에게 중국 현지음으로 더 잘 알려진 이름은 부득이하게 중국어 표기법에 따랐다. 예) 하얼빈, 치치하얼

5. 만주족의 이름은 되도록 만주어 발음대로 음역하고, 로마자를 병기했다. 아울러 가능한 경우 독자의 혼동을 줄이기 위해 해당 만주족 인물의 중국식 한자 표기도 병기했다. 예) 오보이Oboi(鰲拜), 더시쿠Desikū(德世庫)

6. 이미 한자음으로 널리 알려진 만주족은 한자명으로만 표기했다. 예) 화신和珅, 영록榮祿

7. 서양의 인명과 지명은 국립국어원 외래어표기법을 기준으로 삼았다.

8. 원서에서 '마일'로 표기한 거리 단위는 '미터'로 환산하여 표기했다.

차례

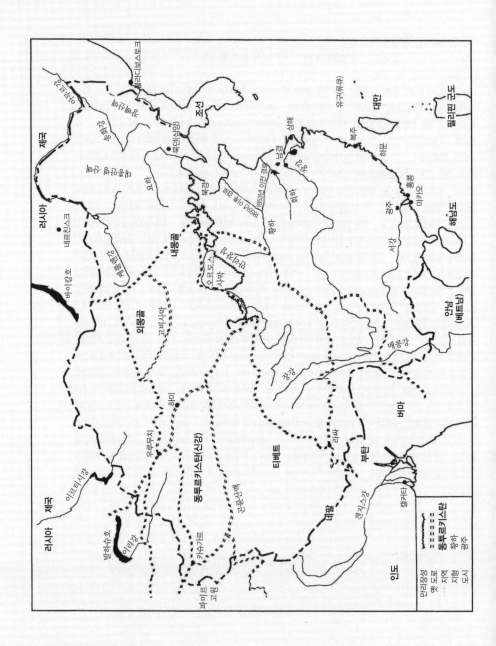

팽창의 시기가 마무리된 1750년경의 청 제국

'타타르'Tartar라는 이름으로 몽골족과 만주족을 혼동하는 일은 만주족이라는 민족과 그들이 세운 제국인 청淸[1]을 고찰해보기에 좋은, 손쉬운 출발점이다. 타타르(달단韃靼 등으로도 표현)는 튀르크어를 사용하는, 중앙 유라시아에 살던 중세 민족의 이름이었다. 그들은 12세기의 초기 몽골연맹체에서 핵심적인 구성원이었고, 중세 후기 시대의 유럽인들은 일반적으로 몽골족을 타타르로 간주했다. 크림반도와 카프카스 산맥의 지류 부근에 정착했던 튀르크계의 민족들이 사실은 타타르라고 불렸기 때문에(그리고 많은 저자들이 이 집단을 지칭하는 정확하고 엄밀한 용어로 '타타르'라는 단어를 남겨두고 있기 때문에), 와전된 '타타르'의 의미는 여전히 유럽에서 익숙하게 남아 있었다. '타타르'는 이후 티무르Timur(태멀레인Tamerlane)와 그의 추종 세력을 부르는 이름으로 적용되었고, 17세기에는 새롭게 부상한 만주족을 지칭하는 말로 사용되었다. 만주족은 당시 만주 지역에 세운 자신들의 제국 청조에 중국 본토를 병합하는 과정에 있었다. 어떤 형태였든 간에 만주족을 타타르라고 부르는 관습은 적어도 청조가 멸망한 1912년까지 지속되었고, 일부에서는 그 이후까지도 그렇게 불렀다.

한때 유럽인과 미국인들에게 타타르는 분명 온건한 정주定住 문화권을 괴롭히고 특별한 경우에는 그들을 정복하기도 하는, 자유로운 영혼의 유라시아 기마민족을 지칭하는 상투적인 단어였다. 그러나 청제국에 대해 정통했고 청조를 직접 방문하여 청조 통치계층의 문화를 잘 이해한 사람들까지도 계속해서 그들에게 '타타르'라는 딱지를 붙였다는 점은 흥미롭다.[2] 청조의 지방에서 군정을 총괄한 각 성省의 주방장군駐防將軍은 '타타르 장군들'Tartar generals이라고 불렸고, 청조의 기인旗人들이 거주하는 북경성北京城 내의 구역은 '타타르 도시'Tartar City로 알려졌다. 부분적으로 이것은 근대의 '문명화된' 사람들이 만주족에게 투영된 근대적 이미지를 연구함으로써, 중세 시대에 유라시아 대륙을 통치한 위대한 몽골인의 삶에 여전히 접근할 수 있다는 호고적인 충동, 신념(내지 희망)으로 설명된다. 한 번도 중국을 방문한 적이 없었던 에드워드 기번Edward Gibbon*은 분명 그런 생각에 매료되었고, 자신과 동시대의 만주족이 몰이사냥을 한다는 사례를 근거로 중세 몽골족의 수렵문화를 복원했다.[3] 이처럼 독단적인 편견의 마력은 유목민족인 '타타르'를 '문명에 때 묻지 않은 고결한 야인野人'으로 평가한 유럽 대중문화의 낭만사조와 전혀 관계가 없었다고는 할 수 없다. 사실 19세기 미국의 민중극에서 '문명화된' 척 허세를 부리는 행태를 풍자하기 위해 아메리카 원주민을 손상되지 않은 고결한 이미지로 포장하고 있었던 것과 마찬가지로, 유럽의 연극에서는 '타타르인 잡기'trapping the Tartar**라는 주제로 같은 행위를 하고 있었다.

그러나 18, 19, 20세기의 서양의 잘못된 인식만이 만주족과 타타

---

* 18세기 영국의 역사가.
** 영국의 왕정복고 시대, 조지왕조 시대, 빅토리아여왕 시대에 공연된 연극에서는 타타르인을 잡으려고 하다가 오히려 자신이 놓은 그물에 걸리게 되는 '자업자득', '자승자박'이 주제인 내용의 희극이 많이 공연되었다.

REGNI SINENSIS
a
TARTARIS
devastati
ENARRATIO,
Authore Martino Martinii.

AMSTELÆDAMI.

청조의 중국 정복 이야기를 다룬 마르티노 마르티니Martino Martini의 책 표지는 그 내용과 거의 관련이 없다. 이 책에서는 만주족이 몽골식의 제복과 신발을 차려 입은 것으로 묘사되며, "비록 그들이 야만적이지는 않았을지 몰라도, 태도의 측면에서는 유럽의 타타르와 매우 흡사하다"고 주장한다.
_ 인디애나대학교 릴리 도서관 소장. 인디애나, 블루밍턴 소재.

르의 관계의 이면에 숨어 있는 모든 것은 아니었다. 만주족과 몽골족은 역사적인 민족으로서 (그리고 역사상의 주제로서도) 매우 분명하게 구별이 되지만, 그들의 정치사와 문화는 서로 뒤엉켜 있었다. 1600년대 초반 이전까지, 후일 만주족으로 알려지게 된 이 민족의 조상은 만주족이라고 불리지 않았다. 그들의 대다수는 여진女眞이라는 이름 등으로 다양하게 알려져 있었지만(2장 참조), 동만주 지역의 몽골족과 인접해 거주하거나 몽골족에게 동화된 많은 사람들은 명조의 한족들에게 역시 달자韃子, 즉 타타르로 알려져 있었다. 여진족 자체에서도 몽골족과의 관계는 점차 중요해졌다. 이 책의 후반부에서 다루겠지만, 청초의 황제들은 칭기즈 칸이 확립한 통치권을 칭기즈 칸의 후손인 몽골족 정권으로부터 만주족인 자신들이 인계받았다고 천명하는 경향이 있었다.

그러나 그렇다고 해서 초기의 만주족을 '유목민'이라고 부를 정도로 몽골족과 만주족을 혼동한 근대 역사학자들의 잘못이 용서되지는 않는다. 그러한 혼동은 대부분 사안을 간략하게 받아들이려 한 그들의 희망 때문이었지, 실제의 무지에서 비롯되지 않았다. 여진족과 만주족 사이의 경제생활 형태는 다음의 여러 장에서 검토할 것이다. 여기에서 중요하게 지적해야 할 것은 만주족이 이끈 청 제국이 경제적인 역량이나 정치조직 또는 생활방식의 측면에서 유목민이 아니었다는 점이다. 유목민의 정복이라는 포괄적인 이론 속에 만주족을 포함하려는 시도는 한참 잘못된 일이다. 청조가 정복왕조로서 안정적이고 장기적인 제국으로 발전하게 된 문제는 훨씬 복잡하다. 청조는 왕조가 아닌 제국으로 바라볼 때 더욱 일관된 모습을 보인다. 또한 그렇게 볼 때에만 오스만 제국처럼 거대한 영토를 가졌던 근대 초기의 다른 제국들과의 선명한 비교가 가능해진다. 오스만 제국과 청 제국은 모두 20세기 초 유럽의 언론으로부터 대륙의 '환자'sick man라는 치욕적인 조롱을 당한 바 있다.*

'만주족' 왕조에서 출현한 민족성과 그 발생 배경

20세기 전반기를 다룬 중국 역사 저술에서 청조의 특징을 '만주족'으로 규정한 것은 19세기에 중국과 중국의 여러 민족들이 겪었던 수많은 불행과 관련이 있었다. 청조는 1600년대 중반에 만주족이 중국을 침략하여 명 제국을 멸망시킨 결과로 만들어진 정복왕조였다. 19세기 말과 20세기 초의 한족 민족주의자들로부터 영향을 받은 많은 역사학자들은, 만주족이 중국에게는 외래 민족이었기 때문에 중국을 일련의 사회적·정치적 위기에 빠트렸고 이러한 위기가 19세기에 들어와 중국을 피폐하게 만들고 유럽과 미국의 힘에 의해 준準 식민지로 전락하는 결과를 초래했다고 주장했다.⁴ 이러한 주장대로라면 우선 1911~1912년에 제국을 파괴한 혁명을 이끌고 두 번째로 1949년에 중화인민공화국을 탄생시킨 혁명을 성공한 한족의 민족주의는 만주족의 실패가 점화시킨 것이었다.

한족 역사학자들은 1600년대와 1700년대에 청조의 법률이 만주

---

* 방대한 영토를 소유했던 오스만 제국이 19세기에 잇단 전쟁과 내분으로 영토 대부분을 상실하고 근대화에 실패하자, 당시 유럽의 언론은 오스만 제국을 '유럽의 환자'sick man of Europe라고 조롱했다. 청 제국 역시 일본과 서구의 침략으로 그 권위를 상실하자 '아시아의 환자'sick man of Asia (亞洲病夫), '동아시아의 환자'sick man of East Asia (東亞病夫) 등으로 불렸다.

족 출신의 귀족과 평민에게 특권을 부여하여, 한족이 소유한 토지를 만주족이 차지하고 한족에게 이민족 점령자에 대한 증오를 심어주었다는 사실을 더욱 정확하게 지적했다. 19세기에 외국이 침략했을 때 만주족이 저항할 의지를 갖추지 않았던 것은 그들 자체가 이방인이었기 때문이라는 평가도 받았다. 그러한 관점에서 보면, 1839~1842년에 벌어진 제1차 아편전쟁에서 치욕스런 패배를 당한 만주족이 속수무책으로 중국의 국경과 세입을 관리하지 못하게 되고, 중국 내의 유럽인과 미국인 거주자에게 법적·경제적 특권의 항목을 증가시킨 일련의 '불평등 조약'을 허락한 것은 예견된 일일 것이다. 이러한 상황에 대한 좌절감이 태평천국전쟁太平天國戰爭을 일으킨 지방의 궁핍화와 결합한 것으로 분석되었다. 태평천국전쟁은 1850년부터 1864년까지 중국을 괴롭힌 엄청난 내전으로서, 이 전쟁은 영구적인 정치적 재편을 가져왔고 인구 통계상의 혼란을 일으켰다.[5]* 사실 태평군은 만주족을 격렬히 반대하는 민족적 레토릭을 활용한 것으로 유명했고, 가능할 때마다 일종의 '민족 청소'를 실천했다. 이러한 민족 청소는 한족의 이익을 위해 한족 정부를 세우려는 그들의 애국적인 소원과 결합했다. 중국의 민족주의 역사학자들은 태평군이 후일 한족 중심의 공화체제를 확립한 손문孫文 등에 앞서 선구적 활동을 한 것으로 평가했다.

이처럼 19세기와 20세기에 겪은 중국의 불행이 만주족이 외래에

---

* '정치적 재편'이란 중앙 정계에서 만주족을 대신하여 한족 관료들이 주도권을 잡은 것을 말한다. 이는 태평군의 진압을 청조의 정규군이 아니라, 이홍장·증국번 등 호남 출신의 향신층 의용군이 주도하면서 일어난 일이다. '인구 통계상의 혼란'이란 태평천국전쟁으로 수천만 명의 인구가 사망한 것을 말한다. 통상 2천만~3천만 명이 희생된 것으로 알려진 이 내란은 학자에 따라 그 추정치를 5천만 명으로 보는 경우도 있다.

서 온 정복자라는 사실 때문에 비롯되었음을 논증하려는 경향을 고려할 때, 근대 초기의 만주족 연구가 1800년 이후의 중국 역사를 이해하려는 맥락에서 이루어졌다는 점은 놀라운 일이 아니다. 사실 정치적 또는 사회적 급진주의, 특히 민족주의와 결합한 급진주의를 지향하는 성향의 증거를 찾기 위해 역사학자들에게 청대를 검토하도록 자극한 것은 1946~1949년에 중국에서 벌어진 공산주의 혁명이었다. 이러한 생각에 자극을 받은 학술의 관점에서 볼 때, 서양에 노출되기 이전의 중국은 '쇠퇴' 일로에 있었다. 중국은 변화된 에너지를 만들어낼 능력이 없었다. 이런 관점에서 보면, 중국에서 획기적인 변화로 가는 길은 서구에 대한 국가의 '반응'을 통해 펼쳐졌다.[6] 좀 더 정확하게 말하자면, 일련의 반응은 초기에는 (아편전쟁에 대한 반응, 태평군에 대한 진압처럼) 반동적인 기세가 압도적인 것으로, 후기에는 (민족주의 및 공산주의 혁명처럼) 혁명적인 기세가 압도적이었던 것으로 이해되었다. 이처럼 전체적인 사건 속에서 '만주족'을 가장 생생하게 표현한 것은 반동, 억압, 몽매함의 기세였다. 물론 이러한 기세가 '만주족'에게만 해당하는 것은 아니었을 터이다. 하지만 특히 자희태후慈禧太后(서태후, 1835~1908)의 근시안적인 인식과 부패는 근대 세계 전역에서 전설이 되었다.

만주족에 대한 역사적 평가를 검토하면서 논리적인 모순이 적절히 존재했다는 점을 지적하는 것은 중요하다. 한편 1800년 이후 국가의 생산성이 쇠퇴하기 시작하자, 만주족은 중국의 이방인이며 중국의 운명에 관심이 없었다는 평가를 받았다. 다른 한편으로는 만주족이 중국을 정복하여 정착한 이후, 그들에게 남아 있던 중요한 정체성은 없었던 것으로 묘사되었다. '정복자마저 정복시키는' 이른바 중국의 능력을 보여주는 또 하나의 사례가 만주족이라는 평가마저 나타났다. 익히 알려진 것처럼 만주족의 중국화 내지 한화漢化는 불가피하고 완전한 것으로 평가받았다. 그래서 1800년대에는 만주어가 소멸했고, 만주족 남성의 군사적 사명감은 자기 풍자로서만 남아 있었다고 추정되었다. 그리고 만주족 엘리트들이 이미 유교화되었으므로, 그들이 이와 같은 역사적 사건에 관한 견해에서 유가적으로 볼 수 있는 모든 것, 즉 태평군의 진압, 서구와의 접촉 거부, 기존 중국의 사회·정치제도의 유지 등의 수호자 역할을 잘 맡을 수 있었다고 평가되었다. 주지하듯이 이처럼 극단적으로 단순화되고 진부하기까지 한 가설 중 역사적 증거에 의해 사실로 입증될 수 있는 것은 아무것도 없다.

사실 전통적인 만주족의 문화나 정체성이란 것은 없었다. 두 가지는 모두 1630년대에 청 제국과 동시에 창조되었다. 이것은 만주족의 정체성이 가짜라든가 허구임을 의미하지 않는다. 그것은 많은 다른 민족처럼, 만주족이 역사·언어·문화를 가진 하나의 뚜렷한 민족으로서 자신들을 자각한 것이 그 정체성의 요소를 제도화한 국가의 성장과 분리될 수 없었음을 의미한다. 이 경우에 주요한 제도적 요소는 통상 '팔기'八旗라고 불린 것이었다.[7] '기'旗라는 조직은 청이라는 국가가 성립되기 오래전부터 일부 형태로 조직되어 있었고(정확하게는 1601년 이전, 어쩌면 그 이전도 가능하다), 1924년까지도 일부 형태로는 유지되었다. '기'는 청조의 설립자로 알려진 누르하치努爾哈赤(Nurgaci)의 초기 추종자들의 명부를 작성하여 '만주족', '몽골족', '한족'으로 분류되도록 했다. 이 명부에는 이들의 모든 가족구성원과 조상에 관해 알려진 것들이 기록되어 있었다. 그리고 이들을 지휘계급에 따라 조직하고, 이들에게 교육의 기회를 제공했으며, 이들이 속한 부대에 임금·보급품·토지 지급을 허락했다.

가장 중요한 것은 청조 초기에 팔기가 정복자 엘리트들(만주족만 해당되는 것이 아니다)의 통합된 문화적 정체성을 확립하는 기초가 되었다는 점이다. 이것은 통상 한군기인이라고 불리는 한 집단이 정복에서 한 역할과 이들의 초기 직책을 이해하는 단서가 된다. '한군기인'은 '한족'과는 다른 단어로 표현해야 더 잘 구분된다. 다른 글을 통해서 이미 나는 이 집단을 지칭하는 용어로 '한군기인'漢軍旗人이라는 단어를 제안해왔다(부록II 참조). 1500년대 말부터 만주 지역에서 보이기 시작한 이 집단의 기원은 분명하지 않으며, 아마도 다양했던 것 같다. 이들 중 일부는 틀림없이 중국 북부 일대에서 기원했으며, 명조의 요동遼東 지역8에서 여진의 영토로 이주했다. 또 다른 일부는 아마도 조선朝鮮 출신이었을 것이다. 그러나 대다수는 분명 여진족의 조상을 두었다. 이들은 중국 또는 조선의 많은, 혹은 모든 요소를 채택했거나 그들에게 동화된 사람을 부모로 둔 자식들이었다. 동시대의 관찰자들이 볼 때, 그리고 청나라의 선조들이 볼 때, 그들의 현저한 특징은 유창한 중국어 구사능력과 요동 일대 한족들의 도시와 강한 개인적 유대를 가졌다는 점이었다. 극소수의 사람들은 한자漢字도 읽고 쓸 수 있었다. 1600년대 중반에 청조가 중국을 정복할 때까지, 정복자 엘리트 내에서 한군기인의 숫자와 그들의 권력은 엄청나게 증가했다. 삼번三藩의 난(1673~1681)으로 알려진 청초의 내란이 진압되면서 한족의 군사지도층 집단이 청조의 황권에 가하던 정치적 위협은 종식되었지만, 남아 있는 한군기인들은 다른 기인들과 같은 수준의 문화적 정체성을 유지했고 청대가 끝날 때까지 '만주족'과 그 차이를 구별할 수 없어 보였다.9

정복자 엘리트 사이에서 두드러진 또 하나의 집단은 이따금 몽골족으로 불렸던 사람들로서, 이들은 다양한 시기 동안 만주족과 많은 접점이 있었기 때문에 그 차이를 구별하기가 어려웠다. 여기에는 명대 동안 만주 지역에 거주하며 몽골어를 구사한 몽골족의 후예로서 일찌감치 누르하치의 군대에 투신한 병사들뿐만 아니라, 북만주 일대에 거주하며 독특한 방언을 구사하고 몽골족 방식대로 자신들을 정치적으로 조직하여 누르하치와 그의 추종자들도 몽골족으로 부를 정도였던 초기 여진족의 후예들도 포함되었다. 이들의 범주에는 누르하치의 등장 이전까지 만주 일대를 지배했던 저명한 훌룬Hūlun(扈倫)연맹체도 포함되지만, 이들에만 국한되지는 않았다. 마지막으로 누르하치나 그의 청조 계승자들에게 복종했던, 몽골 지역에 사는 몽골족이 있었다. 이들은 청 제국에 대한 전략적 영향력을 극적으로 발휘하면서 대체로 청의 통치에 강력하고 새로운 정치적 칭호와 이념적 신념을 제공했다. 이들 민족의 대다수는 점진적으로 팔기 조직 내의 몽골족 부대에 편입되었다. 호르친Khorchin(科爾沁) 부部와 하라친Kharachin(喀喇沁) 부를 포함하여 초기에 편입된 부족들은 정복자 엘리트층으로 매우 긴밀하게 엮여 들어갔고, 제국 시대의 끝까지 만주족과 가장 친밀하게 제휴했다.

　팔기 조직이 확립된 이후, 모든 기인 남성들은 부친이 속한 기에 소속된 채로 태어났다. 여성은 결혼하는 순간 가족관계가 변화하기 때문에, 자신이 소속된 기 조직도 변화했다. '기인'이라는 단어는 실제로 군대에서 복무하면서 매달 급료를 받는 남성을 지칭했을 때 가장 정확하게 사용된 것이겠지만, 청 제국 아래에서 일반적인 사회적 관례는 모든 만주족, 몽골족과 한군을 '기인'이라고 불렀다. 만약 그들이 기 조직에 소속된 채로 태어났다면, 그들이 실제로 군대에 복무했는지의 여부,

또 그들이 급료를 받았는지의 여부는 상관이 없었다. 이처럼 17세기에 정치적인 신분이었던 기인은 19세기까지 민족적 정체성이 되었다.

역사적 개념으로서의 청 제국

만주족에 대한 기존 견해를 해체하고 이 책에서 제시한 역사의 틀을 다지는 과정에서 도달하게 된 몇 가지 점이 있다. 우선 첫째로 만주족이 틀림없이 왕조를 소유하기는 했지만, 정치체제를 '왕조'로서만 언급한 것은 청대를 다룬 유럽의 글에 나타난 허위의 기록이다. 사실 청조는 근대 초기 시대의 제국 중에서 가장 방대하고 가장 강력하며 영향력이 컸던 제국이었다. 러시아 지역에 근거를 둔 로마노프 제국, 터키 지역을 기반으로 한 오스만 제국, 인도의 무굴 제국과 더불어 청조는 유라시아 대륙을 지배한 방대한 대륙 기반의 제국 중 하나였다. 당시 서유럽은 작았고, 눈에 띌 만큼 중요하게 노출된 지역이 아니었다. 청조는 유라시아를 통일한 몽골 제국이 물려준 일부의 정치적 유산을 비롯하여 그 밖의 많은 무역 상대를 오스만 제국과 공유했다.

그러나 러시아의 대제국인 로마노프 제국에게 청조는 가공할 만한 적이었다. 1600년대 중반부터 청조는 태평양과 북아메리카 쪽으로 동진하는 러시아의 팽창을 중단시키려는 조짐을 보였다. 2백 년이 지나 대영제국의 해군력이 국제 관계에서 청군의 영향력을 거의 무용하게 할 때까지, 청군은 아무르강 남쪽 일대를 차지하려는 러시아의 시도를 효과적으로 저지하고 있었다. 1689년에 시작되어 1727년에 확정된 국경선 협상과정이 마무리될 때까지 중앙 및 내륙아시아에서 러시아와 청조의 반목은 계속되었다. 이후에도 청조는 러시아의 투르키스탄* 침략을 끊임없이 방해했고, 이는 19세기에 들어와 영국 측이 그 역할을 대체할 때까지 계속되었다.

주지하듯이 청 제국은 동아시아 전역에서 가공할 만한 군사력을 가진 존재이자 세계적인 문화적 역량을 갖춘 국가였다. 중국풍의 도자기와 직물, 가구와 벽지에 대한 유럽인의 열광이 정점에 달한 시기도 바로 청대였다. 또한 청대 기간에 유럽인과 미국인들은 중국으로부터 차 마시는 습관을 배웠고, 경제적 불균형을 초래할 정도로 막대한 규모의 차 무역을 발전시켰다. 이와 같은 불균형은 아편무역을 조장했으며, 1839년에는 영국과 청조 사이에서 아편전쟁을 일으켰다.

19세기에 들어와 이런 충돌이 일어나기 전까지, 청 제국과 유럽 간의 관계는 그리 격렬하지 않았다. 사실 명조 치하에서 한족 엘리트들과 친숙한 사이였던 유럽의 예수회 선교사들은 중국에서 청조의 권력이 수립되는 데 도움을 주었고, 18세기 초까지도 청조의 황제들에게 영향력 있는 조언자 역할을 했다. 바티칸 교황청은 중국과 아시아의 여러 지역에서 가톨릭교가 확립될 수 있는 기회를 환영했다. 이 시기에 서유럽에서는 점차 교회의 수많은 신념에 대해 적대적인 감정이 증가하고 있었다. 그러나 청조 엘리트의 종교적 관념에 공감하고 유교와 유럽의 신앙을 조화시키려고 한 수많은 예수회 선교사들의 적극적인 노력 덕분에, 중국에서는 이러한 반발이 일어나지 않았다. 하지만 이것은 강희제康熙帝와 교황 사이에서 몇 차례의 논쟁을 일으켰고,

---

* 지은이가 '투르키스탄'으로 언급하는 지역은 대체로 청조에 신강성으로 편입된 '동투르키스탄' 지역을 가리킨다.

18세기에 예수회의 영향력이 전 세계적으로 쇠퇴함에 따라 청조 황실 내에서도 예수회의 역할이 변화했다. 많은 예수회 인사들은 여전히 북경에서 조용히 머무르고 있었으며, 몇몇 사람들은 황제의 조언자가 아닌 황실의 화가나 디자이너로서 근무하며 두각을 나타냈다.

많은 예수회 인사들은 만주어를 연구하는 학자였을 것으로 추정된다. 그들은 기독교의 성경을 만주어로 번역하려고 애쓴 것은 물론, 만주어 작품을 유럽의 언어로 번역하거나 최소한 부연하여 소개했다. 특히 이런 소개의 효과 중 하나는 18세기의 유럽에 청 제국이 부유하고 개화되었으며 자비로운 철인왕哲人王이 다스리는 세속적인 사회라는 인상을 심어주는 데 일조했다는 점이다. 그러나 1700년대 초반 이후 새롭게 중국에 온 예수회 선교사들은 극히 드물었고, 1800년대에 중국에서 활동한 유럽의 종교 활동가들은 거의 배타적인 개신교 선교사들이었다. 그들은 수많은 중국의 백성을 구원하고 개종시키려고 했다. 중국 엘리트들의 문화와 관심을 정확히 인식하고 기술력까지 갖추었던 예수회 선교사들이 명조와 청조에서 모두 유용하게 등용되었던 것과는 달리, 개신교 선교사들은 청조의 군주들에게 적대감만 심어주었다.

청조를 제국으로 이해하는 것은 청조의 문화적 다양성과 정치적인 복잡성을 강조한 것이기도 하다. 만주족을 민족적인 호칭으로서 정의하기 어렵다는 점을 충분히 고려한다 하더라도, 통치계층의 혈통은 만주족이었을 것이다. 그러나 정복자 엘리트들은 많은 기원을 가진 민족들로 섞여 있었다. 한인과 조선인, 몽골인, 튀르크인, 만주 일대의 퉁구스인, 그리고 후대에는 중앙아시아인까지 여기에 포함되었다. 일찍이 중국 북부 일대를 정복한 1640년대 당시의 침략군인 청군의 구성을 보면, 극소수의 만주족과 날로 늘어가는 한족 출신 또는 한족 태생의 사람들이 포함되었음을 알 수 있다. 청 제국과 그 정책을 '만주족'의 것만으로 뭉뚱그려 묘사하는 일은 모든 면에서 진실을 호도하는 것이다. 또 19세기에 중국이 겪은 어려움을 지나치게 단순화시켜 억지 해석을 내리려는 것이다.

청사淸史를 이해하는 새로운 창

청대의 개관에서 나타난 최근의 새로운 견해는 청대 초기의 문헌자료에 대한 폭넓은 연구에 특히 영향을 받았고, 이제 역으로 새로운 견해가 문헌자료의 연구에도 영향을 주고 있다. 청을 연구하는 학자들은 청나라의 중국어 문서에서 이전까지 보이던 서술을 보강하기 위해, 이전부터 알려졌지만 드물게 활용되던 한국 측 사료를 점점 더 많이 활용하고 있다. 조선(1392~1910) 및 그 이전 왕조에서 기록한 한국 측 사료는 한자로 작성되었다. 따라서 한문漢文(고전중국어)을 읽을 수 있는 사람들은 약간의 추가적인 훈련을 통한다면 이 자료들을 활용할 수 있다. 조선왕조의 국가기록은 물론, 청조를 드나든 사신·학생·상인과 여러 여행자들의 개인기록들을 통해 정보를 얻을 수 있다. 조선의 기록들은 청조의 공식 기록에서 종종 철저하게 무시당했던 문제를 이해하는 데 도움을 주었다.

조선 측 기록 중에서 만주족에 관한 가장 흥미롭고 직접적인 자료 가운데 하나가 신충일申忠一(1554~1622)의 보고서이다.* 신충일은

이 보고서에서 1595년부터 1596년 사이의 겨울에 퍼 알라Fe Ala(佛阿拉)에 있는 누르하치의 본영本營을 방문한 내용을 상세히 기록하고 있다. 이 원고는 만주가 괴뢰국가 만주국滿洲國의 통치 아래, 즉 일본군에 의해 지배되고 있을 때인 1938년, 한국인 이인영李仁榮이 처음 발견했다.* 만주국에서 근무하는 일본 학자들은 청조의 문서와 건축에 대한 훌륭한 큐레이터였던지라, 그 이듬해에 신충일의 보고서는 만주국의 수도인 묵던Mukden**에 소재한 '만주국 대학'에서 간행되었다. 이 책은 이후 한국에서도 『건주기정도기』建州紀程圖記라는 제목으로 영인되었다.[10] 이 책의 도입부에서는 신충일의 기록을 폭넓게 활용하고 있다.

청조는 만주어·몽골어·중국어 등 세 가지 언어를 사용했고, 1800년 이전까지 만주어는 최고의 영예를 누렸다. 1970년대까지만 해도 청사 연구의 전문가들은 청조의 모든 공문서가 중국어와 만주어(때로는 몽골어도 포함)로 동시에 작성되었으며, 따라서 중국어로 기록된 자료만 읽어도 충분하다고 생각했다. 그러나 이제는 그런 생각이 항상 맞지는 않는 것으로 알려졌다. 물론 많은 조서詔書와 공식 명령문과 보고서, 그리고 일부 상주문上奏文 등이 2개 또는 3개의 언어로 완전하게 번역되기는 했다. 그러나 만주어로 작성한 뒤 중국어로 번역한 문서에는 오류와 누락, 그리고 의도적으로 검열을 행한 경우가 있다.

전 세계에서 만주어를 연구하는 학자를 양성하고 만주어 문서를

중, 왕명으로 건주여진의 동정을 살핀 후 귀국하고 나서 『건주기정도기』를 작성하여 보고했다. 자세한 내용은 2장, 3장 참조.
* 이인영은 이 발굴 결과를 학계에 발표했다. 이인영이 발표한 논문의 정확한 제목과 간기는 다음과 같다. 李仁榮, 「申忠一의 建州紀程圖記에 對하야: 最近 發見의 淸初史料」, 『震檀學報』 10권(1939. 1), pp.134~144.
** 오늘날의 심양.

발굴하는 일은 아직은 일정한 수준에 도달하지 못했다. 따라서 만주어 문서에 담겨 있는 지식을 자유자재로 활용할 수 있다고 주장할 수 있을 정도의 청대사 전문가층은 아직 형성되어 있지 않다. 몽골사와 초기 만주족의 역사 및 이슬람의 역사를 연구하는 학자였던 고故 조지프 플레처Joseph F. Fletcher, Jr.(1934~1984)가 청사 전문가들에게 청제국의 국어인 만주어를 배워야 하며 연구의 과정에서 중국어에만 의존하지 말 것을 강력히 주장한 것도 이러한 상황과 관련이 있다.[11] 플레처의 충고 이후 서양에서 만주어를 읽을 수 있는 학자의 수는 늘어났지만, 그 수는 여전히 적다. 결과적으로 주요 대제국 중에서 방대한 중앙정부의 문서가 열람되지 않은 채 남아 있으며 그에 대한 주요한 발견도 아직 이루어지지 않은 제국은 청조가 유일할 것 같다.

청조의 황제들이 문서함에 만주어 문서는 남겨두면서도 일반인들이 접근할 수 없도록 의도적으로 중국어 문서를 없애버린 증거가 있다. 청조의 국사관國史館 같은 몇몇 기관에서는 공식 절차의 일부로서 공문서가 반드시 정부 내의 다른 관계 기관으로 넘어가지 못하게 했다. 다른 부서로 이관하도록 한 만주어 문헌이 고의적으로 변경되었다는 사실을 처음 밝혀낸 사람은 막동인莫東寅이었다. 1958년에 그는 명조에 보낸 누르하치의 선전포고문의 원문에는 주술적인 의식이 담겨 있었는데, 그 구절이 중국어로 번역되면서 의도적으로 감추어졌다는 사실을 지적했다. 물론 18세기 말까지 청조 황제들은 만주어에서 중국어로 번역한 조서와 여러 가지 문서를 통독하는 데 일상 업무의 많은 시간을 할애했다. 하나의 언어에서 다른 언어로 번역되는 과정에서 발생하는 정보·생각·감정의 전달을 관리하는 일이 그들에게 매우 중요했기 때문이다.

궁중의 상주문을 처음 접한 학자들이 비교를 통해 이전의 문서모음집이 정치적·이념적인 이유로 얼마나 변경되었는지를 깨달을 수 있는 것처럼, 만주어로 작성된 상주문과 중국어 상주문을 비교해보면 만주어를 읽을 수 있는 관료들을 위해 남겨진 정보의 유형이 어느 정도 수준이었는지를 알 수 있다. 보안용 언어로서 만주어를 사용한 경우는 대체로 군사업무와 관련 있었다. 태평천국전쟁(1850~1864)까지만 해도 기인 장령將領들은 일반 문관이나 외국인들이 잘 이해하지 못하는 매체를 통해 중앙정부와 연락을 주고받기 위해 만주어를 사용했다. 이것은 청조가 국가의 초창기부터 비밀통신수단을 활용했다는 점을 일반화시킨 것이다. 17세기 말과 18세기에 걸쳐 제국의 경계를 역사상 가장 크게 팽창시킨 팔기 기인의 지도층에게 만주어는 주요한 언어였다.[12]

주지하다시피 청초의 황제들은 중국의 역사서와 철학작품을 만주어로 번역하도록 장려했다. 그들은 또한 명대의 특정한 중국 소설을 만주어로 번역하는 것을 허가했다. 그중 가장 유명한 작품은『삼국연의』三國演義[13]였는데, 이들은 이 책에 담긴 극적인 전투장면의 묘사가 귀족층과 기인들의 전략적 혜안을 발전시킬 것으로 생각했다. 그러나 만주어 문학에도 분명히 독립적이고 개인적인 세계가 있었다. 그런 작품 중에는 공식적으로는 금서였지만『금병매』金瓶梅[14]처럼 성性을 노골적으로 묘사한 소설도 번역되었다. 게다가 만주어 문학이 전적으로 중국어의 번역물로만 이루어지지는 않았다. 원래부터 만주어로 창작된 산문작품, 시 형식의 송덕문頌德文, 묘지명, 민요, 연가 등도 있었다. 이러한 형태의 유래는 여진족/만주족의 전통적인 구전문학에서 그 일부가 발견될 수 있다. 그러나 구전문학은 19세기 말까지도 잘 기록되지 않았다. 고사鼓詞* 장르처럼 만주어와 중국어를 한 행씩 교차시키는 시는 북경의 대중공연 예술에 만주어가 끼친 깊고 넓은 영향력을 증명한다.[15] 청 조정은 거리에서, 또는 좀 더 격식을 갖춘 극장 안에서 기인들의 공연 참여를 금지하는 법규를 여러 차례 선포했다. 그러나 기인 출신의 평민은 물론이고 귀족과 황족들도 이러한 규칙을 무시했다는 것은 잘 알려진 사실이다. 이들 중 일부는 극단의 단원들을 지원하고 공연을 제작하느라 가산을 탕진했다. 그러나 이처럼 유명한 전통에서 자주 간과되는 것이 있다. 바로 이 전통이 그러한 민속예술 안에서 만주어가 계속해서 성장할 수 있는 환경을 제공했다는 점이다.

거의 3백 년간 지탱해온 세계적인 위상을 지닌 제국이자, 소수자의 언어로 자기 제국을 표현했으며, 산업화하고 있던 유럽과 미국의 운명에 급진적인 영향을 끼쳤던 청조는 최근의 학자들에게 매우 다양한 모습을 보여준다. 사실 19세기 말의 중국전문가들 때문에 분명 많은 독자들은 청조를 경직되고 개성이 없으며 무력하고 게으른 '왕조'로 인식했다. '만주족'의 문화와 정체성이 어떻게, 그리고 왜 제국의 역사 속으로 편입되었는지에 대해 새롭게 인식하려는 태도는 한창 진행되고 있는 청대 재평가의 일환이다. 물론 만주 지역의 전통적인 문화는 청 제국의 문화에 투영되었다. 그러나 그렇다고 해서 청조 조정 내부의 문화를 두고 정복된 적 없었던 만주 지역의 고대문화가 고스란히 부활한 것이라고 평가하는 것은 심각한 잘못이 될 것이다. 이는

* 북을 치며 노래하는 민간 문예형식의 일종. 명대에 시작되었으며, 청대에는 북경을 비롯한 중국 북부에서 주로 유행했다.

만주족을 그들보다 앞서 스러져간 정복왕조처럼 '유교화', '중국화'되어버린 의미 없는 대중화제국의 아류로 묘사하는 것만큼이나 엄청난 잘못이다. '만주족'이라는 정체성과 청나라는 제국의 말기까지 무너지지 않은 채 서로를 끌어당기는 형태를 유지하며 맴돌았다. 이 책은 바로 이 두 가지의 역사가 교차하였다가 결국은 갈라지게 되는 과정을 탐구한 것이다.

2장

샤먼과 '씨족':
만주족의 기원

서양인에게 만주滿洲(Manchuria)로 알려진 지역을 중국인은 대개 동북東北 지방이라고 부르는데, 오늘날의 요령성遼寧省(일반적으로 17세기 이전까지는 요동으로 불렸음)·길림성吉林省·흑룡강성黑龍江省이 여기에 포함된다.[1] 그러나 전통적인 만주 지역을 복원하기 위해서는, 여기에 남쪽으로 함흥咸興(14세기 말까지는 한국의 영토에 속하지 않았음)에 이르는 한반도 북부 지역, 동쪽으로는 러시아의 연해주沿海州(프리모르스키 크라이 Primorskii Krai) 지역까지 확대해야 한다. 기원전 1세기경 부여족夫餘族의 시대부터 14세기까지 이 지역은 문화적으로 결합되어 있었다. 19세기에는 흑룡강성과 연해주가 같은 행정구역에 속해 있었다.

만주 지역의 독특한 지리적 특성은 그곳의 사회발전 형태의 상당 부분을 결정했다. 만주 지역은 본래 발해渤海 연안의 요동 만灣에서 북동쪽에 있는 하바롭스크Khabarovsk를 향해 들쭉날쭉한 형태로 뻗어 있는 저지대계에 속한다. 솽랴오(雙遼), 치치하얼(치치하르, 齊齊哈爾), 하얼빈(하르빈, 哈爾濱) 같은 근대 중국의 도시는 대체로 이 저지대에서 삼각형을 이루는 중심지에 해당한다. 이 저지대는 동쪽으로 송화강松花江을 따라 이란(依蘭)과 자무쓰(佳木斯)를 통과할 때까지 계속되어 또 하나의 넓은 평원까지 이어진다. 저지대는 여기에서 북쪽으로 러시아의 도시 블라고베셴스크Blagoveshchensk, 정남쪽으로는 한카 호Lake

Khanka를 포함하여 블라디보스토크Vladivostok까지 이어지는데, 한카 호는 오늘날 중국과 러시아를 구분하는 경계선이 된다. 이 저지대계 는 사방이 산으로 둘러싸여 있다. 서쪽은 남향으로 뻗어나간 대흥안 령大興安嶺 산맥이 만주 지역을 몽골 및 북부 중국으로부터 갈라놓는 다. 북쪽에는 소흥안령小興安嶺 산맥이 만주 중앙의 저지대와 아무르 강 사이에 있다. 멀리 동쪽에는 시호테Sichote 산맥이 있어 한카 호가 동해로 유입되는 것을 막는다. 남쪽에는 한반도 북부 지역을 거의 아 우르는 거대한 고지대가 있다. 이 남쪽 고지대의 북쪽 끝에는 청대 황 족 사이에서 성지聖地로 알려진 백두산*이 있다(부록 III 참조). 압록강鴨 綠江은 이곳 백두산에서 발원하여 서쪽으로 흐르고 두만강豆滿江은 동 쪽으로 흐른다. 이 두 강은 현재의 북한과 국경을 이룬다.

엄격하게 말해서 1635년 이전에는 어떠한 만주족도 없었다. 1635 년은 건국 준비 단계의 청 제국에서 추종자들의 상당수가 앞으로는 새로운 이름으로 알려지게 될 것임을 반포한 해였다. 그해에 만주족 으로 분류된 사람의 대부분은 과거에 만주에 살았던 사람들, 특히 당 대唐代(618~907) 이래 중국을 기반으로 한 제국들에게는 여진족으로 알려진 사람들이 그 조상이었다. 여진은 북위北魏(465~535) 시대의 물 길勿吉이란 이름과 다양한 형태로 더욱 오랜 연관성을 가졌을 수 있 다. 틀림없이 여진은 당대의 흑수말갈黑水靺鞨과 관련이 있었거나 그 들의 후손이었다. 흑수말갈은 결국 길림 남부와 한반도 북부에 살았 던 발해 사람들과 조상이 같았다. 중세 여진족의 일부는 만주와 북부 중국을 차지한 금조金朝(1115~1234)를 세웠다. 그 초기의 여진 제국을

* 원문에는 '장백산長白山'으로 표현하고 있으나, 이 책에서는 일괄적으로 '백두산'으로 지칭하기로 한다.

인정한, 누르하치의 영향에 있는 후대의 여진족은 1616년에 금金이라는 왕조의 이름을 부활시켰다. 역사학자들은 오늘날 누르하치가 세운 이 국가를 '후금'後金이라고 부른다.

1600년대 중반에 후금국後金國은 청 제국으로 발전했다. 수 세기 동안 만주에 살았던 여진족과 '만주족'을 구분하려는 청조의 분명한 계획에 따라, '만주족'은 새로운 정체성을 부여받았다. 정치적인 고려는 제쳐놓더라도 새로운 민족적 감정의 형성에는 약간의 타당한 이유가 있었다. 이때까지 여진이란 명칭은 지리상의 용어로 매우 널리 퍼져 있었을 뿐, 문화적으로는 매우 이질적이었으므로 옛 이름에는 더 이상 어떠한 실제적 의미가 없었다. 그럼에도 불구하고 초기 시대에 나타나 계속해서 그 면모를 보인 만주족의 문화는 동북아시아의 전통적인 생활과 근본적인 연속성을 드러냈다.

만주족의 서막

퉁구스계 민족들의 문화는 역사시대에 매우 다양했다. 정착은 저지대에서 먼저 이루어졌고, 곧이어 그 외곽을 향해 이주가 발생했다. 그 지역에서 최초로 정착한 사람들은 멀리 동남아시아와 태평양의 섬에서 온 이주자들이었다. 그들은 바다를 건너 북상하여 후기 구석기 시대에 만주 지역에 도착했다. 그들은 처음에 섬이나 요동반도의 산기슭에 정착했고, 이후 요하遼河를 따라서 중심부의 저지대로 이동했다. 대략 2,500년 전부터 현재 만주라 불리는 지역과 한반도 북부에 있는 많은 민족이 중국 문화의 영향을 받기 시작했다. 그들은 농부가 되었으며, 가축을 기르고 도자기를 굽기 시작했다. 무역업자들은 여러 곳에서 더욱 전통적인 퉁구스어군 민족들이 모은 모피, 잣을 비롯한 여러 가지 물품을 중국으로 가져다 팔고, 비단과 화폐를 비롯한 중국의 상품을 가지고 왔다. 만주족의 조상은 상대적으로 이 지역에 늦게 도착했다. 이들은 기원전 1세기경 아무르강을 따라 남하하여 오늘날의 하바롭스크의 동쪽 저지대로 옮겨왔다. 그 결과는 이질적인 근원으로부터 단일한 민족과 문화로 개선된 것이 아니라, 이따금 종족과 연맹을 연합하는, 문화적으로 다양한 집단이 그 지역의 울퉁불퉁한 지대에 정착한 것이었다.

중국에 기반을 둔 제국들은 일찍이 기원전 3세기부터 한반도에 군사 식민지를 세우기 시작했고, 이 일은 중국과 동북아시아 간의 문화적·상업적 교류를 강화시켰다. 유교와 불교가 3세기경에 한반도에서 득세하고 후일 한반도에서 남쪽의 일본에 전승된 것도 부분적으로는 이러한 통로를 통해서였다. 기원전 2세기경 한무제漢武帝가 한반도 북부에 설치한 한사군漢四郡은 그 영향력을 만주 남부에까지 확장시켰다.

만주에 거주하는 민족들을 정주 경제와 유목 경제로 구분하는 일은 결코 명확하지 않았다. 일찍이 구석기 시대에는 적어도 이들 북방 민족의 일부가 순록을 타는 것에 익숙했다는 확증이 있고, 이는 이들이 적어도 부분적으로는 유목생활을 했음을 시사한다. 물길, 그리고 후일의 말갈과 발해가 모두 순록을 수출했다. 그러나 당대唐代까지 만주에서 말은 소와 마찬가지로 희귀했고, 10세기에 유목민인 거란(契丹, Kitans) 제국이 그 지역을 지배하기 전까지는 대규모 유목이 있었음을 보여주는 어떠한 증거도 없다. 대신 사냥·낚시·채집이 가장 이른 시

실내용 덧신은 동북아시아 퉁구스계 민족으로부터 기원한 만주족의 유산을 분명히 보여준다. 그들은 옷감을 덧댄 푹신한 예복과 모자, 그리고 혹독한 겨울 날씨를 대비한 행전行纏(바지를 입을 때 정강이에 감아 무릎 아래 매는 물건)을 선호했다. 남성이나 여성 모두 옷은 밝은색을 매우 좋아했고, 옷의 테두리에는 동물이나 새의 모양이 새겨진 것이 일반적이었다. 이처럼 품질이 좋은 버선은 면화 대신 비단을 사용했다는 점에서만 일반 백성이 사용한 것과 다르다. 야외에서는 진흙이나 얼음에 뒤덮인 땅에 발이 젖지 않도록 두꺼운 밑창이 박힌, 펠트나 가죽으로 만든 장화로 바꿔 신었을 것이다.
_ 북경고궁박물원 소장.

기의 경제에서 중심이었고, 농업은 기원후의 초반 몇 세기경에 한반도로부터 만주 남부로 차츰차츰 전래했다.

노예제도는 퉁구스계 민족들의 고대 제도였다. 당대唐代 말갈의 향촌에, 특히 농촌에 노예가 존재했다는 몇 가지 증거가 있다. 노예는 지역 민족과의 전투를 통해, 후일에는 여진 영토의 주변에 건설된 중국과 한반도의 마을을 습격하여 확보되었다. 여진족의 시대에는 노예가 사냥을 하는 데 중추적인 역할을 했다. 노예는 먹잇감이 활동하는 영역을 포위하고 북을 쳐서 동물을 자기 주인의 조준 시야 안으로 모는 일을 했다(이는 유라시아의 보편적인 사냥 형태인 몰이사냥이다). 수 세기 동안 농업노동자와 가사를 도울 사람으로 쓰기 위해 노예를 축적하는 일은 만주 지역의 경제적·사회적 토대를 변형시켰다. 그것은 (때로는 칸이기도 때로는 칸이 아니기도 했던) 촌장과 그 졸개 사이에 주인-노예 관계라는, 근본적인 정치적 장치를 제공했다.

한반도는 2세기경 여러 개의 작은 왕국으로 체계가 잡혔고, 얼마 후에 좀 더 큰 사회가 한반도 북부와 만주 남부 지역을 차지했다. 이 부여국夫餘國은 후일 한반도와 만주 지역에서 나타난 많은 왕국의 조상으로 간주되고 있다. 부여국은 유교와 같은 중국 문화, 퉁구스계의 여러 민족에게 나타나는 많은 경제적·종교적 전통과 함께, 중앙아시아의 문화 중에서도 몇 가지 요소(주로 불교 지식과 말의 사육)를 갖추었다. 부여는 5세기에 사라질 때까지 한반도의 여러 왕국 및 중화권의 여러 제국 모두와 관계를 유지했다. 그 이름은 중세 시대의 연맹체에 계속해서 반영되었고(예를 들어 부여는 우량하Uriangkha〔올량합兀良哈〕와 밀접한 관련이 있었다), 만주 지역을 차지한 현대 중국의 지명에도 반영되어 있다.

만주 지역에 대한 부여의 지배가 사라진 이후, 기록상으로는 말갈족이 두각을 나타냈다. 북부의 말갈 집단에서 가장 강력한 집단은 흑수黑水(즉 아무르강이라고도 하는 흑룡강)말갈이었고, 남부의 말갈 집단에서 가장 강력한 집단은 그 영토가 멀리 남쪽으로 백두산에까지 뻗어있는 속말粟末(즉 송막松漠, 오늘날의 송화강松花江[Songari])말갈이었다. 7세기에 속말말갈은 고구려高句麗와 당 제국 모두로부터 끊임없는 군사적 압박에 시달렸다. 700년경 속말말갈의 한 지도자는 북만주 일대의 거란족 사이에서 일어난 반란의 진압에 당군唐軍과 협력함으로써 이러한 압박을 경감시키는 길을 찾았다. 당조는 그 보상으로 속말말갈이 그 지역의 패권을 장악하는 것을 인정했고, 그들이 제국 내의 부속국과도 같은 준 국가를 설립하는 것을 승인했다. 몇 년 후 그들은 발해渤海(Parhae)라는 이름을 사용했다.

발해는 만주 일대에서 처음으로 이웃 나라들이 인정하는 도시 중심지와 정치체제를 발전시켰다. 그들 사이에서는 장인 기술이 번성했다. 그들은 철광의 채굴과 야장일(아마도 그들이 돌궐족으로부터 배운 기술)로 유명했고, 만주 지역의 지명 중 상당수가 발해의 산업을 기념하는 철과 관련된 말을 담고 있다. 당조唐朝의 기록은 채소와 곡식, 공산품, 가축 등으로 유명했던 발해의 많은 주거지대를 언급한다. 돼지, 말, 긴 털을 가진 외래산 토끼, 절인 야채(한국의 김치와 다르지 않음), 구리, 매, 펠트*, 진주, 인삼 등을 포함한 이들 수많은 산물이 수 세기 동안 만주 지역 사람들의 경제적 기초로 존재했을 것이다.

발해의 도시였음을 보여주는 유적은 중국의 동북부와 러시아의

---

* 양털이나 그 밖의 짐승의 털에 습기·열·압력을 가하여 만든 천. 신발, 모자, 양탄자 따위를 만드는 데 쓴다.

연해주, 특히 하바롭스크의 인근에서 여전히 발견되고 있다. 중국이나 한반도 남부의 기준으로 보면 발해의 유적들은 규모 면에서 그다지 대단하지 않은 건축물들이었지만, 건축 과정에서 벽돌, 목재, 금속을 사용하는 복잡한 공사방법을 채택했다. 중국의 기록에 따르면 일반 백성의 주택은 그들이 최초로 등장한 때부터 퉁구스계의 민족적 특징을 가졌음을 보여준다. 목조건물이든 나무껍질로 만든 집이든 벽돌집이든 흙집이든 간에 사철 내내 사용하는 집은 그 지역의 혹독한 날씨에도 온기를 유지할 수 있도록 반지하의 형태로 만들어졌다. 집들은 보통 둥근 형태였고, 한가운데에 굴뚝용 구멍이 뚫려 있었다. 이러한 형태의 집은 유라시아 북부 전역에 널리 퍼져 있었다. 물길도 굴뚝 구멍을 통해 사다리를 타고 안으로 들어가는 그런 집을 가졌다. 페르시아인은 중세의 튀르크인들이 그런 주택을 짓는 모습을 목격했고, 20세기에도 사모예드Samoyeds족은 반지하 형태의 동굴에서 생활하는 것으로 묘사되었다. 이런 것들은 북미 지역에 최초로 정착한 사람들 사이에서 나타나는 많은 주택의 형태와 다르지 않은데, 북미에서는 멀리 남쪽으로 아나사지Anasazi 인디언이 살던 애리조나 일대에서 둥근 반지하 집들의 흔적이 존재한다.

발해는 한자를 사용하여 고유한 언어를 기록하는 관료체계를 갖추었고, 이 관료체계는 수도首都 기능을 하는 일련의 다섯 도시에 보급되었다. 발해의 군주와 그를 따르는 많은 귀족은 매년 순차적으로 이 다섯 수도에 거주하며 지역의 거물들과 관계를 강화하고 공물을 거두었다. 불교와 유교 모두 발해의 엘리트 사이에서 영향력이 컸다. 대부분의 엘리트는 사신 또는 학생의 자격으로 당唐의 수도 장안長安에 정기적으로 방문했다.

발해의 계급체제는 발해와 연관된 한반도의 다른 왕국과 마찬가지로 지극히 엄격했다. 엘리트들은 거대한 가문과 연계되었으며, 성씨를 지니고 있는 경우가 많았다(이것이 일반 백성에게서 관례였다는 증거는 전혀 없다). 이러한 형태는 중국 북부에서도 매우 이른 시기부터 존재했지만, 기원전 221년 최초의 중화제국이 창건됨으로써 사실상 사라졌다. 그러나 만주 지역에서는 그것이 여전히 지속되었고, 귀족의 권력과 응집력은 대체로 지배층과 그들 가문의 권력이 잘 유지되게 했다. 그 체제는 출생 계급에 따른 계급제를 필요로 했고, 그러한 계급제도 안에서 일반 백성의 신분 상승은 사실상 불가능했다.

907년에 당조가 멸망한 후 거란은 곧바로 만주와 몽골 지역에서 요遼 제국을 건립했고, 때를 놓치지 않고 그들의 오랜 적이었던 발해를 향해 진격했다. 926년 발해국은 사라졌으며, 요의 왕자들에게 만주 지역의 지배권이 주어졌다. 발해를 비롯한 남부 말갈 집단의 여러 자손은 다른 곳에 재정착하거나 군대에 징집되었다. 처음에 요 제국은 만주 북부의 영토를 정복하고 관리하겠다는 어떠한 희망도 드러내지 않았지만, 북부 말갈족과의 잦은 접전으로 요 제국은 당근과 채찍 정책을 사용하게 되었다. 이 정책은 보상과 함께 강력한 군사적 보복에 근거했으며, 흑수말갈이 요 제국의 사업에 기꺼이 중립을, 또는 더 좋게는 자신들과 같은 편이라고 선언할 것이라는 정치적 인식에 따른 것이었다. 이 시나리오에 따라 발해 북부의 숲지대에 거주하는 말갈족은 자신들의 영향력을 증대시켰고, 10세기와 11세기에 중앙아시아와 만주 지역을 계속 통치한 요 제국으로부터 약간의 인정을 받게 되었다.

1100년대 초반에 여진족이라 불린 집단이 흑수말갈 사이에서 출현했고, 그들의 지도자 아골타阿骨打는 거란 조정으로 초대를 받았다. 아골타는 대체로 요조遼朝가 여진을 진압하려는 의도가 있다고 의심했고, 특히 거란족들이 저녁만찬 이후의 연회에서 자신이 그들을 위해 춤을 출 것을 기대하고 있다는 사실(전통적으로 적에게 억류되어 모욕을 당할 때 하는 행위)을 알고는 격노했다. 그는 이를 거절했으며, 이후 만주 지역에서 거란의 통치에 반란을 일으키기 위해 군사를 일으켰다. 여진족을 통합하고 요 제국의 지배를 깨부수기 위해 그가 일으킨 전쟁은 성공적이었다. 1121년 여진족은 거란의 수도를 점령하고, 자신들의 새로운 제국인 금金 제국을 세웠다.

제국으로 성장하기 이전까지 여진족의 물질문화는 아무르강과 송화강의 기슭을 차지하고 있던, 사냥과 채집을 하는 민족에게서 그들의 기원을 입증했다. 여름의 거주지에서 사용된 둥근 천막은 이 지역의 민족들에게 일반적이었다. 두꺼운 가죽신발, 펠트나 짐승가죽에 오색의 비단과 무명 또는 삼베로 밝은색 장식을 덧대어 만든 무릎까지 내려오는 헐렁한 웃옷, 그리고 장식된 앞치마를 두른 특이한 복장도 이들에게는 보편적이었다. 이것은 현재까지도 샤먼(무당)의 복장으로 계속 사용되고 있다. 여진족은 생고기와 생선을 먹으며, 수수로 빚은 독한 술, 즉 고량주高粱酒를 먹는 것으로 알려져 있었다. 이들 민족이 사용한 배와 썰매, 무기는 특정한 가사용품이 그렇듯이 뚜렷한 유사성을 보였다. 어떤 품목은 독특한 것으로 인정받기도 했는데, 만주족과 에벤크족Evenks*의 요람이 그런 것이었다. 약간 굽어 있고 천장에 매달려 있는 그들의 요람은 종종 유아의 뒤통수를 납작하게 만들

---

* 시베리아 동부에 널리 분포되어 있던 퉁구스어군의 몽골계 민족.

었다(후일에는 납작한 뒤통수가 만주족의 유전적인 특징으로 여겨지기도 했다). 가끔 보이던 특이한 도구나 양식에도 불구하고 만주 지역의 전통적인 민족들은 상당히 유사한 문화를 가졌고, 국가의 이름이나 개념에 근거하여 한 민족을 다른 민족과 구별하려는 경향을 보이지 않았다. 예를 들어 청 제국이 등장할 때까지 현대의 역사가들을 포함한 외부인들이 골드족Golds(한자로는 혁철족赫哲族)*, 오로촌족Orochons**, 오로크족Oroks***이라고 불렀던 민족들은 자신들을 모두 나나이족Nani이라고 지칭했다. '나나이'는 송화강의 지류를 가리키는 이름이다.

여진족은 거란으로부터 자신들의 제국에 사용될 몇 가지 요소를 차용했다. 하나는 사회를 민족 단위로 분단시키는 일이었다. 그렇게 함으로써 중국 북부 지역(이전의 거란족처럼 여진족이 이곳을 통치했다)에 사는 사람들은 중국어로 중국의 정치전통에 따라 통치되었고, 반면 여진족은 별도의 지역에 살고 그들 고유의 전통에 따라 통치되었다. 앞선 왕조인 거란족의 방식대로 황제들은 유교, 불교, 무속적 의식을 포함하는 모든 전통 속에 자신들의 정통성을 합법화함으로써 지역의 구분을 초월했다.

이미 지적한 대로 여진족은 자신들의 고유한 언어를 기록하기 위해 거란 문자를 사용했다. 이 문자를 표현수단으로 사용함으로써 여진족의 전체 교육과 행정체제가 확립되었고, 중국의 철학과 역사의 주요한 작품들이 여진어로 번역되었다. 이것은 그 이전의 언어로는 표현하기 어렵다고 느꼈던 많은 개념을 소개할 수 있게 했다. 그중에

---

* 극동 지역에 거주한 퉁구스계 민족으로, 전통적으로 아무르강, 송화강, 우수리강 근처에 거주했다.
** 러시아의 소수 민족으로 퉁구스어군에 속하는 오로치어를 사용한다.
*** 사할린 섬 테르페니야 만 이북을 중심으로 거주하는 퉁구스계 민족.

는 '황제'皇帝라는 단어도 있었다. 황제는 분권화한 만주 지역의 정치 문화에서는 이질적인, 권력이 한 개인에게 집중되는 개념이었다.

금 제국은 이전의 왕조인 요조와 발해의 선례에 따라 수도를 여러 곳에 설치하는 체제를 사용했다. 앞선 시대의 중국 왕조들은 북경을 황제가 머무는 곳으로는 전혀 고려하지 않았다. 그들은 멀리 서쪽으로 섬서성陝西省의 위수渭水 계곡에 제국의 여러 도시를 건설했다. 요조는 처음으로 북경을 제국의 수도로 사용했지만, 북경은 요 제국의 남쪽 끝에 있었기 때문에 '북경'(북쪽의 수도)이 아닌 '남경'(남쪽의 수도)이라 불렸다. 결국 회수淮水 이북의 중국을 포함한 영토를 차지한 금조는 북경을 자신들의 중도中都(중앙에 있는 수도)라고 생각했고, 중국 왕조 중 처음으로 이곳에 황궁을 건설한 것 같다. 이 황궁은 오늘날 알려진 자금성으로까지 발전했다. 금조 사람들은 요조에서 만든 연못을 작은 인공호수로 확장시켰고(현재 자금성에 있는 3개의 인공호수의 일부), 지금껏 존재하고 있는 작은 섬을 조성했다. 그들은 11세기 말에 노구교盧溝橋(마르코 폴로 다리)를 건설했다. 이 다리는 『동방견문록』에서 소개된 이래 세계 공학 기술의 경이로움 중 하나로 평가받았다. 그들은 도시 안에 최초의 천문대도 건설했다. 원조(몽골족), 명조, 그리고 결국 청조에서도 모두 금조의 토대를 기초로 발전하였고, 그들의 노력은 현존하는 거대한 건축학적 보물로 나타났다.

이전의 거란족이나 그 이후의 몽골족과 달리 여진족은 민속문화를 공식화하고 정자법正字法의 실행을 체계화하고 강화하면서 인구 중에서 일부 핵심 인사가 통치에 필요한 중국 관련 지식에 친숙해져야 한다는 문제점에 직면했다. 이들 정권 앞에 놓인 중요한 선택은 정부의 관료를 선발하기 위해 당대唐代에 중국에서 확고히 자리 잡은 과거제도의 도입 여부였다. 각각의 경우에 선택사항은 귀족과 엘리트기 받아야 할 교육 방식을 결정하고, 그 시험이 통치계급에게 평민으로 인식되는 사람을 뽑을 것인지 아니면 세습 엘리트만이 최고위직에 오를 수 있도록 일반인의 접근을 제한할지를 결정하는 것이었다.

금 제국의 관료체제는 거란의 관료체제와는 거의 유사성이 없었는데, 유목사회와 정주사회의 기본적인 사회·경제적 차이에서 그 부분적인 이유를 찾을 수 있다. 거란과 몽골은 적어도 관료정책에서는 자기 민족 사이에서 나타나는 유목생활의 원칙에 대한 강한 애착을 두었고, 전통적으로 분할된 정치구조에 대해 용인하려는 태도를 보였다. 그들은 오랜 시간이 걸리는 관료적·문학적 성취와 사회적 신분이나 업적을 연결시킴으로써 경제적·사회적 삶에서 극적인 변화를 가져오게 되는 현상을 탐탁찮게 생각한 듯하다. 이러한 이유로 그들은 관료를 선발하고 승진시키기 위해 필기시험을 채택한 중국식 과거제도를 대개 기피했다. 거란족은 요조 아래에서 거행되는 시험에 참여하는 것이 조서로 금지되었고, 원 제국의 대부분 사람들에게 시험 응시의 기회가 유보된 것은 몽골족이 시험에서 거두는 성취의 문제를 고려할 가치가 없도록 만들었다.

그러나 여진족의 경우, 2개의 언어로 된 시험을 확립하고 해당 민족들에게 시험의 참여를 장려하려고 공식적으로 시도했다. 이것은 매우 다른 국가적 대처법을 가졌음을 보여주는 증거이다. 거란족이나 몽골족과 달리 여진족은 중국 본토에서 무상으로 토지를 불하받지 않았고, 유목생활 특유의 문화적 수칙이나 정치구조에 충실하지도 않았다. 금조에서는 평민의 지위 격상이나 귀족층의 고위직 독점을 제한하기 위해 시험제도를 활용하려는 시도가 계속되었다. 금 제국은 국가의 중앙집권을 추진하고 내치제도의 유지에 매우 폭넓은 역할을 하는 왕조의 지지층을 확보하기 위해 귀족의 특권과 영향력을 제한하는 대단히 적극적인 국가정책이 있었다. 이러한 관례는 모두 청 제국 관료체제의 전신이었다.

여진족 관료들의 국제적인 문화는 초기의 제국을 강화시켰지만, 1100년대 중반 금조의 황제 세종世宗(재위 1161~1189)은 여진족이 정복자이자 무사로서 지니고 있는 독특한 정체성을 잃고 있다고 걱정하게 되었다. 그는 여진족 엘리트들이 전쟁과 사냥, 그리고 만주 지역에서 생활할 때의 혹독함을 유지할 수 있도록 계획을 수립했다. 귀족들은 북경을 떠나 정말로 내몽골이나 만주 지역에서 병영에 입대할 것을 강요받았다. 그곳에서 그들은 끊임없는 사냥을 통해 말타기와 활쏘기의 기량을 늘리고, 대체로 허약하지 않은 신체를 만들어야 했다. 성공작은 아니었지만 그의 실험은 후일 중국을 통치한 만주족 황제들에게 본보기와 경계의 역할을 한 것으로 평가받았다. 만주족 황제들은 금 제국의 역사를 열렬히 탐독했으며, 여진족을 옛날 방식으로 돌아가도록 강요할 수도 그렇다고 여진족을 위해 중국에서 발전하고 있는 새로운 문화를 허락할 수도 없었던 세종의 딜레마를 반복적으로 언급했다.

요와 금 두 왕조는 한족이 세운 송宋(960~1127) 및 남송南宋(1127~1279) 제국과 적대적인 관계를 유지했다. 송조의 규모는 당조보다 훨씬 작았다. 요와 송은 불안한 평화를 유지했다. 송조는 전쟁을 피하고자 요에 막대한 공물을 제공해야 했다. 그러나 여진이 요 제국을 멸망시키자, 송조는 여진과 유사한 협의에 들어가기를 거부했다. 두 나라 사이에 계속된 전쟁과 전쟁 위협은 철과 화약의 사용에서 주요한 진전을 이끌 정도로 송조의 방어기술을 발전시키는 데 자극이 되었지만, 막대한 군사비용 탓에 송조 경제의 악화를 가져오기도 했다. 송조의 노력에도 불구하고 1127년에 송조는 여진에게 회수 이북의 영토를 빼앗겼다.

1234년 금 제국이 몽골족에게 멸망당하자, 여진족은 다양한 운명에 맞닥뜨렸다. 수많은 여진족들은 금대에 만주 지역에 머물렀고, 계속 전통적인 방식에 따라 생활했다. 또 일부 여진족은 금 제국의 정복부대의 일원이 되어 중국 북부로 이주한 상태였다. 이 중에서 일부는 한족에게 동화되어, 몽골족으로부터 한족 취급을 받았다. 일부 사람들은 중국에 머물든(많은 사람이 중국에서 유가적 소양을 갖춘 관료로 일했다), 만주로 돌아갔든 간에 여전히 몽골족에게 여진족으로 인식되었다. 그 결과 만주 지역의 여진족은 금조의 황실문화와 제도로부터 소외되었고, 몽골족이 세운 원조로부터 가벼운 정치적 영향력을 받으며 이전의 만주 지역 관습에 따라 생활했다.

원조는 1368년에 멸망했지만, 만주 지역의 민족들 사이에서 몽골의 영향력은 여러 가지 형태로 계속되었다. 심지어 몽골 제국의 쇠락과 멸망 이후에도 몽골족이 쓰는 언어가 동아시아에서 국제어의 기능을 계속했기 때문에, 여진족은 중국의 명조 및 한반도의 조선 모두와 공식적인 교류를 계속했다. 특정 형태의 불교, 특히 사캬파sa-skya pa(薩迦派)의 라마교가 몽골과의 접촉 때문에 1500년대에 만주 지역의 여진족에게 친숙했다. 그 결과 몽골의 정치적·문화적 영향력이 전통적인 여진족의 경제생활과 명조 요동 지역의 여러 무역도시에서 발산하던 매력과 결합하여 복잡하고 다층적인 문화적 환경으로 나타났다. 이것은 16세기 말에 조선의 관료 신충일이 관찰하고 묘사한 세계였다.

만주족의 독특한 제도

20세기 내내 '씨족'clan은 만주족과 그들이 속한 퉁구스계 민족의 종족 조직을 일컫는 보편적인 용어였다. 이 용어는 아무 문제없이 만주족의 사회조직을 묘사하기 위해 사용되었다. 또한 시로코고로프S. M. Shirokogoroff의 명저『만주족의 사회조직: 만주 씨족조직의 연구』*Social Organization of the Manchus: A Study of the Manchu Clan Organization*(上海, 1924)에서 루이스 헨리 모건Lewis Henry Morgan이 북미 원주민 사회를 묘사하기 위해 사용한 용어를 그대로 답습하여 '씨족'을 매우 중요하고 포괄적인 사회단위로 인정했기 때문에 이런 식으로 널리 사용되었다. 곧이어 중국의 인류학자 능순성凌純聲이 송화강 지역에 거주한 퉁구스계 민족을 다룬 매우 상세하고 적절하게 묘사한 연구에서 시로코고로프의 기본 개념을 사용했다.

시로코고로프의 연구가 아주 오래되었고 방법과 표현상에 기이한 특징을 보였음에도, 그의 연구는 만주족에 관해 궁금해하는 사람에게는 없어서는 안 될 자료로 남아 있다. 그는 "공동의 조상을 갖고 있고, 같은 씨족 일원과의 혼인을 금지하는 원칙, 즉 족외혼처럼 일련의 금기사항을 인식하며, 한 사람의 남성 시조로부터 부계 조상을 거쳐 내려온 혈연 및 의식에 대한 인식으로 맺어진 사람들의 집단"으로 씨족을 정의했다. 이러한 정의는 만주족을 규정하기에 가장 적절한 표현이지만, 모든 부족 형태의 민족에게도 보편적으로 적용될 수 있다.[2] 실제로 그는 씨족 구성원의 생활, 또는 그들의 살기 위한 노력을 몇 가지 서로 간의 근접성 안에서 주목했다. 그들은 내부의 분쟁을 조정하고, 조상에게 제사지내고, 공동재산을 관리하기 위해 적어도 해마다 모임을 가졌다. 또한 단일한 씨족의 이름으로 자신들을 규정했다. 이 마지막 특징은 시로코고로프가 강조하고 반복한 다음의 말처럼 거의 확정적이었다. "씨족은 이름 없이 존재할 수 없다. 이것은 씨족의 중요한 특징이다."[3]

오늘날에는 스코틀랜드 사람들의 특이한 사회적 조직을 인간사회의 특징적인 형태인 씨족 또는 부족의 추상적인 개념으로 일반화하는 것은 물론이고 그들의 조직을 널리 분포되고 시대에 따라 다양했던 민족으로 일반화하는 것에 대해서도 거부 반응이 있다. 그럼에도 불구하고 만주족 내의 씨족과 결부시킨 시로코고로프의 실증적인 많은 생각들은 주목되어야 한다. 그의 일련의 생각은 그때 이후 진행된 만주 지역에 관한 인류학적 연구는 물론이고 청대의 사회사·문화사·정치사 연구를 통해서도 명확하게 확인되었기 때문이다. 그는 씨족의 정체성을 공통의 혈통에 대한 의식과, 공동의 재산 관련 업무를 처리하기 위한 정기적인 모임과, 공동의 정신적 지주에 대한 숭배와, 그리고 성씨에 대한 자발적인 인정과 연결시켰다. 어떤 단계에서도 그는 씨족적 유대로 묶인 그러한 정체성이 사실은 한 사람의 실제 조상으로부터 내려왔다거나, 혈연적 유대를 보여주는 어떤 증거가 (결혼할 수 없는 대상을 결정한 점을 제외하면) 씨족에 관한 모든 것을 결정했다고 말하지 않았다.

시로코고로프와 능순성을 비롯한 여러 인류학자가 생각한 것처럼, 씨족의 포괄적인 특성은 만주 지역의 전통생활에서 나타나는 가장 핵심적인 양상이었다. 그것은 모든 경제적 활동을 가능하게 했고, 개개인의 정신적·육체적 건강과 행복을 이루어냈다. 문화적 전승의 수단으로서 씨족들 사이의 통혼通婚은 무역 및 정복과도 같은 중요한 자리를 차지했다. 겹혼인cross-marriage* 또한 새로운 씨족, 어떤 경우에는 새로운 민족이 만들어지기 위한 메커니즘이었다. 씨족동맹은 유일한 정치적 통합기구였고, 우리가 만주 지역에서 부족이라고 인식한 것은 씨족이 확장된 것이었다. 이러한 개념을 사용한 시로코고로프는 만주족의 사회생활에서 분명했던 활력과 단절을 잘 담아냈다.

그럼에도 불구하고 만주어 자체에서 규정한 용어로 만주족의 사회조직을 생각하고 그 용어의 역사를 간략하게 검토하는 것은 아마도 가장 좋은 방법일 것이다. 금 제국의 여진족이 만주 지역과 중국 북부를 통치한 때인 12세기에는 이미 근대 만주어의 단어 '무쿤'mukūn의 원형이 되는 단어가 사회적 협력체를 묘사하기 위해 사용되었다. 사회적 협력체는 확장된 형태의 종족과 매우 흡사했던 것 같다(부록III 참조). 예를 들어 금 제국의 역사서에서 '열전'列傳 부분은 별로 예외라고 할 것도 없이 열전 속 인물이 속한 무쿤을 명기하고 있으며, 그 인물의 부친이 지나온 행적을 통해 무쿤을 추적했다. 그때까지 무쿤은 혈연집단으로 간주되었음이 분명하다. 그러나 이 단어가 가장 최초로 담고 있는 의미는 가계 또는 혈연관계와는 전혀 관련이 없었다. 그 대신 (한 마을에서) 함께 살거나 (동물의 떼나 배의 함대, 또는 사냥 내지 전쟁을 목적으로 조직된 집단이 그러하듯이) 함께 이주하는 것을 뜻하는 단어와 관련이 있었다.

관련된 의미는 이해가 된다. 여진족과 그들의 조상을 간략히 묘사한 중국과 한국 측의 기록을 보면, 그들이 상당히 안정된 마을에서 함께 모여 살기를 선호했음을 알 수 있다. 또한 어떤 마을은 사냥철이나

* 혼인 관계에 있는 집안끼리 다시 맺는 혼인.

전시 동안에 어느 정도의 계급적 조직을 갖고 이동하는, 기능적인 협력체였다는 점도 보여준다. 사실 무쿤은 금조 황군皇軍의 기본적인 구성단위였다. 급속하게 성장하는 여진족의 군사력을 조직하는 데 가장 효율적이고 가장 믿을 수 있는 방식은 확장된 종족 집단 전체를 군부대로 징집시키고, 각 족장(청대의 무쿤다mukūnda)에게 그 부대의 대장 자리를 주는 것이었다.

정복군을 모두 지휘하는 전쟁의 지도자에게는 좋았겠지만, 관련된 군대의 실제 병력을 복원하고 싶은 역사가들에게 이것은 어려운 일이다. 그러나 많은 인원을 보유한 각 무쿤은 자신들을 종족 단위의 구성원으로 인정하는 마을(또는 여러 마을)에서 함께 거주하고 있었다. 물론 하나의 무쿤은 도달할 수 있는 규모에서 자연적인 최대치가 있었다. 어떤 상한치는 이미 다음과 같은 점을 암시했다. 즉 어떤 마을이 친족 조직에서 기원했든 그렇지 않든 간에, 마을 주민은 충분한 시간이 흐르면서 통혼의 과정을 통해 종족이 되어가는 경향이 있었을 것이라는 점이다. 한 마을 안에서 다수가 충분히 밀접한 정도의 친척일 때 족외혼의 규칙을 준수하기 위해 젊은 남성과 여성들은 반드시 외부인과 결혼했을 것이다. 그러나 또 하나의 자연적인 한계가 환경이었다. 사냥과 채집에 의존하는 매우 북쪽에 위치한 마을의 사람들은 소규모로 유지되어야 했고, 또 자원 부족의 압박을 느낀 개인 또는 개인이 모인 집단이 자주 마을을 떠났던 여진족의 사회사를 보여주는 산발적인 증거가 있다. 그들은 예외 없이 새로운 무쿤을 형성했고, 자기들이 원래의 집단에 속한 이전의 친척과는 연결되었다고 더 이상 생각하지 않았다. 반면 갈수록 농업 지대가 증가하는 남부에서는 무쿤이 취할 수 있었던 규모 면에서, 그리고 어쩔 수 없이 형태 면에서도 훨씬 더 유연했다.

여진족은 무쿤보다 높은 수준으로 발전한, 고유한 제도를 갖지 않은 듯하다. 금대에 무쿤은 통솔의 목적에서 '밍간'minggan(몽골어로 '1천'의 의미)이라 불린 거대한 단위로 통합되었고, 새롭게 고착되고 공식화된 관료조직에 편입되었다. 누르하치의 등장 직전인 16세기의 여진족 사이에서 무쿤은 '아이만'aiman이라는 지도자의 지휘 아래 결합되어 있었다. 아이만은 몽골어 단어인 '아이마크'aimakh*에서 나온 말로, 종종 '부족'tribe으로 번역되지만, 무쿤 집단의 연맹체를 의미했다. 1630년 이후 청나라의 규모가 커지고 조직이 복잡해지자 무쿤이라는 혈연집단의 개념에 더욱더 의존하는 바로 그 순간에도 무쿤 수준 이상의 조직을 일컫는 역사적으로 고유한 용어는 전혀 찾을 수 없었으며, 그래서 팔기八旗 조직 내에 창작된 용어를 만들어냈다.

시로코고로프는 만주족의 모계혈통이 개개인의 지위와 그 소속에서 큰 주목을 받았으며, 많은 경우에 '낙추'nakcu(외삼촌)가 주요한 실세였다는 자신의 관찰에 근거하여, 만주족이 원시적인 모계사회였을 것이라는 가설을 세웠다. 18세기까지 줄곧 황실의 가문 내에서 외삼촌들이(한군기인 출신의 무관인, 강희제의 외삼촌들**이 매우 유명하다) 엄격한 교관이자, 보호자, 그리고 정신적 후원자로서 특별한 역할을 맡았음을 드러내는 징후가 있었다. 사실 만주족 사회든, 그들의 조상인 여진족 사회든, 그리고 그 어떤 사회든 진정한 모계 중심의 역사를 가졌던 것으로 드러난 확실한 증거는 없다. 하지만 금 제국과 청 제국의

* 몽골에서 일정한 유목지를 공유하는 사회집단의 명칭. 현재는 바뀌어 행정 구획의 이름이 되었다.
** 동국강佟國綱(?~1690)과 동국유佟國維(1641~1719)를 말한다.

역사에서 모계혈통에 부여한 권위가 상대적으로 높은 수준인 여성의 영향력과 연결되어 있음을 단언하는, 많은 단편적 증거를 볼 수 있다. 성인 남성의 모친이 남성의 아내보다 더 많은 권력을 가진 이래, 이것은 서열이 높은 여성 그중에서도 특히 권문세가의 서열이 높은 여성들에게 더욱 사실이었다. 청대에는 강희제(재위 1662~1722)와 건륭제(재위 1736~1795)가 모두 조정의 연장자인 여성으로부터 영향을 받았다. 일반 여성들 사이에서도 중국에 정착한 만주족 여성의 전족을 금지한 점은 만주족 공동체의 경제적·정치적 삶에서 만주족 여성의 활기를 보여주는 상징으로 남아 있었다.

금조와 청조의 경우 모두 국적 없는 생활에서 국가의 형성 단계로 이행하고 다시 정복국가에서 통치체제로 변화하는 2차 이행을 동반하는, 종족의 개념화와 기능화라는 느슨한 패러다임이 있었다. 예를 들어 금나라 건국 이전의 시대를 언급할 때 (중국어로 기록한) 제국의 역사는 종종 황실 일족의 조상을 '당'黨이라고 불렀는데, 이는 그들이 (사냥과 약탈을 포함하는) 경제생활의 운영에서 주로 집단으로만 인식되었음을 의미한다(그렇다고 배타적인 혈연집단으로 인식된 것은 아니다). 이 모든 것은 무쿤의 초기 의미와 일치한다. 국가가 형성됨에 따라, 항상 이름을 갖고 있었던 이러한 단위는 시로코고로프가 언급한 것처럼 군대의 일부로 제도화되었고, 개인은 무쿤의 이름을 성姓으로 채택했다. 군대가 북부 중국의 정복과 함께 이동을 멈추고 인구는 좀 더 정착하여 만주에서 북부 중국으로 분산되자, 여진족은 같은 성을 가진 사람들이 가상의 선조로부터 내려온 혈통을 실제로 공유한다고 생각했다. 이러한 과정과 함께 나타난 것은 금대의 무쿤이 작업 단위에서 종족의 개념으로 변화한 점이었다.

유사한 형태가 청 제국의 형성과 팽창 과정에서는 더욱 대규모로 그리고 좀 더 자세하게 나타났다고 할 수 있다. 앞선 세기에 대해 신뢰할 만한 자료를 제공하는 17세기의 여러 기록은 국가가 없었던 만주 지역에서 무쿤이 주로 여진족의 작업집단이었음을 보여준다. 소규모의 전쟁을 통해 몇몇 마을이 흡수되자, 마을 주민들도 정복활동을 하는 무쿤에 편입되었다. 그러나 날로 증가하는 여진족이 명조의 요동 지역은 물론이고 만주 남부의 도시와 농촌으로 이주해오자, 무쿤 집단은 자주 변화되거나 완전히 와해했다. 일부 여진인은 조선인이나 중국인의 방식대로 생활했고, 그들의 문화에 적합한 성씨를 사용했다.

누르하치의 통일전쟁에서 무쿤은 다시 기본적인 조직단위로 사용되었다. 이것은 누르하치가 동쪽과 북쪽으로 팽창하며 마을을 합병하고 마을의 족장을 부대의 대장으로 임명함으로써 잘 작동되었다. 그러나 누르하치는 최초의 시기부터 정말로 무쿤에 소속되지 않은 일정 수의 사람을 데리고 있었음이 분명하다. 어떤 경우에는 사람을 얻게 되는 즉각적인 환경에 의지하여, 새로 들어온 사람이 그저 존재하는 무쿤에 배치되었을 수도 있다. 그러나 대개의 경우, 이러한 사람들은 다른 사람들과 함께 한군기인漢軍旗人의 전신에 해당하는 사회적·군사적 단위에 배치되었다. 이와 같은 단위는 초기에는 '우전 초오하' ujen cooha(烏眞超哈)라고 불렸다. 이 용어는 오랫동안 청대사 전문가들에 의해 '중장비부대'重兵로 번역되었지만, 누르하치가 "다양한 사람들을 소중히 아꼈던" 칸이었다는 점에서 오히려 '소중한 부대'重兵를 더 의미하는 것(부록II 참조) 같다(3장 참조). 국가 형성의 초창기 당시에 무쿤은 정체성의 근본적인 기준이 되었고, 후일 만주족으로 알려진 사람들(즉 그들의 군사적 단위는 원래 무쿤 조직에서 기원한 부대에 근거했다)과 후일 한군漢軍으로 알려진 사람들(그들의 군사적 단위는 새롭게 창설된 부대에 근거했다)을 구분했다.

정복이 확대되고 팔기에 대한 행정적 통제가 강화됨에 따라, 몇몇 부대의 지휘에 대한 무쿤의 지배력이 느슨해졌다. 이것은 대략 백여 년에 걸친 과정이었다. 결국 만주족의 대다수가 불완전하나마 봉급을 받는 주둔군으로 중국에 정착했을 때 무쿤 본래의 결속력은 더욱 약화되었고, 만주족은 무쿤의 유대의식을 주로 조상의 제휴관계라고 인정하기 시작했다. 물론 여기에서 가리키는 조상은 대체로 누르하치 시대보다 더 앞선 시기의 사람들은 아니며, 많은 경우 중국을 점령한 시기 이전의 사람들도 아니다. 근대에는 '할라무쿤'halamukūn(역사적으로 근사하게 묘사한 대규모 종족의 간부집단 안에 모든 개인을 둔, 종족의 상부관계와 하부관계를 보여주는 청대의 신조어)이 만주족의 정체성과 그러한 정체성 내의 지위를 보여주는 표시로서 출현했고, 그것은 이제 오로지 조상의 동맹으로만 간주된다.

이러한 배경에서 누르하치의 초기 국가가 매우 유동적인 무쿤을 사회·군사적 조직의 기초로 사용하기 위해 어느 정도의 위조, 인위적인 가공, 행정적 조정이 적용되어야 했음을 깨닫는 것은 전혀 놀랍지 않다. 전통적으로 그랬듯이 무쿤이 경제적·환경적 상황에 의해 끊임없이 형성되고 개선되지는 않았을 것이다. 새로 누르하치의 조직에 들어왔을 때 신참자들의 이름은 기록된 채 변화하지 않았다(만주에서는 무쿤이 단위로서 가입하는 것이 일반적이었다). 보상, 승진, 그리고 토지의 수여도 결국은 집단인 무쿤에게 돌아갔다. 무쿤의 영속성을 확보하기 위해 누르하치의 수하들은 이런저런 종류의 역사를 기록해야 한다고 주장했다. 기록된 역사가 진리인지 허위인지는 전혀 문제가 되지 않았다.

때마침 재산의 분배, 구성원 명부의 유지, 족장의 임명 등 원래 무쿤만이 처리하던 일들은 국가의 기록 및 국가가 판단해야 할 대상이 되었다. 청대를 전공하는 역사학자들은 청대 중기에 공식화된, '3백 명으로 구성된 여러 부대'가 청초에 무쿤을 기반으로 한 부대의 원래 모습을 반영하지 않았으며, 그 결과 정복군의 추산치가 수차례 수정되어왔음을 뒤늦게 깨달았다. 마찬가지로 중요한 것은, 이 과정이 이해되기 전까지 만주족을 비롯한 여러 정복자 엘리트들에 대한 정체성의 규정에 영향을 준, 매우 적극적인 청나라의 역할이 완전하게 인식되지 않았다는 점이다.

1621년에 요동을 점령한 때부터 17세기 말까지의 기간에 거대한 관료체제는 팔기의 계보, 급료의 적정선, 장수의 승진과 재직 기간, 소송과 처벌, 은퇴·사망한 경우의 보상, 또는 특별근무의 증거를 기록하는 데까지 발전했다. 그러나 청조가 계보와 민족성을 제국 정체성의 일부로 격상시키기 시작한 18세기까지 이런 것들은 일반적인 협의를 위한 기록으로 편찬되지 않았다. 그 이후부터 팔기의 역사와 규칙, 그리고 1700년대 말까지 멈추지 않은 계보에 대한 일련의 대량 인쇄를 시작했다. 한문으로 출간된 이 방대한 기록들은 이제 팔기의 구조와 기능에 관한 다양한 문제에 대해 합당한 의문을 품은 상태에서 검토되어도 좋다.

이 모든 생각은 대체로 아이신 기오로Aisin Gioro(愛新覺羅)라고 불린, 청조 황실의 종족에게도 동일하게 적용된다. 3장에서 살펴보겠지만, 아이신 기오로 일족의 명칭과 역사는 다른 어떤 만주족의 일족만큼이나 필요한 것이었으며, 또 가공되었다. 누르하치의 무쿤 집단은 그 자신의 시대에는 틀림없이 잘 정비되었겠지만 매우 명확하게 이름이 붙은 것은 아니었고, 그 역사도 걸출한 조상을 가졌다고 주장할 수 있다는 사실에도 불구하고 몇몇 모호한 구절이 있었다. 조상의 혈통을 정확하게 아이신 기오로라는 이름으로 주장한 시기가 언제였는지는 분명하지 않지만(개정된 기록은 그 집단이 항상 그런 이름을 가졌다고 주장하기 때문이다), 그 이름을 선택한 이유는 좀 더 분명하다. 그 이유는 비교적 관련이 먼 집단이 통치권을 주장하지 못하도록 차단하고, 종족에 근거한 샤머니즘적 숭배를 국가의 제례로 형성되도록 하며, 제국의 역사에 동기를 부여하기 위해서였다.

청조의 전성기 동안 황실의 설화는 '종족을 복원하려는 생각'이 누르하치의 생각이라고 묘사했고,[4] 정복전쟁은 여진족 사이에서 자신의 종족을 위해 그리고 명 제국에 통치당하는 여진족을 위해 정의를 추구한 행위로 이해되었다. 종족은 제국의 결합력과 성공을 보장하는 열쇠였기 때문에, 종족에게 정복의 수익금을 보상하는 일은 정당화되었다. 사실 아이신 기오로 일족은 19세기 말에 이르면 3만 명이 넘는 인구를 가진, 그 자체가 대규모이자 고도로 관료화된 조직이 되었다. 게다가 아이신 기오로 일족은 누르하치의 부친인 탁시Taksi(塔克世)의 실제 자손 중 남아 있는 유일한 종족이었다. 국가에서 특정한 범죄행위로 처벌받은 사람들을 종족에서 축출하라고 요구했고, 과도한 방계 친척을 잘라냄으로써 종족의 승인을 제한하는 법률을 계속해서 제정했기 때문이다.

청나라는 아이신 기오로 일족이 천복天福을 받는다는 이유로 정복을 밀고 나갔으며, 다른 무엇보다도 자기들의 수호신과 샤머니즘적인 소통을 계속 지킴으로써 종족의 고결한 행위를 유지했다. 시로코고로프는 모든 사회에서 나타난 샤머니즘을 이해하기 위한 모델로서 퉁구스계의 문화와 샤머니즘을 활용했다. 비록 오늘날에는 그의 분석 중 모든 부분이 설득력이 있지는 않지만, 20세기 초반에 만주 지역에 거주한 퉁구스계 민족들의 샤머니즘에 대한 그의 현장 연구가 인류학에 심오한 특징을 남겼다는 점은 사실이다. 특히 만주족의 샤머니즘은 그 어휘와 그와 관련된 학술 대부분이 퉁구스계 민족들과 부인할 수 없을 정도로 관련이 깊을 만큼 너무나도 완연한 현상으로 간주되었다. 예를 들어 '샤먼'shaman이란 단어는 만주어에서 기원한 것으로, 다른 퉁구스어군의 언어와 어원이 유사하거나 동일하다. 이 단어는 만주어에서 기원한 단어 중 보편적으로 사용되는, 유일한 영어 단어이기도 하다. 샤먼은 정신적인 죽음과 부활을 경험하여, 결과적으로 초자연적인 공간을 여행하고 그곳에 영향을 줄 수 있는 능력을 갖춘 사람으로 묘사되었다. 과거에는 남자이거나 아니면 여자였을 이 샤먼은 병, 가뭄, 또는 동물의 이주를 일으키는 초자연적 힘을 인식하고 이에 개입할 수 있었다. 사냥이나 호전파 일당의 성공을 보장하는 샤먼의 능력 때문에 향촌과 종족의 지도자들은 필수적으로 샤먼과 친밀하게 지내야 했다.

　　동북아시아와 내륙아시아에서 샤머니즘의 중요성은 여진족의 성장기 및 그 수 세기 전부터 분명히 드러난다. 11세기에는 그러한 샤머니즘적 의례가 초기의 돌궐突厥(튀르크) 제국, 당 제국의 황실 일족(그들은 혈통상 부분적으로 튀르크인이었고 중앙아시아에 있는 튀르크의 일부 지역에 대한 지배권을 주장했다) 및 거란에서 그 기원을 찾을 수 있는 관습의 영향임을 보여주었다. 그들 이전의 많은 민족처럼 여진족은 상서로운 일을 기념하기 위해 산꼭대기나 다른 높은 장소에서 (하늘에는) 백마白馬

를, (땅에는) 흑우黑牛를 제사지내는 의식을 알았다. 또한 그들은 매년 봄가을에 거행되는 제사의식을 준수했다. 그 제사의식은 원래 계절사냥과 관련이 있었다. 그리고 거란족처럼 그들은 버들잎에 화살을 쏘아 주술을 부렸고, 그 결과는 샤먼에 의해 해석되었다.

무쿤은 수호신을 가졌으며, 샤먼은 집단의 구성원들을 위해 그러한 수호신과의 중재자 역할을 했다. 무쿤과 영적인 수호신 사이의 관계는 모든 구성원에게 강력했지만, 족장에게 특히 강했다. 족장의 지위는 샤먼의 승인에 달려 있었다. 족장과 샤먼은 협력하여 일할 필요가 있었고, 대체로 인접한 곳에 거주할 필요가 있었다. 사실 여진족의 건국신화는 자기들의 전형적인 초기의 전쟁지도자 자체가 샤먼이었다고 주장한다. 간략하게 이야기하자면 샤먼의 이야기는 대체로 오늘날 『니산 샤먼 이야기』*The Tale of the Nisan Shamaness*로 알려진 대서사시의 일부였다.[5]

청조 내내 황실의 황족은 샤머니즘적인 일련의 의례를 발전시켰다. 1621년에 묵던이 청조의 수도가 된 이후 묵던의 궁궐 단지에는 인상적인 조각상을 갖춘 특별한 사원이 건설되었다. 그리고 1644년에 황족들이 북경에 새롭게 건설한 수도에 정착했을 때에는 곤녕궁坤寧宮에 다양한 샤머니즘적 의례를 거행하기 위한 장비가 갖추어졌다. 곤녕궁에는 제수로 쓸 고기를 요리하기 위해 특별한 화덕이 여러 줄 갖추어져 있었고, 하늘에 바치기 위해 제물을 끌어올리는 신주神柱가 있었다. 무속적인 군무와 행렬은 휴일마다 자금성紫禁城 안의 빈 뜰에 늘어섰으며, 사냥장면에서는 종종 누르하치 시절의 모습을 재현했다. 18세기에는 조정에서 주술적인 의례를 다룬 일련의 총서 편찬을 명령할 정도였다. 여기에는 필수적인 제기에 대한 상세한 그림 묘사도 포함되었다(제기의 일부는 한자어로만 알려졌는데, 이는 황족의 종교적인 실천 과정에서 계속적인 혁신이 있었음을 보여주는 지표이다. 한자어는 이러한 제기를 묘사하는 데 필요한 차용어였다).

　　민속문화의 많은 다른 요소와 마찬가지로, 청대에 만주 지역부터 중앙아시아를 비롯한 중국 전역에 흩어져 있는 만주족의 공동체에서 샤머니즘의 기원을 추적하기란 어려운 일이다. 그러나 각 성의 주방駐防에 거주한 만주족이 적어도 샤머니즘적 관습 몇 가지를 보유했으며, 많은 만주족이 18세기에 주방에서 벗어나 거주하도록 허락을 받은 이후에도 자신의 사저에 신주를 세웠음(북경의 귀족들 사이의 관례였다)을 보여주는, 입증되지 않은 증거가 있다. 만주 지역에서도 분명히 그 지역의 고대 신앙과 강한 연계를 가진 많은 전통을 계속 지켰다. 이처럼 살아남은 문화 유적들 덕분에 시로코고로프와 능순성의 현장 연구가 가능했다. 마찬가지로 20세기 초반까지도 정리되지 않은 『니산 샤먼 이야기』 역시 분명하게 고대의 요소를 몇 가지 분명히 담고 있다. 이 책은 구전되어오는 내용을 매우 최근에 기록으로 담은 것이기 때문에, 현대 만주어의 구어를 연구하는 데 없어서는 안 될 기념비적인 자료이기도 하다.

알타이어족의 개념과 만주어

여진족의 언어는 에벤크족, 골드족, 오로촌족, 나나이족 등 동북아시아와 러시아 연해주 지역에서 수렵과 낚시를 하는 여러 민족의 언어와 상대적으로 꽤 밀접했다. 반면 한국어, 일본어, 오키나와인의 언어와는 분명히 훨씬 덜 연관되어 있었다. 누르하치의 시대에 그의 추종자들이 말하는 언어는 몽골어, 러시아어, 중국어, 튀르크어, 아랍어, 그리고 궁극적으로는 히브리어(예를 들자면 '법률'을 뜻하는 '도로'doro는 히브리어 '토라'torah에서 파생된 몽골어 '되뢰'dörö에서 유래했다)에서 파생된 단어가 가미된 어휘 덕분에 풍부해졌다. 청대와 현대에 만주어는 표준어 이외에도 석백족錫伯族(부록Ⅲ 참조)이 구사하는 하나의 중요한 방언이 있었다. 중화인민공화국 정부는 현재 석백족의 방언을 별개의 언어로 평가하고 있다. 18세기 청조에서는 방언을 비롯하여 여러 가지 다른 형태의 문화적인 비공식성을 최소화하기 위해 할 수 있는 모든 일을 했지만, 엄밀한 의미에서 볼 때 만주어 자체는 고대부터 오늘날까지 많은 부수적인 방언이 있었다.

중세기의 문어체 여진어에 대한 지식은 후대의 여진족 후손들에 의해 방치되었기 때문에, 표의문자인 여진어의 사례들은 개정 없이 보존됨으로써 현대의 학자들이 근대 이전 퉁구스어군의 언어를 복원하는 데 활용되었다. 이것은 문화사학자와 언어사학자들이 활용한 데이터베이스에 대단히 중요한 추가 자료가 되었다. 그들은 지난 2세기 동안 알타이어족 이론을 발전시켰다. 이처럼 알타이어족의 개념은 18세기 후반부터 시작된, 수많은 유라시아 대륙의 언어들이 다수의 문법적 특징을 공유한다는 인식에 힘입은 것이었다. 많은 언어가 꽤 간단한 주어－목적어－동사의 어순에 근거했다. 게다가 인도-유럽어족의 언어와는 달리 시제나 격을 표현하기 위해 단어 안에서 모음을 변화시키는 것 대신에 유라시아 지역의 언어들은 교착성이 강했다. 교착성이란 이 지역의 언어가 시제를 나타내기 위해 음절을 추가하고, 격을 나타내기 위해 문장 안에 조사를 삽입하는 것을 말한다.

그러한 유사성은 멀리 떨어진 유럽의 핀란드어·라트비아어·헝가리어, 중동과 중앙아시아의 수많은 튀르크어군의 언어, 몽골어, 그리고 여진어·한국어·일본어와 같은 만주 지역의 언어, 또한 아메리카 북서부의 일부 언어 그중에서도 알류트족의 언어에서 나타났다. '알타이어족'이라는 이름이 그 이론에 채택된 이유는, 논의되고 있는 지리 문화적 지역에서 중앙아시아의 알타이 산맥이 대체로 그 중심지이기 때문이다.

알타이어족의 언어는 더욱 세분되어 주로 튀르크어군, 몽골어군, 퉁구스어군으로 나뉜다. 일반적으로 이러한 범주는 약간의 지리적 형태를 띠고 있어, 튀르크어군은 서쪽에, 몽골어군은 중앙아시아와 내륙아시아에, 퉁구스어군은 가장 동쪽에 위치한다. 그러나 이것은 그저 포괄적인 일반화일 뿐이다. 사실 어군들 중 극소수는 매우 복잡한 형태로 나타날 수 있다. 예를 들면 몽골어를 말하는 사람이 아프가니스탄과 중국에서 나타나고, 야쿠트족처럼 튀르크어군의 언어를 말하는 사람이 극동 쪽인 만주 지역에서 나타나는 식으로 말이다. 이러한 복잡성은 알타이어족의 언어와 관련된 민족들이 대체로 시베리아 지역에서 기원했으며, 연대순으로 각기 다른 집단 이동에 따라 시베리아로부터 유라시아를 가로질러 다양한 방향으로 확산되었을 것이라고 추정하는 사실에서 기인한다. 각 이주의 물결은 완전하지는 않지만 그 이전의 이주 형태를 묻히게 했다. 최초로 알려진 이주의 물결은 튀르크어군의 언어를 말하는 사람들이었다. 여기에는 중국에서 한漢 제국과 투쟁한 흉노족, 후일 유럽을 침략한 훈족Huns과 아바르족Avars 이 포함될 것 같다. 이보다 훨씬 후대인 13세기와 14세기에는 유라시아의 광활한 대지를 정복하여 차지한 몽골 제국의 병사를 비롯하여,

몽골어를 말하는 사람들이 왔다.

툰구스계 민족들은 만주 지역, 알류샨 해협, 아메리카 북서부 지역 등 비교적 지역은 제한되었지만 밀도가 매우 높은 분포를 보였다. 만주 지역 내에서 툰구스계 민족은 북부와 남부로 나뉘었다. 북부에는 여전히 생존해 있는 에벤크족, 오로촌족, 그리고 일본 북부 사할린 섬의 방언을 쓰는 사람들이 포함되었다. 남부에는 여진족, 골드족, 오로크족이 포함되었다. 이들이 쓰는 언어는 모두 튀르크어와 몽골어에서 온 많은 차용어를 보존하고 있다. 이는 만주·몽골·시베리아 지역 간에 고대부터 지속적인 접촉이 있었음을 보여주는 증거이다.

물론 어족語族 사이의 관계는 언어를 기록하는 역사와 거의 아무런 관계가 없다. 누르하치 시대와 청대에 만주어는 음절문자 체제로 기록되었다. 이것은 중세 여진어가 기록된 방식에서 극단적으로 벗어난 일탈이었다. 그러나 이러한 일탈은 만주족의 문화를 개괄적으로 유라시아의 문화적 영향권 안으로 끌어들였다. 만주 지역에는 표음식의 발명만 있었기 때문이었다. 만주어는 가장 동쪽에서 나타나는 징후를 대표하게 되었다.

알려진 모든 표음문자는 고대 이집트의 표의문자라는 하나의 기원에서 시작되었다. 기원전 1000년 무렵 페니키아인(표음phonetic 체제 자체도 '페니키아'Phoenicia라는 말에서 비롯되었다)을 포함한 동부 지중해의 많은 민족은 고대 이집트어의 복잡한 상형문자('신성한 문자')의 몇 가지 특징을 간단하게 만들기 시작했다. 더욱 중요한 것은 그들이 문어적 요소를, 의미가 아닌 단어의 소리와 결합시켰다는 사실이다. 이러한 새로운 문자에서는 한정된 몇 가지의 요소가 구어를 표현하기 위해 무한대로 결합되어 사용될 수 있었다.

고대 그리스 문자와 로마 문자 어족은 서부 지중해에서 발전하고 있었고, 그 사촌격인 동부 지중해의 언어도 계속해서 발전했다. 원래 성경의 일부분을 기록했던 문자인 아람 문자는 시리아, 레바논, 고대 팔레스타인에서 우위를 차지했다. 초기 시점에서 흘림체로 쓴 한 문자가 아람 문자에서 유래되어 서쪽의 인도 북부까지 전해졌다. '데바나가리'Devanagari라고 불리는 이 체계는 일찍이 기원전 6세기경부터 산스크리트 경전을 기록하기 위해 사용되었고, 몇 세기 후에는 불교의 주요한 문자가 되었다. 기원후의 처음 몇 세기 동안에 문자체계가 동남아시아로 전래되었고 인도의 영향력이 강한 몇몇 나라에서 문자의 토대가 되었다. 7세기에 이 문자는 티베트에 알려졌으며, 티베트인들이 여전히 사용하는 문자의 토대를 제공했다.

7세기에 아랍 문자로 파생되기도 한 고대 시리아의 문자는 기원후의 처음 몇 세기 사이에 이란 동부의 소그드인들에게 채택되었다. 그들은 중앙아시아의 무역에 종사했고 자주 중국까지 왕래했다. 소그드인의 이웃으로서 튀르크어군에 속한 위구르인들은 자체의 언어를 표기하기 위해 고대 시리아의 문자를 채택했다. 그들은 철저히 시리아의 문자로 표기하여 자신들의 언어를 독특하게 만들었는데, 이는 그들이 고대 시리아의 문자를 시계 반대방향으로 90도 회전시켰음을 의미했다. 이것은 당 제국의 강한 영향력을 받는 동안(약 650~750) 중앙아시아에서 최고의 권위를 가진 한자를 모방하고 있었던 것 같다. 몽골인이 위구르인의 영향을 받아 후일 그 문자를 채택했고, 그 문자는 변화를 거쳐 20세기까지 몽골어와 만주어를 표기하는 데 사용되었다.

그러나 중세의 여진어는 또 한 가지 다른 방식으로 표기되었다.

정복, 기념비적인 건축양식, 종이의 발명을 통해 고대의 중화제국은 중국의 상형문자를 동아시아에서 최고의 문자로 확립시켰다. 한자 자체가 표의문자였기 때문에, 한자의 뜻을 이해하기 위해 중국어를 발음할 필요가 없었다. 한자는 어떠한 다른 언어로 된 거의 모든 단어의 의미를 나타내는 데에도 사용될 수 있었다. 이것은 동아시아 전역의 식자층 사이에서 각자의 고유한 언어와 관계없이 서로의 의사소통을 가능하게 했다. 그러나 한자의 체계는 읽고 쓰는 법을 배우기가 어려웠다. 그래서 글을 읽고 쓸 수 있는 능력이 극소수의 사람으로만 제한되었다. 더욱이 어순과 의미의 미묘한 차이가 한 언어에서 다른 언어로 잘 전달되지 않았고, 번역 과정에서 많은 어려움이 있을 수 있었다. 동아시아의 엘리트들은 대체로 중국어의 문법과 발음을 배움으로써, 또 역사적 교훈과 도덕적인 가르침과 즐거움을 얻기 위해 중국의 경전을 읽음으로써 이러한 어려움을 해결했다.

당 제국 시대부터 중앙아시아와 북아시아의 여러 민족은 서아시아의 표음체계와 동아시아의 표의체계 모두에 익숙했다. 10세기 초반에 당조가 멸망하자, 요 제국을 건립한 거란족, 탕구트Tanggut(서하西夏) 제국을 건립한 민약인Minyak(미약인彌藥人), 후일 금 제국을 건립한 여진족 모두 중국어에서 유래한 표의문자에 약간의 표음적 요소를 결합한 문자체계를 창안했다. 세 언어 모두 중국어 어원을 보여주지만, 각자 언어의 문법적인 요소를 나타낼 수도 있었다.

거란 문자의 배열은 특히 두드러졌다. 거란 문자는 음성적 요소의 정방형 배열을 사용하여 음절을 이루는 위구르 문자를 반영하기도 하고, 후일 조선에서 창제된 한글의 구조를 예견하기도 한 것 같다. 한글은 진정한 표음문자이며, 소수의 추상적인 상징을 사용하여 한국어 단어의 소리를 표현한다. 한글은 종종 동아시아에서 유일하게 독창적인 표음문자라고 추앙받고 있지만, 단어 내의 음소 배열방식에서 거란어의 영향을 받았다는 주장이 더욱 그럴듯하다. 이와 같은 점에서는 거란 문자 역시 위구르 문자를 모델로 만들어졌고, 위구르 문자는 셈어 계통인 서아시아의 시리아 문자로부터 기원했다. 이러한 관계를 입증하는 가장 중요한 단서는 아마도 한글이 알레프aleph(시리아 문자에서 파생된 무성음의 초성모음)의 성격을 가진 부호를 사용한 점이다.* 현재 진행 중인 연구는 한글의 기원과 발전에 끼친 다른 가능한 영향력을 제시하는데, 모두 위구르 문자에서 기원한 문자와 관계를 맺고 있다.[6]

거란족은 이른바 대자大字를 창안했다. '거란 대자'는 한자에서 기원한 표의문자를 사용했지만, 거란에서 특별히 교육받지 않은 사람들은 이해할 수 없었다. 그들은 소자小字도 창제했다. '거란 소자'는 혼합된 표음적인 요소를 담고 있었다. 1115년에 거란족이 세운 요 제국을 멸망시키고 여진족이 건설한 금 제국의 언어는 사실상 거란 문자를 개조하지 않고 그대로 채택한 문자로 기록되었다. 거란족은 아마 현재 살아남은 다른 어떤 언어보다도 몽골어와 매우 밀접한 관계가 있는 언어를 말했다. 그렇다고 거란어가 여진어와 똑같았다는 것은 아니다. 그러나 알타이어족의 특징상 대부분의 기본적인 문법적 구조에서 거란어와 여진어는 유사했다. 이와는 대조적으로 중세 중국어는 단음절로 되어 있었고 격조사도 없었다.

---

* 한글의 'ㅇ'과 히브리어 글자 '알레프'(ℵ)가 몇 가지 공통점을 가진 점에서 착안한 주장으로, 두 글자 모두 처음에는 자음으로 만들어졌으나 오늘날 자음의 자격을 의심받는다는 점, 초성과 종성의 글자로 쓰이면서도 그 소릿값은 인정받지 못하고 있다는 점, 정확한 소릿값을 인정받지 못하고 '빈자리의 표시' 기능만을 인정받고 있다는 점 등의 공통점이 있다. 서구의 문자학 연구자들은 한글이 서양 문자의 영향을 받았다고 주장하고 있지만, 국내 학자들은 한글의 독창성을 강조한다.

여진 문자는 금 제국의 몰락에도 살아남았고, 몽골족이 세운 원 제국(1260경~1368)의 통치 아래에서 적어도 약간의 공인을 받았다. 그들은 주요 관문을 비롯한 여러 기념적인 전시물에 불교의 기도문인 『다라니경』陀羅尼經(dharāni)을 여진 문자로 새겨 넣었다. 명대에는 여진 문자가 만주 지역에 설치된 가상의 위소衛所 체제에서 근무하는 여진족 관료와 한족 조정 간의 공식적인 의사소통 방식이었다.[7] 현재 러시아의 연해주 지역에 있는 영녕사비永寧寺碑에는 한자, 몽골 문자, 여진 문자로 비문이 새겨져 있다.* 이는 중세 여진어의 복원을 가능하게 한 일종의 로제타석Rosetta Stone**이었다.

후대에 여진족은 공식적인 의사소통에서 그 중세의 문자를 사용하는 데 반발했다. 예를 들어 여진족 중에서도 청조 초기에 일어난, 동여진東女眞의 일부인 건주여진建州女眞은 중국보다는 조선왕조와 더욱 밀접한 접촉을 하고 있었으며, 이 여진 문자를 잊어버렸다. 그들이 여진 문자를 사용하지 않게 된 시점은 불명확하다. 하지만 명조에서 조공국 관리업무를 맡은 번역기관 사이관四夷館은 1444년에 동여진으로부터 다음과 같은 전갈을 받았다. "여기 40곳의 위소 중에 여진 문자를 이해할 수 있는 사람은 아무도 없습니다. 따라서 지금부터 달단어韃靼語(몽골어)로 저희에게 전교해주십시오."[8] 16세기 말에 건주여진의 족장이 머무는 본진本陣에 파견된 조선 사신은 족장들이 자기들이 읽을 수 없는 여진어라든가, 조선인들이 사용한 중국어가 아닌, 몽골어로 의사소통해줄 것을 요구했다고 여러 차례 언급했다.

* 청대 당시에는 이 비석이 세워진 지역이 중국의 영토에 속했다.
** 1799년 이집트 로제타 근처에서 발견된 비석 조각으로서 성각문자聖刻文字, 디모틱(고대 이집트의 민중문자), 그리스 문자가 동시에 새겨져 있어 고대 이집트 문헌을 이해할 수 있는 중요한 열쇠 역할을 했다.

청 제국의 역사는 이 부분에서 나타난 커다란 변화가 누르하치에게서 비롯되었다고 말하고 있다. 1599년의 어느 날 누르하치는 표음 문자인 몽골 문자를 활용하여 여진어를 기록하겠다는 생각을 했고, 자신의 '박시'bakši, 즉 '지식인' 두 사람에게 적당한 체계를 고안할 것을 명령했다고 알려져 있다('박시'는 몽골어 '박시'baghshi와 궁극적으로는 중국어 '박사'博士(boshi), 좀 더 초기의 발음으로는 '박식한'의 뜻을 가진 '박서'bakse에서 기원했다). 처음에 두 사람은 몽골어를 사용하는 현재의 방법이 아주 오래되었으므로, 굳이 변경할 필요가 없는 것 같다고 주장하며 이의를 제기했다. 이 말을 들은 누르하치는 다음과 같이 화를 냈다. "한족은 자기들의 말을 기록하고, 몽골족도 자기들의 말을 기록한다. 너희들은 지금 우리가 우리 자체의 말을 기록하는 방법을 찾는 대신, 계속해서 외국어를 배워 기록하는 게 더 낫다고 말하고 있는 것인가?" 그 두 사람의 학자는 각자의 의견을 철회하고 새로운 여진 문자를 고안했다. 이것은 만주어의 시작을 보여주는 역사적인 표지였다.

새로운 문자로 전환하는 일은 골칫거리였고, 여진족 사이에서 글을 읽고 쓸 줄 아는 능력의 급증이 뒤따랐음을 보여주는 증거도 없다. 고대의 여진어와 몽골어를 모두 알았던 조선인들은 이 새로운 문자를 알지 못했고, 상당한 시간 동안 외국과의 의사소통은 과거에 했던 방식대로 처리되었다. 몽골어는 여전히 국제어로 남았다. 게다가 새로 고안된 문자 역시 몽골어처럼 고대 시리아어에서 파생된 그 이전의 모든 언어들과 마찬가지로 모음부호가 없었고, 부분적으로는 여진어 단어를 해독하는 과정에서 몽골어의 모음조화를 사용해야 하는 버거움 때문에 문어를 보고 쉽사리 구어를 연상할 수 없었던 많은 독자들을 혼란스럽게 만들었다. 1632년이 되어서야 금조의 칸 홍타이지

Hung Taiji(皇太極, 후일 청조의 초대 황제)는 원을 그리거나 점을 찍어서 문자에 모음을 나타내는 방식을 제안했다. 그래서 후일 이것은 권점자 圈點字라고 불렸다.[9] 이것은 국가에서 처음으로 만주어의 실제 발음을 표시한 일이었다.

부분적으로는 중화인민공화국 국가당안국 國家檔案局의 운영 계획상의 필요성 때문에, 그리고 일부는 청대사 전문가들 사이에서 나타난 전문적 태도의 변화 때문에, 또 일부는 현대 만주족들의 민족적 열정 때문에 만주어는 20세기 말에 어느 정도 부활의 길을 걸었다. 문어로 된 자료가 이것을 가능하게 했다. 이런 자료에는 청대부터 내려온 방대한 문서 더미는 물론이고, 청말의 민간 만주어에서 나타난 몇 가지 변화의 조짐을 보여주는 자료도 있었다. 『니산 샤먼 이야기』는 20세기 초반의 만주어 구어를 반영하고 있는데, 이 책은 19세기 중국의 기인 旗人들이 북을 두드리며 부르던 노래나 대중적인 이야기처럼 단편적으로 남아 있는 자료에 비교될 수 있을 것이다. 이런 자료는 압운 형식과 두운법을 많이 보여주고 있다. 만주어 전문가인 조반니 스타리 Giovanni Stary는 이 방식을 '많은 알타이어족의 사람들이 지은 시에서 보이는 전형적인 형식'이라고 규정했다.[10] 이 밖에 새로운 출판물들도 있다. 여기에는 내몽골과 만주 지역의 여러 자치 현에서 출간한 지역사가 포함된다. 이런 글들은 현대의 일상적인 구어체로 기록되었다.

조선에서 온 현지조사자: 여진족 속의 신충일

때로는 우호적이고 때로는 적대적이었던 여진족과 조선 간의 관계는 오래되었다. 자신을 여진족이라고 부른 사람들은 12세기 초엽부터 한 반도 북부의 중심 지역인 함흥까지 남하하여 정착했다. 조선왕조는 1300년대 말에 처음 건국할 때부터 일부 여진족 추장들을 유용한 협 력자라고 생각했다. 조선은 여진족인 이두란李豆蘭*에게 서훈을 주었 고, 그는 조선왕조의 건국자인 이성계李成桂의 충신이 되었다. 그러나 조선 이씨왕조 체제의 창건에는 여진족을 북쪽으로 압록강까지, 궁극 적으로는 압록강을 지나 오늘날의 만주 지역까지 몰아내려는 강력한 군사정책이 포함되었다. 조선의 진격에 저항한 여진족 중에는 이만주 李滿住가 있었다. 1434년 조선군은 압록강 북쪽에 있는 파저강婆猪江 에서 그를 압박했다. 같은 해에 이만주의 정적이었던 건주위建州衛(당 시에는 오도리Odori〔吾都里〕라 불림) 여진의 지도자인 몽케 테무르Möngke Temür(猛哥帖木兒, 몽골어 이름은 '오래가는 철'이라는 의미)**와 그의 아들 아 고阿古는 한반도 북부에서 다른 여진족과 싸우다가 살해당했다. 표면 상 건주여진은 이제 조선왕조와 평화롭게 지냈다. 그러나 조선의 군 주들에게 건주여진과 건주여진이 통제하고 있다고 주장한 '야인'野人 사이의 차이를 구별하기는 어려웠다. 조선의 기록에서는 보통 모든 여진족은 '야인'으로 언급된다.

1500년대 후반에 건주여진과 조선 사이의 관계는 다시 긴장감이 고조되었다. 이제 몽케 테무르의 후손으로 추정되는, 누르하치라는 이름을 가진 인물이 통치하는 건주여진은 부유하고 강력했다. 그들

---

* 본래 여진족 추장으로서 본명은 툰두란佟豆蘭이었으나, 공민왕 때 귀화한 후 고려왕조로부터 '이씨' 성을 하사받아 이두란李豆蘭이라 불렸고, 이후 이지란李之蘭으로 이름을 다시 고쳤다. 원래 함경도 북청에 거주 하면서 이성계와 친밀했으며, 이성계를 도와 조선 건국에 큰 도움을 주어 개국공신이 되었다.
** 맹가첩목이猛哥帖木耳, 맹특목孟特穆이라고도 표기하는 오도리만호부斡朶里萬戶府의 만호萬戶이자 제1 대 건주좌위지휘사建州左衛指揮使. 청 태조 누르하치의 6대조이다.

은 수 세기 동안 해왔던 것처럼 중국과 조선에 값비싼 천연재를 공급하는 일에 전문성을 발휘했을 뿐만 아니라, 16세기에는 농업전문가의 역할을 했다. 이 농업전문가들은 밀과 수수를 자라게 하는 비옥한 토양을 기반으로 늘어나는 인구를 지원했다. 또한 그들은 몇 가지 산업 비밀, 특히 인삼의 가공과 옷감의 염색에 관련한 산업적 비밀을 갖고 있었다. 그들이 요동遼東의 무순撫順, 개원開遠, 철령鐵嶺 같은 명조의 무역도시와 조선의 국경인 만포진滿浦鎭에 접근할 수 있었다는 점은 자신들의 부와 권력을 계속 유지하는 데 결정적이었다. 여진족의 무역은 중국과 조선 측 모두에게 탐나는 것이자, 공포의 대상이기도 했다. 양측은 변경의 소도시에 중무장을 하는 한편, 무역을 규제하고 관세를 부과하려고 시도했다. 그러한 전략은 여진족을 분노케 했고, 1590년대에는 중국과 조선 모두 누르하치의 상업적 특권과 그의 영토 확장을 제한하기 위해 그와 협상에 들어가려고 시도했지만 실패했다.

신충일이 건주여진에 파견된 것은 1594년에 벌어진 한 사건 때문이었다. 여진족 몇몇이 압록강 남쪽으로 건너와 인삼을 캐다가 조선 변경을 지키는 부대에 의해 살해된 사건이 분쟁의 원인이었다. 이 사건은 압록강의 양측에서 벌어진 일련의 살해사건 중 가장 마지막에 일어난 것으로, 그 기원은 1528년에 조선인 심사손沈思遜(1493~1528)*과 그가 여진족의 영토로 이끌고 들어간 정착민들이 여진족에게 살해된 악명 높은 사건으로까지 거슬러 올라간다. 여기에 사람과 가축을 죽이거나 훔치는 일과 관련하여 일련의 극적인 사건들이 계속되었다. 1595년 건주여진에게는 그 전에 포로로 잡아 조선에 몸값을 요구하

---

* 조선 전기의 문신 겸 무신으로. 만포첨사滿浦僉使로 재직 중 여진족의 기습공격을 받고 살해되었다.

고 있는 조선인이 적어도 17명 있었다. 가장 최근의 복잡한 난국을 해결하기 위한 시도로 조선 조정은 신충일을 누르하치의 거성居城으로 파견했다. 만포진에서 압록강을 건넌 그를 비롯한 소규모의 관료들에 뒤이어 일련의 공물들이 누르하치가 근거지를 둔 퍼 알라의 숙수후 Suksuhu(蘇克蘇護) 계곡의 북서쪽을 향했다.

신충일 일행이 여행한 세계는 매서운 겨울 날씨에 시달리는 곳이었지만, 그 점을 제외한다면 쾌적한 땅이었다. 풍요로운 강과 숲에서 나는 산물을 통해 여진족은 부유해지고 있었다. 그곳의 땅은 신충일이 휴한지 구간으로 볼 만큼 텅 비어 있었고, 이따금 여진족이 소중하게 여기는 말이 서식하는 목초지가 있었다. 신충일은 여진족 사회가 대체로 20가구 남짓의 촌락으로 조직되었으며, 그들 대부분이 숲으로 뒤덮인 강기슭에 모여 산다는 점을 알았다. 사람들이 모여 있는 곳을 벗어나면, 거주지 간의 거리는 꽤 멀다고 할 수 있었다. 백성들은 보통 저장한 곡식을 여행용 가방에 담아 운반했고, 필요할 때에는 사나흘 동안 오지를 걷기도 했다. 어떤 촌락은 생계를 위해 낚시, 잣 따기와 산삼 캐기, 또는 동물의 가죽 구하기 등에 의존했고, 신선한 산물이나 동물 밀집지역을 찾기 위해 수년씩 옮겨 다녔다. 또 일부 촌락은 밀, 수수, 찰기장, 보리를 생산하는 농업지대였다. 대체로 농촌 촌락은 50가구 이상을 수용할 수 있을 만큼 컸고, 사냥과 채집으로 생활하는 숲속의 촌락보다 훨씬 더 계층화되었다. 농업에 의존하든 채집에 의존하든, 대부분의 가구는 다양한 동물의 안식처였다. 신충일은 닭, 돼지, 거위, 오리, 양, 염소, 개, 고양이 등이 농가 주변을 배회하고 있었다고 기록했다.

농촌은 무장한 시종을 자신의 주변에 둔 족장이 관할했고, 적어도 약간의 농사일은 특정한 목적을 위해 납치해온 중국인, 조선인, 또는 몇몇 여진족으로 구성된 노예가 수행했다. 밭, 물, 목초지, 사냥을 둘러싼 촌락 사이의 분쟁은 15세기에 극심해졌다. 이것은 부분적으로는 여진족의 인구 증가 때문이었다. 조선과 요동에서 포로로 잡혀 온 농민들이 누적됨에 따라 1500년대에는 농업생산량의 급증이 가능해졌고, 만주족의 영토 내에서 인구 밀도도 분명한 증가세를 보였다. 그러나 16세기 말에는 생산성이 떨어지고 있었다. 이것은 아마도 수십 년간 농업생산량을 약화시킨 연간 기온의 하향 주기 때문이었을 것이다. 그러나 여진족 촌락 간의 경쟁은 명군과 조선군의 협공 효과가 가져온 결과 때문이기도 했다. 명조는 여진족이 서쪽으로 더욱 팽창하는 것에 반대하는 정책을 고수했고, 조선은 여진족을 한반도 북쪽으로 밀어내는 정책을 강화했다. 인구의 증가는 물론이고 만주 지역으로 유입되는 이주민의 집중은 촌락 사이에 잦은 분쟁을 촉발시켰다.

방어를 위해 촌락은 아이만aiman(연맹)을 형성하는 종족적·경제적 유대의 활용에 의존했다. 정착지에 대한 습격은 일상적이었다. 습격을 받으면 소, 농기구, 무기를 약탈당하거나 사람들이 침략자들에게 끌려가 노예가 되었다. 무장한 사람들이 밭을 순찰하는 동안, 다른 자유민과 여성, 노예 등은 그 안에서 일을 했다. 어떤 남성도 활이나 화살 없이 자신의 촌락을 떠나지 않았고, 살인이나 납치로부터 자신을 지키기 위해 가능하다면 검이나 큰 단도를 지니고 다녔다. 사람들은 홀로 여행하는 일을 피했다. 방문객이 자신의 고향 거주지로 돌아갈 때에는 친구와 친척이 무리로 동행했고, 여자들은 남성 친척이나 집안 하인들의 보호를 받으며 수레를 타고 여행했다.

만주 지역에서 요새화된 주택과 작은 촌락은 고대의 전통이었다.

4세기와 5세기의 중국 역사서들은 물길勿吉이 주거지에 방책防柵을 쳤다고 기록했다. 성을 쌓아 올린 마을은 말갈족 중에서도 거란족에 의해 건설되었다. 오늘날의 우수리스크Ussurijsk(옛 니콜스크Nigorsk, 블라디보스토크의 북서쪽에 위치)에 있는 도심의 두 배인 발해의 토담은 19세기에도 여전히 볼 수 있었다. 금 제국 이전에 벌어진 여진족의 통일전쟁에 관해서는, 중국어로는 '성'城 또는 '보'堡라고 불린 거주지의 기록에서 자주 언급되었다. 이와 같은 성 또는 보, 즉 요새화된 촌락은 같은 시기 동안 개별 종족 또는 종족의 지도자들에 의해 통제되고 있었다.

16세기의 여진족은 정력적으로 관습을 유지했다. 모든 가정은 나무 울타리로 둘러싸였다. 어떤 집은 집안의 가난을 표시할 뿐인 대단찮은 말뚝이 세워져 있었고, 또 어떤 집에는 돌이나 흙으로 만든 토대 위에 튼튼한 방책이 설치되어 있었다. 심지어 어떤 큰 촌락은 거대한 나무 빗장으로 내부를 고정한 목재 대문에 굳힌 흙으로 쌓은 요새를 가졌다. 이러한 시설은 백성을 보호할 권력과 그 권력을 분배할 권한을 가진 사람 즉 '버일러'beile(부록III 참조) 아래에서 통합된, 잘 조직된 '아이만'의 존재를 시사했다.

버일러는 밭·동물·저장품·상품 그리고 사람까지 자신의 통제 아래에 둔 '어전'ejen(주군主君)으로 인식되었다. 버일러는 연맹 안의 다른 족장들을 소유주로 지정하고, 그들에게 밭·동물·사람 등의 재산을 부여할 수 있는 배타적인 권리를 가졌다. 버일러가 재산을 분배하고 재분배하는 일은 샤먼의 권리가 확장된 것으로, 이는 정치적 기능과 정신적 기능이 합병된 것이거나 정치적 기능이 정신적 기능까지 차지했음을 보여주는 것 같다. 예를 들어 태초에는 재산인 양떼를 비롯한 소유물을 없앰으로써 살인자를 처벌하는 것은 샤먼이었고, 무리를 저주함으로써 파멸로 이끈 악랄한 가정을 비난하는 것도 샤먼이었다. 신충일이 방문했을 때에는 버일러의 소유권이 이러한 샤먼의 기능을 일부 포함한 것 같다. 그러나 그 권리가 실제로는 의무였다는 점에서 어찌 보면 모순적이었다. 연맹체 안에서 최고의 지위를 유지하기 위해 버일러는 다른 사람들을 소유주로 임명하고 종종 그들의 재산을 늘려줄 필요가 있었다. 자신의 이익을 위해 버일러는 지지자들에게 보조금의 양과 보조금을 지급하는 빈도를 조정하려고 시도했을수도 있겠지만, 그는 관습상 그리고 필요에 따라 그들에게 보조금을 지급할 필요가 있었다. 이것은 버일러로서 자신을 규정하기 위한 기본적인 사항이었다.

인근의 촌락들은 버일러에 굴복하거나 그에게 대항하여 자기들의 힘을 시험할 수 있었다. 만약 그들이 후자를 선택했다가 패배했다면, 그들은 이후 다른 사람들의 습격으로부터 버일러의 보호를 받을수 있었다. 그 대가로 그들은 버일러에게 일정량의 곡식, 버일러의 노예로 일할 사람들, 그의 병사가 될 젊은 남성, 버일러 내지 그의 남성 친척 또는 하인에게 배당될 여성을 공급했을 것이다. 버일러는 촌락에서 족장을 공인했을 것이고, 상황이 허락한다면 족장은 버일러의 가족과 혼인관계를 맺거나 버일러를 자신의 가족과 결혼시켰을 수도 있다. 모든 버일러를 비롯하여 많은 자산가들이 복수의 아내를 거느렸고, 아내의 숫자는 어떤 남자든 유지해야 하는 중요한 인맥의 숫자와 함께 늘어났으므로 그러한 혼인동맹이 버일러에게만 국한된 것은 아니었다. 자신의 영토와 부부관계의 권한을 확장시켜가는 버일러의 능력은 각각 늘어나는 촌락과 함께 성장했다. 촌락의 안전은 촌락이 연계한 버일러의 권력과 함께 증대되었다.

어떤 버일러도 개인적으로 안전할 수는 없었고, 종종 그와 그 가족은 성을 쌓은 촌락 안의 요새화된 구역에서 살았다. 아이만 내에서 버일러의 지위는 계속해서 전리품, 곡물을 얻어 분배하고 아이만을 보호해줄 수 있는 그의 능력에 달려 있었다. 가장 강력한 버일러들은 명조 중국 및 조선과의 관계에서 배타적인 상업적 특권을 획득하려고 했다. 그 희망은 즉각적인 부를 얻으려는 것은 물론이고, 지역의 정적에 대항하는 버일러 자신의 지위를 유지하기 위해 명조와 조선의 군사적 도움을 요청하기 위한 것이기도 했다. 한 영향력 있는 버일러는 명조 또는 조선의 조정으로부터 보상과 관직이 내려오기만 하면 명조 또는 조선의 국경 방어에 있어 어떠한 공격도 하지 않겠다고 약속할 수 있는 이점을 누렸다. 그러나 명조나 조선으로부터 받는 원조는 버일러가 그들의 군사적 모험에 유용한 정보 또는 물자를 제공할 수 있느냐의 여부에 달려 있을 수 있었다. 모든 황제 권력과의 연계를 추진한 버일러는 첩보와 지정학적 전략 전술의 대가이자, 암살하고 싶은 탐나는 표적이기도 했다.

촌락 내에서 몇몇 형태를 재조직할 수 있는 버일러의 특권은 더욱 넓은 영토와 소유권 계층을 낳았다. 버일러 자신과 그의 귀족들은 각각 '톡소'tokso(拖克索)라고 지칭한 일종의 농장農場을 조직했다. 일부 밭은 전적으로 노예에 의해 경작되었고, 그들이 생산한 작물은 연맹의 엘리트들이 독점했다. 엘리트가 늘어나거나 계급 서열이 변화하게 되면, 사람들은 한 버일러의 통제에서 벗어나 또 다른 버일러의 통제를 받게 되었다. 한자나 몽골 문자를 쓸 수 있는 개인은 극히 드물었고, 대체로 종족과 연계되지 않았다. 그들은 언제나 버일러에게 고용되었고, 더욱 강한 버일러에게 인계 또는 증여될 때에야 원래의 버일러를 떠났다. 종족은 자기들의 자치권 일부, 특히 범죄를 결정하고 벌을 줄 수 있는 배타적인 권리를 빼앗겼다. 그런 권리는 대개 버일러 또는 버일러의 조언자들에게 돌아갔다.

어떤 용의주도한 버일러는 종종 적국의 영토와 인접한 촌락들에 있는 굴뚝을 파괴했다. 이는 신뢰할 수 없는 부하들이 뜻밖에 적국에 보낼 수 있는 신호를 차단하기 위해서였다. 누르하치 자신은 인접한 중국의 영토를 급습하여, 명조 측에서 조망을 통해 자신을 정탐할 수 없도록 굴뚝들을 무너뜨렸다. 버일러들이 화살과 철제무기의 제조를 독점하고, (톡소에 속하지 않은) 자유로운 촌락에서 장인들이 무기제조업에 종사하지 못하도록 하는 일은 일반적이었다. 화살을 만드는 점포와 대장간은 버일러가 거주하는 성 안에 있거나 때로는 성의 바로 바깥쪽에 있었다. 무기를 구매하고 싶은 사람은 버일러의 처소에 와서 허락을 받아야 했다. 군사 동원의 시기에는 버일러가 촌락의 족장들에게 화살을 나눠주는 권한을 자신의 부관들에게 부여했다. 16세기에는 전쟁의 지도자가 버일러이든, 무쿤다mukūnda(종족의 족장)이든 간에 니루 어전niru i ejen(牛錄額眞, '화살의 주인')이라는 통솔계급의 지위를 누릴 수 있었다. 후일 니루 어전은 팔기제도 안에서 부대의 수장을 나타내는 만주족의 관직명이 되었다.

문화적 다양성은 신충일이 지나간 지역의 독특한 특징 중 하나였다. 신충일은 상당히 다양한 민족이 누르하치 일가의 통치 아래에서 통합되고 있는, 그리고 점차 전문화되고 복잡한 역할의 수행을 시작하고 있는 사회를 목격했다. 명나라의 영토에서 넘어온 이민자, 조선인, 수많은 지역에서 온 여진족, 좀 더 먼 지역의 만주와 몽골 지역에서 온 몇몇의 전통적인 민족 등이 이에 속했다. 누르하치의 영토 안에서 존재하던 민족만큼 다양한 것이 그 문화적 영향력이었다. 중국, 몽골, 티베트, 튀르크, 조선의 언어와 종교 및 민족문화가 어떠한 형태로든 알려져 있었고, 누르하치는 자신이 매력적인 지도자로 보일 수 있도록 그런 것들을 이용하기 시작하고 있었다.

부분적인 유목집단이든 전면적인 유목집단이든 간에, 그들은 개방된 지대를 배회했다. 신충일은 그들을 달자韃子(타타르)라고 불렀다(1장 참조). 전면적인 유목집단에는 북부의 문화를 상징하는 훌룬Hūlun(扈倫)연맹의 대표들이 포함되었는데, 이들은 요동 북부에서 길림吉林을 가로질러 뻗어 있었다. 이 일대에서는 몽골족과 여진족의 요소가 결합하여 독특한 문화가 창조되었는데, 이 문화는 누르하치와 연계된 남쪽의 집단보다는 북부의 몽골족 문화와 더욱 강하게 밀착되어 있었다. 몽골족 병사들은 13세기에 원 제국이 만주 지역을 정복한 이래 이 지역에 주둔하고 있었다. 많은 민족들이 명조에 고용된 용병으로서 요동에 머물렀고, 그런 용병 중 일부는 동쪽으로 이동하여 만주 지역에 정착했다. 여진족과는 대조적으로, 신충일이 목격한 몽골족은 여전히 주로 목축업에 종사하고 있었다. 그들은 스텝지대에 거주하는 다른 주변 민족들이 하는 것처럼 우마차에 유르트yurt*를 덮었고, 거의 항상 모피를 입고 있었다.

신충일은 또 다른 이주민 집단에도 똑같은 관심을 보였다. 그 집단은 명조 요동 지역 출신의 남성들이었다. 아침에 퍼 알라에 도착한 직후, 신충일은 3명의 요동 출신 남성과 함께 접견실로 안내를 받았

---

* 몽골족, 키르기스족, 시베리아의 유목민들이 사용한 둥근 천막. 가죽이나 펠트로 만들어 가볍고, 쉽게 옮길 수 있었다.

다. 그들은 모두 요동에서 태어났고, 그중 둘은 무순撫順 출신이었다. 신충일이 한눈에 이들을 알아봤는지는 명확하지 않다. 그가 몽골족을 묘사한 것과는 달리, 그들에 대해 어떠한 묘사도 하지 않기 때문이다. 그들은 여진어와 중국어를 말하는 능력으로만 그에게 주목을 받았다. 신충일은 자신의 의사소통과 보호에 대해서 누르하치의 추종자인 이 요동 출신의 사람들에게 전적으로 의존했다. 신충일은 자신을 접견하는 사람 중에서 한 사람만이 글을 읽고 쓸 수 있었기 때문에 불편하다며 이렇게 보고했다. "이 사람을 제외하면 글을 이해하고 있는 사람은 아무도 없으며, 또 배운 사람도 없습니다."

신충일은 기야무후Giyamuhu(嘉穆湖)*에서 온 김왜두金歪斗의 경우를 특별하게 기록했다. 김왜두는 약간의 조선어를 말했지만, 방문객인 신충일과는 거리를 유지했다. 그 전해에 압록강 남쪽에서 분쟁이 발생하자, 평화회담을 열기 위해 여진족 부대를 이끌고 남쪽으로 온 사람이 김왜두였다. 신충일은 김왜두의 배경을 조금 알았다. 여진족 사이에서 저오창가Jeocangga(周昌哈)라고 불린 그의 부친은 본래 명조의 요동 출신이었지만, 조선에서 생활하면서 조선의 방식에 쉽게 동화되었다. 이를 인식한 조선은 저오창가에게 김추유金秋有라는 이름과 하급관리의 급료를 하사했다. 신충일이 1596년에 퍼 알라에 있는 그를 만날 때까지 김왜두는 8~9년 동안 여러 차례 이동한 누르하치의 본진에 배치되어 있었다. "그리고 그의 부친이 누르하치에게 굴복했기 때문에 이곳은 그의 고향이었고, 그는 이곳에서 떨어져 나가지 않을 것이었다." 사실 김왜두는 후금 왕조가 건립된 1618년에도 여전

* 지금의 요령성 신빈현新賓縣 일대의 만주족 집성촌.

히 누르하치의 곁에 있었다.

누르하치는 이러한 다양한 민족들을 자신의 지휘 아래에서 통합하기 위한 몇 가지 정책을 갖고 있었다. 그러나 그중에서도 가장 심오한 것은 후일 팔기제도의 모습으로 나타나게 될 사회적·경제적·군사적 기구의 체제였다. 역사가들은 보통 기旗의 등장을 1601년으로 추정한다. 기록상으로 원래의 사기四旗가 조직되었다고 언급한 해가 바로 그해이기 때문이다. 그러나 신충일의 관찰에 따르면 1595년에 이미 기 조직이 몇몇 형태로 존재하고 있었다. 신충일은 누르하치가 퍼알라 밖으로 나갈 때에는 약 백여 명의 기마병을 거느리고 다녔고, 각각의 기마병은 활과 화살을 지니고 있었으며, 각자 자신에게 지급된 식량을 갖고 있었다고 기록했다. 그 부대들은 말을 타고 나갈 때마다 깃발을 들었다. 각 기는 길이가 약 50센티미터였다. 신충일이 주목한 깃발의 색깔이 중요한데, 그 색깔은 각각 황색·백색·홍색·청색·흑색이었다. 흑색을 제외하면 이들 색은 원래 존재하던 4개의 기를 각각 상징하는 색깔이었다. 흑색 깃발은 1642년에 팔기로 재편되어 흡수될 때까지는 한군기인이 들고 다니던 것이었다.

신충일은 지역 문화의 다양성을 목격했지만, 누르하치의 수하에서 일하는 사람들이 의상과 머리모양을 엄격하게 통일할 필요가 있었다는 점을 목도했다. 이것은 그들이 앞머리 근처의 머리카락 일부분을 삭발하고, 남아 있는 머리카락은 매우 길게 유지하여 한 갈래로 땋았음을 의미했다. 머리카락의 일부를 삭발하고 남아 있는 머리카락을 약간 독특한 방식으로 정리하는 것은 만주 지역의 고대 제도였고, 언제나 개인의 사회적·정치적 소속감을 나타내는 역할을 했다. 마찬가지로 남자들은 모두 목이 긴 가죽신발을 신었고, 반바지와 헐렁한 웃

옷을 입었다(옷의 재료는 계절과 옷을 입는 사람의 계층에 따라 결정되었다). 이는 모두 여진족의 전통이었다. 누르하치의 다른 지침과 마찬가지로 여진족의 의복정책은, 그가 통합하고 있는 인구의 특징인 문화적 모호성과 다양성을 초월하여 통일성을 이루려는 의도가 있었다. 아이러니하게도 누르하치가 통합의 표시로 삼으려고 한 만주족의 변발辮髮이 한족에게는 대대로 배제의 낙인이자, 오랑캐인 정복자에게 굴복하는 것으로 매도되었다.

3장

누르하치의 수수께끼

영화 〈인디아나 존스 2: 마궁의 사원〉*Indiana Jones and the Temple of Doom*의 첫 장면은 1930년대 상해의 화려한 나이트클럽에서 아시아의 암흑가 보스들이 가진 모임을 묘사한다. 그들은 그곳에 모여 '누르하치의 진액'을 담고 있는 작고 파란 유리병과 엄청난 부를 교환하기 위해 모인다. 그 유리병을 보고 일어난 흥분으로 대소동이 벌어지고, 영화의 주인공은 자신에게는 최대의 적이 되는 라오 처Lao Che(분명한 만주족)와 처음으로 조우한다.[1]

　누르하치[2]에게 매료된 것은 부분적으로는 서구인의 상상 속에서 그가 동북아시아 여러 민족의 전통문화를 지킨 영웅으로 인정받고 있다는 사실 때문이었다. 많은 방식에서 그는 테쿰세Tecumseh(1768~1813)[*]나 제로니모Geronimo(1829~1909)[**] 또는 시팅불Sitting Bull(1831~1890)[***]과 같은 위대한 북미의 원주민 추장을 연상시킨다. 그러나 불운한 민족적 상황에서 나타난 이들 전투의 귀재들과는 달리 누르하치는 승리

---

[*] 북아메리카의 토착민 인디언인 쇼니족의 추장으로서, 테쿰세의 전쟁과 미영 전쟁 기간에 광범위한 인디언 부족 연합을 이끈 군사 지도자였다.

[**] 백인에 대한 강렬한 투쟁을 이끈 북미 인디언 아파치족의 추장.

[***] 미국 인디언인 다코타족의 추장으로서, 북미의 대평원 지대에서 평생 생존투쟁을 벌었다. 1870년대 블랙힐스의 금광 발견으로 미국 정부로부터 이주 명령이 떨어지자, 이에 대항해 리틀빅혼에서 조지 암스트롱 커스터 부대를 전멸시키는 전설적인 전투를 벌였다.

했고, 그 결과 안정적이고 기술적으로 진보했으며 우월했던 (한족의 중국) 문명은 말을 타고 화살을 쏘며 샤머니즘적인 부족 문화에 정복당했다. 그러나 이처럼 상상 속에서나 나올 것 같은 연관성 이외에도, 누르하치에 대한 관심이 지속되는 또 다른 이유가 있다. 그는 세계에서 가장 큰 제국 중 하나를 세운 설립자로 알려진 인물이자, 다채로운 개성의 소유자였다. 역사가가 보기에 민속문학에 묘사된 누르하치의 모습과 그 이후 청 제국에서 나타난 관념, 그리고 현대의 자료 사이에는 아주 흥미로운 긴장감이 있다. 관점에 따라 그는 가난한 소년이었다가 성공한 입지전적 인물일 수도 있고, 군주가 될 운명을 지닌 명문가의 자손일 수도 있으며, 무자비한 정복자 또는 현명한 조정자이기도 하다.

신화가 반드시 거짓이거나 공상의 산물은 아니다. 신화는 문화적 권위 또는 정치적 권력의 기원을 일관되고 가능한 한 설득력 있게 서술하는 이야기를 창조하기 위해, 서로의 내부에 있는 해석을 펼쳐내는 한 방식이다. 누르하치의 신화는 그러한 목적을 실현하는 데 적당했다. 그러나 역사가에게는 누르하치가 시간과 신화의 안갯속에 가려져 있을 필요가 없다. 사실 그는 오히려 일생에 대한 기록이 잘 정리되어 있는 사람이었고, 그 기록이 그의 역할을 물려받은 후대의 사람들에 의해 작성된 것만도 아니다. 사실 조선왕조의 관료들과 개인이 남긴 기록을 통해서, 요동에 근무한 한족 관리들의 저술과 명조의 기록을 통해서, 그리고 만주어로 된 청초의 기록을 통해서도 우리는 한 역사적 인물의 솔직한 모습을 구성할 수 있다.

복수의 화신이라는 신화

청 제국의 역사적 관념에서 가장 중요한 누르하치의 이미지는, 만주 지역의 명조 관리들이 가족에게 벌인 잘못을 보상받기 위해 여진족을 규합하고 통일한 그가 정의로운 젊은이이자 원수를 갚는 사람이라는 것이었다. 이러한 모습에서 그는 중국 동북부에서 여전히 살아 있는 설화집의 주제이다. 어느 한 형태의 이야기에서 누르하치는 여진족 사이에서 태어난 것이 아니라, 명 제국의 변방인 무순 출신의 고아 소년이었다. 이 이야기는 이렇게 계속된다. 명조의 유력한 장수였던 이성량李成梁은 소년의 자질에 감탄하여 그를 자신의 집으로 데려가 하인 겸 제자로 삼기로 했다. 어느 날 이성량이 목욕하는 것을 돕던 소년 누르하치는 이성량의 발에 두 개의 점이 있는 것을 보고는 그 점이 예언하는 의미를 물었다. 이성량은 두 개의 점이 군주가 될 운명을 가진 사람에게 나타나는 징후라고 대답했다. 누르하치는 자신의 발에는 그런 점이 일곱 군데 있다고 불쑥 말하며 이성량에게 발을 내보였다.

그날 밤에 이성량은 아내에게 그 발견의 의미를 털어놓았다. 소년 누르하치는 당시 명 제국의 이름으로 이성량이 다스리던 여진족의 지도자가 될 운명이었다. 이성량은 명조로부터 이 미래의 군주를 찾아서 죽이라는 특명을 받은 상태였다. 미래의 군주가 될 사람이 여진족을 이끌고 반란을 일으킬 가능성을 걱정했기 때문이었다. 이성량은 다행히도 자신이 찾은 목표물이 아직은 비교적 자기방어를 할 수 없는 소년이며, 그가 자신의 처소 안에 살고 있음을 알고 매우 기뻐했다. 그는 누르하치를 죽이기로 했다.

이성량의 아내는 소년을 가엾게 생각했고, 그래서 소년에게 남편의 의도를 비밀리에 알려주었다. 그 즉시 누르하치는 자신이 머무는 동안 친구가 되었던 말과 개 한 마리를 데리고 영내에서 달아났다. 이성량은 자신의 아내가 누르하치의 탈출을 도왔다는 사실을 알아차리고는 아내를 죽였다. 그런 다음 군대를 풀어 도망자를 찾아 처형시키도록 했다. 병사들은 누르하치가 도망간 숲을 불태웠고, 대화재로 그의 개가 비명횡사했다. 누르하치의 말은 그를 안전하게 태우고 가려다가 탈진하여 죽었다. 걸어가다가 포위된 누르하치가 이성량의 군대에게 거의 발견되려는 찰나, 한 무리의 까치 떼가 그가 보이지 않도록 에워쌌다. 그렇게 해서 누르하치는 마침내 여진족들이 사는 촌락에 도착했고, 그곳에서 빠르게 두각을 나타냈다. 누르하치의 천부적인 지도력은 그를 사실상 여진족의 반란군 지도자로 만든 이성량에 대한 원한과 결합했다. 그는 목숨을 잃은 이성량의 아내를 기념하는 신성한 제식을 확립하고, 까치를 자기 일족의 수호신으로 지정했으며, 죽여서 제사에 올리는 희생의 제물에서 개를 배제했다. 또한 이성량의 집을 탈출할 때 탔던 푸른빛이 감도는 검은색(중국어로는 '칭'靑) 말을 기념하여 자신의 제국을 '청'이라고 명명했다.[3]

물론 이 이야기는 화려한 거짓말이지만, 기록들이 이야기의 신빙성을 입증하는 몇 가지 사실을 시사하고 있다. 앞 장에서 살펴봤듯이, 명조가 통치하는 요동 영토와 누르하치가 성장한 그 인근의 여진 영토 사이의 관계는 견고하고 복잡했다. 누르하치는 분명 무순 거리를 떠돌던 고아가 아니었다. 그러나 그가 자신의 부친인 탁시와 조부인 기오창가Giocangga(覺昌安)와 함께 매우 빈번하게 무순을 방문한 것은 확실하며, 어쩌면 그가 그곳을 고향처럼 편안하게 느꼈을지도 모른다. 그들은 여진의 영토에서 생산된 말과 물품을 팔기 위해 자주 무순을 들렀고, 북경을 공식 방문하러 가는 도중에도 무순에 체류했다. 따라서 이 이야기는 에두르는 방식으로 누르하치가 무순을 비롯하여 요동에 있는 명조의 여러 지역을 잘 알고 있었던 점에 경의를 표하고 있다. 더군다나 이성량(1526~1618)은 실존인물이었다. 그는 실제로 누르하치와 우호와 적대를 오가는 이중적인 관계를 유지했다. 민간 설화에서 이성량을 모순적으로 묘사한 점을 이해하기 위해서는, 후일 누르하치를 명조에 저항하는 정의로운 반란군으로 강렬하게 묘사한 청 제국의 역사적 서술과, 당시 중국과 한국 측의 자료에서 보이는 더욱 동시대에 가까운 묘사를 대조해봐야 한다. 그런 다음 그와 같은 두 가지 대비의 가운데에 실제의 이성량을 놓아야 한다.

이성량의 공식적인 직위는 1570년부터 1591년까지, 그리고 1601년부터 1609년 사이의 요동총병遼東總兵이었다. 청조의 기록에서는 종종 그를 한족으로 묘사하지만, 좀 더 상세한 문서에서는 그의 조상을 요동으로 이주한 조선인으로 언급하곤 한다. 사실 그의 먼 조상이 압록강 인근에 살았던 여진족이었는데, 어느 시점에서인가 조선의 이 씨李氏 성을 사용하다가 후일 요동의 북쪽과 서쪽으로 이주했을 가능성도 최소한 절반 정도는 될 것 같다. 이성량은 총병관總兵官으로 재직하던 중간에 북경에 강제로 10년간 억류되었던 것을 제외하면, 평생을 요동에서 지냈다. 그는 명조 무관의 직책과 보수 및 특권을 누렸지만, 사실상 요동 지역의 행정장관이었다. 그는 자신이 지정한 세금을 거두었고, (종종 강력한 여진족 지도자들과) 동맹을 구축했으며, 자신의 가족에게 부와 특권을 부여했다. 그리고 언젠가는 자식 중 한 명이 요동 지역의 군주로서 자신의 자리를 계승하리라고 예상했다.

중국 대륙을 정복한 이후에 기록된 청조의 관찬官撰 사서에서 이성량은 누르하치의 부친인 탁시와 조부 기오창가에게는 강력한 적수인 것으로 묘사되어 있다. 이러한 시각의 역사에 따르면 누르하치의 부친과 조부는 만주 지역을 다스리는 정의로운 군주였다. 요동 지역을 관할하는 데 만족하지 않았던 이성량은 끊임없이 여진 영토로 진출을 시도했고, 기오창가와 탁시라는 사람(또는 그들의 권력)을 무너뜨리려는 음모를 꾸몄다. 마침내 1582년에 그는 기회를 잡았다. 그는 아타이Atai(阿太, 阿台)에 대한 공격을 개시했다. 아타이는 기오창가의 집안으로 장가를 들었으며, 누르하치의 외삼촌이기도 했다.* 기오창가와 탁시가 아타이를 구하기 위해 고륵채古勒寨에 있는 그의 요새로 달려왔을 때, 이성량의 부대는 그 성채를 포위하고 성채 내의 모든 사람을 살해했다.

청 제국의 서술은 계속해서 젊은 누르하치(당시 23세)가 기오창가와 탁시를 살해한 이성량을 어떻게 공개적으로 비난했으며, 그런 다음 복수를 갚기 위해 그가 어떻게 요동의 이성량 군을 공격하는 데 필요한 병사와 무기를 주변에서 모았는지에 대해 묘사한다. 이성량은 교활하고 표리부동한 사람이었으므로, 당연히 여진족 중에도 그와 비밀 동맹 관계였던 많은 사람이 있었다. 그래서 누르하치는 자신이 명조와 직접 맞서기에 충분한 힘을 가지기 전에, 우선 여진족 촌락과 연맹 사이에서 입지를 다져야 했다. 이 첫 번째 단계가 완수되자, 그는 철저히 요동의 명군에게 온 시선을 집중했다. 그리고 자신의 부친과 조부를 살해한 데 대한 분노를 드러내놓고 반복하여 표명하던 1618년

---

* 기오창가는 자신의 손녀를 아타이에게 시집보냈고, 또 자기 아들인 탁시(누르하치의 부)는 아타이의 누이와 혼인했다. 즉 아타이는 기오창가의 손녀사위이면서 탁시의 처남이자, 누르하치의 외삼촌 겸 사촌자형이 되는 복잡한 인척관계를 형성했다.

에는 공개적으로 명조에 전쟁을 선포했다. 누르하치는 1621년에 요동을 정복했고, 1626년의 전투에서 입은 부상의 결과로 죽지 않았다면 북경까지 계속된 복수의 전쟁을 완수했을 것이다.

당시의 기록들은(대부분이 요동 지역에서 작성된 지방 기록 또는 북경에 있는 명조 조정에서 나온 자료) 이성량과 누르하치 모두에 대해 전혀 다른 모습을 보여준다. 분명 이성량은 결코 기오창가와 탁시의 강력한 적수가 아니었으며, 사실 그들의 후원자였다. 기오창가와 탁시가 비록 위대한 여진족 지도자 몽케 테무르(2장 참조)의 자손이기는 했지만, 그들이 1500년대 후반의 여진 세계에서 지극히 강력한 존재는 아니었다. 그들은 요동 무역에서 부를 축적하기 위해 이성량과 우호관계를 구축했으며, 또한 요동의 경계에 거주하는 여진족들 사이에서 자기들의 정치적 입지를 다졌다. 누르하치 자신도 이성량과 맺은 이 동맹관계에 참여했다. 이미 6척을 훌쩍 넘는 키에 어느 모로 보나 눈길을 끄는 젊은이였던 누르하치는 이성량의 권위 또는 평판을 지키기 위해 실랑이와 충돌을 마다하지 않는 모습을 자주 보였다. 젊은 시절부터 누르하치는 이성량이 기오창가와 탁시에게 내린 보상의 범위에 포함되었고, 명조 황제의 환대를 받기 위해 적어도 한 번 이상 북경에 가는 길에 이성량, 기오창가, 탁시와 동행했다.

아타이가 이성량의 눈 밖에 나자, 아타이가 기오창가의 가족과 혼인을 통해 맺은 유대도 기오창가 일가의 지지를 확보하는 데에는 아무런 도움이 되지 않은 것 같다. 왜 기오창가와 탁시가 고륵채를 공격하는 현장에 있었는지 명확하게 알기는 결코 불가능하겠지만, 그들이 이성량과 대결하는 아타이를 돕기 위해 그곳에 있었음을 보여주는 어떠한 증거도 없다(그들과 이성량과의 알려진 관계에서는 어떤 것도 알 수 없다).

그 전투에서 그들이 죽은 이유를 설명하는 어떠한 증거도 없다. 그들이 뜻하지 않게 이성량 부대의 표적이 되었을 수도 있다. 그게 아니라면 이성량이 자신에게 필요한 활용도보다 야망이 지나치다고 생각한 동맹자를 제거할 기회를 활용했을지도 모른다. 더욱 흥미로운 것은 누르하치가 고륵채를 공격하는 현장에 참여했을 가능성도 있다는 점이다. 물론 그가 현장에 없었다면 이에 대한 해명이 필요하다. 그때까지 그는 정력적이고 주목받는 이성량의 추종자였고, 이성량이 겨냥한 표적이자 여진족 사이의 권력을 두고 누르하치 가문의 경쟁자인 사람을 제거하기 위해 그의 부친과 조부가 참전한 이 전투에 그가 불참했을 것 같지는 않기 때문이다.

당시의 기록들은 누르하치가 기오창가와 탁시의 죽음에 대한 배상을 요구하며 이성량에게 연쇄적인 청원을 했다는 사실을 보여준다. 이성량은 장례를 지낼 수 있도록 탁시의 시신을 누르하치에게 인도했고(기오창가는 불에 타 죽어서 시신을 찾을 수 없었다), 이제는 건주여진의 지도자라고 자신이 인정한 누르하치를 여러 차례 만나 그의 가족이 보상받아야 한다는 주장을 경청했다. 그러나 이성량은 배상금의 지급을 거부했다. 누르하치는 자신이 배신당했다고 주장했으며, 그 문제에 대한 빠른 결정을 강요하기로 마음을 정했다. 이성량에게 깊은 인상을 남기기 위해 누르하치는 우선 모든 지역의 물자를 축적하여 안배해야 했다. 그 일은 오랜 시간이 걸렸다. 먼저 복수에 대한 누르하치의 표면적인 열망의 기운을 제일 먼저 느낀 것은 그의 영토 주변의 여진족 촌락들이었다. 그 유명한 13벌의 갑옷으로 시작하여, 그와 충실한 그의 동료들은 신속하게 협박·아부·혼인동맹 등의 활동과 더불어, 국가의 토대를 이루는 사냥·채집·농사·광업·무역의 관리를 시작했다.

　1584년 가을에 누르하치는 서쪽 즉 요동 방면으로, 그중에서도 특히 중요한 무역도시인 무순으로 이동했다. 많은 대규모 향촌이 그에게 굴복한 1587년에서 1588년 사이에 그의 군대는 상당히 늘어났다. 1588년 한 해에만 그는 각각 500명 이상으로 구성된 세 무리의 집단을 받아들였다. 1591년에 누르하치는 거대한 훌룬연맹과 피할 수 없는 대립을 시작했다. 이것은 누르하치나 훌룬연맹 중 누가 만주 지역을 지배하게 될 것인지를 가늠하게 될 대립이었다. 그는 자신의 땅을 훌룬연맹에 되돌려줘야 한다는 요구를 거부했고, 1593년에는 훌룬연맹과 몽골족 그리고 자신을 축출하려는 다른 여진족 집단의 공동 기도에 대항하여 성공적으로 자신의 촌락을 보호했다. 1594년에는 훌룬연맹의 하부조직과의 중요한 결전이 다가왔다. 전장에 나온 적군은 무려 3만 명의 병사들로 추정되었다. 그러나 전군이 완패하여 누르하치가 이끄는 건주군建州軍에게 추격당했고, '시체가 도랑과 개울을 가득 채울 정도'였다. 결국 훌룬 측에서는 4천 명 이상의 사망자가 발생했으며, 건주군은 3천 필의 말과 1천 벌의 갑옷을 노획했다. 패배한 적수를 처리하는 누르하치의 방식은 가혹하고 결단력이 있었다. 그래서 1595년에 그는 이론의 여지 없이 만주 지역의 패권을 차지하게 되었다.

　신기하게도 명조에 대한 보복활동을 천명한 동안에도 누르하치는 사실상 명조와 매우 협조적인 관계를 발전시켰다. 1586년에 무순의 관원들은 누르하치가 자신의 정복에 저항하는, 한 여진족 촌락 지도자를 체포하여 처형하는 일에 도움을 주었다. 1590년에는 누르하치가 자신의 사신을 북경으로 보냈다. 그리고 1593년에는 도요토미 히

데요시豊臣秀吉가 이끄는 일본군의 조선 침략을 물리치기 위해 명조가 주동이 된 국제적 노력에 기꺼이 참여하겠다고 제안했다. 그에 대한 보상으로 명조는 누르하치에게 거창한 작위와 포상을 내렸다. 그에게 시련의 세월이 닥친 것은 이성량이 파면되어 북경에 억류된 1591년 이후였다. 명조 당국은 부분적으로는 이성량과 누르하치 사이에서 발생하는 일종의 동맹 같은 것을 막으려고 했는지도 모른다. 이성량은 종종 다른 유력한 여진족 지도자들과 동맹관계를 맺었다. 만약 그렇다면, 그 정책은 잘못된 결과를 가져왔다. 누르하치의 군사력은 이성량이 부재하는 동안 더욱 규모가 커지고 힘이 강해졌다. 1601년에 이성량이 복귀한 이후에는, 심지어 1608년에 명조가 여진족의 영토를 인지한 시점에서도 명조와 누르하치 사이에 분명한 긴장의 완화가 있었다. 백마와 흑우를 제물로 바쳐 의식을 치르고 건축물을 세워 기념하는 국경 협정은 어느 쪽이든 상대의 국경을 넘는 일을 금지했고, 이를 어기는 사람은 무단침입을 당한 측의 당국에 의해 처형될 것임을 명기했다. 이 조건은 중국과 조선에서 높은 가격을 받는, 지역의 특산품에 대해 여진족의 독점권을 보호하려는 목적이었다. 또한 그 조건은 후일 자신들의 발상지에 대한 청조의 정책에도 일부 반영되었을 것이다. 명조와의 최종 결렬이 일어나고, 누르하치가 요동 침공을 심각하게 준비하기 시작한 것은 이성량이 은퇴한 1609년 이후였다.

젊고 단호하며 부친과 조부의 억울한 죽음을 갚는 복수의 화신이라는 누르하치의 이미지는 부분적으로는 그가 여진족 사이에서 더욱 강력해진 이후에 발전시킨 다소 수사적인 것이기도 했지만, 그의 사후에 기록된 청조 제국의 역사에서 그를 묘사한 것에 힘입은 바가 훨씬 크다. 1618년에 누르하치가 공식적으로 명 제국과의 전쟁을 선포했을 때, 그는 하늘에 무속적인 맹세를 하면서 우선 부친과 조부의 죽음을 언급했다. 그러나 이러한 언급은 명조 당국의 국경 침범에 대한 비난이라는 배경에서 발생했고, 여섯 가지의 다른 큰 비난의 뒤를 이은 것이었다. 이 일곱 가지의 비난은 '칠대한'七大恨으로 뭉뚱그려져 알려져 있다. 칠대한의 일곱 조목은 모두 여진족의 영토에 뚜렷한 경계가 존재하고, 그 경계 안에서 여진족은 명군의 괴롭힘을 당하지 않아야 하며, 자치를 확보해야 한다는 근본적인 생각과 연결되어 있다. 1582년부터 1616년까지 누르하치가 여진족 및 그 주변의 여러 민족과 벌인 전쟁은 그 당시 그의 삶을 지배했다. 그 전쟁의 주요 원인을 찬찬히 돌이켜보면, 누르하치가 무조건 가차 없이 부친과 조부의 원수를 갚겠다고 마음먹고 특히 고륵채에서 기오창가와 탁시를 배신하는 과정에 일조한 여진족 첩자들을 색출하여 없애겠다고 결심한 것처럼 묘사하는 것은 오로지 후대의 서술에서 나타난 것이다.

인간적 우월성을 보여주는 신화

누르하치를 반란군이자 복수를 갚는 사람으로 묘사한 이미지가 청초의 역사에 대한 다양해지는 자료와 해석의 가능성을 열어둔 것처럼, 청조의 첫 번째 황제라는 그의 이미지 역시 그렇다. 누르하치는 말년에 이르러서야 마침내 자신의 지지자들에 의해 칸khan으로 알려졌지만, 그의 사후에 개정된 기록에서는 그를 항상 황제라고 언급했다. 제국의 관점에서 보자면 누르하치는 '성스러운 황제'enduringge hūwangdi이자, 황실의 종교적 의식에서 숭배를 받는 청조의 설립자였다. 그러나 누르하치는 대부분의 일생 동안 버일러beile로 인식되었다. 버일러는 여진족의 종족 또는 연맹의 지도자를 가리키는 용어이다. 누르하치가 황제였는지에 관한 문제는 사실 쉽게 해결된다. 그 당시 그는 분명 황제가 아니었다. 오히려 좀 더 규정하기 어려운 점은 그가 여진족 사이에서 전제군주로서 통치하기를 의도했는지의 여부, 그리고 자신의 직계비속에게 강력한 개인의 권력을 창출할 정부 방식을 장려하려고 했는지의 문제이다.

누르하치가 의지한 몽골과 만주의 전통에서, 칸은 노예를 관리하는 사람이었다. 노예의 관리자로서 칸의 자긍심은 중앙아시아와 내륙 아시아의 도처에서 널리 알려졌고, 아주 오래되었으며, 매우 강력했다. 전면적인 봉사의 대가로 노예는 칸으로부터 어마어마한 보호는 물론이고, 칸과의 상징적(또는 실제의) 친밀감을 획득했기 때문이다. 노예로 편입되는 조건은 언어·관습·거주지에 상관없이 모두에게 적용될 만큼 간단하고 대등했다. 그럼에도 불구하고 노예를 편입시키는 일은 특별히 유연한 합병 수단이 아니었고, 통치자에게는 지극히 제한적이었다. 버일러(2장 참조)처럼 칸은 자신의 연맹체를 안정적으로 유지하고 연맹체 내에서 자신의 지위를 안전하게 만들기 위해 끊임없이 부를 찾아서 분배해야 했다. 그는 정복을 일삼을 수밖에 없었고, 자신이 직전에 획득한 인구를 먹여 살리기 위해 새로운 정벌을 계획할 수밖에 없었다.

칸의 지위는 부족 또는 씨족 지도자들의 공동의 묵인과 협조로 권력을 행사하는 자리였다. 칸이라는 자리는 꽤 정기적으로 전쟁에서의 교전에 의존했고, 본질적으로는 더욱 효과적인 공격 또는 방어를 위해 오로지 연맹체를 좀 더 크고 중앙집중화된 조직으로 통합하려는 목적에서 존재했을 수 있다. 정복자가 지녀야 할 능력을 통해 칸은 전리품과 노예를 자신의 추종자들에게 하사했다. 그러한 연맹조직이 정치적 안정성을 획득함에 따라 칸은 단일한 종족을 통해 칸의 지위를 세습하는, 영구적이고 왕조와 같은 시도를 하게 되었다. 그렇다고 이 시도가 장자 상속제를 암시하지는 않으며, 고故 조지프 플레처 교수가 '피비린내 나는 후계자 선정 제도'라고 부른 내부 투쟁을 막지도 못했다.[4] 사실 튀르크의 칸이나 후대 몽골의 칸 모두 분명히 지능, 민첩성, 체력, 말솜씨 등 하늘이 내린 재능을 입증한 경쟁자와의 강력한 투쟁을 통해 그 자리를 획득한 사람들이었다. 이러한 재능은 몽골족이 '세첸'sečen, 만주족이 '수러'sure라고 찬양한 자질의 집합체로서, 중세 유럽에서는 결투를 통해 검증되기도 하는 능력이었다. 누르하치 자신은 용감무쌍한 전투의 지도자로서 여진족을 자신의 통제 아래로 통합시키기 위한 초창기의 투쟁부터 자신의 칭호에 '수러'라는 호칭을 사용하기를 즐겼다.

건주연맹의 지휘권은 오도리 여진의 족장이 가진 지휘권에서 기원했다. 오도리 여진의 지도자는 명조와 조선왕조 모두에게 인정받은 몽케 테무르(부록III 참조)였다. 누르하치의 조부인 기오창가는 몽케 테무르의 4대손이라고 하며, 기오창가의 부친 복만福滿은 명조 조정으로부터 주둔군의 도독都督이라는 칭호를 받았다. 그러나 만주 지역 내에서 기오창가는 적수가 없지 않았다. 심지어 건주연맹 안에서도 그는 자신의 아들 탁시는 물론이고, 자신의 형인 소오창가Soocangga(素長阿)와 소오창가의 아들 우타이Utai(武泰)와 권력을 공유했다.

여진족 일족의 구성원들은 12세기에 한자 '가고'加古라고 표현되었다. 그들의 만주족 이름은 언젠가 '기오로'가 되었을 것이다. 여진족의 문화에서 보이는 고귀한 종족의 위신은 기오로 일족에게 정치적 지도력을 발휘하는 경쟁에서 모종의 이점을 제공했지만, 기오로 일족은 대종족이었고 종족 내부에서의 경쟁의식도 강했다. 여진족 연맹체의 생계 관리는 복잡했으며, 한 개인의 손에 삶의 모든 측면을 통제하도록 맡기는 관습도 없었다. 유력한 종족의 원로 남성 2명이 사무를 담당했고, 보통은 매우 많은 수의 친인척이 협의를 거쳐 협동으로 일을 처리하는 경우가 매우 잦았다. 그러한 공동의 규칙은 일반적이었지만, 모든 형제가 동등하지는 않았다. 소오창가와 기오창가는 복만의 여섯 아들 중의 하나에 불과했다. 그들의 형인 더시쿠Desikū(德世庫)와 러오단Leodan(劉闌), 동생인 보올룽가Boolungga(包朗阿)와 보오시Boosi(寶實)는 연맹 내에서 버일러의 지위를 부여받지 않았다(그들 모두는 같은 일족의 족장이었는데, 그 때문에 닝구 다ninggū da, 즉 '여섯 족장'이라고 불렸다).

기오창가와 탁시가 사망했을 당시에, 소오창가와 우타이가 연장자였고 통치에 경험이 있었기 때문에 연맹의 통치권이 그 즉시 어떤 한 사람에게 양도되지는 않았다. 그러나 1580년대 초반에는 누르하치가 자신의 권력을 발휘하기 시작했고, 친형제인 무르하치Murgaci(穆爾哈赤)와 슈르하치Šurgaci(舒爾哈赤)가 그의 통치를 돕는 역할을 한 것 같다. 건주여진의 지도자로서 누르하치가 맡은 임무는 이전의 지도자들이 가졌던 것보다 훨씬 복잡했다. 그가 새로운 규모의 전쟁을 일으켰기 때문이다. 이러한 증거로 볼 때 그는 만주 지역의 전통에 따라 협력적 지도력을 계속 유지하는 방식을 선호했겠지만, 그 결과에는 계속해서 실망하고 있었다. 누르하치 시대의 역사에서 가장 이해하기 힘든 수수께끼 중 하나인 누르하치의 동생 슈르하치의 신분·성격·죽음의 문제를 고려해볼 때 이러한 해석은 매우 유용하다. 그러한 관계의 흐름에 대한 가장 생생한 해설은 신충일이 제공했다.

신충일이 도착하기 3년 전, 누르하치와 그의 가족과 추종자들은 훌란 하다Hūlan Hada에 있는 원래의 진영에서 퍼 알라('오래된 언덕'이라는 뜻)라고 불리는 정착지로 이주했다. 퍼 알라는 여진족의 영토에서는 서쪽 끝에 해당하지만, 사실상 명조의 요동 지역과는 인접한 그런 위치에 놓여 있었다. 이곳은 무순에서 이틀 밤이면 도달할 수 있는 거리였지만, 다른 어떤 여진족 거주지에서 출발하든 꼬박 사흘 내지 나흘 밤씩 걸리는 곳이었다. 울라Ula(兀剌, 훌란Hūlan연맹체의 한 곳)의 경우는 퍼 알라까지 동북쪽으로 18일에서 한 달 정도의 시간이 걸릴 만큼 떨어져 있었다. 압록강(조선과의 경계)은 남쪽으로 나흘이 걸렸다. 이처럼 누르하치는 명조 영토의 동쪽 끝과 여진족 영토의 서쪽 끝에 기반을 잡았다. 명나라 영토와의 상업적 관계가 여진족 엘리트들을 중력의 힘처럼 서쪽으로 끌어당긴 것이다.

누르하치의 영토 경계에 진입한 신충일 일행은 20가구가 모여 있고 집집마다 울타리가 둘러 있는, 누르하치 처남의 땅에 도착했다. 때때로 이 친척은 퍼 알라에 있는 신충일 일행에게 주인으로 행세했으며, 이 경우에는 그의 대리인이 신충일 일행을 누르하치의 본영이 있는 곳으로 안내했다. 다음날 신충일 일행은 40가구가 모여 사는 마을에 들렀다. 그곳은 누르하치의 동생 슈르하치의 땅이었다. 한 울타리 안에는 20마리가 넘는 말이 모여 있었다. 그 거주지는 단단한 토담으로 둘러싸였고, 최대 6가구 정도는 토담도 없었다. 그런 다음 왕직王直(중국인 또는 조선인 이름)이라는 사람의 관리 아래 누르하치의 농지를 경작하는 촌락에 도착했다. 이곳은 10곳 이상의 화살 제조 작업장을 가졌고 탑이 세워져 있었으며, 70가구가 넘게 사는 곳으로 나무 방책으로 둘러싸인 언덕의 꼭대기에 건설된, 모든 것이 잘 갖추어진 개발지였다.

신충일이 다가가면서 목격한 바에 따르면, 퍼 알라는 '오래된 언덕'과 그 주변 언덕의 꼭대기에 있는 작은 농지를 제외하면 개간되지 않은 목초지로 둘러싸여 있었다. 마을을 둘러싼 성 밖에는 약 4백 여 가구가 밀집되어 있었다. 신충일은 성벽의 둘레가 약 5.3킬로미터 정도일 것으로 추정했다. 성은 약 1미터 높이의 석축 위에 쌓았고, 윗가지로 덮은 방책이 담장 위로 2.7미터 정도 솟아 있었다. 신충일은 사대射臺나 성가퀴가 없었던 점에 대해서도 언급했다. 다만 성문의 위에는 적을 살필 수 있도록 적루敵樓가 설치되어 있었는데, 풀로 그 지붕을 덮었다. 성문 자체는 육중했으며 나무로 만들었다. 성문을 닫을 때는 거대한 나무 가로대로 문을 고정했다. 외성의 성문은 잠겨 있었고 내성의 문은 열려 있었다. 신충일은 가장 바깥쪽 성벽과 첫 번째 내벽 사이의 구역에 자신이 세어본 결과 3백 가구가 있었다고 추산했다. 내성의 안에는 백여 가구가 더 있었다. 신충일의 보고에 의하면 그들 모두는 병사의 가족들이었다. 성안의 마을은 네다섯 곳의 샘물을 먹고 살았는데, 샘이 모두 얕아서 조밀한 인구가 다 마시기에는 적당하지 않았다. 물 공급량을 보충하기 위해 이들은 무리를 지어 숙수후 강으로부터 밤낮으로 얼음을 운반했다.

신충일은 퍼 알라 안의 공간이 나무로 만든 내부의 벽으로 분할되어 있으며, 그 안에 또 하나의 목조 내벽이 있음을 알았다. 한참 후에 신충일이 내실로 진입하는 것을 허가받았을 때, 그는 누르하치의 가족과 슈르하치의 가족 그리고 건주위의 주요 병사들이 그곳에 거주한다는 사실을 알았다. 누르하치와 슈르하치의 처소는 중앙에 있었다. 누르하치의 처소는 북쪽에 있어 남쪽을 향하고 있었고(상관의 자리), 슈르하치의 처소는 남쪽에 있어 북향하고 있었다. 두 사람은 손님을 맞이하는 뜰과 종교적 형태의 사원을 함께 사용했다.

신충일은 누르하치의 처소에 안내되었고, 한참을 지체한 후에야 건주위의 추장을 잠깐 만나는 대접을 받았다. 그러나 어떤 일도 일어나지 않았고 신충일은 외성에 있는 한 집에서 추운 밤을 지냈다. 다음날 아침 신충일은 자신이 누르하치의 처소에 다시 가는 일이 이루 설명할 수 없을 만큼 복잡하다는 점을 깨달았다. 자신을 데려다줄 말에게 먹일 사료를 구할 수 없었기 때문이다. 신충일은 대신 누르하치의 삼촌들에게 선물을 나눠주며 하루를 보냈다. 셋째 날에 그는 손님으로서 그들의 집을 들러야 했다. 누르하치 일족의 원로들로부터 검열을 통과한 후, 신충일은 다시 한번 음력 설날에 연회에 참석하기 위해 누르하치의 처소로 이동했다. 식사 전에 누르하치는 통역관 중 한 사람을 통해 신충일에게 이렇게 말했다. "오늘부터 우리 두 나라는 하나가 될 것이고 두 집은 한 집과 같이 지낼 것이니, 영원히 연합하고 우호를 맺어 대대로 변하지 말자." 신충일은 이를 두고 후일 조선에 이렇게 보고했다. "이처럼 그들도 우리나라의 덕담과 같은 말을 했습니다."

신충일은 그 모임과 모임 지도자의 모습에서 깊은 인상을 받았다. 그의 기록에 따르면 누르하치는 살이 찌지도 마르지도 않았고, 체격이 건장하고 곧았으며, 콧날이 길게 서 있었고, 얼굴이 길고 피부는 다소 검은 편이었다. 누르하치와 비슷한 옷을 입고 있는 사람은 슈르하치였는데, 그는 형보다 체격이 장대했고, 모난 얼굴에 흰 피부를 가졌으며, 귀에는 은귀걸이를 차고 있었다. 누르하치는 초피貂皮로 만든 모자를 쓰고 있었으며, 귀덮개(몽골식 복장)와 끝이 뾰족한 관을 썼는데 그 끝에는 깃털과 작은 장식이 달려 있었다. 슈르하치와 장수들은 모두 비슷한 모자를 썼다. 누르하치의 철릭〔天益〕*은 오색의 무늬가 아로새겨져 있었으며 발등까지 늘어져 있었고, 길이가 짧은 것은 가장자리에 전부 초피를 사용하여 풍성하게 수를 놓았다. 신충일의 보고에 따르면 장수들은 계급의 차이에 따라 각기 다른 바느질로 구별했고 각기 다른 등급의 모피로 장식을 붙였다. 그들과 그 친척들은 신충일이 방문했을 때에 모자를 벗었는데, 머리를 빡빡 깎고 뒤통수 쪽의 머리칼을 길게 땋아 변발을 남긴 그들의 독특한 머리모양에 신충일은 깜짝 놀랐다. 남자들의 얼굴에 난 수염 역시 양쪽 윗입술 위쪽의 작은 부분만 남겨두고 나머지는 모두 깎았다.

술이 한 순배를 오간 후에, 포로로 잡힌 울라연맹의 전 지도자 부잔타이Bujantai(夫者太, 布占泰)가 춤을 추기 시작했다. 1592년 부잔타이는 자신의 형이자 공동 통치자인 만타이Mantai(萬泰)와 함께 누르하치의 세력이 북쪽으로 확산하는 것을 막기 위한 훌룬연맹과 호르친 몽골의 활동에 함께하기로 결정했다. 그러나 그의 군대는 누르하치에게 패배했다. 부잔타이는 20명의 중무장한 부하들과 함께 생포되었다. 만타이는 누르하치에게 부잔타이의 자유를 대가로 100마리의 말을 제시했지만 거절당했다. 신충일이 방문했을 당시에 부잔타이는 누르하치의 진영에서 확실하고 안락하게 자리를 잡고 있었고, 20명의 부양가족을 거느린 가구의 우두머리였다.

---

* 무관 공복의 하나. 허리에 주름이 잡히고 큰 소매가 달린 옷.

누르하치는 일어나 몸소 비파를 퉁기면서 부잔타이와 함께 음악에 맞춰 몸을 흔들었다. 춤이 끝나자 8명의 광대가 활쏘기, 힘겨루기, 곡예 등의 묘기를 보였다. 저녁이 깊어지면서 건물 밖에는 노래와 춤을 추는 사람들이 있었고, 건물 안에서는 비파를 퉁기고 북을 쳤다. 서 있던 신충일은 동료들과 술을 마셨고 '주흥을 돋우기 위해' 손뼉을 치며 노래했다.

누르하치의 삼촌 중 한 사람이 통역관을 통해 이렇게 말했다.

우리 왕자는 너희 나라와 장차 하나의 국가가 되기를 바란다. 그래서 너희 국가에서 포로로 잡혀 온 사람들을 후한 값으로 사들여서 대다수를 다시 돌려보냈다. 우리 왕자는 이처럼 너희 나라를 저버리지 않았는데, 너희 나라는 산삼을 캐는 우리 측 사람들을 많이 죽였다. 산삼을 캐는 것이 무슨 큰 잘못이라고 이렇게까지 그들을 죽인단 말인가? 너희의 마음 씀이 각박하여, 우리는 이에 대해 깊은 유감을 지니고 있다.*

그러자 신충일은 이렇게 답했다.

우리나라의 법은 대체로 너희 호인胡人 중에 누구든 이유 없이 우리 국경을 잠입하는 사람은 중죄인으로 논죄한다. 하물며 너희 나라 사람들은 야간의 컴컴한 시간에 수백 년 동안 오지 않던 땅에 난입하여 우리 소와 말을 약탈하고 우리 백성을 협박하고 살해하지 않았느냐?

---

* 我王子與爾國, 將欲結爲一家, 故爾國被擄人, 厚加轉買, 多數刷還. 我王子無負於爾國, 爾國則多殺我採蔘人. 採蔘是何等擾害, 而殺傷至此也? 情義甚薄, 深衛怨憾.

산골짜기의 우리 백성이 황급하고 놀라 너희들과 서로 싸운 것이니, 상황이 그렇게 만든 것이지 고작 한두 뿌리의 산삼 때문이 아니다. 대체로 우리나라가 오랑캐를 상대하는 방식은 진심으로 귀순해 오는 사람은 위무하고 도와주지만 그 이외에 금지된 국경을 침범하는 사람들은 모두 도적으로 판단하여 처벌하여 조금도 용서하지 않는 것이다. 지난 무자년戊子年(1588)에 너희 나라의 지역에 기근이 들어 굶주려 죽는 사람들이 속출하여 너희 중에 만포진으로 귀순하여 먹이를 찾는 사람이 날마다 수천 명이었다. 우리나라에서는 각각 술과 음식을 대접하고 쌀과 소금을 지급하였으니, 이에 힘입어 생활한 사람이 얼마나 많았더냐? 그렇다면 우리나라는 애초부터 너희를 죽이려는 뜻이 있었던 것이 아니다. 다만 너희 중에 국경을 침범한 사람이 스스로 죽음으로 나아간 것뿐이다.*

결국 신충일은 누르하치나 슈르하치와 또 한 차례의 접견을 누리지 못했다. 그는 누르하치가 조선에 보내는 편지(무순 출신의 한 필경사가 받아 씀)를 받았다. 편지에는 건주좌위建州左衛의 지휘사指揮使가 쓴 것임을 알리는 직인이 붙어 있었다. '지휘사'는 그의 조부인 복만이 한때 가졌던 직책이었지만, 누르하치에게까지 세습되었는지는 분명하지 않다. 신충일은 자신에게 편지를 전달해준, 또 한 사람의 무순 사람으로부터 여진족이 천조天朝, 즉 명조明朝의 법령을 준수했음을 인

---

* 我國之法, 凡胡人無故潛入我境者, 論以賊胡. 況爾國人, 夜間昏黑, 闌入數百年曾所不來之地, 搶奪牛馬, 恸殺人民, 山谷間愚氓, 蒼皇驚怕, 自相厮殺, 勢所必至, 非爲一草之故. 凡我國待夷之道, 誠心納款者, 則撫恤懷柔, 自餘冒犯禁境者, 則一切以賊胡論, 少不饒貸. 往在戊子年間, 爾國地方饑饉, 餓莩相望, 爾類之歸順望哺於滿浦者, 日以數千計, 我國各饋酒食, 且給米鹽, 賴以生活者何限? 然則我國, 初非有意於勦殺爾輩也. 特以爾輩, 冒犯越境, 自就誅戮也.

식해야 한다는 조언을 들었다. 여진족과 조선인은 모두 명조 조공국의 신분임을 인정하고 있었다. 편지의 전달자는 여진족이 무엇을 하든, 명조에 보고되어야 한다고 주장했다. 천조가 허락하면 떠나고, 허락하지 않으면 갈 수 없었다. 신충일은 이 비현실적인 경고를 회의적으로 들었다. 그는 후일 자신이 조선 조정으로부터 돌려받은 편지의 내용을 필사해 두었다.

여진국 건주위에서 야인을 관리하는 주인 누르하치가 삼가 야인의 사정을 조선에 아뢴다. 너희 조선국과 우리 여진국 두 나라는 관례적으로 좋은 우호관계에 있으며, 우리 두 나라 사이에 서로 물자와 인력을 동원하여 군대를 도와주는 경우가 없는데도 우리는 여러 차례 천조天朝의 950여 리 영토를 잘 지켜왔다. 그런데 요동 지역의 변경 관리들이 우리를 해치고 공격하여 공을 세우고 상을 받기만을 도모한다. 나는 너희 조선국 사람 17명을 모두 후한 값으로 사서 석방해 고향으로 보내니, 조선 국왕으로부터 상을 기다릴 것이다. 내가 어떻게 우리 두 나라 사이에 서로 보호해주려는 마음이 없다고 짐작할 수 있겠는가? 너희가 성루에서 대치하고 있는 곳은 우리 달자韃子(몽골족)들이 머물며 지키는 곳이다. 너희 변경에서 만약 고려국의 가축이 보이지 않으면, 우리 달자들에게 알려주기 바란다. 그러면 우리가 그 가축들을 찾아서 돌려보낼 것이다. 너희가 파견한 통역이 만포진에 도착한 뒤 우리 측에 왔을 때, 만약 너희 백성이나 가축이 있다면 나는 모두 돌려보낼 것이다. 우리 달자 중에 너희 영토에 침범하는 사람이 있다면 너희도 나에게 돌려보낼 것이다. 우리 두 국가의 법이 예외 없이 지켜진다면, 서로 간에 나쁜 감정은 없을 것이다. 앞으로 천조의 관리들이 우리를 핍박할 때 너희가 우리를 위해 한 마디 말을 거들어 천조의 관원들에게 항의해준다면, 나는 반드시 은혜를 갚을 것이다. …… (누르하치가 보낸 편지의 인장을 보니, 건주좌위의 직인이 찍혀 있다.)*

신충일의 임무는 명조에 대항하여 누르하치와 정치적 동맹을 맺으려는 것이 아니라, 건주여진에 조선 북부 국경을 온전하게 지킬 필요성을 이해시키는 것이었다. 조선은 사실상 누르하치의 편지에 전혀 공감하지 않았고, 명백하게 선동적인 전갈에 당황했을지도 모른다. 신충일이 한양漢陽으로 돌아온 직후, 그때부터 조선 조정은 만포진에서 여진족과 무역하는 행위를 불법으로 간주했다. 누르하치는 자신의 힘으로 명조와의 전투를 밀고 나갈 수밖에 없었다. 그의 모색은 상업적·군사적 힘의 축적을 이끌어, 1627년에는 그의 자손들이 축적된 힘을 바탕으로 조선 침략에 성공할 수 있게 되었다.

선견지명이 있는 신충일은 자신의 보고서에 추신으로 경고를 추가했다. 그는 보고서를 읽을 사람들에게 한반도 북부에서 계속 진행 중인 정복활동과 인구의 통합을 상기시켰다. 그는 누르하치 치하의 여진족이 숫자가 많고 군사적으로 준비가 잘 갖추어졌다고 묘사했다. 그는 여진족이 요동 지역 곳곳에 편재하는 현상을 목격한 데 대해

---

* 女直國建州衛管束夷人之主佟奴兒哈赤, 稟爲夷情事. 蒙你朝鮮國, 我女直國, 二國往來行走營好, 我們二國, 無有助兵之禮, 我屢次營好, 保守天朝九百五十於里邊疆. 有遼東邊官, 只要害我, 途功升賞, 有你朝鮮國的人一十七名, 我用價轉買送去, 蒙國王稟賞. 我得知, 我們二國, 若不保心, 有你臨城堡對只地方, 着我的達子住着看守. 你的邊疆, 若有你的高麗地方生畜不見了. 與我達子說知, 亦尋送還. 你差通事, 答滿堡城, 到我家來, 若有你的人畜, 我送去. 我的達子, 到你地方, 你送還與我. 兩家爲律, 在無夕情. 後日天朝官害我, 你替我方便, 壹呈與天朝通知, 我有酬報. …… (觀回帖中印跡, 篆之以建州左衛之印.)

서도 이렇게 자신의 견해를 밝혔다. "저는 만리장성 안쪽으로 서너 발자국도 채 가지 못해서 여진족을 만나기 시작했습니다." 신충일이 경고한 대로, 그 위험성은 중국에서 한 제국의 건국자인 유방劉邦이 흉노족의 지도자 묵돌(冒頓)의 힘과 재능을 간과한 실수 또는 고려시대에 왕온王溫*이 몽골족을 과소평가하여 일어난 재앙을 생각나게 했다.

　조선 조정의 사신으로서 신충일이 건주여진에 국가의 지위를 부여할 이유는 없었다. 하지만 그는 건주여진의 정치질서 관습과 제도를 묘사했을 뿐 아니라, 누르하치와 그의 추종자들이 자기들이 독립된 정권이라고 주장하는 말을 그대로 전달했다. 신충일은 보고서에서 누르하치를 '추'酋(추장)라는 직책으로 언급했고, 이 명칭은 그의 보고서에서 자신이 언급하는 슈르하치와 여러 촌락의 족장을 지칭하는 데에도 사용되었다. 신충일이 그 점에 대해 언급할 필요는 없었지만, 명조의 기록은 누르하치를 언급할 때 보통 그에게 부여한 관작을 사용하여 '지휘관'이라고 일컬었다. 그러나 신충일은 누르하치의 연맹 구성원들이 쓰는 말투에 따라 '왕자'王子라는 용어를 사용했다. 이 용어는 여진어로는 '버일러'라고 번역되었을 것이다. 그러나 누르하치 자신은 신충일을 통해 조선에 보낸 서신에서 자신을 '여진국건주위관속이인지주'女眞國建州衛管束夷人之主라고 말했다. 이 '주'主라는 말은 분명 여진어의 '어전'ejen(몽골어로도 같은 단어가 사용됨)에 해당한다. 자신을 언급하면서 누르하치는 동북아시아에서 정치적 지도력의 바탕이 되었던 '주인'이라는 전통적 관점을 채택했다. 그는 이처럼 여진족 사이

---

* 1270년에 40년에 걸친 몽골과의 전쟁이 끝나고 강화가 성립되자, 이를 반대하는 삼별초에서 왕으로 추대한 인물. 이듬해 여몽연합군에게 삼별초가 패한 뒤 피살되었다.

에서 자신을 언급하면서 군주제적인 용어를 확립했다. 이 군주제적인 용어는 몽골인의 '대칸大汗'과 연결되는 청조의 표현이 되었고, 20세기에 들어와 청조가 멸망할 때까지 여전히 청조의 중심에 존재했다.

신충일이 방문했을 당시에 누르하치는 여진족의 전제국가를 건립하는 과정에 있었을까? 신충일은 누르하치의 지위에 대한 슈르하치의 도전(이는 청조 측의 역사기록에서도 여러 차례 나타난다)을 날카롭게 지적했다. 조선 사신인 그를 누르하치에게 데려다줄 말이 사라졌을 때, 그를 슈르하치에게 데려가려고 3필의 말이 갑자기 나타났다. 그러나 신충일은 이를 거절했고, 자신이 슈르하치의 시샘을 돋운 데 대해 경고를 받았다고 기록했다. 그럼에도 불구하고 누르하치를 방문하고 난 다음날 신충일은 슈르하치로부터 다음과 같은 전갈을 받았다. "네가 내 형에게만 들렀기 때문에 나는 여전히 너를 기다리고 있다." 신충일은 대신 누르하치의 삼촌 집으로 가서, 퍼 알라를 떠나기 전날 하룻밤을 보냈다. 슈르하치는 신충일에게 자신을 인정해달라고 강요할 수는 없었지만, 그에게 누르하치 개인만이 아니라 자신의 삼촌들과 형제들에게 적절한 대접과 보상을 할 필요성에 관해 단호한 메시지를 보냈다. 신충일은 누르하치와 슈르하치 사이의 시각에 심각한 모순이 있음을 인식했다.

신충일이 1595년에 슈르하치의 지위를 관찰할 수 있었던 것은 아마도 슈르하치가 무르하치를 희생시켜가면서까지 자신의 지위를 확대한 결과였다. 무르하치는 생존해 있었지만, 이때 세상 사람들에게 완전히 잊힌 상태에서 살고 있었다. 슈르하치가 신충일에게 끊임없이 장광설을 늘어놓는 것은 자신의 지위에 대해서 커다란 확신은 갖고 있지만 그런 점을 다른 사람이 인정하도록 확신시킬 능력이 없어

좌절한 사람을 연상시켰다. 의도적으로 불경한 외부인이었던 신충일은 누르하치와 슈르하치를 같은 계급으로 언급했지만, 그는 슈르하치가 아닌 누르하치를 보기 위해 퍼 알라에 온 것이다. 그는 누르하치 한 사람이 봉인하여 보낸 편지를 갖고 돌아왔다. 누르하치는 자신을 여진족의 '주'±라고 표기하고 있었다. 신충일은 누르하치와 슈르하치가 같은 구역에 거주하고 있었지만, 누르하치의 집이 우위의 자리에서 남향을 하고 있음을 목격했다. 그는 누르하치와 슈르하치가 신년의 연회에서 비슷한 옷을 입고 있었고, 장수·귀족·노예들이 모자를 벗을 때에도 슈르하치는 모자를 쓰고 있는 점을 목격했다. 그러나 그들 장수·귀족·포로들이 알현의 예로 춤을 추고 절을 한 대상은 누르하치였다. 두 형제의 상대적인 위치는 어떤 경우에는 수량화할 수도 있을 정도였다. 훌룬연맹의 추장이 누르하치에게 굴복했을 때, 그의 조공품에는 100마리의 말이 포함되었다. 그런데 이 중 60마리는 누르하치에게, 40마리가 슈르하치에게 진상되었다.

궁극적으로 칸이라는 지위가 창조된 것은 누르하치의 권력 성장과 그 결과로 나타난 그의 개인적 지위 확대와 연결될 뿐 아니라, 정치체제 안에서 조직의 규칙을 지속시키려는 그의 시도가 실패한 것과도 연관이 있었다. 누르하치는 만주 지역의 전통으로서 기꺼이 공동규칙의 타당성을 단언하려고 했을지도 모르겠지만(공동규칙은 누르하치 이전의 건주 지역에서 관례였고, 누르하치의 생애 동안 울라연맹을 비롯한 만주의 여러 다른 지역에서도 규칙이 되고 있었음이 입증될 수 있다), 동맹 관계의 한 부족이 다른 부족을 모함할 음모를 꾸미게 되는 상황은, 특히 모함한 부족이 모함을 당한 부족의 주요한 동맹자라면 그것은 전혀 다른 별개의 문제였다. 자신의 영향력을 증가시키려고 한 슈르하치의 시도는

(이 시도는 신충일을 성가시게 하기도 했다) 1607년에 위기를 맞았다.

신충일이 누르하치의 신년 연회에서 부잔타이가 춤추는 것을 본 직후, 그 울라연맹의 지도자는 자신의 민족이 있는 곳으로 돌아가게 되었다. 부잔타이가 퍼 알라에 머무는 동안에는 만타이가 울라연맹의 고독한 버일러의 지위를 계승했다. 그러나 오래지 않아 만타이와 그의 아들 모두 다른 울라연맹의 지도층에 의해 처형되었다. 누르하치는 부잔타이가 자신의 위치를 깨우쳤다고 생각하여 그에게 울라연맹의 버일러이자 누르하치 자신에게 속한 봉신의 자리를 되돌려주었다. 울라연맹의 항복은 그들의 이웃인 훌룬연맹과 여허Yehe(葉赫)연맹을 방어할 수 없는 상황으로 몰아넣었고, 1597년에 그들은 결국 누르하치와 휴전을 맺었다.

동쪽의 변경이 대략 안전해지자 누르하치는 주의를 호르친 몽골에게로 돌렸다. 호르친 몽골은 누르하치가 북쪽과 서쪽으로 진출하는 것을 막고 있었다. 1606년에 호르친은 누르하치를 '쿤둘룬 칸' Kündülün Khan, 즉 '무공이 출중한 칸'으로 인정했다. 이는 누르하치를 칸으로 승인한, 최초의 공식적인 인정이었다. 물론 그는 여진족 사이에서는 감히 이 칭호를 자칭하지 못했다. 1606년부터 1608년까지의 이 기간은 만주 지역의 정치적 미래에서 중요한 시기였다. 이 시기에 누르하치는 호르친과 명 제국 모두로부터 자신의 영토를 독립적으로 다스릴 수 있는 권리를 승인받았다. 그러나 이 기간이 국가적 특징을 지닌 기구가 나타났다거나 급진적으로 변형이 이루어진, 기적적인 시기는 아니었다. 모든 여진족 조직은 여전히 기인제도에 의존하고 있었다. 모든 다른 정치적·경제적 문제에서 누르하치와 슈르하치 간의 동반자 관계는 존재하는 유일한 구조였고, 누르하치는 그 동반자 관계가 점점 더 불안정해진다는 사실을 깨달았다. 그 이유의 일부는 부잔타이가 울라로 돌아간 이후에 충성을 다하지 않았기 때문이었다. 그는 동쪽에서 누르하치의 권위를 약화시키기 위해 일하고 있었고, 누르하치는 부잔타이의 목적이 은밀하게 슈르하치를 도와 그가 건주위의 주인이 되게 만들어 그 성과를 공유하려는 것이라고 의심했다.

1607년에 누르하치는 멀리 백두산 일대의 혼춘琿春 근처에 있는 피오호톤Fiohoton(費由城) 마을의 주민을 허투 알라Hetu Ala(赫圖阿拉)로 이주시킬 것을 제안했다. 허투 알라는 퍼 알라 성의 내부에 위치한 옛 수도의 서쪽에 건설한 새로운 수도였다. 피오호톤의 주민은 표면상으로는 부잔타이의 추종자였다. 누르하치는 그들과 막 싸움을 개시한 상태였다. 누르하치는 이제 피오호톤의 사람들을 '억압당하는' 것으로 묘사했고 그들을 자신의 편으로 끌어오기로 결심했다. 자신의 감추어진 부하 자원들을(그리고 사위가 두 번씩이나) 잃는 것이 보기 싫었던 슈르하치는 자신이 그 원정에 동행하겠다고 요청했고, 계획을 좌절시키기 위해 자신이 할 수 있는 모든 일을 했다. 그러나 그의 반대에도 불구하고 누르하치의 아들 추연Cuyen(褚英)과 다이샨Daišan(代善)이 피오호톤으로 가서 그 목표를 달성했다. 그 결과 추연과 다이샨의 정치적 인지도가 급격히 올라간 데 비해 슈르하치의 위상은 급속히 위태로움에 빠졌다. 슈르하치는 그 전투에 대해 반대 입장을 매우 공개적으로 표명한 바 있었다. 1609년에 누르하치는 슈르하치의 노예들을 포함한 그의 모든 재산을 몰수하라고 명령했다. 다음해에 슈르하치의 아들 둘은 반역죄를 판결받고 처형되었다. 1611년 슈르하치 역시 분명한 누르하치의 명령에 의해 암살당했다. 그의 아들 중 누르하치가 총애한 아민Amin(阿敏)과 지르갈랑Jirgalang(濟爾哈朗)은 누르하치의 가

계로 편입되었다.

분명 누르하치의 목적은 공동통치라는 제도를 파괴하려는 것이 아니라, 공동통치의 관계에서 자신이 우위에 있으려는 슈르하치의 야망을 제거하려는 것이었다. 그 후에도 누르하치는 건주연맹에서 단독의 통치권을 차지하지 않았다. 대신 그는 긴급하게 자신의 장자 추연을 후임의 공동통치자로 선택했다. 피오호톤 사건의 여파로 슈르하치에게서 압류한 재산은 이미 대체로 추연과 다이샨에게 넘어갔다. 슈르하치의 제거는 추연을 그 체제 내에서 분명한 2인자로 남게 했다. 추연은 아직 십대인 1598년에 이미 자력으로 버일러로 인정받았고, 그 직후에 자신의 무공으로 특별한 작위를 받는 영광을 누렸다. 어느 시점에서는 추연 또한 몽골의 작위인 '타이지'taiji(太子) 즉 '왕자'의 직책을 맡은 것 같다. 1611년에 그는 '타이서'taise의 직책을 받았는데, 이 직책을 후일 역사기록에서는 '후계자'로 해석했다. 그러나 실제로 그 단어의 의미는 추연이 누르하치의 공동통치자라는 뜻이었다. 이처럼 슈르하치의 사망 직후, 추연은 그 정권의 경제적·정치적 사무를 관리하는 권리를 부여받았다.

추연의 통치방식에 대한 불평은, 훌룬연맹의 완고한 저항을 진압하려고 노력하며 전장에서 끊임없이 고군분투하는 누르하치에게도 즉각 들어가기 시작했다. 다른 경우에도 그랬겠지만, 누르하치의 다른 아들들과 조카들은 전리품의 배분 과정에서 나타난 추연의 부당함을 고발하기 위해 떼를 지어 그에게 달려왔다. 추연은 다이샨, 망굴다이Mangguldai(莽古爾泰), 아민, 홍타이지Hung Taiji(皇太極)를 비롯하여 자신과 권력을 다투는 모든 주요한 경쟁자를 무시하고 있었다. 누르하치는 특유의 대응으로 추연을 다른 사람들의 앞에서 호되게 나무

랐고, 그런 후에도 여전히 그를 인정했다. 그러나 누르하치는 몹시 실망했다. 1612년에 누르하치는 부잔타이와 마지막으로 (그리고 결정적인) 전쟁을 벌이기 위해 허투 알라를 떠났다. 그는 자신이 없는 동안 추연이 자신을 제거할 음모를 꾸미고 있으며 종족 전체를 저주하려고 했다는 보고를 받았다. 누르하치는 추연을 감금하라고 명령했다. 1615년, 분명히 받아들일 수도 있었던 행위에 대한 추연의 답변에 절망한 누르하치는 그를 죽였다.

추연의 후임으로 타이서에 임명된 아들은 없었다. 대신 누르하치는 1616년에 자신이 칸임을 선언했다. 누르하치는 자신이 오랫동안 자리에 있었던 버일러보다 훨씬 높은 칸의 자리에 올랐고, 생존한 일곱 아들과 조카 아민이 이제 버일러의 자리에 올랐다. 여덟 사람은 호쇼이hōšoi 버일러, 즉 '가장 중요한' 버일러가 되었다.[5] 그들은 팔기의 수장이 되었고, 칸의 자문기구 역할을 했다.

그 시대의 역사가들이 종종 '집단' 통치라고 부른 공동의 통치를 지향하는 누르하치의 욕구는 매우 강하게 남아 있었다. 1621년에 요동의 동부와 중부가 자신의 수중으로 떨어지자 그는 다시 국가를 경영하는 데 도움받기를 바랐으며, 그의 아들 다이샨, 망굴다이, 홍타이지와 조카 아민 등 4명의 버일러로 구성된 교대식 공동통치 방식을 구축하여 이들이 한 달씩 돌아가면서 공동통치를 맡았다. 그러나 안정적인 집단통치를 바란 누르하치의 꿈은 1621년에서 1626년 사이의 기간에 무수히 날아든 고발과 맞고발로 엉망이 되었다. 어느 시점에선가 다이샨은 정실인사 때문에 누르하치로부터 심한 질책을 받았고, 홍타이지는 특권을 얻기를 바라는 한군기인으로부터 뇌물을 받았다는 죄가 발각되었다. 사실 누르하치는 홍타이지가 버일러 중에서도 가장 야망이 넘치고 가장 재주가 많다는 사실을 잘 알고 있었던 것 같다. 누르하치가 홍타이지의 동료들 앞에서 그를 엄하게 꾸짖은 것은 아마도 그 때문이었을 것이다. 누르하치는 우선 홍타이지를 맹렬히 비난하며 그의 거만함을 조롱했다. 홍타이지가 형제들이 그의 집을 방문하면 만나겠다고 허락해놓고서도, 정작 형제들이 그의 집을 방문했을 때에는 만나주지 않았기 때문이다. 그런 다음 홍타이지의 땅과 소, 노예의 일부를 강제로 몰수함으로써 홍타이지를 처벌하고 있음을 선언한 누르하치는 홍타이지의 야망에 대해 자신이 잘 알고 있음을 과시하듯 이렇게 말했다. "너는 내가 너희 모두를 나와 공동의 통치자로 삼은 것을 알고 있지만, 아마도 내가 죽을 때 나의 유언에 대해서는 생각하지 못하는 것 같다. 너는 너의 형들을 제쳐놓고 칸의 자리에 오를 것이라고 생각하는가?"

정작 누르하치는 홍타이지가 가진 야망의 정도를 정말로 이해할 수 없었을지도 모른다. 홍타이지가 탐낸 것은 단순히 칸의 자리가 아니었다. 그는 황제가 되기를 희망했다. 황제의 자리는 홍타이지가 자기 자신을 위해 발명해야 하는 제도였다. 그러나 황제의 통치권을 창조한 후에도, 그리고 후일 귀족층의 핵심적인 권력을 탄압한 이후에도 집단통치의 이상은 계속해서 아이신 기오로 종족의 정치 문화에 배어 있었다. 명조 중국이 정복된 시기의 도르곤Dorgon(多爾袞)이나 강희제의 미성년 시절에 통치를 대신한 오보이Oboi(鰲拜), 또는 정권의 전체 형태를 변화시키는 데 일조하며 일련의 음모와 부패를 일으킨 19세기의 섭정들, 1912년에 청 제국의 종말을 목격한 섭정 등 섭정정치는 쉽게 그리고 반복적으로 나타났다. 그런데 섭정제도 자체는 이처럼 집단통치의 특색에서 그다지 심각하지 않은 주제였다. 왕자들 사이의 강한 협력관계는 황제 권력이 모든 작동능력을 상실한 후에도 한참 동안 전통으로 유지되고 있었고, 이런 전통 때문에 제국은 19세기 내내 여러 가지 재앙을 겪으면서 제대로 작동하지 않게 되었다.

'홍업'洪業의 신화

마지막으로 청 제국의 역사에서 가장 중요하고 강력한 누르하치의 이미지인 정복자의 이미지를 살펴보아야 한다. 앞서 반란자 누르하치에 대한 논의에서 제시한 것처럼 청 제국의 역사에서는 누르하치가 전쟁을 일으킨 실제 대상이 명조 중국이었으며, 이웃 여진족과의 전투는 명조와의 전쟁을 대비하여 반역자의 근절과 여진족의 통합이라는 중간 단계의 목적 때문에 이루어졌다고 설명한다. 그러나 설령 누르하치가 전쟁을 일으킨, 단일하고 지속적인 대응 상대가 명 제국이었다고 하더라도, 전쟁을 일으킨 그의 목적이 여진족의 영토에 대한 자신의 지배를 확인하려는 것이었을까, 명조를 요동에서 몰아내어 중국 본토로 물러나게 하려는 것이었을까, 그것도 아니면 그보다 앞선 시기에 금 제국의 여진족이 했던 것처럼 중국을 정복하려는 것이었을까?

누르하치의 권력이 늘어남에 따라 그는 수도를 계속해서 이동시켰고, 그 이동방향은 끊임없이 서쪽을 향했다. 1603년에 누르하치는 허투 알라Hetu Ala('평평한 언덕'이라는 뜻)로 이동했다. 퍼 알라는 물이 문제였지만, 허투 알라는 가파른 경사면과 평평하고 쉽게 방어할 수 있는 꼭대기를 지닌 특이한 형태 때문에 매력적이었다. '허투 알라'라

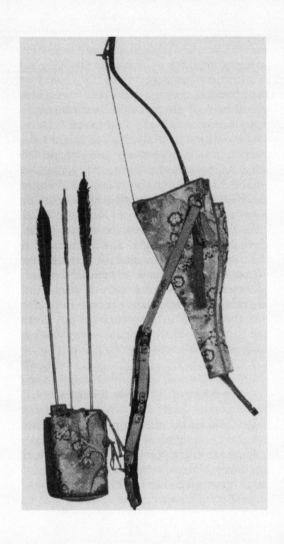

만주족보다 앞서 중원을 지배한 몽골족처럼, 만주족도 도보로든 말 위에서든 기량이 뛰어난 궁수였다. 머스킷 총이 전쟁과 사냥에서 선호되는 무기가 된 지 한참 후에도, 활과 화살 및 화살통은 귀족층의 공식적인 복장의 일부로 존재했다. 이 한 벌의 장비는 건륭제가 의식 때 사용하던 무기였다(5장 참조). 만주족은 시위를 당기는 손을 보호하기 위해 한때 모든 궁수들이 엄지손가락에 끼는, 옥으로 만든 활깍지도 관례적인 장신구로 갖고 있었다.

_ 북경고궁박물원 소장.

는 이름도 그런 의미였다. 퍼 알라처럼 허투 알라는 동심원을 이루는 형태를 띠고 있었다. 일반 백성들은 가장 바깥쪽의 구역에서 찾아볼 수 있었고, 누르하치의 부인들, 아직 결혼하지 않은 딸들, 어린 아들들, 하인들, 경호원 등 누르하치의 대가족이 가장 안쪽에 살았다. 허투 알라에는 중앙의 구역 안에 퍼 알라에서 사용한 것과 같은 종류의 크고 잘 정돈된 거실과 대형 접견실까지 갖춰져 있는 것이 특징이었다. 1616년 음력 설에 누르하치가 자신이 칸임을 선포하자 그곳은 칸을 공식적으로 알현하는 장소가 되었다.

그 선포의 예식은 세심히 조직되었다. 그 예식은 누르하치가 새로운 지위를 의식적으로 장악했으며, 자신이 지배할 사람들을 의도적으로 배치했다는 점을 보여주었다. 그는 높은 연단에 앉았고, 그의 뒤에는 그의 아들 다이샨, 망굴다이, 홍타이지, 조카 아민, 아들 더걸러이Degelei(德格類), 아들 요토Yoto(岳托), 조카 지르갈랑, 아들 아지거Ajige(阿濟格) 등 가장 중요한 버일러들이 배석하고 있었다. 칸과 버일러 모두 누르하치의 '어푸'efu(사위)인 몽골족 버이서beise들로부터 '헝킬럼비'hengkilembi(고두叩頭)의 예를 받았다. 호르친 몽골의 영토에서 온 티베트 출신의 라마승 2명과 조선에서 온 4명의 관료들도 있었다. 고두의 예에 이어 소와 염소를 제물로 바치는 의식이 뒤따랐다. 예식의 마지막에는 병사들이 무술 시범으로 좌중을 즐겁게 했다.[6] 그런 다음 잔치가 시작되었다.

이러한 예식에는 언제나 지배자와 피지배자 사이에서 상품과 사람의 교환이 뒤따랐다(그 의미는 상징적이지만 가치는 실질적이었다). 이것은 부분적으로 전통을 따른 것이었다. 선물을 통해 물품을 제물로 바치는 것은 여진족 사이에서 성실성을 표현하는 오래된 방법이었다. 그리고 누르하치가 계속해서 있었던 자리인 어전ejen(주군)은 전형적인 소유주였기 때문에, 공물을 통한 그의 보유자산 증대는 부하들의 충성심이 가장 순수하게 표현된 것이었다. 같은 이유로 모든 합법적인 부는 누르하치 개인의 손에서만 나왔고, 그래서 누르하치는 자신의 부하들에게 부를 개인적으로 또는 상징적으로 증여하는 방법을 통해 군주로서의 역할을 드러내 보였다.

누르하치가 부여받은 권한 중 하나가 자신의 딸, 조카딸, 손녀를 포함한 여성에 관한 것이었다. 여성은 자신을 섬기는 사람들에게 혜택을 주는, 그의 능력 확대를 상징하는 역할을 했다. 이러한 예식에 참석한 모든 몽골족 버이서가 누르하치의 사위였다는 사실은 초기 국가 체제의 특징이었다. 누르하치의 입장에서 볼 때, 자신의 지배를 받는 백성의 대표 격인 인물들이 예식에 참석한다는 것 자체가 늘어가는 자신의 영역을 입증하는 논리의 연장이었다. 보통 누르하치는 자신의 딸과 손녀 또는 조카딸 중 하나를 자신이 봉한 신하와 약혼시켰지만, 집안 남성들도 종종 정략결혼이 요구되었다.

누르하치 이후의 청조 군주들에게, 황제의 부인들이 거주하는 지역은 황실의 지지층을 상징하는 장이 되었다. 이러한 결혼이 확고한 동맹의 표현은 아니었다. 사실 니오후루Niohuru(鈕祜祿) 씨나 구왈기야Gūwalgiya(瓜爾佳) 씨처럼 누르하치와 가장 가까운 종족들은 누르하치의 처첩 중에는 잘 보이지 않았다. 오히려 결혼은 적대적인 종족이나 연맹체와 진행된 협상 과정의 일부였다. 예를 들어 누르하치와 훌룬연맹의 일족인 '몽고거거'Monggo-gege('몽골의 숙녀', 홍타이지의 모친)와의 결혼이 누르하치와 그들 사이에 크게 우호적인 감정으로 작용하지는 않았다. 그녀는 1603년에 병이 들었고, 친정 엄마가 자신을 방문하게 허락해달라고 요청했다. 그러나 몽골족의 원로들은 그녀의 모친 대신 2명의 첩을 보냈다. 이 행동은 누르하치를 격분하게 했고, 그가 일반적으로는 훌룬연맹, 구체적으로는 자신의 인척들을 상대로 전쟁을 확대한 것에 대한 또 다른 구실을 제공했다.

초기 국가의 통합에서 선물의 중요성은 개체의 계층구조를 창조했다. 사람은 오직 높은 지위를 가진 이들에게만 주어졌다. 예를 들어 누르하치의 아들 탕구다이Tanggūdai(湯古佇)는 몽골연맹체의 한 여성과 결혼하고, 그녀의 가족으로부터 25필의 말, 25마리의 소, 흑담비의 모피로 만든 옷, 모피 모자, 금 세공품, 2쌍의 귀걸이, 여성 궁중복 1벌과 40명의 몽골인을 선물로 받았다. 반면 깃발과 북은 군대를 지휘하기 위해 선택된 사람들에게 주는 특별한 선물이었다. 그런 것들은 오직 조정으로부터 받을 수 있었고(앞선 시대에는 오직 버일러만이 화살을 나눠줄 수 있었다), 그런 물건을 얻을 권리를 가진 사람들은 조정의 문서에 세심하게 기록되었다. 금과 모피는 널리 통용되는 통화였고, 누구에게나 주어질 수 있었다. 현물이든, 현물로 취급되는 사람이든 칸의 지위에 붙어 있는 부속품이었기 때문에, 주로 정복을 통해 점점 더 많은 현물을 획득할 필요가 있었다. 전쟁의 규모가 증대되고 요동 침략이 임박함에 따라, 버일러, 족장, 백성, 노예 모두가 전리품을 획득하고 새로운 토지와 포로로 잡은 일꾼이 지속적으로 생기는 기회를 고대했다.

누르하치의 입장에서 볼 때 그가 명조와의 전쟁을 선포한 것은 분배할 수 있는 부가 극적으로 증가할 가능성을 염두에 두었다기보다는, 현재의 수준이 제약될 것이라는 공포감 때문이었을 가능성이 크다. 칠대한七大恨을 표명한 원래 의도는 분명 누르하치의 불안감에서 비롯되었다. 그 지역의 독립적인 추장들과 25년 이상 전쟁과 협상을 거친 이후 그가 결집시킨 거대한 여진족 연맹은 어느 정도 흐트러질 위험이 도사리고 있었기 때문이다. 경제적 침체의 압박, 명조 침략자의 경작 방해행위, 누르하치가 강제로 동맹관계를 맺은 동부 여진연맹에 남아 있는 분노를 잘 활용하는 한족 관료들의 약삭빠른 용병술 등이 이런 위험에 해당했다. 얼마간 누르하치는 북경으로 사신을 보내 공물을 바치고 관작과 거래의 독점권을 구걸하는 행위를 계속했다. 그러나 그는 후일 명조가 국경협정을 준수하지 않았다고 비난했고, 1609년 이후에는 중국에 사신을 보내는 것도 완전히 멈춘 것 같다.

여진의 국경으로 알려진 곳에 대한 명조의 침입은 후금의 농업적 어려움을 악화시킨 것은 물론이고, 칸이 지닌 지위의 신뢰성에 도발하는 것이었다. 누르하치는 요동에서 새롭게 벌이는 전쟁 활동과 보조를 맞추고, 명조가 반박할 수 없을 만한 조건으로 자신의 선전·선동을 밀어붙일 준비가 되어 있었다. 그가 단언한 대로 후금은 12세기 여진족이 세운 금 제국의 합법적인 계승자였다. 그들은 같은 지역에서 살던 같은 민족이었다. 또한 같은 언어와 같은 전통을 갖고 있었고, 심지어 같은 씨족이기도 했다. 자신의 발언 이후 그는 이제 명조를 '남조'南朝라고 불렀다. 이는 여진족이 세운 금조가 1127년에 송조를 중국 북부에서 몰아낸 후, 그들을 남송南宋이라고 언급한 사례를 모방한 것이었다.

그와 같은 비유는 자신의 주장에 대한 역사적인 타당성 외에도 누르하치의 야망을 잘 반영한 것이기도 했다. 금과 남송은 평화롭게는 아니었지만 한때 중국을 양분하고 공존하다가 후일 몽골 침략군에 의해 멸망당했다. 따라서 아마 명조가 요동으로부터 철수하고 그 지역을 후금의 관할로 양보한다면, 후금과 명조 역시 현재 중국의 영토를 양분할 수 있었다. 명조가 누르하치의 주장에 거의 설득당할 수는 없었지만, 그가 언급한 구도에는 예민했던 것으로 입증되었다. 명조는 후금의 여진족과 12세기에 금 제국을 세운 여진족 간의 역사적 관계를 부인하지 않았다. 오히려 그들은 '그 점을 기념하기 위해' 북경 근처의 방산房山에 있는 금조의 황릉을 훼손했다.

조선과 명 제국 양측과의 무역 및 국경 통제에 대한 요청을 계속하기 위해, 누르하치는 여진족의 생활을 재정비하는 데 온 힘을 기울여야 했다. 무엇보다 먼저 그는 가정과 촌락에서 스스로 방어하는 뿌리깊은 전통을 이용했다. 모든 남자가 한 가정의 구성원이고 모든 가족에게 전투를 할 남자가 필요하다는 사실을 경험했다는 가정 아래, 남자들은 전투가 벌어졌을 경우에 각자에게 필요한 무기를 구입하고 자신이 먹을 음식을 마련해야 했다. 이렇게 마련된 음식이 대체로 소, 곡식, 육포 등이었다. 만약 조선 영토를 침범한 경우라면 포로에서 풀려나기 위한 몸값으로 은 18량도 필요했다. 누르하치 자신은 군대를 동원하는 대가로 어떤 것도 지급하지 않았다. 남성은 이것이 명군 또는 명군이 고용한 용병의 약탈로부터 자신의 가정을 보호하는 최선의 방책이라는 전제 아래 방어전쟁에 참여했고, 그 보상의 몫을 얻을 것을 예상하고 공격군에 가입했다. 가정의 구성원들 역시 남성의 전리품을 함께 차지하려는 희망에서, 병사들에게 필요한 물자를 공급하기 위해 협조했다. 그들은 그의 불행 역시 함께 감내했다. 이것은 죽음 또는 부상 이상의 것이었다. 예를 들어 누르하치의 관행에 따르면, 자기 집안 출신의 병사들에게 몸값을 지급할 수 없을 만큼 가난한 가문에서는 이들이 혹시 적군의 포로로 잡히기라도 하면, 집안의 남자를 되찾기 위해 직접 조선에 갈 필요가 있었다.

주조된 청동 대포는 1600년대 초반에 예수회 선교사들에 의해 중국으로 도입되었다. 누르하치의 군대는 요동에서 명조와 전쟁하는 동안 포병대 몇 명을 생포했고, 또 무기를 제조하고 사용하는 방법을 아는 사람을 여러 가지 방법으로 모집했다. 이들은 1644년에 청조가 중국을 정복할 때 도움이 되었다. 280킬로그램에 달하는 이 특별한 대포와 대포를 끄는 15킬로그램 무게의 수레는 강희제가 갈단과의 전투에서 사용한 형태였다(4장 참조).
_ 북경고궁박물원 소장.

누르하치는 자신의 휘하에 1만 명(어쩌면 대략적이고 극히 관례적인 숫자)의 남성을 모았다고 알려졌으며, 말과 무기도 비교적 잘 갖추었다. 첫 번째 공격지점은 무순이었다. 이 공격을 통해 누르하치는 자신의 도전을 뒷받침할 힘을 극적으로 증가시키기에 충분한 인력과 무기를 확보했다. 확보된 무기 중에는 그곳의 명군이 보유하고 있는, 예수회 선교사들이 제작한 대포도 포함되어 있었다. 누르하치가 양쪽과 전쟁을 벌였다는 사실에도 불구하고, 그를 진압하려는 명 제국의 시도는 효과가 없었다. 누르하치는 1619년 여름에 무순의 동쪽인 사르후Sarhū에서 첫 번째 명조의 원정군을 격퇴했고, 9월에는 자신의 동쪽에 있는 훌룬 집단 중 여허의 정치적 독립을 궤멸시켰다. 1621년 5월에 누르하치군은 명조 요동의 행정수도인 심양瀋陽을 차지했다. 그는 그 도시의 이름을 묵던Mukden으로 고쳤다. 그는 요동의 동쪽에 자신을 위해 새로운 처소와 행정 중심지를 건설했지만, 1625년에 묵던으로 영구히 이주했다. 묵던은 그의 아들 홍타이지가 이끌게 될 국가의 문화적 중심지가 되었다.

누르하치의 국가

묵던(오늘날에는 중국 요령성의 성도인 심양시)에 있는 궁궐 단지는 청 제국의 후기 기준으로 보자면 소박하지만, 분명히 군주가 머물던 수도이다. 단지 대부분은 누르하치의 사후에 건설되었지만, 단지의 중앙에 길게 뻗은 도로와 담장과 기와지붕을 가진 궁전은 소박한 만주족의 심미감과 한족의 우아함이 잘 결합했음을 보여주었다. 물론 도시 안에 도시를 건설한 형태는 오직 한족의 것만은 아니었다. 그런 형태는 수도가 윗가지로 엮은 담과 조악한 나무문으로 둘러싸여 있던 때부터 누르하치가 편안하게 여기는 것이었다. 그러나 묵던은 누르하치가 이전에 거주하던 곳에서 보여준 독특한 발전형태가 아닌 것들이 포함되어 있었다. 명조 관리들이 머무는 동안 그곳에 건설되었으며, 이제는 후금의 칸이 머무는 행정관아와 처소는 자체의 인력을 필요로 하게 되었다. 이러한 자체 인력은 주로 이전 명조 관료들의 채용을 통해 해결되었다.

요동 전투는 전쟁으로부터 직접 부를 얻으려는 희망에서 모든 개인 전투병이 자체적으로 장비와 물자를 갖추려는 열망으로부터 가장 자극을 받지 않은 전투였다. 몽골의 위대한 칸들처럼 모든 물품은 우선적으로 자신의 것이고, 우발적으로 훔쳐쓰는 일이 군주인 자신에 대한 도전이라고 주장하면, 지지자들 사이에서 자신의 지위를 강화할 수 있다는 점을 누르하치는 터득하고 있었다. 약탈이 금지되었고, 군대 내에서는 더욱 큰 규모의 규율과 전문성이 필요했다. 아마도 더욱 중요한 것은 후금 칸의 지위가 정치적으로 변화할 기회를 요동이 제공했다는 점이었다. 이것은 중국 영토를 공략하는 첫 번째 단계부터 주의 깊은 계획이 적용되어야 깨달을 수 있었다.

누르하치는 권력의 자리에 오른 초창기부터, 지식인들이 나타났을 때 그들을 통제함으로써 얻을 수 있는 특별한 이점을 터득했다. 지식인은 그가 명조 및 조선과 연락할 일이 있을 때에 필요했다. 또한 지식인은 날로 비대해지는 자신의 복잡한 조직을 관리하는 데 필요했다. 그들이 그의 재물 목록, 선물 기록, 기인에 등재된 사람의 명단을 관리하는 사람이었기 때문이다. 게다가 이 사람들은 불충한 경우 쉽게 중국이나 조선으로 투항하여 그를 배신할 수도 있었다. 그래서 이른 시점부터 그는 그들을 비교적 잘 대접했다(물론 그는 종종 그들을 기회주의적이고 신뢰할 수 없다고 무시했다). 그들의 물질적 요구는 충분히 제공되었고, 복장과 머리모양의 통일이라는 엄격한 규칙으로 표현된 그들의 사회적 지위는 여진족의 지위와 동등했다. 모든 교육받은 남성은 누르하치의 아래에서 비교적 높은 지위를 누릴 수 있다는 소식이 중국과 조선의 변경지대에까지 확산됨에 따라, 새로운 사람들이 조금씩 흘러들어왔다. 그러나 이 정책에는 또 한 가지의 이점이 있었다. 이주민에게 주어진 집, 곡물창고, 가축, 사람들이 어디에선가 와야 했고, 이에 누르하치는 고위층의 여진족들에게 그들의 물자를 새로 온 사람들에게 양도하도록 강요함으로써(선별적으로 그들의 재산은 감소시키면서도) 고위층의 여진족 사이에서 자신의 권력을 높일 수 있다는 점을 깨달았다. 새로운 수준의 재분배가 그의 늘어가는 영토에서 함께 진행되었다.

1619년에는 요동에서 전쟁이 발발함에 따라, 누르하치가 이러한 여러 가지 생각에 대해 약간의 관념적인 표현을 내비치기 시작했을지도 모른다. 여진족, 요동에 근거지를 둔 몽골족, 중국어를 말하는 요동 지역의 농부들은 모두 누르하치에게 소중했고, 그래서 그는 이들 모두를 자신의 정치조직 안으로 통합시키려고 했다. 그는 그들의 조상에 근거하지 않고 관습과 기술에 근거하여 그 집단들을 취급했다. 그는 농업에 종사하든 채집생활을 하든 여진족이 지배하는 만주 지역에서 살고 여진어를 말하며 만주 지역의 정치적 전통에 익숙한 사람들을 계속해서 팔기 체제 안으로 편입시켰다. 농민이거나 중국어를 말하는 요동의 여러 지역 출신에 대해서는 한군기인漢軍旗人의 부대로 편입했다. 누르하치의 다소 모호한 발언에 따르면, 칸은 자신의 통치 아래 '거런 구룬'geren gurun(여러 나라)을 '우짐비'ujimbi(양성)하는 아버지였다(부록II 참조).

처음으로 중국어를 말하는 사람들이 칸이 다스리는 지역에서 극소수가 아니게 되었고, 빠르게 그 수가 증가하고 있었다. 그들은 여진족의 방식대로 머리카락을 삭발하고, 여진족의 옷을 입었으며, 절을 함으로써 누르하치에게 자신들의 복종을 보여줄 필요가 있었다. 이모든 행동은 이주해온 사람들이 칸의 백성으로서 부당한 차별을 당하는 상황을 피해야 하고 다수가 입는 옷, 머리모양, 행동을 따라야 한다는 그의 오랜 주장이 확대된 것이었다. 만주 지역에서 있었던 유사한 선언이 여진 세계의 전통적인 사회·경제 권력을 희생함으로써 칸의 권력을 확대한 것처럼, 요동에서 있었던 누르하치의 선언에 담긴 강한 평등주의는 부유하지 않은 사람들의 호응을 얻고 토착 엘리트층의 권력을 잠식하려는 의도였다. 그는 이렇게 말했다. "부자들이 곡식을 축적하여 썩어 없어지게 하거나 아무 쓸모 없이 재화를 쌓아두느니 차라리 구걸하는 가난한 사람을 구제해야 할 것이다."[7]

이 가운데 가장 커다란 평등주의는 아마도 요동의 중심지역 중 일부가 자신의 통제 아래로 넘어옴에 따라 그곳에서 공동생활에 관해 실험한 일일 것이다. 병사들은 어디서든 숙소를 제공받을 필요가 있었고, 누르하치는 여진족과 한족이 같은 집을 공유해야 하고 같은 농지에서 일하며 같은 식탁에서 밥을 먹어야 한다고 명령했다. 이것이 다양한 민족들을 먹여 살리려 한 칸에게 편안하게 느껴졌는지도 모르겠지만, 한족에게도 여진족에게도 좋은 평판을 얻지는 못했다. 한족은 여진족과 생활하며 자기들이 반갑지 않은 손님과 함께하고 있다고 생각했고, 여진족은 완패한 한족을 그들의 집에서 내쫓고 자기들이 좋아하는 것을 차지하고 싶었다. 공동생활 정책을 악용하는 여진족의 사례가 자주 보고되었으며, 그럴 때마다 신속한 처벌이 뒤따랐다. 마치 전시의 약탈과 같이 보고된 착취와 절도도 재산을 분배하는 칸의 고유한 권리를 위반한 것이자, 항복한 한족을 잘 대우함으로써 요동의 정복을 용이하게 하려는 칸의 희망을 무너뜨린 것으로 간주되었다. 한족이 공동생활 정책을 오용한 경우가 보고되기도 했다. 한족은 주로 여진족과의 친밀성을 악용하여, 종종 독약을 써서 여진족을 살해했다. 먹고 마시는 것에 대한 죽음의 공포에 휩싸인 여진족 사이에서는 곧 피해망상증이 확산되었고, 그들을 절대적인 안전으로 이끌 방법은 전혀 없었다. 1625년 공동생활 정책은 한족이 일련의 반란을 일으키게 된 원인이라는 비난을 받은 후 마침내 폐지되었다.

그 여파로 국가에서는 여진족에게 별도의 주택과 생활비를 지급함은 물론이고, 여진족과 한족의 신분에 분명한 법적인 구별을 해주어야 했다. 실제로 이것은 군사적 기능과 민간적 기능 간의 구분이었다. 한족 출신의 군사지도자들은 계속해서 누르하치가 생을 마칠 때까지 그에게 복종했다. 그들은 모두 국가에 의해 한군기인으로 조직되었고 상당히 많은 사람·가축·토지를 하사받았으며, 많은 경우 칸에 의해 귀족으로 책봉되었다. 그러나 한족 문관들은 요동이 정복되기 전에 자기들이 만주 지역에서 적어도 40년간 수행하던 기능을 계속했다. 그 기능이란 칸과 버일러의 실무 보좌, 필경사, 보좌관, 그리고 한인과 조선인 사이의 중재자 역할이었다.

어쩔 수 없이 공동생활 정책을 포기한 다음해에 누르하치는 처음이자 유일하게 심각한 군사적 패배를 겪었다. 그는 서쪽으로 진격하기로 결정했고, 어쩌면 최종적으로는 만리장성까지 밀고 나가기로 작정한 것 같다. 영원寧遠에 있는 명조의 성채가 핵심 표적이었다. 그러나 영리한 명조의 관료 원숭환袁崇煥이 그곳을 지휘했고, 2월 말의 어느 날에 후금군은 완패하였다. 누르하치도 부상을 당한지라, 몸과 상처받은 자존심을 치료하기 위해 묵던으로 철수했다. 그러나 몸과 마음의 기력을 모두 회복하지 못한 그는 1626년 9월 30일에 사망했다.

요동 정벌은 청 제국의 건설로 가는 길을 준비하는 것이었으므로, 우리는 종종 그것을 '탄생'이 암시하는 무한한 에너지, 희망, 야망과 연결시키는 경향이 있다. 그러나 누르하치에게는 그런 것들이 다소 다르게 보였음이 틀림없다. 1621년에 요동 대부분에 대한 지배력을 확보했을 때 누르하치는 거의 62세였다. 그는 초년을 제외한 인생의 3분의 2가량을 끊임없는 전투 속에서 보냈고, 때로는 자신의 가족구성원들과도 전투를 벌였다. 자신의 통치를 소규모 촌락 집단에서 명조의 변경인 광활한 요동 지역을 포함한, 만주 전역으로까지 확대했다. 그러나 그의 군사작전의 형태가 의미하는 것이든, 그가 선포한 전쟁의 이유에 나타난 요지이든, 그의 종족이 몇 세대에 걸쳐 키워온 부의 경제적 기초를 보호하고 향상하게 하려는 한결같은 목적에서는 크게 벗어나지 않았다. 누르하치의 국가는 독점적인 경제권의 집행과 그 때문에 생겨나는 부의 통제를 기반으로 설립된 지역 정권이었다. 이러한 목적을 달성하기 위해 누르하치는 요동을 장악하고, 중국과 조선으로부터 자신의 지역적 패권에 대한 인정을 어떻게든 받아내야 했을 것이다. 그는 이러한 목적을 달성했지만, 그가 더 많은 일을 하려고 계획했음을 보여주는 증거는 없다.

4장

청 제국의 팽창

홍타이지는 평생 부친, 형제, 사촌들에게 공포감을 불러일으켰다. 그들은 엄청난 재능과 끝없는 야망을 모두 가진 홍타이지를 불안하게 생각했다. 누르하치가 사망한 후 실제로 홍타이지는 버일러들 중에서 칸으로 선출되었다. 이는 그가 수년간 일족을 교묘하게 조종해서 나타난 필연적인 결과였다. 그는 먼저 명조의 관리 원숭환에 대한 분노를 표출했다. 원숭환은 영원에서 누르하치를 좌절시켰고 간접적으로 누르하치를 죽게 만들었다. 홍타이지는 1627년 정월 초하루에 묵던에서 칸의 자리에 오르자마자, 원숭환에게 다음과 같은 편지를 보냈다.

우리 두 나라가 서로 군대를 일으킨 이유는 본래 요동에 머물던 관료들이 자기들의 황제를 하느님처럼 높고 웅장하다고 생각했기 때문이다. 그들은 자기들이 천국에서 살고 있는 사람이라고 착각한 반면, 그저 하느님이 창조했을 뿐인 다른 나라의 칸은 어느 정도의 독립적인 지위도 누릴 자격이 없다고 생각했다. 모욕과 경멸을 견딜 수 없던 우리는 군대를 일으켜 너희와 전쟁을 시작함으로써 하늘에 우리의 처지를 호소했다. 하늘은 사실 공평하고 또 국가의 대소가 아니라 쟁점이 정의로운지에 주의를 기울기 때문에, 하늘은 우리가 정의롭다고 생각했다.[1]

누르하치는 원숭환과 명군을 요동 서부로부터 축출할 수 없었다. 그러나 홍타이지는 명조가 자신을 대신해 그 일을 하게 하기로 결심했다. 그의 편지는 원숭환과의 휴전을 제안했다. 홍타이지는 그 직전에 조선왕조가 자신의 종주권을 인정하도록 압박하기 위해 조선과의 군사적 대치를 시작하기로 결정했고, 따라서 양쪽을 상대로 전쟁을 계속하고 싶지는 않았다. 원숭환은 그 시나리오가 설득력 있음을 깨닫고, 자신이 만리장성의 동쪽에서 후금군을 성공적으로 저지하고 있다고 명조에 알렸다. 두 달 후에 가까스로 홍타이지의 군대가 영원을 공격했을 때, 북경에서 원숭환에 대한 신뢰는 손상되었다. 또 한 차례 가시적인 휴전이 뒤따랐지만, 1629년 여름에 홍타이지는 직접 팔기군을 이끌고 원숭환을 피해 몽골을 거쳐 중국 북부로 진입했다. 명군의 어떠한 저항도 거의 겪지 않은 홍타이지의 군대는 요동으로 끌고 돌아갈 엄청난 수의 사람과 가축을 모았다. 칸은 관광할 시간까지 마련하여, 북경 교외의 방산房山에 들러 그곳에 있는 금조 황제들의 황릉에 배향했다. 그동안 원숭환은 비밀리에 홍타이지와 내통했다는 누명을 쓰고 북경에서 체포되었다. 홍타이지의 계략은 물론이고 환관 일파로부터도 강한 박해를 받은 탓에 원숭환은 유죄 판결을 받았으며, 북경의 한 저잣거리에서 능지처참을 당했다. 홍타이지는 요동의 서부에서 전투작전을 다시 개시했다.

그러나 그는 만리장성을 공격하기 위해 재원을 모으지 않았다. 그는 몽골 지역이 다소 오르막길임을 알았고, 차하르Chakhar(察哈爾) 몽골의 강력한 칸인 릭단Lighdan(林丹)에 주목하기 시작했다. 차하르는 1368년에 원 제국이 멸망한 후 몽골로 돌아온 원조 유민의 후예였다. 한 세기 이상 그들은 북원北元으로 알려졌다. 북원의 조정에서는 비밀스러운 마하칼라Mahākāla*를 숭배하는 라마교 종파가 중심이 된 의례를 계속했다. 아마 이런 의례는 그들을 몽골의 위대한 칸과 연결시켰을 것이다. 또한 그들은 위대한 칸의 옥새를 가진 것으로 알려져 있었다. 분명 릭단은 몽골 전역을 총괄하여 지배하기를 갈망했다. 그래서 그는 자신이 거느린 차하르의 전사들을 시켜 다른 몽골족을 동부 지역의 초원과 계곡에서 서쪽으로 몰아냄으로써, 몽골 서부에서 지속적인 혼란을 조장했다. 홍타이지는 1627년에 있었던 자신의 즉위 예식에서 티베트 출신의 라마승을 기용했고, 릭단이 상속받았다고 주장한 보편적인 황제권을 갈망했다(5장 참조). 만약 그가 릭단을 무찌를 수 있다면, 그는 몽골에서 인기 없는 악당 한 명을 축출하고 차하르를 자신의 국가로 편입시키는 것이며, 라마교를 믿는 황제를 결정적으로 옭아매는 성과를 거두는 것이었다. 수년간의 투쟁 끝에, 1634년 결국 홍타이지는 릭단을 타도하고 축출했다.

릭단이 패배했을 당시, 홍타이지는 묵던에서 또 한 차례 중요한 승리를 거두었다. 부친이 예언한 대로 그는 사실 1627년에 칸의 자리를 차지하기 위해 형들을 제치고 부상했지만, 누르하치가 그대로 남겨놓은 집단통치의 기둥을 해체하는 일은 여전히 그에게 놓여 있다. 1629년 홍타이지는 돌아가며 맡는 공동통치 제도를 폐지했고, 1630년에서 1633년의 사이에는 망굴다이와 아민을 권력층 밖으로 밀어냈다. 그는 망굴다이와 아민이 이끌던 기인조직을 장악했다. 이들

* 티베트 불교의 사나운 여덟 신 중의 하나. 힌두교에서는 세계의 파괴자로서 시바Shiva신의 또 다른 이름이기도 하다. 불교에서는 이 마하칼라를 호법신으로 받아들였으며, 중국에 들어오면서 '마하칼라'를 음역하여 '마가가라'摩訶迦羅, '막가가라'莫訶哥羅 등으로 불렸으며, 크고 검다는 뜻의 '대흑천'大黑天 또는 '대흑'大黑이라고도 불렸다.

후일 효장문황후로 알려진 보르지기드씨Borjigid-shi(博爾濟吉特氏, 1613~1687). 칭기즈 칸의 후예인 그녀는 홍타이지의 측복진側福晉(청 황실에서 황제의 측실부인을 뜻하는 말)이자, 홍타이지의 막내아들인 복림의 생모였다. 그녀의 아들 복림이 순치제가 된 것은 그녀 덕택이었다. 그녀는 아들의 재위 기간인 순치연간 내내, 그리고 손자인 강희제가 재위하는 처음 25년간 가공할 만한 정치적 힘을 가졌다. 효장문황후는 결코 조정에서 정사를 주도할 수 없는 입장이었지만, 막후에서 여성의 영향력을 발휘하는 청조의 제도를 창시했다. 후일 이 제도는 자희태후를 비롯하여(6장 참조), 궁중 안에서 서열이 높은 많은 여인들이 활용했다. 효장문황후는 아이신 기오로 일족에게 칭기즈의 유산이 계속해서 중요했으며 청대의 섭정정치에서 여성들의 역할이 두드러졌다는 점을 상기시켜준다.

의 조직은 자신이 원래 이끌던 기인조직과 더불어 아이신 기오로 일족의 유산으로 남은 팔기제도 안에서 상삼기上三旗를 형성했다. 다이산은 침묵했다. 개인 통치를 강화하기 위해 홍타이지는 인간 제물에 대해서도 새롭게 규제했다. 누르하치의 시대와 그 이전에는 아내는 남편이 죽으면 순장되었다(그런데 홍타이지는 생존한 누르하치의 정실부인도 이렇게 해야 한다고 주장했다). 조정 내에서 나이가 많은 여성은 매우 영향력이 있고, 모친을 잃은 나이 어린 왕자들은 이런 식으로 후일 높은 정치적 지위에 거의 올라갈 수 없었기 때문에, 순장되지 않고 살아남은 여성이 받게 되는 정치적 수혜는 강력했다. 1634년에 홍타이지는 오직 정실부인만이 순장될 필요가 있다고 주장했다. 다른 부인들은 선택의 자유가 있었다(그 자신의 경우, 아내들 중 두 사람이 그의 형제들의 권유로 그가 죽었을 때 그와 함께했다). 그런 다음 1634년 말까지 홍타이지는 묵던에 근거한 후금국에서 단 하나뿐인 군주가 되기 위해, 법률, 정치적 술수, 여성적 덕목의 재정비 등을 활용했다.

그것은 확실히 국가였다. 홍타이지가 칸의 지위에 있는 초년기에 세 번째로 큰 변화가 있었다. 그것은 성장하는 국가의 목적에 맞춰 묵던에서 명조 관료제도의 잔해를 채택한 일이었다. 이제 팔기제도에 관한 일을 처리하기 위해서는 군사적 점령에 관한 법률, 조세제도, 방대한 문서 작성이 필수적이었고, 이를 위해서는 진정한 민정 조직이 필요했다. 후금의 통치자들은 개인적으로 한족 관료와 과거 응시자들을 경멸하고 불신했지만, 그들에게 의존할 수밖에 없었다. 여진족 지배자에 반대하여 폭동을 일으키려는 음모가 지역의 문인들 사이에서 끊임없이 나타난 데 대해, 후금의 통치자들은 한족 엘리트들의 타고난 배은망덕함과 이민족 공포증, 그들의 이기주의적 본성이 표출된 것에 불과하다고 생각했다. 그래서 그는 가능한 한 그들을 최소한으로 채용했다. 이와 동시에 그는 여진족, 몽골족, 그리고 초창기부터 누르하치와 함께한 한군기인의 후예들로 구성된, 학식 있고 다목적의 통치 엘리트층이 출현하기 위한 기반을 마련했다.

제국의 탄생

1635년에서 1636년 사이에 홍타이지는 공개적으로 칸이 다스리는 지역을 제국으로 변형시켰다. 그는 여진족이란 이름을 폐지하고 기인 중 일부를 만주족으로 개명했다. 그는 아이신 기오로 일족의 공식적인 역사를, 본질적으로 만주족의 역사를 상징하는 것으로 확고히 정립했다. 만주족이 된 아이신 기오로 일족은 만주 지역 동부에 깊이 정착했고, 아무르강 상류에서 낚시와 채집을 하는 여러 민족(그는 그들을 부지런히 정복하고 징발하여 팔기로 편입시키고 있었다), 몽골족과 조선인(조선은 관념적으로 그를 수년간 지배했지만 1638년에는 그의 군사적 점령 아래 들어왔다)과 그 혈통을 공유했다. 1636년에 그는 자신을 칸이 아닌 황제라고 선언했고, 자신의 제국 이름을 '청'淸이라고 개정했다.

　홍타이지가 원인 모를 병을 잠시 앓은 후에 사망한 1643년에 그는 이제 막 60세를 넘긴 상태였다. 그의 군대는 이미 중국으로 이동할 준비가 되어 있었다. 그의 아홉째 아들이자 당시 5세인 복림福臨(1638~1661)이 그의 자리를 계승하여 순치제順治帝가 되었고, 홍타이지의 동생 도르곤(1612~1650)이 섭정으로 임명되었다. 물론 후일 효장문황후孝莊文皇后로 알려진 복림의 모친이 공동 섭정의 역할을 하며 남은 긴 여생 동안 조정에서 영향력을 발휘했다. 중국에 대한 공격을 계획한 도르곤의 군대는 만리장성을 넘어 산해관山海關의 동쪽인 요동 서부에 집결했다. 산해관의 안쪽에는 혼란이 가득했다. 오랫동안 경제적·사회적 골칫거리에 진저리가 난 명조의 황제는 견뎌낼 가망이 없을 것 같은 2건의 대형 민중반란에 흔들리고 있었다. 그중 하나는 섬서성陝西省 출신의 이자성李自成이 1630년대에 일으킨 것이었고, 다른 하나는 같은 시기에 섬서성부터 사천성까지 확산된 장헌충張獻忠의 난이었다. 두 반란군은 어느 쪽이 먼저 명조를 무너뜨리고 새로운 왕조를 선포할 것인지를 확인하기 위해 경쟁을 벌였다. 결국 승자는 이자성이었다. 1644년 4월 25일 이자성의 군대는 북경에 진입하여 도시를 차지했다. 자금성에서 통치했어야 할 명조의 마지막 황제는 경산景山 비탈의 나무에 목을 매고 죽었다.

저명한 명조의 장수로서 요동 출신인 오삼계吳三桂(1612~1678)는 북경이 이자성에게 함락되었다는 소식을 들었을 때 대군을 이끌고 있었다. 그는 산해관에 상당한 군대를 주둔시켰고, 사실상 도르곤과 성벽을 사이에 두고 대치한 상태였다. 그러나 오삼계의 애첩과 부친은 북경에 인질로 있었으며, 그래서 그는 군대를 해산하고 반란군 정권에 항복할 것을 고려하고 있었는지도 모른다. 도르곤은 오삼계에게 양측이 군대를 합쳐 반란군으로부터 북경을 탈환하자고 솔깃한 제안을 했다. 5월 말 명군과 청군의 연합군은 중국의 수도를 향해 출발했다. 6월 4일에 이자성은 북경을 떠났고, 6월 6일에는 도르곤의 청군이 북경을 차지했다. 어린 황제 복림을 북경으로 데려올 채비가 끝났으며, 10월 30일에 복림은 자금성에서 황제의 자리에 올랐다.

북경의 점령은 중국의 정복이라는 길고도 불확실한 과정에서 첫 번째 단계에 불과했다. 중국의 중심지인 절강성浙江省, 강소성江蘇省, 안휘성安徽省, 사천성四川省은 1645년부터 1646년까지 침략군으로부터 기습을 받았다. 침략군은 잘 조직되고 때로는 매우 완강하기까지 한 지역의 저항을 만났기 때문에, 이들 지역을 정복하기 어려웠고 가는 곳마다 유혈이 낭자했다. 양주揚州와 같은 몇몇 도시는 모든 중국 사람의 기억 속에서 만주족의 잔인성이라는 잊을 수 없는 이미지를 남겨준 끔찍한 살육의 현장이었다. 기록에 따르면 포위작전이 끝났을 때 80만 명의 시체가 함께 화장되었다. 그러나 침략군인 만주족은 이제 점차 줄어드는 소수 집단이었다. 홍타이지의 생애 말년에 요동 서부를 정복한 이후, 한군기인은 팔기제도 내에서 만주족과 몽골족의 수를 간단히 넘어섰다. 중국의 정복이 진행됨에 따라 새로운 군대인 녹영綠營은 철저히 명군의 탈영병으로만 조직되었고, 어떤 지역에 배치된 녹영군도 청조에서 결성한 정부군 내의 모든 만주족을 합친 것보다 숫자가 더 많았다. 중국의 정벌은 도르곤, 오삼계와 함께 계속 진행되었다. 연합한 대규모의 정벌사업에서 만주족은 수적으로 소수 집단이었고 계속 소수로 남았다.

중국의 남부와 그 인접 영역은 확보하기까지 40여 년이 걸렸다. 청군이 명조에 충성하는 반청反淸 저항군을 근절하려고 시도함에 따라 대만臺灣도 병합되었다. 반청 저항군이 대만을 기지로 활용하여 1680년대에 중국 동남부의 해안 일대를 거듭 공격했기 때문이다. 몽골 지역과 운남雲南·귀주貴州 등 요새가 있는 국경지역은 각각 17세기 말과 18세기 중반에야 안정되었다. 티베트는 1720년에 침공을 당했고 수도 라싸는 1750년에 점령되었으며, 그 영토는 대체로 18세기 말에야 (잠깐이지만) 청조의 확고한 통제에 들어왔다. 투르키스탄의 획득은 광활한 제국을 거의 2배로 만들었는데, 이곳은 18세기 중반 동안 단계적으로 정복되었다. 토지를 기반으로 한 중앙아시아의 상업적 구조는 이때까지 재기 불능으로 악화되었지만, 투르키스탄의 획득을 통해 청 제국은 아프가니스탄에서 나는 양마良馬와 석탄·철·금·은 등의 새로운 자원에 접촉할 수 있었다. 더욱 중요한 것은 결과적으로 과거 명조를 심하게 괴롭히던 몽골의 군사적 위험을 불식시킬 수 있었다.

정복 엘리트

몽골족이 중국에서 세운 원 제국처럼 청조는 청 제국의 지배층과 정복당한 백성을 구분했다. 조정과의 친밀성 면에서 만주족, 몽골족, 한군기인이 만주 지역에 있던 정복국가의 핵심집단을 형성했고, 중국 정복의 선두에 섰다. 종종 '러시아인'으로 불린 비교적 소수의 '알바진인'阿爾巴津人(Albazinians) 출신 기인과 이슬람교를 믿는 투르키스탄 출신의 기인도 결과적으로 여기에 참여했다.

만주족은 정복군 내에서 소수 집단이었지만 그들의 역할은 분명히 중요했고, 정복의 과정은 침략에 참여한 만주족의 인생을 영구히 변화시켰다. 정복이 확실해졌을 때, 적어도 규정상으로나마 활동이 엄격하게 제한된, 폐쇄된 주방駐防 공동체 내에 배치된 것은 기인들이었다. 투르키스탄을 점령할 때까지 정복에 직접 관련된 기인의 인구 비율은(아마 12만 명에서 15만 명) 부대 단위로 이동하는 전선戰線 자체만큼 유동적이었다. 그들은 만주 지역에 있는 조상의 땅에서 북경으로, 북경에서 중국의 각 성으로, 그런 다음 다시 티베트나 투르키스탄으로 이동했다.

가능하면 기인들은 명조의 귀족으로부터 몰수한 토지에 정착했지만, 이것만으로는 그들의 필요를 충족시키기에 부족했다. 1664년부터 1669년 사이에 토지 몰수의 과정은 강력했다. 북경으로부터 반경 270킬로미터 내에서 70여 곳 이상이 기인들의 주택, 마구간과 목초지, 농장과 묘지로 책정되었다. 이 기간에 몰수된 토지의 총량은 중국 본토에서 너끈히 8천 제곱킬로미터를 넘어섰다. 토지의 몰수와 격리의 과정은 17세기에도 끝나지 않았다. 1730년대 말까지 주방이 계속해서 건립되었다. (별도의 군사행정조직에 속한 투르키스탄과 티베트를 제외한) 주방의 총수는 106개였다.

기인을 점령군으로 세운 데 대한 정치적·경제적 결과는 빠르게 느껴졌다. 중앙 정부가 추진한 기인의 점진적인 관료화는 기인들에 대한 버일러들의 재량권을 급격히 감소시켰고, 17세기 말에는 버일러의 역할이 주로 의례상의 일과 관련되었다. 국가는 기인의 진정한 소유주가 되었고, 기인들을 통해 정적들이 군사적으로 도발하는 수단을 봉쇄했다. 물론 조정의 음모는 계속되었으며 때로는 생명을 앗아가기도 했다. 그러나 몽골의 원 제국을 분열시켰던 그런 내전은 배제되었다. 동시에 세습적인 무쿤의 족장도 관료들에게 결정을 내릴 전통적인 힘을 잃어가고 있었다. 17세기 말에는 관료들이 황실의 의도에 따라 족장을 임명하고 파면했다.

정복 전에 만주 지역에 거주하던 기인들은 농산물의 생산자였으며, 그들이 불하받은 토지에는 세금이 매겨졌다. 심지어 요동에서도 홍타이지의 정책은 기인들이 자신의 전투에 동원될 때에만 그들을 지원하는 것이었다. 그렇지 않을 때에 그들은 자활하기 위해 농지·강·

숲에서 일해야만 했다. 만주 지역에 남은 사람들에게는 이러한 관습이 계속되었다. 그러나 중국에서 기인들은 더는 생산자가 아니었다. 그들은 봉급을 받았고, 불하받은 토지에서 나오는 수익금(주방의 군관들이 분배)으로 생활했다.

새로운 정권은 점령군의 야망을 충족시키기는커녕, 점령군에게 실제로 필요한 것을 제공할 수도 없었다. 점령한 후 한 세기 동안 주방에 소속된 사람의 수는 늘어났지만, 병사들을 부양하기 위해 조정에서 지급한 토지는 많은 경우 주방의 군관들이 자기들의 사복을 채우기 위해 팔아치웠다. 은으로 매달 지급되는 봉급 총액은 아주 조금씩 증가했지만, 늘어나는 인구와 줄어드는 기인의 토지 때문에 1인당 지원액의 감소를 감당할 수 없었다. 어떤 경우에는 주방 내 인구의 상당수가 급여를 받지 못했지만, 지급금을 받을 자격이 있거나 다행히 실제로 지급금을 받은 15세부터 60세 사이의 남성에게 의존한 채 생활했다. 1680년대에는 몇몇 주방의 지휘관들이, 어떤 조치가 취해지지 않을 경우 기인들이 노골적인 강도질에 의지하거나 반란을 일으킬 것에 대한 걱정을 표명하고 있었다. 같은 시기에 북경의 주방 중 한 곳에서 근무한 한 군관은 다음과 같이 보고했다.

무기는 모든 사람에게 두루 공급하기에 불충분한데도, 신민들이 사인士人도 농부도 장인도 상인도 정규군의 병사도 백성도 될 수 없습니다. 그런데도 수도에서 몇백 리 내에 반드시 무리로 모여 있어야 합니다. 이 때문에 그들의 생계는 나날이 쇠락했지만, 그들의 쇠락을 경감시킬 수단이 없었습니다. 현역 기인으로 임용되지 못한 사람들은 전혀 살아갈 방법이 없습니다.[2]

복림의 후계자인 강희제康熙帝 현엽玄燁(재위 1662~1722)은 국가에서 활용할 수 있는 급료의 액수를 약 8만 량에서 12만 량으로 증가시킴으로써 늘어나는 주방의 사회적 위기를 감소시키려고 노력했다. 현엽의 후계자 옹정제雍正帝 윤진胤禛(재위 1723~1735)은 젊은이의 채용을 창출함으로써 미미한 개선책을 시도했다(저은 보조금들은 소년의 교육을 장려하려는 시도였다). 조정은 또한 기인의 대규모 부채를 감면하려고 시도했다. 강희제는 기인의 부채를 갚아주려고 매년 은자銀子 50만 량 이상의 예산을 편성했다. 이 정책은 옹정연간에 간헐적으로 그리고 좀 더 소소한 규모로 계속되었다. 옹정제는 기인들을 중국의 주방에서 만주 지역에 있는 정부의 농장으로 재배치하는, 새로운 정책을 선호했기 때문이다. 금조의 세종황제처럼(2장 참조), 그는 병사들이 상쾌한 공기를 접할 수 있는 만주 지역으로 돌아가면 그들의 경제적 조건은 물론 그 성격도 개선될 것이라는 점을 고려했다. 불행히도 옹정제의 정책에 따라 보내진 사람의 90퍼센트는 농장을 기피했고, 대체로 중국 본토로 돌아와 도둑, 거지 또는 지하 범죄조직의 일원으로 생계를 꾸린 것 같다.

1700년대 기인의 상황에 대한 제국의 고민거리는 만능 정복자 엘리트를 창조하려고 한 한때의 원대한 계획이 강희제 치하에서 비참한 종말로 끝났다는 점이었다. 이것은 오스만 제국의 술탄 아래에서 오스만리osmanli* 계층이 겪은 것과 다르지 않았다. 이러한 시각에 따르면, 만주족, 몽골족, 한군기인은 모두 다부지고 지략 있는 병사이자 충분히 교육받은 박학한 사람들이었다. 그들은 새롭게 정복한 영토를 통치하고 안정시켰고, 필요에 따라 무관과 문관의 직책을 넘나들었으

---

* 오스만 제국의 근간이 되는 민족.

154

며, 기인 백성이 자기 절제와 수양의 길을 따르도록 권면할 것으로 기대되었다.

이러한 이상이 시작된 것은 홍타이지의 책임이었다. 그는 정복한 한족 관리들을 불신했고, 그래서 정부의 민정 사무를 집행할 수 있도록 글을 읽고 쓸 줄 아는 기인 계층을 하루빨리 양성하려고 했다. 첫 번째 황제는 기인들을 위해 만주어와 중국어로 모두 응시할 수 있는 과거시험 제도를 설립했다. 그리고 개인적으로 철학과 수학 관련 책은 물론, 역사작품도 교육과정에 있어야 한다고 주장했다. 첫 번째 시험은 1638년에 실시되었지만, 시작부터 성과는 거의 없었다. 기인들은 가난한 한족들이 과거시험을 준비하면서 항상 겪은 것과 동일한 어려움을 겪었다. 그들에게는 많은 시간이 걸리는 위험한 공부에 투자할 시간도, 돈도 없었다. 그러나 그들은 출세로 나아갈 매력적인 방안을 더 많이 갖고 있었다. 전장에서 복무하는 것은 더욱 빠르고 좋은 보상을 가져다주었다. 후대의 황제들은 전장의 이점을 살릴 수 있는 기회가 급격하게 떨어지지만 관료로서 임용될 기회는 여전히 확보하기 어려운 상황을 처리해야 했다. 중국의 정복 이후 대부분의 기인들은 교육받을 수 있는 시간을 얻었지만, 그럴 만한 자산은 얻지 못했다. 주방에는 오직 초급 수준의 학교만이 있었을 뿐이고, 그나마 주방의 군관 또는 호의를 가진 한족의 기부자에 의해 유지되고 있었다. 그러나 한 남성이 과거시험에 참가할 자격을 갖출 만큼의 고급 지식수준과 암기학습을 제공하기에는 전혀 적당하지 않았다.

세심히 공들인 강희제의 대중적 모습은 군사와 행정 두 분야의 탁월함을 결합한 모범생의 모습이었다. 그는 기인들이 자신의 모델을 따라야 한다는 요구에 단호했다. "만주족은 민족적 근간으로서 말을 타고 활을 쏘며, 이것은 본질적으로 책으로 배우는 지식에 어떠한 장애도 되지 않았다. 각 현縣과 성省에서 시험에 응시한 기인들 또한 기마술과 궁술에서 능력을 보여줄 필요가 있다." 여기에서 문제가 되는, 책으로 배우는 지식이란 중국의 경학經學 지식이었다. 강희연간과 옹정연간에 정책의 편차는 있었지만, 1750년대에도 여전히 건륭제는 만주어가 대부분의 만주족에게 첫 번째 언어이고 교육을 통해 진전될 수 있는 주요한 사항이 기인의 중국어 장악능력의 개선이라고 생각하고 있었다는 점은 언급할 가치가 있다.

그러나 주방의 군관들은 1670년대 이후 기인들이 자신이 주재하는 중국 지역의 지방 방언을 배우기 시작했으며, 다음 세대가 만주어를 읽을 수 없을 뿐 아니라 말하는 것도 잘 이해하지 못하고 있음을 조정에 보고해오고 있었다. 이러한 문화적 변화에 담긴 몇 가지 함의는 심각했다. 군대는 조정과 전장 사이의 안전한 의사소통을 위해 만주어에 의존해왔고, 계속 의존해나갈 예정이었다. 아이신 기오로 일족, 주요한 귀족 가문, 고위층의 기인 군관들이 만주어를 포함한 종합적인 교육을 받을 학교는 설립되었다. 그러나 많은 일반 기인들을 위해서는 어떠한 교육정책도 없었고, 이 상황은 18세기 말까지도 계속되었다. 국가는 기인 백성의 초급교육을 위해 어떠한 보편적·효과적인 수단도 마련하지 못했는데, 이러한 실패는 아마도 민간 분야에 국가가 후원하는 초급 교육기관이 없는 것과 흡사하다. 이는 주방의 재정에서 나타나는 여러 가지 측면의 특징이기도 한데, 정책적으로 주방의 재정은 언제나 그 지원이 턱없이 적었고 지원 시기도 너무 늦었다. 학교 제도를 만드는 대신, 국가는 분명한 원칙에 따라 교육기관의 통제(와 그 유지의 책임)가 배제된, 시험이라는 매체를 통해 기준을 통제하는 시험제도를 만들어 감독했다.

재능의 확인과 배양이라는 측면에서 기인을 대상으로 한 시험이 정복국가를 위해 발휘했을 수도 있는 잠재적 기능이 무엇이었든 간에, 시험의 관리는 사회적·정치적 발전에도 영향을 받았다. 조정은 늘어가는 기인 인구를 쉴 새 없이 지원하는 의도를 결코 말하지 않았다. 오히려 조정은 주방과 군대에서 모두 소외된 특정 비율의 기인 남성(과 그 가족)을 끌어들여, 그들을 문관처럼 자활이 가능한 사람들로 만들기 위한 수단으로 시험을 활용한 것 같다. 이러한 목적에 맞추기 위해 우대책이 종종 채택되었다. 물론 그럼에도 불구하고 조정이 바라는 것과는 달리, 기인에게 시험은 결코 매력적이지 못했다. 만주족을 관료제로 편입시키기 위해 특혜를 주는 방식은 의존적인 기인 인구를 점차 감소시키려는 초기 국가의 전략이 반영된 것이었다.

정복국가인 청조는 그 자원에서 한계에 달했으므로, 연합적인 엘리트의 양성과 선발을 위한 프로그램에 비용을 부담할 수 없었다. 그 결과로 제국이 새로 정복한 지역, 특히 중국의 중심부와 남부를 통치하기 위해서는 수십 년간 한군기인에게 계속 의존할 수밖에 없었다. 이들은 주로 요동 출신의 인사들이었다. 이들은 신충일이 방문했을 당시에 퍼 알라에 살았고, 후일 만주족 기인으로 흡수된 오래된 이민자 가정 출신이었기 때문이다. 요동의 한군기인은 중국어로 말했고, 그들 중 엘리트들은 글을 읽고 쓸 수 있었다. 기인으로서 그들의 충성심은 확실한 것으로 인정받았다. 물론 1600년대 중반에는 표면상 기인 인구를 공명정대하게 대우함으로써 한군기인의 충성심은 신중하게 관리되었다. 이 기인 인구에 가장 극단적으로 의존한 것은 남부 중국이었다. 남부 중국에서 청조의 정복은 여전히 피상적이었고, 점령한 지역도 사실상 3명의 강력한 요동 출신 일가의 개인적인 통치 아래에 놓여 있었다. 결과적으로 정복한 영토의 관리를 이처럼 한군기인에게 의지하는 점은 강희제의 의혹을 샀다. 주방 인구의 입장에서 기울어가는 생활수준과 관리직의 희소성 때문에 경쟁은 더욱 극심해졌으며 만주족 기인에게 더 큰 세력을 제공하기 위해서는 조정이 개입해야 한다고 점차 느끼게 될 정도였다. 이러한 정책의 극적인 입증은 강희연간의 후반에 나타났다.

1643년에 홍타이지의 치하에서 기인을 대상으로 한 시험이 시작된 이래, 할당제는 시험의 합격률을 공평하게 유지하려는 시도로 시행되었다. 그 계획은 가끔 변화했지만, 대체로 5:5:2의 비율을 고수했다. 이것은 시험에 합격한 5명의 응시생이 만주족 출신일 때, 한군 출신도 5명이 있고, 몽골 출신은 2명이 있었음을 의미했다. 도래한 정복 이후의 시대에 한군기인은 전체 군대 인구의 40퍼센트 이상이었던 것 같으며, 중국 북부를 정복한 직후에는 70퍼센트까지 급증했을 수 있었다. 그러나 강희연간 초반에 한군기인으로 등록된 사람의 수가 증가했기 때문에, 점차 시험에 응시한 합격자들 사이에서 한군기인은 배제되었다. 이것은 주로 한군기인과 몽골의 할당자 비율을 바꾸는 간단한 방법을 통해 이루어졌다. 강희연간 초반에 만주족과 한군기인의 할당 비율은 같고 몽골족의 할당 비율은 그 반 정도였으나, 강희연간 말기에는 만주족과 몽골족의 할당 비율이 같아지고 한군기인의 비율은 그 반으로 낮아졌다. 1600년대 후반 이 할당제는 만주족, 몽골족, 한군기인의 전체 인구비율이 2:1:7로 변할 만큼 편향된 상황에서도 적용되었다.

1669년 정복 엘리트 사이에서 균열이 공공연히 드러났다. 처음에는 주요한 차별이 만주족과 몽골족 사이에서 나타났고, 다른 한편으로는 만주족과 한군기인 사이에서도 발생했다. 그 후 만주족과 몽골족에게는 단일한 할당량이 적용되었지만, 한군기인에게는 별도의 할당량이 적용되었다. 한군기인의 눈에 띄는 인구를 비교할 때, 이 비율은 그들에게 엄청난 불이익이었다. 할당된 몫에서 유사한 변화가 주방 내에서 유급 직책의 분배에 적용되었다. 한군기인과 몽골기인의 비율은 역전되었다. 몽골족은 법에 규정된 모든 직책을 채울 만큼의 인원에도 미치지 못했기 때문에, 만주족이 종종 그들이 못 채운 직책을 받았다. 반면 한군기인들은 강희연간 이후 주방 내에서 거의 직업을 구할 수 없었고, 또 '기인이지만 평민으로 남는 것'(팔기 문서에서 정형화된 표현)을 허락해달라는 요청은 점점 더 늘어났다.

아래에서 언급하겠지만, 이처럼 주방에 소속된 한군기인과 군 지휘부 내의 중간계층 및 민간계급에 대한 점진적인 배제는 정복의 초창기에 남부 중국의 통치 허가를 받은 한군기인 가문들과의 격렬한 대치 이전부터 시작되었고, 그 이후에도 계속되었다. 이처럼 국가가 거의 극소수의 비율로 남아 있는 한군기인과 절연한 것은 한군기인 가문의 역사에서뿐만 아니라(그들 대부분은 이후 쭉 자신들을 한족으로 생각했을 것이다) 만주족에게도 확정적인 흐름이었다. 국가는 국가의 자원을 조직하고 분배하기 위해서 이제 만주족을 더욱 엄밀하게 규정해야 한다고 느꼈다.

강희제의 치하에서 이룩한 통합

순치제 복림처럼 강희제 현엽도 섭정 아래에서 황제의 통치를 시작했다. 그러나 부친과는 달리 그는 어려서부터 정치에 능력을 보였고, 세상의 어떤 군주도 자부할 수 있을 만한 가장 눈부신 치세를 계속 유지했다. 그가 8세의 나이에 황제로 간택된 것은 아마도 천연두의 공포와 관련되었을 것이다. 만주족이 북경에 입성한 직후, 비교적 많은 수의 사람이 천연두에 걸려 사망했다. 그들은 북경의 토박이 주민을 내성內城 안의 구역에서 밖으로 몰아내고 그곳을 기인들이 차지하게 했다. 이것은 기인들이 외부인에게 노출되지 않게 함으로써 천연두의 영향력을 줄이려는 것이었다. 또한 그들은 우두접종법(통제된 노출)이라는 한족의 관습을 체계적으로 따랐지만, 황실의 족보에 나타난 증거는 1660년대에 아이신 기오로 일족이 (그리고 아마도 대체적으로 만주족이) 막대한 손실을 보았음을 보여준다. 순치제 역시 그런 희생자 중 한 사람이었다. 순치제의 머리맡에 있던 소년 현엽이 후계자로 선정되었는데, 그가 이 병에 대한 면역력이 있는 것으로 알려졌기 때문이다. 그는 감염을 극복하고 살아남았으며, 그 증거로 남은 인생 동안 얼굴에는 마마 자국이 나 있었다.

강희제는 일생 동안 체력적인 면에서도 주목할 만했지만, 믿기 어려울 정도로 놀라운 지적 능력과 업무 감각으로 더욱 유명했다. 중국의 역사학자 유대년劉大年은 언젠가 그를 거의 동시대 인물인 표트르 대제와 상세히 비교했다. 유대년은 현엽이 표트르 대제처럼 자기 백성에게 동정적인 사람이라는 확실한 대중적 이미지를 구축하고, 이를 통해 특히 지식인 사이에서 자기 정권의 정통성을 만들어낼 수 있

섭정을 물리치고 직접 통치를 맡았을 무렵의 젊은 강희제. 그는 만주족의 전통적인 관모와 예복에, 장화를 신고 있지만, 독서와 서예에 필요한 전통적인 용품에 둘러싸인 채 한족 학자의 자세를 취하고 있다. 이 그림은 문학에 대한 황제의 진심어린 관심과 특별한 소질을 상기시킬 뿐 아니라, 청조라는 정복정권에 대해 한족 엘리트들의 공감과 지지를 얻으려는 그의 정력적인 홍보전략을 떠올리게 한다.

었다고 지적했다. 또한 현엽이 경제성장을 이루려고 애쓰는 과정에서 개화되고 창조적이었다는 점과 그가 새로운 발상을 위해 유럽에 관심을 보였다는 점도 지적했다.

강희제의 유년 시절에 만주족 엘리트 사이의 의견은 강희제의 부친이 한족 엘리트와 한족의 문화에 너무 지나치게 열광했다는 것이었다. 중국의 시와 문학에 대한 순치제의 관심(그는 늦게 시작했기 때문에 잘 하지는 못했다)은 여자 같다는 비판을 받았고, 불교 연구에 집중하기 위해 공직 생활에서 사실상 은퇴한 것은 직무 태만에 가깝다는 혹평을 받았다. 순치제와 강희제 모두의 섭정으로서 영향력이 컸던 만주족 귀족 오보이Oboi(鰲拜)는 한족의 정치적 영향력을 엄격히 제한하자는 주장을 옹호해왔다.

물론 현엽은 어떤 단계에서도 청조의 정치조직을 만주족의 방식에서 한족의 방식으로 바꾸려고 하지 않았다. 오히려 그는 청조의 황제 권력이 한족의 이익에 사로잡히지 않게 하려고 부지런히 일했다. 다른 한편으로 그는 중국 문화의 기반에 매력을 느낌과 동시에, 한족 엘리트에게 정복왕조의 공정성을 설득하는 일의 정치적 가치를 예리하게 인식하고 있었다. 어린 시절의 초기부터 깊이 온축해온 그 자신의 교육을 통해 중국어를 유창하게 말했고, 서예에도 나름대로 조예가 깊었으며, 뛰어난 작가이기도 했다. 그는 유학자인 제사帝師로부터 황제가 정기적으로 받는 강의에 주의를 기울였으며, 한족 학자들에게 자신이 그들의 개인적인 후원자라는 사실을 설득하기 위해 할 수 있는 모든 일을 했다. 그의 조정에서는 청조의 중국 정복과 이자성과 장헌충의 난으로 파괴된 장서루藏書樓를 복원하기 위한 사업을 후원했다. 정복 당시 폭력이 집중된 중국 남부와 중부의 해안지대 지역에서

강희제는 60년간의 통치를 통해 청조의 성장과 안정에 비범한 개인적 영향력을 발휘했다. 청조를 근대 초기의 제국들 가운데 가장 큰 국가로 만든 것은 대체로 그의 굉장한 지적 능력, 정치적 직감, 체력 덕택이었다고 평가된다. 황제는 무자비했고, 나이가 들어가면서 자식들을 끊임없이 의심할 수밖에 없었다. 여러 아들들이 그의 사후에 황제가 되려는 음모를 꾸미고 있었기 때문이다. 심지어 그들은 그가 장수하는 것에 싫증을 내고 있었는지도 모른다. 상황을 진정시키려는 희망에서 황제는 총애하는 아들을 후계자로 선정했지만, 1713년에 그 후계자가 가망 없을 정도로 타락했음을 인정하고 그를 평생 구금하라는 선고를 내릴 수밖에 없었다. 그 후 황자들은 더욱 신중해졌지만, 황제는 황실이 당파, 배신, 부패의 온상이 되었다는 사실을 아는 상태에서 죽었다. 그는 이 그림에서 궁중의 정식 조복을 입고 있으며, 흔히 사후의 숭배를 받기 위해 제작된 초상화에서 취하는 자세를 하고 있다.

만주족의 이미지를 개선하기 위해, 그는 자신의 가족 일원과 함께 일련의 남순南巡 여행을 떠났다. 남순 여행을 통해 그는 현지 주민으로부터 환대를 받았고, 현지의 상세한 역사를 열심히 들었으며, 현지의 아름다운 풍광을 찬양했다. 그러나 가장 인상적인 것은 명조의 유민遺民들을 끌어안으려는 그의 시도였다. 명조의 유민들은 모든 형태의 관직을 거절하며 자칭 '은자'로서 생활함으로써 명조에 대한 충성심을 표현할 수 있다고 믿고 있었다. 황제는 이처럼 은둔자들을 세상으로 끌어내기 위해 특별 과거시험*을 실시했다. 그리고 대대적인 광고로 그들을 초청하여 청조가 주관하는 편찬사업에 참여하게 했다. 명대의 역사를 편찬하는 이 사업은 어떠한 명조 유민도 논리적으로 거절할 수 없는 사업이었다. 이와 같은 계획에서 어떤 기적도 일어나지는 않았다. 그러나 정복국가와 직전 왕조인 명조의 엘리트 사이에 존재하는 냉기는 누그러지기 시작했고, 한족 지식인을 치켜세우고 고용하며 선별적으로 발탁하려는 청 조정의 꾸준한 시도 아래에서 냉기는 계속해서 풀렸다.

표트르 대제처럼 강희제도 백성 중에서 고귀한 소수에게만 전념하는 데 만족하지 않았다. 청조 초기의 경제는 큰 혼란 상태에 있었다. 명말의 피비린내 나는 반란은 중추적인 농업지대인 사천四川과 호남湖南의 인구를 감소시켰고, 청조 정복군은 중부 해안지대에서 가장 인구가 밀집된 몇몇 도시를 완전히 파괴했다. 전쟁을 피해 온 난민들은 폐허가 된 지역을 계속해서 피하고 있었으며, 강희연간에는 백성들을 버림받은 지역으로 돌아가도록 하기 위해 국가가 새로운 우대책

* 박학홍사과博學鴻詞科를 말함.

을 만들어야 했다. 도로와 관개시설의 복구를 위해 필요한 비용에 대한 정부의 넉넉한 지출이 그랬던 것처럼, 값싼 토지도 복구에 도움이 되었다. 마을과 도시로 들어가는 상품의 유입을 용이하게 하도록 통행세는 낮게 유지되었고, 중요한 지역에서는 시장의 규제가 완화되었다. 17세기 말까지 경제는 복구되었으며, 인구는 높은 비율로 팽창했다. 인두세 방식의 조세제도 아래에서, 그 수가 늘어난 백성들에게 주는 압박을 줄이고자 세금의 한도는 1711년에 동결되었다. 황제는 백성들 사이에서 유가의 덕목인 '인'仁을 베푼 군주라는 평판을 얻기 위해 열심히 일했고, 그런 평판을 얻을 만했다. 경제의 압박이나 과중한 세금으로 백성들이 소외감을 느끼지 않도록 하기 위해, 강희제 정권은 적은 예산의 확대를 위한 정책과 운동을 계속 유지했다. 모든 능력을 갖춘 통치 엘리트층의 창출과 같은 그의 많은 이상은 이처럼 검소한 정책의 제물로 희생되었지만, 청 제국은 중국에서 확고한 토대 위에 놓이게 되었다.

표트르 대제처럼 강희제도 유럽인을 포함하여 자신이 접하는 모든 민족에게 배우는 일을 싫어하지 않았다. 그러나 그가 접촉한 유럽은 표트르 대제에게 영감을 준 18세기 계몽주의 시대의 세계가 아니라, 반개혁주의의 세계였다. 프란시스코 사비에르Francisco Xavier는 일찍이 1552년에 고아Goa*에 있는 자신의 기지로부터 중국에 진출했지만, 광주廣州 근처의 작은 섬에서 사망했다. 그는 그곳에 묻혔지만 그의 시신은 2년 후 신도들에 의해 발굴되었다. 그의 시신은 썩지 않은 것으로 알려졌고 이장을 위해 고아로 회송되었다. 사비에르는 다

---

* 인도 남서 해안에 있는 옛 포르투갈 영토.

른 예수회 선교사들이 중국을 선교의 목표로 삼도록 영향을 주었는데, 마테오 리치Matteo Ricci(1552~1610)는 중국어와 다른 여러 언어를 완벽하게 터득하는 능력으로 명조를 깜짝 놀라게 만들었다. 만주족도 정복 과정에서 예수회 선교사들의 도움을 받았다. 특히 선교사들은 요동에서 노획한 대포, 중국의 중부와 남부의 알려지지 않은 지역을 안내해준 상세한 지도 등으로 도움을 주었다. 사실 강희연간 후반에 현엽은 청 제국 전체를 담은 통일된 비율의 지도를 제작하기 위해 예수회 선교사들이 주도하는 사업을 후원하기도 했다.

강희연간의 초창기에 황제는 제국 내에서 유럽식 역법을 채택할 것을 고려했다. 그가 예수회 선교사들의 계산을 검토해본 결과, 한 해를 표시하는 그들의 계산이 더욱 정확한 방식이었기 때문이다(마테오 리치는 이지조李之藻, 서광계徐光啓와 함께 16세기에 유클리드 기하학을 중국어로 번역했고, 그때 번역한 문헌은 그의 시대 예수회 선교사들에 의해 강희제에게까지 소개되었다). 그러자 역법이 국가의 정통성을 상징하는 기준이라고 생각한 한족 관료들로부터 강력한 반발이 일어났다. 현엽은 한족 지식인에게 호감을 얻는 것이 예수회 선교사들의 상당한 매력보다 중요하다고 생각할 수밖에 없었기 때문에 그 계획을 폐기했다. 그러나 17세기 남은 기간 동안 유가 지식인들은 황제를 면밀하게 지켜보며 예수회 선교사들이 만들어냈을 것 같은 수많은 이단적 사고 가운데서 황제가 빠져들고 있는 징후는 어떤 것이든지 포착해냈다.

그들이 예수회 선교사를 경계하는 것은 옳았을 것이다. 장 바티스트 레지Jean Baptiste Régis, 피에르 자르투Pierre Jartoux, 토머스 페레이라Thomas Pereira, 장 프랑스와 제르비용Jean François Gerbillon 등 당시 중국에 머무는 예수회 선교사 중 많은 수가 중국어뿐 아니라 만주어까지 배웠고, 천문학·수학·철학에 관한 황제와의 자유토론에 참여하곤 했다. 1692년에 강희제는 말라리아에 걸렸을 때 페레이라와 제르비용이 처방한 퀴닌quinine*을 투약한 후에 살아났다. 그 후에 그는 그들의 의학 지식에 대해 열심히 자문을 구했다. 그 결과물이 유럽식의 설명서로부터 개작한 그림에 만주어로 철저하게 해설한 완전한 해부학 문헌이었다. 예수회 선교사들이 청조에 전해준 무수한 정보들처럼 이 책은 진부한 내용이 아니라 가장 최신의 것이었다. 이 책의 경우는 토머스 바르톨린Thomas Bartholin의 1684년작 『해부학』Anatomia에 근거하여 저술된 것으로서, 황제는 아마 많은 유럽의 의사들보다 해부학에 관해 더 일찍, 그리고 더 잘 알았을 것이다. 그는 또한 예수회 선교사들에게 자금성 내부에 있는 일정한 면적의 땅을 선사했다. 그곳에 그들은 후일 '북당'北堂('북쪽의 교회', 정사방위의 네 군데 중 하나)이라 불린 교회를 세웠다. 그리고 그는 예수회 선교사들이 가톨릭교와 유교의 조상숭배를 융합시키려고 시도함으로써 이단에 빠졌다는 로마 가톨릭교회의 비난에 대해 예수회 선교사를 열렬히 옹호했다.

1690년대에 강희제는 바티칸에 중국어·만주어·라틴어로 동시에 작성된 편지를 보내, 인노켄티우스Innocentius 7세에게 종교적 판단에서 좀 더 상대적 입장을 가질 것을 조언했다. 1705년 중국에서 활동하는 예수회 선교사들의 업무에서 유교의 영향력을 배제하려는 교황의 의지를 집행하기 위해 교황의 특사가 도착하자, 강희제는 그를 마카오에 구금했다. 그 특사는 이후 마카오에서 사망했다. 강희제는 교황청 사절의 후속 방문도 무시했다. 강희제는 새로운 예수회 선교사

* 기나나무 껍질에서 얻은 알칼로이드로서 키니네라고도 하며, 과거에는 말라리아 치료의 특효약으로 쓰였다.

들의 도착에 점점 더 냉담해졌다. 그는 그때 이후 예수회 선교사들이 교황과 청조의 황제 모두를 섬길 수는 없다는 사실을 절실히 느꼈으며, 그들이 교회의 권력에 저항할 수 있음을 전적으로 믿으려고 하지 않았다.

모든 일에 대한 강희제의 보편적인 의심은 일찍부터 알려졌다. 1667년 14세가 된 강희제가 섭정으로부터 권력을 가져와 자신이 맡겠다는 의도를 공표했을 때, 그는 귀족인 오보이가 자신의 권위를 전복시키려 하고 있다는 사실을 깨달았다. 십대의 황제는 강력한 세력을 가진 자신의 할머니 효장문황후 등과 신속하게 정치적인 연합을 구축했고, 이를 통해 오보이를 체포하고 오보이의 측근들을 엄벌에 처하거나 처형할 수 있었다(오보이는 옥사했다). 오보이의 측근 중에는 적어도 한 명의 황족 일원이 포함되었다. 황제의 단호함과 통찰력에 대한 평판이 중국의 남부 지역에서는 아마도 충분하게 인정받지 못한 것 같았다. 그곳에서 세 곳의 번藩(점령지대)을 다스리는 한군기인 출신의 통치자들(종종 삼번三藩, 3인의 봉건영주라고 불림)은 어리석게도 자기 것이 아닌 권력에 너무 안락하게 지낸다는 강희제의 의심에 부합하는 행동을 했다.

남부의 번왕藩王 정권은 정복의 편의성에 따라 수립되었다. 삼번은 1673년에 세워진 이래, 중국 정복 후의 처음 10년 동안 중국 전역에서 임명된 수많은 총독總督 중에서 살아남은 자들이었다. 순치연간(1644~1661) 동안에 조직이 개편되었고, 각 직위에 임시로 임명된 항복한 명조의 한족은 한군기인들로 교체되었다. 이런 식으로 중국 정복 이전부터 청조의 체제에 있던 요동 출신의 지역민들은 중국의 정복을 강화하기 위한 통제권을 부여받았다. 순치제의 조정은 점령한 지역이 명조 투항병의 수중에 있지 않고, 점령군의 자리에 중국어를 말할 줄 아는 사람을 기용한 정치적 효과가 상당할 것이라는 사실을 앎으로써 좀 더 안심했다.

번국들은 남부의 운남·귀주·광동·광서·복건 지역을 정복하고 감시하며 세금을 매기기 위해 특별한 권력을 부여받았다. 이 지역들은 비교적 뒤늦게 홍타이지의 서부 전투에서 청조에 참여한 한군기인의 통제 아래에 있었다. 경정충耿精忠은 복건성에서 부친 경계무耿繼茂로부터 번국의 통제권을 물려받았다. 경계무의 부친 경중명耿仲明은 1633년에 홍타이지의 조직에 가담했다. 상가희尙可喜는 그보다 조금 늦게 홍타이지에게 의탁했고, 1672년에도 여전히 청조의 이름으로 광동성을 지배하고 있었다. 그러나 이 남부의 군벌 중에서 가장 세력이 강한 인물은 오삼계吳三桂였다. 그는 1644년에 청군을 북경으로 인도했고, 후에는 자신의 아들과 순치제의 누이를 결혼시켰으며, 청조의 남부 정복과정에서 운남과 귀주의 총관總管 역할을 맡았다. 그는 자신의 직책이 영구적이라고 생각한 것 같다.

오삼계는 1661년에 운남과 버마에서 일어난 명조의 저항군을 섬멸하는 임무를 완수하여, 그곳에서 명조의 후계자를 자처하는 사람들을 처형함으로써 서남부 지역에서 행정과 군사의 특별한 권한을 얻었다. 그 보상으로 오삼계는 친왕親王에 분봉되었다. 오삼계는 서남부에서 임무를 완성한 후, 자신의 특별한 정치적·경제적 권리를 반환하겠다는 어떠한 신호도 보이지 않았다. 사실 그의 행동은 경제적 자원(오삼계의 경우에는 소금, 금, 구리, 인삼, 대황)의 관리를 독점하고 지역의 정치적 관계(오삼계의 경우에는 라싸 동부의 티베트인 정착지와 운남과 그 주변 여러 성의 관료체제)를 장악하려는 누르하치 초기의 조직적인 활동과 유사했다. 호부戶部에서는 오삼계의 군대에 제공되는 막대한 보조금을 불평했으며, 그러자 조정에서는 오삼계가 고령으로(당시 그는 오십대 중반이었음) 은퇴할 수도 있다는 암시를 주었다. 1667년에 오삼계는 은퇴하겠다는 상주문을 올렸지만, 그의 영토 내 관료들의 조직적인 불평 불만 때문에 청조(당시는 강희제의 섭정통치)는 그의 제안을 거부할 수밖에 없었다. 증가해가는 오삼계의 권력에 대한 불안감과 그에게 제공되는 보조금(그 돈은 다른 성省에서 징수한 기금으로 메꿔야 했다)에 대한 걱정은 북경에서 계속되었고, 강희제가 통치를 맡으면서 더욱 강해지고 있었다.

1673년에 상가희는 아들 상지신尚之信에 의해 광동과 광서의 지배자 자리에서 강제로 물러나게 되자, 자신이 아들에게 양위하는 것을 허락해달라고 조정에 요청했다. 이제 19살이 된 황제는 청조의 남부 통치를 굳건하게 만들기 위한 지속적인 타협을 감내하려 하지 않았고, 남부 지역의 영주들을 달래기 위해 황실의 재원을 소모하려 하지도 않았다. 그런 상황에서 설상가상으로 상가희는 이제 자신의 봉지를 세습왕국으로 만들겠다고 제안한 것이다. 조정의 많은 조언자들의 우려를 억누른 황제는 상가희의 봉지를 폐지하고 그 지역의 군대를 해체하라고 명령했다.

오삼계는 조정이 취한 행동의 의미를 이해했다. 1673년 12월 하순에 그는 운남 지역을 청조로부터 독립시키고 이곳을 주周나라라고 선포했으며, 아울러 귀주와 호남에 선제공격을 가했다. 그는 강희제에게 만주족이 중국을 자신에게 양보하는 것에 동의하고 요동으로 돌아갈 것을 제안했다. 현엽은 그 즉시 오삼계의 아들을 처형했다. 이제 망설일 이유가 없는 오삼계는 북경으로 진격하려고 했지만, 팔기군은 이미 그가 장강의 북쪽으로 넘어오지 못하도록 막기 위해 배치되어 있었다.

이후 오삼계의 군사행동은 그 자체로는 청조를 위협하지 못했지만, 그의 반란은 남부 중국에 정립된 군사 점령의 미묘하고 피상적인 구조를 완전히 부숴버렸다. 3년 안에 그의 조직은 동료 한군기인인 상지신과 경정충의 지지를 받았다. 1679년까지 청군은 다른 번국과 그들을 지지하는 사람들의 의지를 꺾어놓았다. 운남의 요새에 방책을 쳐놓은 오삼계는 그해에 사망했다. 그의 뒤를 이어 주조周朝 황제의 자리에 오른 사람은 손자 오세번吳世璠이었다. 오세번이 1681년에 자살함으로써 결국 내전은 종식되었다.

삼번의 난을 평정하는 일은 중국에서 청조의 운명을 결정짓는 혹독한 시련이었다. 그것은 연합한 자치정권이라는 불안정한 토대 위에서 생존하는 것, 또는 남부에 중앙집권적인 통치를 철저하게 다시 구축하는 것을 의미했다. 누르하치의 경력을 꽤 끔찍하게 모방한 오삼계는 군사 지도자들이 청조 정권에 가끔씩 충성하는 대가로 청조가 자기들의 세력 강화를 허락해야 한다는 논리를 실례를 들어가며 설명했다. 그것은 만주 지역을 통치하는 명조의 능력을 제거함으로써 결과적으로 청조의 승리를 이끈 것과 같은 논리였다. 또한 강희제는 지방의 성에서든 관료제에서든 황실의 종친에게서든, 황제의 위력으로부터 벗어난 권력의 집중 현상이 생기지 않도록 엄격히 조심하려고 했다. 이전까지 조정에서는 주로 만주족 귀족의 야망에 대해서만 주의해오고 있었다. 그런데 이제는 한군기인 출신의 엘리트들도 마찬가지로 심각한 위협을 일으킬 수 있다는 사실이 드러났다. 그에 대한 황제의 반응은 그들에게 맡긴 군정 책임의 권한을 분쇄하는 한편, 민정 및 팔기제에서 그들의 역할을 체계적으로 감소시키는 것이었다.

새로운 정복자와 옛 정복자: 만주족과 몽골족

명조 중국은 동몽골과 서몽골 지역 사이의 깊은 적대관계를 잘 알았으며, 몽골족의 세력이 재부상하는 것을 막기 위해 그들을 이용하려고 했다. 그러나 몽골 지역에서 권력을 중앙으로 다시 집중시키려는 지속적이고 실질적인 시도가 두 차례 나타났고, 두 경우 모두 명조는 위협을 받았다. 1440년대에 서몽골의 지도자 에센Esen(也先)은 몽골 지역의 절반을 재통합했다. 토목보土木堡에서 그의 진군을 막으려고 한 불운한 명조의 군사작전은 결국 명조의 유력한 환관들을 죽게 했고, 정통제正統帝는 에센에 의해 포로로 잡혀갔다(그는 7년 후 중국으로 귀환했다). 몇 년 후에 에센의 권력이 붕괴함에 따라 위험은 가라앉았다. 그러나 1500년대 중반에 알탄 칸Altan Kahn(阿勒坦汗)이 동몽골의 정권을 강화하고 얼마간 명조의 수도를 위협했으며, 그 과정에서 통합과 정통성의 존재 역할을 할 수 있도록 3대 달라이 라마(그러나 1대 달라이 라마가 그와 같은 존재로 인식되었다)를 티베트에서 데려오자, 위험은 다시 나타났다. 알탄의 권력 역시 이후에는 감소했지만, 그는 동몽골 지역에서 안정적이고 복잡하며 명망 있는 통치전통의 설립에 기여했다. 릭단 칸Lighdan khan(林丹汗)의 통치 아래에 있던 동몽골 정권은 1600년대 초반에 상업적·농업적 측면에서 중요한 지역인 요동을 명조로부터 빼앗으려는 야망을 품은 누르하치와 홍타이지에게는 가장 커다란 도전이 되었을 것이다.

17세기 초 누르하치의 통제 아래 있는 만주 지역에서 청나라의 합병이 진행되던 당시에, 몽골족의 조직적인 영향력은 그 지역에 필수적이었다. 몽골족의 정치적 영향력은 특히 언어에서 곳곳에 스며들었다. 몽골식의 이름이 여진족(이들은 곧 만주족이 되었다)에게 널리 채택되었고, 몽골어의 문어가 만주 지역에서는 물론이고 만주족의 통치층과 조선 사이의 기본적인 의사소통 수단이 되었다. 몽골의 말, 안장, 옷, 악기 등을 비롯한 여러 물건들이 만주 지역의 시장에서 정기적으로 거래되었다. 차하르Chakhar(察哈爾)*와 호르친Khorchin(科爾沁)**은 때로는 가뭄이나 기근에 쫓겨, 또 어떨 때는 정치적 무질서 때문에 만주로 대거 흘러들어왔다. 그리고 요동에 있는 명조의 요새에서 병사로 복무했다. 많은 사람들은 여진족 속에서 정착하기 위해 더욱 동쪽으로 갔다.

초기의 청 제국은 중앙아시아에 거주하는 몽골계의 후예인 이들 여러 민족 사이에서 제도화된 '충성'이라는 용어를 끌어들이기 위해 할 수 있는 모든 것을 했다. 홍타이지는 차하르 정복을 활용함으로써, 요동으로 이주하여 한족의 요새에 정착한 차하르 일족들에 대한 지배권을 주장했다. 차하르 일족은 자기들과 만주족의 황족이 '같은 일족'이라고 주장하고 있었다. 사실 1644년에 중국을 정복하기 전까지 청나라에 편입된 이들 몽골족은 청조의 군사조직인 팔기에 편입되어 몽고팔기蒙古八旗가 되었다. 몽고팔기는 모든 면에서 그들이 함께 복무하던 만주족 기인들의 만주팔기와 비교할 만한 조직이었다. 차하르와 하라친Kharachin(喀喇沁)***의 주민을 포함시킨 것이 몽고팔기였고, 청

---

* 15세기에 몽골족을 통일한 다얀 칸(1470~1543)이 세운 제국의 일파로서, 17세기 초에 적대관계에 있는 다른 몽골 부족과 새로 부상한 만주족에 의해 패배했다. 이후 차하르의 유민들은 대부분 만주족의 지배 하에 들어갔으며, 그들의 후손은 오늘날 중국의 내몽골자치구에 살고 있다.
** 중국 동북부 흥안령興安嶺 동쪽의 송화강, 요하강 유역에 살던 몽골계의 부족. 만주족의 대명공략對明攻略에 협력하여 청나라의 내몽골 24부의 수위首位에 있었으며, 대대로 청나라와 통혼하였다.
*** 명대에 현재의 내몽골자치구에 거주한 몽골계의 부족. 1627년 차하르 부의 릭단 칸에게 본부를 멸망당했고, 이후 좌·우·중의 3기旗에 편성되어 청조에 복속되었다.

청대 황실의 건축물에는 일반적으로 한문, 만주어, 몽골어(이 그림에서는 왼쪽에서 오른쪽 방향순) 이렇게 적어도 3개의 언어로 새겨진 글씨가 붙어 있었다. 이것은 자금성 안의 성문에 붙은 글씨이다. 황제들 자신도 19세기 말까지는 이 3개의 언어에 모두 능숙했고, 귀족층도 그럴 것을 요구받았다. 만주어와 몽골어는 비슷하지만 동일하지는 않은 문자로 기록되었다. 두 언어 모두 고대 중동의 셈어로부터 기원한 위구르 문자에서 유래했다.
_ 북경고궁박물원 소장.

조와 북원北元*과의 관계 및 칭기즈 칸에서 쿠빌라이로 이어지는 황제 권력의 연속성을 이어주는 것도 몽고팔기였다. 차하르를 통해서 즉 몽고팔기를 통해서 청조는 몽골 대칸의 후계자로 자처할 수 있었으며, 이를 통해 자기들이 스텝지대에 있는 칭기즈 칸의 영원한 추종자들을 지배할 권리를 받았다고 생각했다.

그러나 중국 정복 이후에 편입된 몽골 지역의 몽골족은 매우 다르게 분류·관리되었다. 청조 조정이 몽골의 정체성을 드러내는 그들의 문화와 업적의 위신을 보존하기 위해 일하기도 했지만, 몽골연맹의 경제적·정치적 자치권을 침식한 측면도 있다고 말하는 것이 지나친 과장은 아니다. 청조가 몽골연맹체를 통제하기 위해 조직한 가장 최초의 기구이자, 이후 계속해서 기본적인 통제의 수단으로 남은 것은 이번원理藩院(tulergi golo be dasara jurgan, 문자 그대로는 '변방의 지역을 통치하는 부서')이었다. 변경의 관리를 위한 모든 기구들과 마찬가지로, 이번원은 주요한 행정 언어로 중국어를 사용하지 않았다. 이번원의 전신은 홍타이지 시대의 몽고아문蒙古衙門이었다. 몽고아문은 1638년 이후 이번원이 되었고, 그 관할 권한은 튀르크, 티베트를 비롯하여 어떤 경우에는 러시아와의 문제까지 확장되었다. 이번원의 수장인 상서尚書는 법률상 만주족 또는 몽골족이 맡았다.

중국 정복 이후 청조는 분명 몽골의 지도자들이 권력투쟁 과정에서 러시아의 도움을 요청하려는 것과 로마노프 왕조의 군대가 몽골 지역에 영원히 주둔하게 되는 상황을 두려워했다. 중국에서 청조 체제가 확립된 최초의 시기에는 이러한 두려움이 정력적인 지도자 홍

---

* 명조의 주원장이 원조를 멸망시킨 후, 원조의 잔존세력들이 몽골 고원의 초원으로 돌아가 세운 망명정권.

타이지Khungtaiji(巴圖爾琿台吉)*에 의해 촉발되었다. 홍타이지는 서몽골 지역에 자신의 세력 기반을 집중시키고 팽창시키는 과정에서 종종 로마노프 왕조에 화기, 현금, 조언자 등을 요청하며 그들에게 도움을 청했다. 몽골을 통일한 알탄 칸처럼 홍타이지도 자신의 권위를 공고화하기 위해 티베트 종교를 활용했다. 심지어 그는 자신의 재능 있는 아들 갈단Galdan(噶爾丹)을 티베트로 보내 라마승이 되기 위한 교육을 받게 했다.

갈단(1632 또는 1644~1697)은 살해된 형의 복수를 위해 1670년대 말에 몽골 지역으로 돌아왔고, 이후 몇 년간 주변의 몽골 집단 내에서 통일전쟁을 추진했다. 이는 여진족 내에서 누르하치가 초기에 벌인 행위(원수를 갚는 사람으로 추정되는 역할)와 매우 유사한 행동이었다. 갈단과 전투를 벌인 몽골 집단의 일부는 몽골 본토가 아닌 투르키스탄에 기반을 두었으며, 갈단은 1678년에 그 지역을 침공했다. 그는 카슈가르, 야르칸드, 하미, 이리, 투르판 등 대상隊商들이 활동하는 몇몇 주요 도시를 정복했고, 그곳의 이슬람교도 주민을 자신의 통제 아래 두었다.

1677년에 강희제는 서쪽 변경지대에 문제가 있으며, 투르키스탄의 이슬람교도들이 구원을 요청하고 있다는 소식을 들었다. 당시 청조는 삼번과 전쟁 중이었고, 강희제는 그 일에 말려들지 않기로 결정했다. 그러나 삼번과의 전쟁이 끝나자마자, 황제는 몽골연맹의 지도자들(그중에서도 가장 중요한 인물은 갈단이다)에게 전갈을 보내 자신이 삼번을 격파했으며 이제 자유롭게 몽골, 투르키스탄, 티베트의 일에 관

* 청 제국의 초대 황제 홍타이지Hung taiji(皇太極)와 다른 인물임.

여할 수 있음을 알렸다. 황제는 전쟁 대신에 갈단, 달라이 라마, 내몽골의 여러 칸 등이 포함된, 계파를 초월한 회담을 벌일 것을 제안했다. 1686년 내몽골을 방문한 달라이 라마와 갈단의 대리인이 참여하여 동투르키스탄의 처리를 두고 토론을 하기 위한 회담이 개최되었다. 그러나 갈단은 회담의 결의안을 공개적으로 부인했다. 그는 동몽골이 의도적으로 달라이 라마의 대리인을 모욕했다고 주장했다. 그는 즉시 군대를 소집하여 동몽골을 침략했다. 동몽골의 주민 대부분은 수만 명씩 청조의 영토로 밀려와 보호를 요청했다. 평화의 유지에 실패한 데 대해 자신의 책임을 통감한 강희제는 난민들을 보호했다.

새로운 어려움은 계속 진행 중인 러시아와의 국경조약 협상을 결렬시킬 우려를 낳을 만큼 위협적이었다. 러시아는 갈단의 부친과 협력하는 관계였고, 강희제는 러시아가 이 중차대한 시점에서 갈단을 돕거나 갈단에게 무기를 제공할 것을 두려워했다. 그러나 로마노프 제국 역시 마찬가지로 청조와의 조약 체결을 열렬히 바라고 있었다. 그들은 갈단이 자기 뜻대로 무엇을 하든 내버려둘 것임을 시사했다. 강희제는 마지막으로 한 번 더 강화회의를 시도했다. 그런데 이번에는 달라이 라마의 승인을 얻지 못함으로써 좌절을 겪었다. 마침 공교롭게도 달라이 라마가 사망했지만, 티베트의 관리 상예 갸초 Sangye Gyatso는 이 사실을 숨기고 있었다. 그는 청조의 보호 아래에 있는 몽골 지도자들이 회담의 시작 전에 갈단에게 항복해야 한다는 요구를 하며 갈단에게 의탁했다. 이 문제가 해결되기 전에 갈단은 놀랍게도 내부로부터 도전에 직면했다. 그의 조카 체왕 아랍탄 Tsewang Araptan(策妄阿拉布坦)이 1690년에 그를 외몽골로 쫓아낸 것이다. 괜찮은 목초지와 영향력을 다시 얻으려고 필사적으로 노력한 갈단은 약화된 힘으로 내몽골 침략을 한 번 더 시도했다. 하지만 이번에는 청군이 그곳에 주둔하며 그를 물리쳤다.

그동안 강희제는 러시아와 맺은 네르친스크 조약을 통해 자신의 위상을 확고히 다졌고, 어떻게 해서든 갈단의 영웅담에 하루빨리 종언을 고하기로 마음먹었다. 그는 양면적 접근을 시도했다. 강희제는 갈단에게 사면과 함께 항복에 대한 보상을 제안했다. 동시에 그는 새로운 군사 원정의 채비를 시작하여, 머스킷 총과 대포로 선봉대를 무장시켰다. 내몽골의 칸들은 1691년에 돌론노르Dolonnor(多倫淖爾)*에서 공식적으로 강희제를 자기들의 대칸으로 받아들였지만, 갈단은 영원히 청조의 통치에 저항하기로 했다. 1694년 외몽골과 투르키스탄에서 생겨난 가뭄 때문에 그는 내몽골로 또 한 차례 급습을 단행해야 했다. 황제가 8만 명으로 구성된 부대를 직접 지휘하며 벌인 팔기의 대대적인 군사활동은 1696년에 갈단을 되돌아가게 만들었다. 청군은 갈단을 자오 모도Jao Modo(昭莫多)까지 추격했고 그곳에서 아내와 자식들 등 그의 지지자들은 대거 살육되었으며, 생존자들은 체왕 아랍탄에게 가서 의탁했다. 갈단은 피신하여 얼마간 투르키스탄의 하미 부근에 머물렀다. 그곳은 그의 열네 살짜리 아들이 이슬람교도 군주에 의해 억류되어 있던 곳이다.

갈단이 거의 나가떨어졌음을 깨달은 강희제는 기세를 누그러뜨리지 않았다. 1697년 갈단은 청조가 자신을 섬멸하기 위해 새로운 군사작전을 조직하고 있다는 소식을 들었다. 배신당하고 포위되었으며

---

* 중국 내몽골자치구에 위치한 도시. 역사적으로 중요한 이 도시는 1256년에 쿠빌라이 칸이 세운 후 몽골족 황제들의 여름 수도가 되었다. 1369년 명군이 이 지역을 점령했으나 이곳은 여전히 몽골족에게 중요한 상징적 도시로 남아 있었고, 청조의 황제들은 이 도시를 종교 중심지로 육성했다.

절망적이었던 그는 음독자살을 했다. 조카 단지라Danjira는 그의 시신을 화장하여 유해를 티베트로 갖고 갔다. 곧 단지라는 갈단이 너무나도 자주 거부했던, 청조의 제안을 받아들였다. 1705년에 그는 청 제국에 굴복한 서몽골 사람들의 자사크jasak(箚薩克)*에 임명되었다. 청조는 정복한 몽골 지역을 '기'(한자로 '旗', 몽골어로는 '호순'khōshun, 만주어로는 '구사'gūsa) 조직으로 편성했지만, 그 조직은 몽고팔기에 비할 바도 못 되었고, 또 그들이 그렇게 인식되기를 원치도 않았다. 이 경우에 '기인'은 팔기의 구성을 모방한 새 행정체계의 도입으로 연합구조에 지장을 주는 방식일 뿐이었다. 그러나 사실 이것은 인구 통계학적 단위라기보다는 영토적인 단위였다(만주 지역의 '주방'이 명조 아래에서 기능한 방식과 같다).

강희제는 티베트와 정복되지 않은 중앙아시아 지역 몽골족 사이의 전략적 결합을 여전히 우려했다. 라마승들은 '돌론노르 회의'에서 내몽골의 칸들을 설득하여 러시아 측보다는 청조 측에 합류하도록 영향력을 발휘했다. 이제 내몽골이 안전해지자 강희제는 현세의 티베트 왕인 라브장 칸Lhabzang Khan이 자신의 권력을 부활시키기 위한 노력을 지원해달라는 요청에 주의를 기울였다. 그 결과 그는 청군의 지원을 받아 1705년에 쿠데타를 일으켰다. 상예 갸초는 섭정에서 축출되었고, 라브장 칸이 섭정이 되었다. 그는 재빨리 5대 달라이 라마를 폐위시키고 6대 달라이 라마를 옹립했다. 새로운 달라이 라마가 자신의 임명식을 위해 북경으로 오는 도중에 사망하자, 라브장 칸은 자기 아들을 새로운 달라이 라마로 옹립하려고 했다. 이 일은 티베트와 몽골

---

* 몽골어로서 집정관을 의미.

에서 폭넓은 혼란을 일으켰다. 서몽골의 지도자로서 갈단을 계승한 체왕 아랍탄은 1717년에 라싸를 침입하여 라브장을 폐위시켰다. 청조가 이에 개입하여, 1718년에 라싸를 점령했다. 그런 다음 청조는 자기들이 7대 달라이 라마를 옹립했다.

티베트를 군사적으로 점령하려는 청조의 이 첫 번째 시도는 성공작이 아니었다. 체왕 아랍탄의 군대는 라싸에 파견된 청군을 격파했다. 몽골 지역과 중국 서남부의 안정이 위태롭다는 사실을 깨달은 강희제는 청해靑海와 내몽골에서 항복한 몽골인들을 동원하여 티베트에서 체왕 아랍탄과 대결하게 했다. 1720년에 청해와 사천의 부대가 라싸를 다시 탈환했다. 기본적으로 황제의 정치적 정보원인 만주족 출신의 '암반'amban(사령관)이 파견된 것은 물론이고, 항구적인 팔기주방이 건설되었다. 왕의 통치는 철폐되었고, 티베트는 이제 세속적인 관점에서 정치적 독립의 권리를 박탈당했다.

몽골 지역의 재편은 새로운 관할권의 창조와 스텝지대 귀족계층의 통합을 요구했다. 통합은 일상적인 수단이었던 혼인동맹을 통해 이루어졌고, 스텝지대의 몽골족은 황실의 귀족으로 편입되었다. 이처럼 돌론노르에서 항복한 칸들은 강희제에게 항복한 이후에도 세습적인 행정관의 지위를 보장받았고, 혼인동맹을 통해 황족으로 편입되었다. 1706년에 새로운 칸인 '사인 노얀'Sayin Noyan(또는 Noyon)*이라는 직책이 만들어졌으며, 이 직책을 맡은 사람들은 직책을 맡음과 동시에 황족의 집안과 혼인했다. 사인 노얀 칸인 체렝(1750년 사망)은 사실

---

* 몽골 제국에서 지휘권을 가진 직책을 말한다. 근대 이후의 몽골어에서는 '씨', '귀하' 등과 유사한 호칭이지만, 처음에는 칭기즈 칸의 군대에서 군사지휘관을 지칭하는 용어로 사용되었다.

스텝지대가 제국에 복종했다는 상징이 되었고, 자신의 신위가 황족들의 사당에서 숭배를 받을 만큼 보기 드문 영예를 누렸다.

거대한 경쟁자: 청 제국과 로마노프 제국

청조의 정복작전은 결코 서쪽에서만 진행되지 않았다. 홍타이지의 시대에 청조는 아무르 지역을 군사적으로 획득하고 상업적으로 지배하기 위해 작전을 수행했다. 그 지역이 청 제국의 동쪽 종착점이자, 새롭게 인정받은 청조의 정통성을 보여주는 '조상'의 근거지였기 때문이다. 순치제의 재위 기간에 아무르 지역에서 청조 군대의 주둔은 증가했지만, 증가한 수치는 매우 작았다. 군사조직체로서 중국 내지에 대한 정복 요구가 높았고, 만주 전역에서 청군 가운데 이곳에 주둔하기를 자원한 사람은 극히 드물었기 때문이다. 청조가 삼성三姓(일란투먼Ilantumen)*과 영고탑寧古塔** 지역에 대한 지배권을 주로 행사한 것은 민간인이든 기인이든 죄가 있는 군관과 관료를 이 지역으로 추방하는 경향으로 나타났다. 1653년 묵던과 아무르강 이동以東의 확장된 지역을 기반으로 한 민정기구가 구성되었고, 영고탑에 있는 작은 주방은 정식 요새가 되었다. 그러한 목적의 일부는 러시아의 침입에 대비하여 확고한 성벽을 건설하려는 것이었지만, 그 과정은 훨씬 많은 북방의 여러 민족에게 깊은 인상을 주었거나 영향을 끼쳤다(그러한 민족 가

---

* 흑룡강성 중부에 있는 현으로 오늘날에는 의란현依蘭縣으로 지칭된다. '삼성'은 명대에 불리던 이름으로, 영고탑과 함께 후르카강 계곡의 건주여진의 중심지였다.
** 오늘날의 흑룡강성 영안寧安 지역의 옛 이름으로 건주여진의 중심지였다.

운데 가장 다수를 차지한 민족은 석백족이었다). 주방에서 이들 여러 민족은 '새로운 만주족'으로서 팔기의 특별조직으로 편제되었다.

북만주 지역의 정복과정에서 청 제국은 러시아의 로마노프 제국과의 물리적 충돌이 증가했다. 1500년대에 러시아는 이미 시베리아를 지배하기 시작했다. 시베리아는 모피, 목재 생산, 풍부한 광물자원 때문에 중요한 지역이었다. 한 세기 후 로마노프 왕조와 청조는 아무르강을 놓고 직접적인 경쟁을 벌이게 되었다. 부상하는 군사적 긴장은 17세기 후반과 18세기에 맺어진 조약을 통해 해결되었고, 러시아와 중국은 동북아시아의 여러 민족에 대한 통치를 양분했다. 두 나라 사이의 여러 조약을 통해 러시아는 태평양 연안으로 접촉할 수 있었고, 이곳을 기점으로 18세기 초에는 북미의 탐험이 시작되었다. 러시아는 북미 탐사를 통해 1800년 전까지 알래스카의 여러 민족을 러시아 차르의 신민이자, 명목상으로는 러시아정교회의 신도로 만들었다.

러시아의 시베리아 정복은 1581년에서 1582년 사이에 예르마크 티모페예비치Yermak Timofeyevich의 탐험과 함께 시작됐다. 시베리아산 모피와 광물은 러시아 제국이 부를 축적하는 주요한 원천이 되었다. 17세기 초부터 시베리아는 범죄자와 정치범의 유형지로도 이용되었다. 1650년대에 아무르 계곡은 일련의 탐험가들(가장 잘 알려진 인물로는 예로페이 하바로프Yerofei Khabarov와 오누프리 스테파노프Onufri Stepanov가 있음) 덕택에 로마노프 제국이 차지했다. 아무르강 일대의 많은 촌락이 러시아 조정을 대신하는 러시아의 관리에게 '야사크'yasak(jasak, 조공)*를 바치고 있었다.

---

* '조공'을 뜻하는 튀르크어로서, 제정 러시아에서는 시베리아의 원주민들로부터 받아낸 모피 공물을 지칭하는 단어로 사용되었다.

1654년에 영고탑에 주둔하는 기인과 쿠마르스키Kumarsky 항구(아무르강의 북쪽 강둑)에 근거한 러시아 병사들 사이에서 충돌이 발생했고, 이듬해에는 기인 부대가 쿠마르스키를 점령하려고 했지만 실패했다. 아무르강 인근의 여러 민족이 생산한 상품을 러시아인들로부터 빼앗기 위해, 청조는 강제로 에벤크족과 다구르족Dagurs*을 서쪽으로 이주시켜 나나이강** 계곡에 정착할 것을 명령했다. 그러나 아무르강에서 늘어난 러시아의 주둔군은 계속해서 청조를 불안하게 했다. 1661년 젊은 순치제가 치명적인 천연두 말기 증세로 고생하는 동안, 묵던의 행정을 맡은 봉천부윤奉天府尹은 요동을 포함한 청조의 발상지에 대한 청조의 통치상황을 담은 충격적인 평가서를 제출했다. 팔기의 중원 진출은 중원에서 만주 지역으로 이주가 금지된 것과 맞물려 만주 지역의 인구 밀도를 낮게 만들었고, 만주 지역의 도시를 폐허로 만들었으며, 만주 지역의 농지를 방치시켰으며, 그 주변지역에 적절한 방어시설도 없게 만들었다. 그곳에 남아 있는 주민에게는 대개 가난과 목표 상실만을 안겨주었고, 전체 지역은 러시아나 몽골의 공격과 정복에 취약한 상황이었다.

1660년대 중반에 처음으로 만주 지역의 상황을 개선하기로 마음먹은 사람은 강희제의 섭정인 오보이였다. 중국은 거의 안정되었고, 만주 지역으로 돌아가기를 바란 기인 가정에는 신청 허가가 내려졌다. 영고탑의 주방은 확장되었다. 새로운 방어시설이 요동 주변에 건설되었고(이제 허투 알라 지역을 포함하여 동쪽으로 조금 확장되었다), 아무르

---

* 중국 내몽골자치구 동부와 흑룡강성에 살고 있는 몽골족의 일종.

** 송화강의 지류로서 눈강嫩江으로 더 잘 알려져 있다.

강에서 사용할 군함의 건조를 위한 작업장까지 갖춘 새로운 군사사령부가 길림吉林에 건설되었다.

그것은 러시아인들이 점점 더 아무르강 계곡을 장악하는 것에 대항한 투쟁이었다. 이 투쟁으로 인해 청조는 '만주국'滿洲國(Manju i gurun)이라는 정체성을 갖도록 고취되었으며, 그곳을 자기들의 고향이라고 주장하게 되었다. 군사적 조치와 더불어 만주족의 역사에 대한 관념적인 선택에서 첫 번째 요소들이 나타났다. 이러한 요소가 나타난 것은 다음 세기에 정점에 도달했다. 1677년에 강희제는 만주족 우무나Umuna(武默訥)에게 백두산白頭山 탐사를 지휘하라는 임무를 내렸다. 황제는 우무나에게 아무도 아이신 기오로 일족의 발상지가 어느 곳인지 '정확한 지점'을 알지 못한다고 설명했다. 우무나의 임무는 그 지점을 찾고, 황실 가문을 대신하여 그 조상신에게 제사를 올리는 일이었다. 임무는 어려웠다. 특히 황족에게는 정확한 발상지가 없었고, 황족의 역사와 관련 있는 지점도 실제로 백두산 부근에는 거의 없었기 때문이다. 그럼에도 불구하고 우무나는 탐사된 적이 없는 영토이자 수천 킬로미터에 달하는, 말 그대로 황무지(그 이름은 '영원한 겨울의 장소'라는 의미)*를 향해 용감히 밀고 들어갔다. 그는 말로 표현하지 않은 임무의 목적을 잘 이해하고 있었다. 그의 숨은 임무는 조선(백두산 남쪽)과 러시아(백두산 동쪽)와의 국경을 정하는 데 유용하도록 그 지역과 그곳의 지리적 특징에 대한 청조의 친밀성과 그 지역에 대한 만주족 조상의 권리를 입증하는 일이었다. 몇 차례의 작은 사고 끝에 우

---

* 이는 중국에서 백두산을 지칭하는 '장백산'長白山을 해석한 것이다. 이 책의 원서에서는 백두산을 장백산으로 표현하고 있다.

무나 일행은 기적적으로 백두산 정상에 도달했으며, 백두산 정상에 있는 천지天池와 천지로 뻗어 있는 다섯 곳의 갑岬을 정확하게 묘사했다. 그들은 또한 송화강의 근원지를 찾았고, 그 지역의 지형에 대해 상세하게 묘사한 보고서를 청조에 올렸다.

만주 지역을 둘러싼 러시아와 청 제국 간의 다툼은 결국 네르친스크 조약(1689)과 캬흐타 조약(1727)으로 결론이 났다. 두 조약은 여전히 분쟁의 원인이 되는 러시아와 중국 사이의 지리적 관계를 규정했다. 첫 번째 맺은 조약 이면의 외교술은 특히 정치적 수준에서 보잘 것없었고 실질적인 측면에서도 몹시 난항이었다. 명대부터 중국과 러시아 조정 사이의 서신 교환은 말 그대로 거의 한 세기가 걸릴 정도였다. 어느 쪽도 상대편의 언어를 이해할 수 없었고 직접 만나는 경우도 드물었기 때문이다. 명조와는 달리 청조는 언어에 강한 관심이 있었으며 주변 국가들의 언어를 배우는 일을 어색하게 생각하지 않았다. 그러나 사실 언어를 배우는 일은 어려웠다. 만주 지역에서 러시아와의 국경지대에 주둔한 청군은 러시아군에서 복무하는 병사 중 대오를 이탈한 병사를 납치하라는 지침을 받았는데, 그렇게 납치한 성과는 상당했다. 그러나 그들 대부분은 중앙아시아인이거나 퉁구스족*이었고, 설사 그들이 러시아어를 몇 마디 안다 하더라도 대개 글을 모르는 문맹자였다. 1680년대 중반 동안 청조의 변경 관료들은 코사크인(즉 알바진인Albazinian[阿爾巴津人])**으로 구성된 부대 전체를 항복시켜

---

* 시베리아 동부에 사는 몽골계의 일족.

** 코사크는 카자크Kazak라고도 하며, 15~16세기경 우크라이나와 러시아 남부에서 자치적인 군사공동체를 형성한 농민집단이었다. 오늘날 카자흐스탄의 중심 종족으로서 이슬람교를 믿고 튀르크 계열의 언어를 쓰는 카자흐족과는 별개의 민족으로서, 이들은 러시아정교를 믿고 러시아어를 사용했다. '카자크'라는 명칭은 원래 '모험', '자유인'이라는 뜻의 튀르크어 'kazak'에서 유래했다. 알바진인이란 17세기 말에 청조로 귀

팔기에 소속되도록 회유했지만, 러시아어를 가르칠 자격을 갖춘 사람은 한 명도 얻지 못했다. 그러나 강희제는 라틴어를 구사하는 예수회 선교사들을 로마노프 왕조와의 중재자로 활용하는 방안을 떠올렸다. 모스크바에 있는 기독교도가 라틴어를 알 것이라는 점을 참작한 것이다. 결국 1689년에 두 황제는 러시아어, 만주어, 중국어, 라틴어로 조약을 승인했다. 조약을 통해 양국은 만주 지역에서 두 나라 사이의 국경을 확정하고 교역 지점을 정했으며 관세제도를 확립했다. 현엽은 재빨리 북경에 생생한 러시아어를 구사하는 교사를 갖춘 러시아어 학교를 설립하게 했다. 이 학교는 이후 러시아정교회의 주재원이 도착함에 따라 교사진이 약간 보강되었다. 이 학교가 대단한 성공작은 결코 아니었다. 그러나 이후 1727년에 체결한 캬흐타 조약(이 조약에서는 몇 군데의 무역 장소가 추가되었다)에서 러시아어를 만주어로 직접 번역할 정도로 의사소통을 쉽게 한 측면에서는 그 역할을 다했다.

세계 무역과 청 제국

초기의 청 제국은 예수회는 물론이고 16세기부터 예수회 선교사들의 동반자인 해상무역제국과의 일부 접촉을 통해서 유럽을 알았다. 가장 빨리 접촉한 것은 포르투갈인이었다. 그들은 1500년 이후 향신료가 재배되는 몰루카 제도와 자바 섬을 지배했고, 인도를 경유하는 통상

화한 40~50명의 코사크족을 말한다. 강희연간에 귀화한 이들은 아무르강 근처의 러시아 포구인 알바진 지역에서 귀화했기 때문에 알바진인으로 불렸다.

로를 장악했다. 스페인 사람들도 무역에 관심이 있었으며, 대만에 작은 기지를 건설했다. 그러나 1600년 직후 네덜란드인이 포르투갈인과 스페인인들을 몰아냈다. 그들의 동인도회사East India Company는 인도양과 태평양에서 제반 무역을 관리하기 위해 네덜란드의 군주 일가가 인가한 기구였다. 동아시아에서 영향력을 확보하고 경쟁 국가의 신용을 떨어뜨리기 위해 네덜란드 동인도회사는 중국과 일본 군주의 의사소통 방식대로 그들의 요구를 기꺼이 따랐다. 그들은 중국에서 명조와 그 이후의 청조 황제에게 고두의 예를 올렸고, 일본이 17세기 초에 외국과의 접촉을 공식적으로 폐쇄한 이후에는 나가사키 근처에 있는 섬 데지마出島*에 머무르는 특권을 어떻게든 유지하려고 했다.

그러나 일본 밖에서 네덜란드 동인도회사는 1600년에 엘리자베스 1세의 명으로 설립된 영국 동인도회사BEIC(British East India Company)라는 강력한 경쟁자를 만났다. 원래 영국의 회사는 네덜란드의 향료 무역에 훼방을 놓으려고 했지만, 자바 섬에서 영국 상인들이 살해된 이후에 그 계획을 포기하고 대신 인도에 집중했다. 점차 영국 동인도회사는 화폐를 주조하고 법률을 제정·집행하는 등 마치 그 조직 자체가 정부이기라도 한 것과 같은 권력을 누렸다. 영국 정부는 영국 동인도회사에 봄베이Bombay(과거에는 포르투갈의 식민지)를 통제할 권리를 부여했고, 영국 동인도회사는 인도의 여러 분야에 대한 정치적·경제적 통제의 기지를 확장하기 시작했다. 면화, 비단, 화약 생산에 필요한 광물 등을 포함한 인도의 상품무역을 지배함으로써, 영국

---

* 1634년에 일본 에도 막부가 나가사키에 건설한 부채꼴 모양의 인공 섬. 1641년부터 1859년까지 네덜란드와의 무역은 이곳에서만 독점적으로 허용되었다. 쇄국 시기에 일본이 서양과의 교류라는 숨통을 터놓은 상징적인 장소이다.

동인도회사는 영국의 투자자들에게 특히 1660년대부터 1700년 사이의 투자자들에게 막대한 이익을 가져다주었다. 18세기 중반에는 인도 북부를 다스리는 무굴 제국의 통치자들이 영국의 동인도회사에 벵골Bengal과 비하르Bihar 주州를 통제할 권리를 부여할 만큼 이 회사는 막강했으며, 급속히 준정부 조직으로 발전했다.

청조가 중국을 정복했을 당시, 명조의 수출품 특히 도자기와 비단은 유럽인과의 교역이 이미 진행 중이었다. 다음 장에서 살펴보겠지만, 거대하고 몇몇 상단商團에게는 위협적인 차 무역이 18세기에 진행되고 있었다. 강희제와 옹정제의 조정은 중국의 해안가에 네덜란드 상인이 거주하는 것에 합의했다. 네덜란드는 청조 조정으로 사신을 보냈고 고두의 예를 올렸으며 공손한 조공국의 대열에 진입했다. 그렇지 않았다면 그들은 청조 조정에서 신경을 쓸 대상도 못 되었을 것이며, 남부 해안 연안에서 직접 중국인 대리인들과 접촉을 유지했을 것이다. 사치품을 유럽에 판매하는 일은, 특히 청조의 관영 공장이 그런 사치품을 주문받았다 하더라도 이는 국가의 세수에 그리 대단하지 않은 보탬이었고, 큰 고민거리로 간주되지 않았다. 유럽과의 무역과 접촉의 억제에 대한 지난한 고민은 1700년대에 제국을 둘러싸고 있는, 매력적이고 성공이 보장된 지평을 누리지 못한 청조 후반기 군주들의 문제였다.

18세기까지 청 제국은 정복왕조의 체제였으며, 그들의 자원은 침략과 점령에 집중되어 있었다. 강희제와 옹정제의 치하에서 이 과정은 거의 완성되었다. 그들은 도로와 급수시설을 보수하고 통행세를 완화하며 비교적 낮은 임차료와 금리를 명령하고 명말의 농민반란으로 황폐해진 지역의 재정착을 위해 경제적 우대책을 만들어주는 등,

중국 경제 및 인구의 회복을 가져왔다. 17세기가 끝난 이후 한때 명조에 위협을 준 서몽골은 군사적·정치적 타격을 받아 제압되었고, 18세기 중반에는 서몽골, 중앙아시아, 티베트가 모두 청조의 통제 아래에 있었다. 동부 유라시아 대륙의 통합이 재건되어 사마르칸트*에서 조선까지 이어지는 육로교통이 부활했다. 물론 그들의 경제적·문화적 영향력은 13세기 몽골 치하에서 이룩한 성과의 희미한 흔적이었다.

1644년에 북경을 정복한 때부터 청조는 한족 지식인과 관료문화의 공공연한 후원자가 되었다. 청조는 '유교적' 표현방식이라고 평가받는 것들로 자기들을 표현하는 법을 신속히 배웠고, 그 사회의 문학적 자원을 회복하고 고양하기 위해 스스로 노력했으며, 17세기 중반부터 18세기 중반까지는 관료 엘리트들의 비위를 맞추고 그들을 끌어들이려고 끊임없이 노력했다. 그들이 얼마나 확실하게 이 역할을 수행했던지, 청조가 철저하게 '중국화'되어 자신의 뿌리로부터 변질되었다는 중국학의 가설은 만주어가 연구의 자료로 활용된 최근까지도 널리 받아들여질 정도였다. 그러나 청조의 황제들은 한족이 되지 않았고, 중국어를 말한 것 이외에도 다른 상징적인 언어까지 섭렵했다고 말하는 편이 더욱 정확하다.

청초의 황제들은 동아시아의 문화를 지배했지만, 극소수의 사람만을 후원했다. 그들이 선별적이었던 이유는 분명하다. 그들은 황제의 권력은 물론이고 더 나아가 제국의 국격을 향상시킬 수 있는 여러 문화를 자기표현의 방식에 포함시켰다. 그들은 몽골로부터 세계 제국

---

* 오늘날 우즈베키스탄공화국에 속한 오아시스 도시.

의 유산을 상속했다는 권리와 자기들의 정통성을 지탱시켜주는 많은 종교적 근거를 끌어냈다. 또한 만주기인으로부터 정복을 수행할 군사적 힘과 기술을 이끌어냈다. 그리고 청조 조정은 만주 지역에 남아 있는 고대의 정치적 전통에 접근할 권리를 유지했다. 한족으로부터는 관료적 기술을 끌어냈고, 중국의 지배와 조선과 베트남에 대한 도덕적 지도력을 정당화하는 유가의 도덕률도 이끌어냈다. 티베트인들로부터는 보편적인 불교의 지도자들만큼이나 초월적인 권력의 이양을 이끌어냈다. 이슬람교도들로부터는 중앙아시아를 정복하고 지배할, 추가적인 군사적 힘을 이끌어냈다. 예수회 선교사들로부터는 수학과 의학에 대한 관념적인 통찰력은 물론이고, 윌리엄 맥닐William McNeill 이 '화약 제국'이라고 부른 실용적 기술의 기초를 배웠다. 이를 통해 유목민인 몽골과 투르키스탄의 군대를 지배할 수 있었다.

그러나 중국이라는 테두리 안에는 청조로부터 어떠한 인정과 후원을 받지 못한, 많은 비非한족이 있었다. 요족猺族, 장족壯族, 묘족苗族, 동족侗族, 이족彝族(Lolo), 태족傣族(Shan) 등이 이런 민족에 속하는데, 그들 중 일부는 청조가 중국을 정복했을 당시에 중국에 거주하고 있을 만큼 토착적 뿌리를 가졌다. 청조가 입관入關하기 몇 세기 전부터, 때로는 천 년 전부터 이 민족들은 자기들의 근거지를 침해하는 한족에 밀려 늪지나 산악지대, 아니면 오지에서 생존 투쟁을 벌여왔다. 그리고 이들은 역대 한족 정권으로부터 거의 끊임없이 이주 또는 동화의 압력을 받아왔다.

이러한 국내의 소수집단에 대한 청조의 입장은 정복과 협상의 결합이었다. 옹정제의 치하에서 이들 민족이 밀집되어 사는 중국 서남부의 행정조직은, 토착민 지도층이 완화된 자치체제에 참여할 수 있게 하는 방식으로 재건되었다. 그러나 청조는 이들 '지도층'을, 청조에 동화하거나 협조하는 후보군 중에서 세심하게 선정했다. 사실 원주민들이 거주하는 서남부의 영토에서는 끊임없는 체제 불안이 존재했고, 18세기 말에는 그러한 불안이 국가의 부도를 일으킬 수도 있을 만큼 파괴적인 전쟁으로 끝이 났다.

게다가 청조의 황제제도 아래에서 지방에 대리인을 세운다는 것이 지방 토착민의 해방을 의미하지는 않았다. 오히려 대리인 제도는 지배의 한 형태였다. 또한 이것은 황제의 권력과 관념적 영향력을 강화하면서도, 한족·몽골족·만주족·티베트인·이슬람교도 엘리트의 실제 권력을 약화시키려는 의도의 정책과 잘 어울렸다. 이처럼 청조 조정은 만주족의 문화적·종교적 관리능력에 대해 더욱 적극적인 태도를 취했기 때문에 만주족 사이에서 황족과 귀족층이 누리던 권력의 토대를 점차 해체할 수 있었다. 청조 조정은 몽골의 역사와 문화를 소중히 받들었는데, 이는 몽골족의 전통적인 지도력을 해체하고 몰아내는 역할을 했다. 청조가 이슬람교도의 문화와 역사에 대해서 찬사를 했기 때문에, 적극적인 족장들 즉 '호자'khoja들의 선의는 장려하고 덜 우호적인 성향이 있는 '호자'들의 재산은 폭력적으로 몰수했다. 청조가 티베트의 종교전통을 공경함에 따라 티베트인과 몽골인들로부터 지도자로 인정받은 달라이 라마의 권력은 약화되었다. 또한 강희연간부터 청조는 달라이 라마의 섭정으로 알려진 판첸 라마가 달라이 라마의 권력을 점차 탈취하도록 조장했다.

제국의 초기에 팽창과 안정이 비상하게 결합한 것에는 분명히 다양한 요인이 있다. 충분한 규모를 갖춘 주변 국가 중 어떤 나라도 청조의 팽창을 갑자기 멈추게 할 수 없었다. 그러나 청조가 정복자의 권위를 잃지 않고 경계하며 자원을 갖춘 상태로 유지하려는 것에는 충분한 저항이 뒤따랐다. 여기에서 강희제의 개인적 품성은 중요하고, 그 점이 그러한 제국의 확고한 기초를 다진 것에 대한 가장 큰 설명이 될 수도 있다. 그의 타고난 천재성은 어떤 나라가 동맹으로 분류될 수 있고, 어떤 나라가 파괴되어야 하는 나라인지를 선택해내는 거의 정확한 판단력에 묻힐 정도였다. 그의 천재성 때문이든 훌륭한 판단력 덕택이든 간에, 그는 상황을 확실하게 판단하는 데 필요하다면 행동에 주저함이 없었다. 중국 국내와 국외 모두에서 매력과 강압이 결합한 그의 태도는 만주족 귀족, 한족 관료, 한족 백성, 몽골족 사이에서 그를 핵심적인 자리에 자리매김하게 했고, 이는 그의 제국을 성장시키는 데 필요했다. 그가 성공 때문에 피해를 본 적이 있었음을 보여주는 충분한 근거는 없다. 그의 습관에는 모두 이유가 있었고, 쓸데없이 국가에 가혹함을 요구하지도 않았다. 아마도 가장 중요한 것은 그가 조부인 홍타이지처럼 역사를 이해한 사람이었다는 점이다. 그는 과거의 성공으로부터 배우지 않는 사람은 남들한테도 역사를 돌아보지 않게 함으로써 지탄을 받게 된다고 믿었다. 갈단 치하의 몽골 지역에 대해서도, 오삼계가 다스리는 운남에 대해서도, 그는 누르하치가 명조제국의 구조를 무너뜨린 원동력이었던 지역적 열의의 조직화를 결코 허락하지 않았다.

5장

건륭제의 황금시대

정복자로서 청초의 황제들은 불온서적을 경계했다. 강희제는 한족 엘리트의 관심을 끌기 위해 할 수 있는 여러 일을 했지만, 한족 중에 새로운 정권과 화합할 수 없는 사람이 있다는 사실은 피할 수 없었다. 그들은 진정으로 아시아 대륙의 영광스러운 지배를 받아들일 수 없었다. 심지어 그들 중에는 제국에 반대하고 만주족에 저항하자는 주장을 설파하려는 사람도 있었다. 한자의 기이하고 암시적인 특성 때문에, 적절하게 사용된다면 한 글자의 한자로도 보는 사람의 눈에 반란의 의미를 전달할 수 있었다. 제국의 검열자들은 항상 세심히 지켜보고 있었다. 진짜로 불온한 서적은 공개적으로 거의 발견되지 않았고, 반감을 품은 사람들도 이따금 죽은 이후에야 밝혀졌다. 이러한 사건이 1730년에 발생했다. 그런데 이 반역죄를 적발하는 과정에서 한 황제(옹정제)는 결국 만주족 선조들이 정립한 철학에 반기를 들었다.

1730년에는 옹정제가 재위하고 있었는데, 그는 중국 중부의 지방 관리들로부터 제국에 대한 음모가 발각되었다는 내용의 보고를 받았다. 소규모 집단의 학자들이 체포되었고 심문을 위해 북경으로 호송되었다. 그 집단의 지도자는 호남湖南 출신의 증정曾靜이란 사람으로 알려졌다. 그는 초라한 신분에서 시작하여 중요한 단계의 교육까지 마쳤다. 어느 날 그는 이미 세상을 떠난 절강浙江 출신의 학자 여유량呂留良이 만주족 통치의 부당함을 폭로하는 비밀의 글을 썼다는 사실을 들었다. 증정은 이 글의 필사본을 구하기 위해 간절히 애썼고, 친구들의 노력 덕분에 마침내 그 책을 손에 넣었다. 글의 논리와 힘에 압도된 증정은 자기 지역을 다스리는 천섬총독川陝總督이자 중국 중세의 저명한 민족영웅 악비岳飛의 후손인 악종기岳鍾琪(1686~1754)에게 접근하기로 마음먹었다. 악종기와 만주족의 결점에 대해 담론을 펼치고 그를 설득하여 청조에 저항하는 대규모 반란을 일으키기 위해서였다. 그러나 악종기는 증정을 즉시 체포하여 북경으로 호송했다. 아마 그는 증정에게 최악의 극형이 내려질 것이라고 예상했을 것이다.

만약 그렇게 예상했다면, 그로서는 깜짝 놀랄 일이 발생했다. 여유량의 글을 검토하고 증정의 비행을 들은 옹정제는 이민족을 배척하는 반란의 두려움에 동요하지 않았다. 황제는 실제로 죄가 있는 사람이 1683년에 사망한 여유량이라고 설명했다. 하지만 그럼에도 불구하고 여유량과 그 아들의 시신을 무덤에서 파헤쳐 훼손한 일은 차라리 다행일 정도였다. 생존한 그의 아들이 처형되고 그의 손자들까지 유배되거나 노예로 전락하는 등, 관련자 모두가 처벌을 받았기 때문이다. 증정에 대해서 말하자면, 그는 호남 지역에서 성장하는 동안 고통스러운 가난과 더불어 간간이 홍수, 지진을 비롯한 여러 가지 자연재해를 겪을 만큼 어려운 생활을 했다. 증정이 여유량의 현란한 수사법을 사용한 문장력에 쉽게 경도된 것은 놀랄 만한 일이 아니었다. 더욱 중요한 것은 여유량의 주장이 쉽게 반박을 당했다는 점이다. 그는 일찍이 고대의 주대周代에 완성된 중국 경전에서 만주족의 조상을 오랑캐로 묘사했기 때문에, 틀림없이 만주족은 특성상 여전히 야만스러워야 한다고 주장했다. 이것은 공자의 가르침과는 정반대의 의견이었다. 공자는 인간이 가진 진리의 힘이 인간을 도덕적인 존재, 심지어는 성인으로까지 변화시킬 것이라고 강조했다. 옹정제가 지적한 것처럼 만주족은 여러 세기에 걸쳐 문명을 접하면서 바로 이런 방식으로 변화해왔다. 그들은 자애롭고 공정한 군주들이었고, 청 제국의 성공은 고대의 유가철학자 맹자가 단언한 것처럼 천명天命이 발현된 것이었다.

유가 경전의 문자와 정신을 이용하여 여유량의 주장을 반박하는 데에는 어떠한 어려움도 없었을 것이다. 옹정제는 증정에 대한 자신의 심문이 기록되어 출판되어야 한다는 조칙을 내렸다. 여유량의 비열하고 무식한 의견을 반복한 증정의 글은 작고 보잘것없는 인쇄물로 보였을 것이다. 그런 인쇄물을 보고 떠오르는 것은 황제의 지속적이고 권위 있는 반박문이었다. 증정이 쓴 소논문 형태의 반성문이 뒤따랐고, 전체 작품은 여유량이 범한 해석상의 오류에 대해 2명의 조정 학자들이 쓴 박식한 논문으로 마무리되었다. 완성된 문헌은 과거 응시자들이 필수적으로 읽어야 했다. 황제의 너그러움을 보여주고 증정의 불안해하는 마음을 유용한 일에 집중시키기 위해서, 증정이 구금에서 풀려났음은 물론이고 자신의 고향 지역에서 하급관리로서 임용되어야 했다.

20세의 친왕親王인 홍력弘曆은 강한 불만을 품은 채 이 전 과정을 지켜봤다. 그의 부친은 청초의 황제들이 확립한 정치철학에 대한 충실도에서도, 공자와 맹자의 철학에 대한 이해도에서도 비난받을 수 없었다. 그러나 만주족 본래의 품성이 유가의 '변용'에 의해 얼마만큼 형성되었으며, 유가에서 차용한 '청렴'이라는 항목을 얼마나 받아들였는가에 따라 만주족의 가치가 나온다고 단언하는 옹정제의 분명한 의지에는 격을 떨어뜨리는 무언가가 있었다. 설사 오로지 정치적인 이유만으로 그러한 태도를 보였다 하더라도, 대청 제국의 황제로서 자기들이 정복한 사람들의 비위를 맞추기 위해 여전히 자기 조상들의 문화를 조용히 거부하면서 공자의 상像 앞에서 계속해서 자신을 낮출 필요가 있었는가?

수년간 이 문제는 홍력의 마음속에 놓여 있었다. 1735년 10월 7일 옹정제가 사망하고 홍력을 건륭제로 즉위시키기 위한 준비가 몇 주간 진행되었다. 그러나 새롭게 황제로 등극할 이 사람에게는 즉위식까지 기다릴 수 없었던 일이 있었다. 그는 즉시 증정 사건의 재조사를 명령했다. 그의 부친이 증정의 심문을 기초로 제작을 명한 책의 인쇄본은 모두 거두어져 파기되었다. 이는 놀랄 만큼 불효한 행위였지만, 새로운 황제는 아이신 기오로 일족의 가족사에 관해 쓴 그 작품에 허위 진술이 있다는 추정에 근거하여 자신의 행동을 정당화했다.[1] 그리고 마침내 증정의 처리 문제가 있었다. 증정은 호남에서 일종의 지역 유지로서 생활하고 있었다. 변변치 않던 그의 환경은 정부의 기금과 지역의 보조금 때문에 완전히 변화되었다. 젊은 황제가 말한 것처럼 사람은 처한 환경이 아무리 힘들다 하더라도 자신의 행동에 책임을 져야 한다. 증정과 그의 한 동료가 여유량 사건으로 북경으로 끌려갔고 다시 심문을 받았으며 제국에서 지극히 가혹한 형벌이었던 능지처참을 당했다. 몸이 잘려 죽는 능지처참은 본인의 즉각적인 고통뿐 아니라 희생자 조상의 영혼에까지 고통을 주었다. 조상의 영혼이 자손에게 물려준 세속적인 신체까지 조금씩 박탈했기 때문이다.

이처럼 증정 사건에 대한 변경된 결말은 아직도 홍력을 만족시키지 않았다. 새롭게 건륭제로 등극한 그는 자신을 사상적인 혁명에 도달한 만물의 군주라고 공공연히 내세우는 일을 계속했다. 오랜 재위 동안 문자 탄압, 역사와 문화에 대한 새로운 저술의 후원, 엄청난 건설사업과 조경공사, 새로운 황실 측근에 대한 집중적인 양성을 통해 보편적인 청조 통치의 시대를 대표하는 전형이 되었다. 제국의 과시는 그 절정에 달했고, 얼마간 아시아는 물론 유럽에서도 전지전능하고 모든 일에 관심을 둔 이 중국 황제에게 넋을 빼앗겼다. 건륭제는 살아 있는 동안 결코 자신보다 위대한 어떤 것에 의해서도 변화된 것처럼 행동하지 않았다. 오히려 그는 우주적 지점인 자신의 주변을 돌고 있는 모든 것을 변형시켰다.

새로운 황제의 스타일

자신을 만물의 군주이자 끝없이 도덕적인 영역을 차지하고 있는 존재로 설정한 건륭제의 신념은 아무 근거 없이 만들어지지 않았다. 본질적으로 그런 신념의 요소라든가 그런 신념을 표현한 어휘 대부분은 전륜성왕轉輪聖王(차크라바르틴čakravartin)*이라는 불교적 이상으로부터 나온 것이었다. 전륜성왕은 부처의 이름으로 거행된 정복을 통해 만물의 구원이라는 다음 단계를 향해 세상을 움직이는 지상의 군주이다. 역사상의 전륜성왕은 기원전 3세기에 인도 북부를 통치한 아소카 Ašoka였다. 건륭제는 확실히 자신을 아소카와 동일시하였고, 재위 기간에 자신이 아소카 시대 유물의 발굴과 수집을 이끌었다고 믿었으

---

* 통치의 수레바퀴를 굴려 세계를 통일·지배한다는 인도 설화상의 이상적인 제왕으로, 전륜왕轉輪王 또는 윤왕輪王이라고도 불린다.

며, 몇몇 역사적인 의미에서 원래 불교를 신봉한 아소카왕이 통치하던 세속적인 영역을 재현했다.

그러나 불교도의 왕권에 관한 신념과 건륭제 사이에는 좀 더 직접적인 연관성이 있었다. 누르하치의 시대에는 티베트 불교의 사캬파sa-skya pa(薩迦派) 종파의 선교단이 차하르 몽골과 하라친 몽골 사이에서 영향력이 있었다. 누르하치는 이 선교단과 친선관계를 구축했던 것 같다. 그들이 믿는 라마교의 유형이 자신들의 후원자가 될 군주에게 하늘의 지지와 세속적인 합법성을 약속했기 때문이다. 그 종파의 대표들은 1627년에 홍타이지가 칸으로 선언하는 대열에 참여했다. 홍타이지가 마침내 릭단을 쳐부수고 차하르 몽골에 대한 통치권을 장악했을 때, 그는 마하칼라Mahākāla의 제례를 위한 후원의 역할도 맡았다. 죽은 사람들의 영혼의 안내자인 마하칼라는 정복황제인 당조唐朝의 이세민李世民(재위 626~649)부터 칭기즈 칸, 쿠빌라이 칸과 릭단까지 끊어지지 않고 이어지는 연결고리를 통해 불교를 신봉하는 황제들의 의식이 환생하는 데 영향을 주었다고 인식되어왔다. 이제 그러한 진행과정에 청조의 황제들까지 포함되었고, 그 숭배는 묵던과 북경 두 곳에서 비밀리에 진행되었다.

이렇게 엄청난 비밀을 유지하는 일이 황제의 천성은 아니었다. 불교에 대한 건륭제의 보편적인 관심은 티베트와 몽골 지역을 결속시킨 종교적·정치적 이상의 집합체에 근거했다. 누르하치 시대 이래로 몽골인을 합법적으로 통치하는 길이 티베트 출신의 라마승을 후원하는 데 달려 있다는 점은 분명해졌다. 알탄 칸Altan Khan이 이들 라마승을 몽골인의 정신적 지도자로 설정했기 때문이다. 사실 17세기 말에 라마승들의 환생은 몽골족에게서 발견될 수 있었는데, 이는 티베트와 몽골 지역의 이념적 정체성을 강화했다. 아래에서 논의하겠지만 건륭 연간에 티베트는 특히 이념적 원천의 역할을 했으면서도, 이와 동시에 황제 권력을 통한 전략적 간섭에 시달리고 있었다.

청조는 릭단과 전쟁을 벌인 때부터 마하칼라를 후원하기 시작했다. 마하칼라는 동몽골 지역에서 형성된 라마교로서 황실의 숭배 대상이었다. 릭단 정권이 무너진 1634년부터 청조의 군주들은 과거 제국 황제들의 의식이 부활하여 재림한 화신으로 인식되었다. 중국 북부를 정복하기 전부터 티베트인이 숭배하는 대상물은 묵던에 있는 아이신 기오로를 모신 사당 안으로 잘 전해졌고, 황모파黃帽派의 사원과 수도원에 대한 청조의 후원이 1639년부터 시작되었다고 기록되어 있다.

청초의 황제들은 라마승을 접대하고 적절한 의례관계에 참여하며 칭기즈 칸의 세속적 계승자로 나타나는 것에 대체로 만족했다. 그러나 건륭제에게는 이것이 충분하지 않았다. 그는 제국의 수도인 북경을 라마교 왕국의 정신적 수도로 만들려고 했다. 그는 티베트 불교의 트리피타카Tripitaka(삼장경三藏經)를 몽골어와 만주어로 번역하는 것은 물론, 몽골족과 만주족 학자들을 동원하여 티베트 경전에 대한 독창적인 주석서를 편찬하는 방대한 사업에 착수했다. 티베트 불교는 황실 가문과 밀접하게 연결된 다양한 사원에 모셔졌다. 그러한 사원 중에서 가장 잘 알려진 것이 건륭제의 출생 장소이기도 한 옹화궁雍和宮이었다. 18세기 말에서 19세기 초 사이에 옹화궁은 티베트인, 몽골인, 만주인으로 구성된 수백 명의 승려에게 거처를 제공했으며, 사캬파 교리의 중심지 역할을 했다. 북경의 몽골인 구역 내에서 최고의 종교 지도자들이 임명되었고, 아이인 달라이 라마가 양육되고 교육받았

공식적인 의례의 경우에 황제와 팔기군 군관들은 푹신한 비단 갑옷을 입었다. 건륭제가 입던 이 갑옷은 오직 자신만이 입을 수 있도록 황제의 색깔인 황색으로 되어 있고, 투구에는 산스크리트어로 된 다라니주, 즉 보호용 주문이 아로새겨져 있다. 이 주문은 그가 차크라바르틴임을 보여주고 있다.
_ 북경고궁박물원 소장.

으며, 후일에는 행정 관아로 유지되었다. 심지어 라싸에 있는 달라이 라마의 거주지인 포탈라궁도 열하熱河의 피서산장避暑山莊에 복원되었다. 청조의 관념 체계에서 '티베트'는 이상적인 것으로 변형되었다. 물론 그 이상은 엄청난 중요성을 담고 있었다.

건륭연간에 청조 황제를 차크라바르틴으로 묘사하는 시각적·은유적 암시가 점점 더 공공연하게 나타났다. 그런 암시는 종종 황제가 보디사트바bodhisattva(보리살타菩提薩陀, 보살菩薩), 즉 깨달음을 얻은 현세의 존재라는 생각과 연관된다. 이는 한족 황제들이 수 세기 동안 활용한 영적 합리화의 장치였다. 티베트 형식(탕카thangka)으로 만든 비단 깃발과 자신을 불교의 수도승으로 묘사한 초상화를 통해 홍력은 자신의 신념과 아이신 기오로 일족의 문화에서 불교가 가진 중심적 역할을 암시했다. 라마교도인 그의 조언자들은 유명하고 영향력이 컸으며, 그는 이전의 어떤 청조 황제들보다 더 공공연하게 티베트의 일에 관심을 보였다. 그러나 아마도 더욱 설득력 있고 감동적인 것은 그 문제에 대해 그가 마지막으로 남긴 증거였다. 그가 생전에 조성한 자신의 황릉에는 시신이 놓일 관대棺臺*의 바로 위 천장에 차크라바르틴의 상징을 특징적으로 보여주었다. 차크라바르틴의 바퀴살은 불교적 명상을 상징하는 연꽃과 동일시되어 꽃잎처럼 펼쳐져 있다. 관대 주변의 벽은 차크라바르틴을 위해 산스크리트어로 쓴 보호용의 기도문이 새겨져 있다. 자희태후(6장 참조)를 비롯한 청조의 다른 군주들과 마찬가지로, 그가 사망하자 그의 시신도 비슷한 기도문(다나리주陀羅尼呪)이 새겨진 비단 수의로 염습했다.

---

* 황릉이나 왕릉 등의 무덤 안 방에서 관을 올려놓던 평상이나 낮은 대.

마란욕馬蘭峪의 동릉東陵에 위치한 건륭제의 황릉은 자신의 자아상을 차크라바르틴으로 묘사한 또 하나의 증거
이다. 건륭제가 살아 있는 동안 설계되어 건설된 외실은 산스크리트어로 된 다라니경으로 덮여 있고, 내실의 천장
은 법륜의 바퀴로 장식되어 있다. 1928년에 한 지방 군벌의 부대가 무덤을 습격했을 때 황릉의 부장품, 수의, 시
신 모두가 파괴되었다.
_ 후추이Hu Chui 제공.

차크라바르티니즘čakravartinism*의 토대 위에 건륭제는 모든 문화를 아우르는 자신의 도덕적 권위를 구축할 수 있었다. 그는 한족 군주들에게 적용되는 잘 알려진 구절대로 '북신'北辰**이었다. 그 밖의 모든 별들은 북신의 주위에서 움직이고, 북신 자체의 부동성은 모든 움직임에 의미를 부여한다. 실제로 모든 문화를 후원하기 위해 홍력은 각각의 문화에 규격화, 즉 더욱 정확하고 정형화할 것을 권면해야 했다. 이것은 그의 시대의 문화적 광휘의 진수이다. 문화적 우상에 대한 모방, 양식화, 복제는 말 그대로 문화에 대한 그의 보편적 표현을 이룩하는 수단이 되었다. 이러한 실행의 이면에 있는 목적은 민족들 자체에 대한 객관적이고 묘사적인 지식을 발전시키려는 것이 아니라, 논의되고 있는 여러 문화에 대한 황제의 권위를 높이는 것이었다.

홍력이 자신을 규정한 대로, 황제 또는 '차크라바르틴'의 역할처럼 역사적 사실의 절대적 통합에 대한 기념비적인 표현은 여러 가지 언어로 확립되었다. 건축과 문학도 똑같이 기념비적으로 활용될 수 있었다. 예를 들어 자기보다 앞선 시대의 몽골 칸들이 거용관居庸關을 비롯한 곳곳에서 생존에 대한 과시를 통해 자기들의 보편주의를 표현한 것처럼(2장 참조), 건륭제도 건축과 문학 이 두 가지를 모두 활용했다. 때때로 그가 언급하고 별개의 여러 전통에 대한 문화적인 권위를 구현하고자 한 기념비적인 것들은 그가 승덕承德(열하)의 여름공원에 달라이 라마와 판첸 라마의 거주지를 복원하거나, 원명원에 트리아농Trianon***

---

* 차크라바르틴, 즉 전륜성왕을 신봉하는 신앙체계. 통용되는 용어라기보다는 지은이가 독창적으로 사용하고 있는 듯하다.
** 북극성.
*** 파리 베르사유 궁전의 북쪽에 있는 이궁離宮.

의 조악한 복제물을 건설한 데서 나타나듯이 그 창조성은 떨어졌다. 또한 만주어·몽골어·티베트어·중국어로 (그리고 투르키스탄 정복 이후에는 위구르어로) 쓴 그의 기념물에서든 또는 그의 재위 기간에 반복적으로 인쇄된 여러 언어의 방대한 사전 지면에서든, 그의 세계주의 cosmopolitanism에 대한 과시는 그 자체로도 어마어마했지만 언제나 모든 문화가 집중하는 중심지로 황제 자신의 자리를 지목했다.

건륭조 조정이 지속적으로 세련되게 그리고 화려하게 여러 문화의 후원자 역할을 추구해감에 따라, 지울 수 없이 선명한 그 시대의 화려한 이미지는 청조 권력의 절정으로 나타났다. 사실 청대는 엄청난 웅장함의 측면에서 중화제국사의 어떤 왕조와도 비견될 수 없는 시대라 할 수 있으며, 또 그렇게 평가받아왔다. 유럽에서 건륭제는 중국 사회에 퍼져 있는 미신과 이기주의의 힘을 억누른 동양의 철인왕으로 추앙받았다. 그러나 겉으로 나타난 무궁무진한 부와 업적의 이면에서 청제국의 재원은 급속하게 고갈되고 있었다. 건륭제는 자신이 죽기 전에 양위했는데, 청조의 역사에서 그렇게 한 유일한 황제였다. 그는 결론에 이르지 못하면서도 재정적으로는 파탄을 가져올 일련의 내전에 빠졌으며, 1인당 소득이 급격히 쇠퇴하고 견고한 당쟁으로 파탄난 관료제 사회를 남겨놓았다. 건륭제는 말년의 20년간 잘생기고 재주가 많았지만 극심하게 부패한 만주족 화신和珅을 맹목적으로 총애했고, 그 때문에 건륭제의 위신은 애석하게도 허비되었다. 홍력은 화신을 젊은 시절에 잃은, 사랑하는 후궁의 환생이라고 믿었다고 한다.* 1799년에 홍

---

* 이 전설은 홍력이 황제가 되기 전부터 떠돌았던 소문으로, 그 후궁이 정확히 누구인지는 아직 알려져 있지 않다. 사실 건륭제는 효현황후孝賢皇后를 사랑했던 것으로 알려졌으나, 이 이야기는 건륭이 화신을 총애한 일을 설명하기 위해 만들어진 야사이므로 여기에서는 역사적 실체인 효현황후를 지칭하지는 않을 것 같다.

력이 사망하자 화신은 다음 황제에 의해 체포되었고, 그가 불법적으로 축적한 부는 몰수되었으며, 비단으로 만든 밧줄로 목을 매라는 명을 받았다.

청 제국 치하의 티베트와 몽골

위에서 언급한 대로 티베트는 청조 치하에서 이상적인 지역으로 변화되었다. 물론 그것은 엄청난 중요성이 있는 이상이었다. 그러나 티베트는 청조 통치의 유지에서 근본적으로 중요한 지정학적 요소도 있었고, 몽골 지역에 대한 청조의 점진적인 지배와 직접 연관되어 있었다. 청조는 중국 북부를 점령한 이후 달라이 라마와 직접적인 관계를 추구하려고 시도했으며, 1651년에는 순치제의 섭정들이 청조의 군주와 달라이 라마 사이의 관계를 공식화하는 데 성공했다. 그에 대한 보답으로 달라이 라마는 제국 전체에서 정신적 스승의 지위를 누렸고, 라싸에 있는 경쟁 분파로부터 받는 도전을 막을 수 있는 지위를 확보했다. 그 시점부터 티베트는 정치적 정통성과 전략적 패권의 원천이었다.

처음 청조의 전략적 근심을 불러일으킨 사건은 요동의 한군기인 출신들과의 단절을 유발한 사건, 즉 삼번의 난이었다(4장 참조). 서남부에서 세력 기반을 발전시키던 오삼계는 캄Kham-운남雲南 사이의 길을 따라 라싸와의 정기 무역을 개설함으로써 티베트인들과 우호관계를 구축하려고 시도했다. 1673년에 청조에 대한 반란을 일으킨 오삼계는 달라이 라마에게 호소했다. 당시 달라이 라마는 오삼계가 세운 주周나라를 진압하는 청조에 대한 지지를 거부하고 있었다. 이는 오삼계의 북진을 막기 위해 몽골군을 동원하려는 강희제의 시도를 방해했다. 그래서 달라이 라마의 휴전 권유를 거부한 젊은 강희제는 위기에 처한 팔기와의 관계는 물론이고 티베트와의 관계도 재설정했다.

삼번은 결국 진압되었고, 티베트 종교지도자들과의 관계도 개선되었다. 그러나 강희제는 정복되지 않은 중앙아시아 일대의 몽골족과 티베트 사이의 전략적 연합을 계속해서 경계했다. 서몽골의 지도자 갈단이 자신의 활동을 지지할 티베트 내의 야심 찬 분파에 협조를 요청하자 강희제의 걱정은 정당한 것으로 입증되었고, 갈단과의 전쟁을 추진했던 청조는 1720년에 처음으로 티베트에 안정적인 군사적 점령을 단행했다. 1757년에 서몽골은 결국 패배했으며, 이 사건으로 티베트에 대한 청조의 당면한 전략적 관심은 감소되었다. 그러나 추가로 건륭제는 살아 있는 부처의 환생이 몽골인들 사이에서 더는 발견될 수 없을 것이며, 앞으로는 오직 티베트인만이 살아 있는 부처가 될 것이라고 선언했다.

티베트의 상징적인 중요성에 대한 청조의 통제는 판첸 라마를 달라이 라마의 섭정으로 만들면서 고조되었다. 이런 식으로 청조는 이런저런 종파가 티베트인의 지역 정서를 담은 매개가 될 수 있는 기회를 줄였다. 청조는 판첸 라마를 추켜세우며 그가 티베트 대부분을 다스리는 세속적인 군주이자 달라이 라마보다 높은 지위를 지닌 불교세계의 정신적 지도자라고 주장했다. 그동안 5대부터 12대까지의 달라이 라마 가운데 오로지 한 사람만이 23세를 넘겨 살았다. 청조의 입장에서는 종교적인 권한을 가지고 몽골 측에 편향적인 달라이 라마와 직접 상대하기보다는 섭정을 통해 일하는 것을 훨씬 선호한 것 같다.

티베트에 군사력을 동원하기 위한 청조의 마지막 시도는 건륭연간의 가장 말기에 해당하는 1792년에 일어났다. 이 시도는 네팔에서 티베트를 침입한 구르카인과 벌인 4년간의 전쟁으로 끝이 났다. 구르카인들이 패퇴하자, 청군은 계속해서 네팔을 침략했다. 구르카인들은 청조의 속국이 되었지만 후일 (다른 곳과 마찬가지로) 티베트에서도 청의 군사력이 약화되자 1855년에 라싸에서 청조의 간섭 없이 티베트인들을 무찌를 수 있었다.

청조는 약삭빠르게 자기들의 목적을 위해 달라이 라마의 직책을 조종하려고 시도했다. 이것이 바로 유명한 금병경첨제金瓶擎簽制* 이면에 있는 동기였다. 이 금병金瓶(황금 단지)은 건륭조 조정이 추첨을 통해 미래의 달라이 라마를 선발하려는 목적으로 1793년에 티베트로 보낸 것이었다. 그 제안은 대개 라싸에서 점잖게 무시되었다. 그러나 청조가 티베트에 자기들의 의지를 강요할 수 있었던 시대는 훨씬 지났지만, 티베트 지도층이 네팔의 침입과 네팔을 통한 영국 동인도회사의 침입을 막기 위해 청조가 자기들을 지지한다는 점을 보여주고 싶었던 19세기 중반의 일정 기간에는 그 제안이 예외적으로 통용되었다.

티베트어와 몽골어 문헌과 결합되어 있는 마하칼라에 대한 숭배는 만능인이 되려는 건륭제의 포부를 실현하기 위해서 필수적이었다. 그러나 그것은 티베트어를 사용하는 몽골인들의 또 다른 숭배 대상인 게세르 칸Geser Khan과 얽혀 있었다. 후대에 몽골 지역으로 수입된 티베트인들의 민속신앙에서 게세르는 보통 티베트의 동부 지역을 가리키는 링 왕국의 게세르 왕Geser of Ling으로 알려졌다. 그러나 이것

---

* 황금 단지 안에 담긴 쪽지를 뽑아 달라이 라마를 결정하는 제도.

은 후대에 만들어진 이야기인 것 같다. 게세르가 훨씬 일찍부터 흐롬 Khrom으로 알려진, 티베트 서부 지역에 거주하는 비불교도 사람들의 시조로 알려졌기 때문이다. 이것은 분명히 '룸'Rūm, 특히 셀주크 튀르크의 시대에 알려진 대로 하자면 소아시아, 즉 아나톨리아Anatolia* 지역을 지칭한다. 셀주크족은 페르시아 사산 왕조의 영웅인 '룸의 게세르'에 대한 숭배신앙을 채택했다(셀주크족의 문화는 11세기에는 분명 티베트까지 알려졌을 것이다). 게세르라는 그의 이름은 분명 '케사르'caesar라는 작위 이름으로부터 영향을 받았다. 그 작위는 셀주크 튀르크의 시대에 셀주크족이 중앙아시아의 일부 지역에 소개했다. 물론 티베트, 몽골, 또는 청조 치하의 중국에서 '게세르'를 이해하는 것과 관련된 이에 대한 어떠한 흔적도 있지는 않다. 그러나 티베트, 몽골, 청조에서 '게세르'는 정복의 최고신이었다.

청조는 게세르(이제 칸)의 숭배를 차용하며 그를 한족에게 전쟁의 신이었던 관제關帝**와 동일시했다. 몽골족 사이에서 게세르는 가루다 Garuda 신령의 화신이기도 했다. 조류의 왕 가루다는 누르하치가 까치의 벗이었던 이래(3장 참조) 도움이 되는 연대의 대상이었고, 이제 아이신 기오로 일족의 토템이 되는 개체였다. 아이신 기오로 일족은 이미 관제와 누르하치를 동일시했기 때문에, 게세르는 이제 부처 영혼의 현현인 바이스라바나Vaisravana***의 아래에서 정복과 관련된 이

---

* 아시아 대륙의 서쪽 끝, 흑해와 에게해, 동지중해에 둘러싸인 지방을 말하며, 그리스어의 'anatole'(태양이 뜨는 곳)에서 유래했다. 오늘날의 터키 대부분을 점한다.
** 한족은 삼국시대 촉의 명장 관우를 전쟁의 신으로 추앙하여 '관제'라고 불렀다.
*** 폐실라마나吠室羅摩拏로 음역되며, 비사문천毘沙門天이라고도 한다. 원래 인도에서 북방을 수호하는 재부財富의 신이었는데, 그것이 불교에 전래된 것이다. 부처의 설법을 듣는 것을 즐긴다고 하여 '다문多聞'이라는 별명이 붙었다. 호법護法과 시복施福의 신으로 숭배되고 있다.

모든 인물을 포괄하는 가교였다. 바이스라바나는 물질계에서 진정한 지식으로 '모든 사방'의 정복을 관장한다. 게세르는 또한 후한後漢 제국 이래 동부 유라시아에서 국가의 수호신으로 알려진 '데바'deva였다. 결국 그는 '하늘의 아들'이었고, 더 나아가 '지상에 살아 있는 모든 사람을 다스리는 텡그리tengri(신)의 현현이었다.' 게세르는 유라시아 민속사와 불교적 우상, 그리고 청조의 황족이 이룩한 정복에 관한 서사를 종교적 숭배의 연설로 균일하게 통합하는 위대한 권력을 가졌다. 건륭제에게 게세르는 마지막 남은 은유적 매력을 가졌다. 그는 북극성이나 문수보살文殊菩薩(bodhisattva manjušri)처럼 모든 사람이 그 주위를 돌며 매달리는 한 점과 같은 존재였다. 그는 주문에서 '거주하는 집의 대들보'로 묘사되었다. '거주하는 집의 대들보'는 차크라바르틴을 신봉하는 홍력의 신념과 그의 연호가 우아하게 결합한 것이다. '건륭'乾隆이라는 단어 자체도 '하늘의 기둥'을 의미하는 것으로 해석될 수 있기 때문이다.

당시 티베트처럼 몽골 지역은 청조에게 핵심적이고 상징적인 중요성이 있었다. 몽골 지역이 주로 위대한 여러 칸들의 유산과 관련성을 제공해주었기 때문이다. 그러나 티베트처럼 몽골 지역 역시 청조에게 전략적 중요성이 있었다. 건륭제는 1756년 청 제국이 몽골의 왕자들 사이에서 발생한 대형 반란의 잔당을 소탕하는 과정에서 군기처와의 소통을 통해 서몽골이 '그들의 군대를 분열된 상태로 유지하기 위해서는' 그들 사이에서 인정받는 4명의 칸이 있어야 한다고 지적했다. 각각의 칸은 자기 자신의 행복에 관심이 있어야 하고, 외부세력의 위협으로부터 보호받기 위해서는 제국에 복종해야 한다. 네 지역은 청조가 몽골과 투르키스탄 지역에서 번부藩部(독립 부족)로 인정한, 총

38개에 이르는 전체 독립체의 일부였을 뿐이었다. 몽골연맹과 부족의 단위를 계속해서 소규모로 해체하려는 청조의 정책이 빚은 필연적인 결과로, 몽골연맹의 이름과 부족은 매우 증가했다. 청조는 이 부족의 상당수를 (비록 몽골어를 말하고 있었지만) 몽골로 간주하지 않았다. 청조는 '몽골'이라는 이름을 정복 이전에 팔기제로 편입된 사람이나 돌론 노르에서 강희제에게 항복한 사람들에게만 부여했다.[2]

티베트 라마교의 후원자이자 아소카와 게세르의 환생이며 칭기즈 칸의 후계자로서 청조는 자기들의 패권을 인정하고 심지어 환영하는 몽골족을 찾을 수 있었다. 그래서 18세기 중반의 시인이자 칭기즈의 후손인 하라친의 귀족 로미Lomi는 자신의 가족사를 다룬 글에서 이렇게 썼다. "거룩하신 칭기즈 칸이 내리신 끊임없는 은총으로 우리가 칭기즈 칸의 후손이 된 것을 행운이 아니라고 말할 수 있을까? 내 생각에 우리 몽골국이 붕괴하기 직전에 다시 부활한 것은, 그리고 다 허물어지는 시점에서 다시 태어난 것은 사실상 전적으로 거룩한 황제 강희제의 놀라운 자비 덕택이다."[3]

청조의 황제들이 스스로 몽골 지역을 다스리는 역할을 자임한 것을 모든 몽골 귀족이 열광적으로 공감하지는 않았다. 1740년대와 1750년대에 몽골 지역을 재편하는 건륭제의 정책이 활발하게 진행됨에 따라 반대자들은 자기들이 빠르게 합병될 것임을 깨달았다. 청조는 로마노프 왕조와 두 번째로 국경 조약(캬흐타 조약, 1727)을 공고하게 맺음으로써 러시아로부터 몽골에 무기, 조언자, 보급 물자가 유입되는 것을 막았다. 티베트는 청조의 군사적 지배 아래에 있었고, 달라이 라마는 사실상 청조의 포로나 다름이 없었으며, 나머지 서몽골과 연관된 민족들은 이제 투르키스탄에 집중되어 있었다.

이미 청조에 투항하여 군사 임무를 맡은 아무르사나Amursana(阿睦爾撒納)는 서몽골 지역에 약하고 서로가 불신하며 칸이 지배하는 4개의 세력을 만들라고 한 황제의 지침을 받았다. 아무르사나는 이리Yili 주변의 투르키스탄에서 발생한 저항을 진압하라는 명령을 받았고, 쉽게 그 목적을 달성했다. 그러나 그 문제를 심사숙고한 그는 단일하고 통합된 몽골연맹체를 가지는 것이 더 바람직하고, 모든 걸 고려해볼 때 자신이 칸이 되는 것이 최고의 선택이라는 결론을 내렸다. 그는 자신이 제안한 계획 변경을 청조 조정에 통지하고, 투르키스탄에 자신의 칸 왕국을 건설하는 일을 계속 진행했다.

팔기군에서 뽑은 무장 병력이 신속히 투르키스탄으로 출발했지만, 몽골 지역의 다른 칸들은 아무르사나의 반란에 동참하기 위해 서쪽으로 향하려고 했다. 그들은 갈단의 손자 갈단체렝Galdantseren(噶爾丹策凌)의 요청에 영향을 받았다. 청조 황제들과 칭기즈 칸의 유산 사이의 관계에 대해, 갈단체렝은 로미와는 다른 견해를 가졌다.

> (몽골) 귀족들이 칭기즈 칸의 후예라는 점을 고려할 때, 너희가 어느 누군가의 신민이 되어야 한다는 것은 경멸을 받을 만하다. 나는 청조의 황제에게 이전처럼 (내몽골을) 부활시키라고 충고했다. 그러나 이제 그는 자신이 우리(서몽골)를 기인과 구사로 조직하고 우리에게 관직을 주고 싶다고 말한다. 나는 무력으로 이를 저지하고자 한다.[4]

공교롭게도 청군은 다른 칸들이 폭동에 참여하기 전에 투르키스탄에 도착했다. 아무르사나는 카자흐로 피신했고 결국 시베리아로 달아났으며, 그곳에서 천연두에 걸려 사망했다. 몽골 지역의 재편은 그

후 수십 년에 걸쳐 완성되었고, 투르키스탄도 별도의 군사정부 아래에서 청 제국으로 편입되었으며, 다음 세기에는 청조의 신강성新疆省이 되었다.

만주족 유산의 의례화

건륭조 조정은 몽골과 티베트뿐만 아니라 만주 지역과 만주족에 대해서도 특별한 이념적·전략적 관심이 있었다. 결과적으로 만주족은 청조로부터 새로운 이상에 문화적으로 순응하라는 기이한 압력의 부담을 받았다. 엄격하고 진부한 문화 유형에 대한 건륭제의 열정은 만주족에게 강하게 초점이 맞춰져 있었다. 그것은 결국 그가 증정曾靜을 다시 소환하여 죽이는 과정에서 옹호한 만주족의 필수 자질과 명예이자, 이전의 황제들이 주창한 '변화' 논쟁의 상징이었다. 만약 만주족이 자기 자신을 부끄러워하지 않는다면, 팔기는 군사사령관의 덕목을 다시 얻을 것이고 아이신 기오로의 정복은 그 정당성이 입증될 수 있었다.

건륭제는 위대한 문화사업의 일환으로 만주족에 관한 새롭고 종합적인 역사 편찬을 주문했다. 그는 만주 지역의 제국사를 다룬 이 책의 서문으로 자신의 글을 실었다. 그는 만주 지역의 역사가 변경에서 한족 문명을 모방한 것이 아니라, 당당하고 영광스러운 것이라고 생각했다. 금조의 역사를 읽은 그의 의견에 따르자면 금조 황족의 조상은 백산白山(백두산〔장백산〕)과 흑수黑水(아무르강〔흑룡강〕)가 있는 고대 주대周代의 숙신肅愼 영토 안에서 말갈鞮鞨연맹에 소속되어 살았다. 이는

(그의 관점에서 볼 때) 만주족의 등장을 보여주는 바로 그 장면이다. 또한 고대의 숙신도 만주족처럼 두개골 뒤통수를 납작하게 만들었다. 그렇게 한 이유는 고대 중국의 역사서들이 터무니없이 추측한 것처럼 아이들의 뒤통수를 납작하게 만들기 위해 돌을 사용했기 때문이 아니라, 그들 역시 만주족 및 만주족의 문화를 향유하는 주변 민족들과 마찬가지로 독특한 요람을 사용했기 때문이었다. 이처럼 지리와 문화는 그곳의 지역, 민족, 문화에 대해 면면히 이어진 만주족 조상의 권리를 입증한다.

건륭제는 특히 명대에 "다른 목적은 없이 오로지 헐뜯기 위해 모든 단어와 행간, 모든 단락을 철저히 살펴본, 가장 가증스러운 성향의 선전원들에 대해" 불평했다. 그는 "아마 한족은 만주족이 이제 야만적인 관습이 언급된 모든 내용을 한족 조상들이 쓴 역사서에서 삭제하려 한다고 생각할 것"이라고 말했다. 그러나 결코 그렇지 않았다. 심지어 한족 사이에서도 고대의 성인들은 오랑캐로 불리는 것을 자랑스러워했고, 이는 만주족의 선례에서도 다르지 않았다. 청조는 자기들이 새로 세운 장서루에서 자기 조상에 대해 묘사한 글을 필사해도 전혀 두려워하지 않았다.

건륭제는 자신의 약속대로, 학자들로 하여금 만주 지역의 민족을 호의적이지 않게 묘사하는 구절을 필사하도록 했음은 물론이고 그런 구절을 발췌하여 강조하게 했다. 예를 들어 『북위사』北魏史에는 물길勿吉에 대한 다소 긴 설명이 실려 있었다. 물길 사람은 개가죽 옷을 입고, 자주 술에 취했으며, 오줌으로 얼굴을 씻고, 흑담비를 유인하기 위해(흑담비의 털가죽은 물길과 한족의 무역에서 기본적인 물품이었다) 부모의 시체를 활용하기도 하는 등, 만주 지역에 살던 민족 중에서 가장 사나

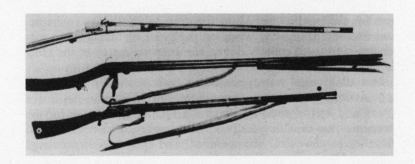

청조는 18세기에 소수의 머스킷 총을 수입했다. 중국 서남부의 원주민과 벌인 전쟁에서 사용하기 위해 군대에 지급된 이 총들은 (비록 곤봉으로만 가끔씩 사용되었지만) 아편전쟁 당시에도 팔기군에 의해 여전히 사용되었다(6장 참조). 이 총들은 건륭제의 개인 소장품으로 나온 것이다. 218쪽 도판에 묘사된 것처럼, 그는 사냥 시에 이 총들을 사용했다.
_ 북경고궁박물원 소장.

운 민족으로 묘사되었다. 당 제국의 역사서에 묘사된 바에 따르면 흑수말갈黑水靺鞨은 끔찍할 만큼 맹렬하고, 그들의 화살촉은 "어디든 살갗에 닿으면 죽을" 정도로 강한 독성이 있었으며, 미개한 민족으로 묘사되었다. 금조의 여진족이 술을 먹고 벌인 주정은 송대의 사료에 끊이지 않고 기록되어 있었다. 그 지역에서 유명했던, 독한 고량주高粱酒의 구매와 소비는 여진족의 문화를 이끄는 원동력이었던 것 같다. 그들의 생활에서 엿볼 수 있는 물리적 환경은 그 이상 원시적일 수 없을 것 같았다. 이들 사료에서 그들 민족은 걸핏하면 싸우려 들고 탐욕스러우며 종종 의식이 없다고 묘사될 만큼 가망이 거의 없어 보였다. 그러나 건륭제가 염두에 두었듯이, 청조가 이처럼 호전적인 민족들에게서 기원하기도 했지만 한반도의 고대 왕국으로부터 기원하기도 했다는 점을 잊어서는 안 되었다. 한반도의 고대 왕국들이 도자기와 야금술에서 이룩한 성과는 지역적이고 독립적인 문명을 발전시켰고, 발해의 왕들은 고유한 문자와 조정 의례, 행정조직을 갖추었으며 여러 곳에 수도를 두었다.

건륭제는 만주족이 자신들의 역사를 읽고 이해할 뿐만 아니라 조상의 고향이자 정신적인 고향인 장백산맥 일대의 지형과 야생동물, 그곳의 상쾌한 기후에 대한 목가적인 시각을 공유하기를 희망했다. 강희연간의 만주족 탐험가인 우무나의 보고서를 활용하여 홍력은 등록관謄錄官*들과 함께 만주어로『성경부』盛京賦를 작성하는 일에 착수했다.『성경부』는 백두산 지역을 찬양하고 그곳에 거주하던 아이신 기오로 일족의 기원에 관한 신화를 회상하는 내용이었다. 그러한 이

---

* 원고의 필사를 맡은 하급관리.

강희제와 건륭제는 기인들이 문화적인 소양을 얻는 것은 물론, 군사기술을 유지하는 것까지 지원한 강력한 후원
자였다. 여진족인 금조 황제 세종을 모델로 삼은 그들은 사냥을 만주족의 전통적인 가치에 활기를 불어넣는 장으
로 활용했다. 두 황제는 사냥에서 활과 화살은 물론이고 총도 사용했다. 주세페 카스틸리오네가 그린 이 그림에서
건륭제는 216쪽 도판에 소개된 물건 중에서 가운데 것으로 보이는 총으로 사슴을 향해 조준하고 있다.
_ 북경고궁박물원 소장.

상주의는 황제 개인에게만 제한되지 않았다. 만주족이자 이번원理藩院의 관리인 송균松筠은 우르가Urga의 기인사회로 자신의 관심을 돌리기 전까지 티베트와 몽골 지역에 대해 광범위한 저술을 했다. 그곳의 기인생활에 대한 그의 저술은 철저히 만주어로 기록되었는데, 아마도 1791년에 필사본으로 처음 출현한 것 같다. 이 작품은 주방駐防에서 근무한 실제 만주족의 실생활을 묘사했다기보다는(그때까지는 엉성한 읽을거리였을 것이다) 사실상 일종의 설교집이자 희망을 주는 도덕적 이야기였으며 대부분 한족의 역사에서 차용한 것이었다. 이 작품은 건륭제가 만주족에게 읽기를 열렬하게 명령한 문학의 일종이었겠지만, 건륭제의 시선을 끌기에는 너무 늦게 출현한 것으로 보인다. 건륭제의 사후에 송균의 친구들이 이 영감을 주는 작품을 개인적으로 유통시켰기 때문이다.

아래에서 논의하겠지만, 황제의 경전 작품 목록으로 모두 균일하게 통합된 조정의 출판물들은 만주족의 호전적 성향과 효과는 높이되, 그들이 실제로 거주하고 있는 문인사회에서 그들의 시선을 돌리기 위한 여러 가지 프로그램을 강화 또는 정당화하려는 의도에서 제작되었다. 민족의 품행에 극도의 엄격함을 원한 건륭제의 요구에 대부분의 만주족은 반대의사를 나타냈다. 그들은 주방의 복무에 태만하고 새로운 교육 일정을 기피했으며, 자기들이 근무하기로 한 지역을 이탈하는 사례도 늘었다. 그러나 홍력이 마음속에 품은 민족적 정체성의 엄중함은 성性의 범주에도 적용되었다. 사실 강희연간 이래 청대 사회는 모호한 성의 경계는 물론, 청조의 눈으로 보기에 여성적인 것 같은 남성의 복장과 행동을 받아들인 명말의 경향을 의식적으로 거부해왔다. 18세기 말에 청조의 문학은 아량이 전혀 없는 청초 조정의 태도에 이견을 가졌던 많은 흔적을 보여주기 시작했다. 이런 경우의 가장 유명한 사례 중 하나가 종종 중국에서 가장 유명한 소설로 극찬받는 『홍루몽』紅樓夢에서 나타난다. 이 작품을 한군기인 출신이 썼다는 점은 우연이 아니다. 그의 가문은 홍타이지 시대까지 거슬러 올라갈 만큼 청조 조정과 강한 관련이 있었다.

작자 조설근曹雪芹(조점曹霑으로도 알려짐, 1763년 사망)의 가문 사람들은 강희제의 재위 시절에 아이신 기오로 집안의 노복奴僕으로 총애를 받았고, 남경에 있는 황실의 비단 공장을 관리하는 임무를 맡았다. 그 이전 몇 대 동안 그의 집안은 재력, 교육, 황실사회로부터 받은 제반 특권으로 잘 알려져 있었다. 그러나 1728년에 그의 가문은 완전히 설명할 수 없는 여러 사정 때문에 옹정제의 눈 밖에 나게 되었다. 그들의 토지와 부는 몰수되었고, 대가족은 북경의 비좁은 구역으로 이주했다. 조설근 자신은 황족 중 몇몇과 개인적인 관계를 유지했다. 조설근은 가난했지만 일할 수도 없었고 또 일하려고 하지도 않았다. 그래서 그는 죽을 때까지도 완성하지 못한, 놀라운 장회소설章回小說을 쓰는 데 충분한 시간을 할애했다. 그의 소설은 그가 죽은 다음 세기에도 부분적으로 출판되었고, 현대까지도 전체 작품으로 알려지지는 않았다.

소설은 환생이라는 불교의 오랜 은유로 시작하지만, 곧 가보옥賈寶玉의 이야기를 계속한다. 보옥은 주로 여성과 소녀들을 위해 마련된 그의 가족 저택인 홍루紅樓에서 지내고 있는 소년이다. 시대, 사회의 압력, 가족의 기대감은 모두 보옥이 성장하여 결혼과 과거시험이라는 책무를 맡으라고 요구하지만, 그는 이를 거부한다. 소년 시절 놀던 안락한 건물과 정원을 벗어나 세상으로 나아가는 것에 대한 두려움이 너무나 깊어서, 그는 사실상 자신의 인격이 둘로 나뉘었다고 생각한다. 순응적이고 어른스러우며 분명히 남자인 보옥이 있고, 정원에 남아 있어야 하는 영원한 어린애인 보옥이 있다. 그의 상상 속의 이미지이자 존재, 그리고 그와 마찬가지로 불확실한 (따라서 불멸의 존재인) 친구들이 어린 보옥과 함께한다. 보옥의 곤경은 무인사회에서 문인사회로, 보호된 환경에서 늘어가는 불확실성으로, 번영에서 쇠락으로 변화하는 과정에서 엘리트들이 느끼는 불안감을 반영한다. 소설에서 그의 상대역이 임대옥林黛玉이라는 점은 주목할 만하다. 대옥은 여성스러운 행동에 대한 사회적 요구를 견뎌야 하는 가정에서 교육받은 소녀이다. 그녀는 소설에서 대부분의 교육받은 여자 주인공이 겪는 운명으로 고생하다 요절한다. 보옥은 그녀의 죽음을 애도하지만 한편으로는 그녀를 부러워한다. 그녀는 죽음으로써 성적 규정의 과정을 회피했지만, 자신은 죽느니만 못한 삶을 살기 때문이었다.

문학의 영역과는 별도로, 건륭제의 이상이 요구하는 것을 충족시키기에는 더욱 큰 어려움이 있었다. 만주어를 종합적인 국가의 언어로, 기인을 포괄적인 국가의 관료로 삼으려는 정복 이전의 이상은 계속해서 정복 이후 제국의 교육정책을 형성한 것처럼 보인다. 상황은 궁극적으로 그러한 계획의 포기를 강요했지만, 만주어·몽골어·중국어 세 언어를 계속 강조하는 것은 바로 18세기 말까지 기인과 관련된 교육과 행정정책의 특징으로 남았다. 건륭제의 방식에서 나타난 만능주의가 사상적 준비와 탐구의 형태를 변화시킴에 따라, 청 조정은 만주족 백성 사이에서 정립될 만주어의 지위에 더 큰 주의를 기울였다 (그 당시에도 여전히 어렵고 몇 가지 방식에서는 모순적인 생각이었다). 기인들이 만주어 교육과 무술의 습득 모두를 도외시하고 있다는 보고가 조정에 올라오자, 기인들이 각자의 결함을 개선하고 한족 문화에 '휘말리지' 않도록 해야 한다는 황제의 경고가 빈번하게 촉발되었던 것 같다. 그 결과로 초래된, 팔기의 정체성과 기인의 교육을 특수하게 만드는 현상은 19세기 말에 다시 전문화가 이루어진 군대의 토대를 만들었고, 언어·과학·무술에서 기술적이고 직업적이며 전문화된 교육의 등장을 낳았다.

늘어가는 인구와 쇠락해가는 국가의 지원에 대처하기 위해, 주방의 지휘관들은 종종 주방 근처에 땅이나 점포를 구매한 상당수의 군관과 근근이 먹고 살기 위해 종종 장사를 하거나 보잘것없는 일을 하는 사병들에게 주방 밖에서 거주할 권한을 부여했다. 만주족은 대대적으로 지역민과 융합하고 있었다. 건륭제는 이것이 안전에 위험을 가져다준다고 생각했다. 대체로 국수 장수, 교군꾼, 목수 또는 뱃사공으로 일하는 기인에게, 필요할 때 무기를 들고 그들의 이웃 또는 고용주에게 진격하라는 명령을 내리기 어려울 수 있었기 때문이다. 한족 지역민과 만주족의 융합은 보편성에 대한 건륭제의 인식과 맞지 않았고 만주족의 온전성을 유지할 필요성에도 어긋났다.

강희제는 아들이나 아버지가 과거시험에서 성공한 집안에는 보상을 내렸다. 반면 기인들이 이미 중국어에 대체로 능숙하다는 점을 안 건륭제는 즉시 이 정책을 폐기했다. 1765년 이후 건륭제는 기인들이 말타기와 활쏘기에서도 뛰어난 실력을 발휘하지 않는 한, 과거시험에서 거둔 일족의 성과를 보고함으로써 더 이상 자신을 귀찮게 하지 말라고 충고했다. 그리고 조상의 언어를 말할 수 없는 사람들은 신중하게 고민할 필요가 있었다. 홍력은 1762년 겨울에 알현의 임무를 제대로 할 수 없는 이번원의 관리 4명에게, "만주어를 말하는 것이 만주족의 오랜 방식"이라고 꾸짖었다.

강희제는 자신을 위대한 기인의 모범으로 내세우고 기인의 발전을 위해 그들 앞에 자주 자신의 문학적·군사적 재주를 입증했지만, 건륭제는 기인에게 매우 다른 방식의 메시지를 전달했다. 청조의 황제인 그는 여러 언어를 구사할 수 있는 능력을 갖추었으며, 모든 문화를 사랑하는 예술의 애호가이자, 만능의 황제로서 귀감이 되었다. 하지만 기인들은 그렇지 않았다. 그들은 자신들의 언어와 종교, 말타기와 활쏘기에 전념해야 했다. "너희들이 중국의 경학經學을 공부하든지 말든지 나에게는 아무런 상관이 없는 문제"라고 말할 정도로, 건륭은 아이신 기오로 일족의 구성원들에 대한 요구에 특히 엄격했다. 아이신 기오로 일족은 만주어나 만주문, 또는 무술에서 부족한 점이 밝혀질 경우 무거운 벌금형에 처해질 수 있었다. 황실 일가를 위한 고급학교를 운영하는 데 드는 자금은 증가했지만, 수가 늘어난 귀족들이 자기들의 공부 부족이 발각되는 위험을 무릅쓰기보다 학교와 시험장을 피하기 위한 방법을 찾았다는 것이 어쩌면 놀라운 일은 아니다.

기인을 위한 교육정책은 대체로 만주어 말하기와 쓰기 영역 모두의 증진을 주요 목적으로 삼아 꾸준히 개선되었다. 1791년 건륭제는 주방 안에 권위 있는 기인의 군관학교인 기학旗學의 설립을 위한 계획안을 짰다. 가장 큰 변화는 각 성省 내의 주방에서 나타났다. 혁신으로 차별화를 꾀하려 하지 않은 기학의 교과 과정은 북경에 있는 국자감國子監과 팔기관학八旗官學의 교과 과정에 기반을 두고 있어, 만주어·중국어·천문天文·산학算學 등의 과목은 물론이고 말타기와 활쏘기에 대한 빈번하고 엄격한 시험이 있었다. 그 정책에는 만주어 문어가 기인 사이에서 부활해야 한다는 홍력의 줄기찬 요구가 반영되어 있었다. 건륭제는 "모든 사람 각자가 만주 문자를 공부할 책임이 있고" "이 것이 자신이 맡은 사명의 핵심"이라며 끊임없이 반복했지만, 그의 설교는 대체로 무시당했다.

주방 내에서 고등교육에 대한 개혁은 그에 걸맞은 소년들의 양성을 강조하지 않고서는 쓸모없는 것임이 빠르게 인식되었다. 주방 내부의 주민이 감지한 문화적·사회적 조건은 1800년(건륭제가 사망한 이듬해)에 반포된 칙령에서 드러난다. 칙령에서는 주방의 군관들이 재능 있는 소년들을 찾아내서, 이 소년들이 부대의 노련한 병사들로부터 만주어, 기마술, 궁술 및 얼마간의 행정 규정에 대한 집중교육을 받으라고 요구한다. 동시에 국가는 이전 시대의 산만하고 포괄적인 교육 정책으로 절대 돌아가지 않겠다는 의도를 다음과 같이 천명했다. "만주족의 뿌리 중에서 기마술과 궁술은 그 첫 번째에 해당한다. 만약 기인들이 유가 경전의 공부에 집중하고 유가 경전의 실력을 측정하는 시험에 합격하는 일이 허용된다면, 그들은 활과 말을 경멸하게 될 것이고 우리의 군사적 각오를 드높일 수도 없을 것이다. 또한 그들은 국가가 주방을 건설한 바로 그 목적도 위반하게 될 것이다."

위에서 묘사한 대로 그 제도의 구조적인 결점은 건륭연간 이전부터 명확하게 드러났다. 체계적인 교육을 강화하려는 시도는 수도에서만 이루어졌고, 기인에 해당하는 인구 중에서도 극히 일부의 성인 남성에게만 영향을 끼쳤다. 이 시대의 어느 시점이든 교육에 적합한 나이의 기인 남성은 수십만 명이었는데, 그중에서 많아야 1천 명의 숫자만이 북경의 고등교육 기관에서 교육을 받고 있었다. 게다가 아이신 기오로 일족 구성원을 교육하는 비율에 놓인 주안점이 압도적이었다. 그래서 18세기 중반에는 이 황족 집단이 북경에서 고등교육 기관에 다니는 기인의 절반을 차지했다. 아마도 더욱 낯부끄러운 점은 이전 황제 시대의 기인 교육 계획에서 나타난 극도의 애매함이었다. 계속되는 군사적 도전에 대처하고 기득권을 형성한 한족 관료 계층에게 민정 분야를 양보해야 하는 극복하기 어려운 압력 아래에서, 한때 기인에게 기대한 행정 관료의 역할은 청대의 초창기부터 퇴색되었다.

문화적 순수성, 육체적 활기의 회복, 정신적 재무장을 갖춘 엄격한 정권이 되기 위하여, 기인을 엘리트 기마대의 지휘뿐만 아니라 관료조직의 상부 단계에 잘 적응하는 만능의 관료로 만들겠다는 순치제와 강희제의 생각이 폐기된 것은 건륭조 조정이 예견한 것을 넘어선 무언가와 관련이 있었다. 후대의 황제들이 주창하고 있었던 것은 본질적으로 기인들을 위한 직업적인, 심지어는 전문 직업적인 학습의 과정이었다. 이 과정에서 군사 분야의 언어는 물론 만주어에 대한 뛰어난 숙련도는 필수적이었는데, 더욱 자유롭고 훨씬 민정 교육적인 요소는 거의 자리 잡을 수 없었다. 민정 교육의 중요성은 아편전쟁 이후에 군사개혁과 교육개혁이 이루어진 이후에야 주목받았다.

그저 기인에 대한 전문화된 교육을 추구하는 것 자체만으로는 효과적이지 않을 것이라는 약간의 인식이 조정 내에 있었다. 작고 드문드문 펼쳐져 있는 제국의 행정 관아는 피해가기 쉬웠고, 바로 그 점 때문에 그런 식의 회피에 대한 처벌은 매우 높을 수밖에 없었다. 새로운 군사적 임무에 초점을 맞춘 기인들의 마음을 얻기 위해, 국가는 그들의 경제적 고민을 완화해주기를 원했다. 건륭연간 초기에는 한족에게 팔렸던 기인의 토지 상환을 위해, 약 1백만 량에 해당하는 은자銀子를 지급하라는 명령이 네 차례 내려졌다. 몇 년 안에 기인 군관들은 그렇게 받은 토지를 모두 다시 팔았다. 국가에서 최고 가격으로 상환

해준 후에, 그 땅들은 새로 생긴 빚을 청산하기 위해 투매가격으로 다시 팔렸다(전에 그 땅들을 소유했던 바로 그 한족들에게 다시 팔았을 가능성이 농후하다). 제국의 정부는 사실상 새로운 형태의 토지 투기를 고안한 것이었다. 이러한 정책은 18세기 중반 이후 폐기되었고, 홍력은 북경에 거주하는 많은 수의 기인을 만주 지역으로 이주시키기로 했다. 그러나 실제로는 잠깐 사이에 모든 사람이 북경 또는 그 주변 지역으로 돌아왔고, 그래서 그들은 부득불 그 법의 테두리를 벗어난 채 살았다. 1763년 군사행정 조직은 기인의 생존에서 가장 큰 장애가 그들을 다른 사회와 분리시킨 장벽이었음을 인식했다. 그해에 기인들은 기인의 신분으로 등록되고 그 정체성은 계속 유지했지만, 개인적으로 일자리를 찾고 주방 밖에서 생활하기 위한 허가를 자유롭게 신청할 수 있게 되었다.

천하제국의 영광과 쇠락

과거시험의 합격과 관료의 임용을 열망하는, 중국어를 읽고 쓸 줄 아는 계층은 건륭제 치하에서 모순적인 위치에 있었다. 초기의 황제들은 정부의 기구를 만드는 데 열정적이었다. 여기에는 만주어로 비밀리에 정보를 교환하는 기구도 포함된다. 이 기구를 통해 초기의 황제들은 끊임없이 중앙정부와 압도적인 숫자의 지방 곳곳을 관리·감독할 수 있었다. 동시에 그들은 날마다 14시간에서 16시간씩을 기꺼이 업무에 투자하고 있었다. 이전 황제들처럼 건륭제도 지칠 줄 모르는 일벌레였지만, 특히 그는 여러 가지 문예 활동에 정력을 쏟았다. 그는 만주어와 중국어로 4만 수가 넘는 시를 쓴 것으로 알려졌으며, 열정적으로 책 읽을 것을 주장했다. 엄청난 문학적 인물로 보이기 위한 일환으로, 건륭제는 종종 사고전서四庫全書(네 곳의 보물창고)라 불린 편찬 사업의 후원자였다. 사고전서의 편찬 목적은 정확성과 심미성을 위해 존재하는 모든 작품을 검토하기 위한 것이자, 가치 있는 저술을 새로운 판본으로 복원하여 제국에서 선정한 몇몇 지점의 새로운 도서관에 소장하려는 것이었다.

출세 지향적인 관료들에게 임용의 가능성은 평소보다 낙관적이었지만, 황제의 모든 희망을 충족시키기란 여간 피곤한 일이 아닐 수 없었다. 언제나 조정에 도움이 되고 인정받기를 원하는 세도가문에서는 황제에게 자기들의 개인 서재를 제공하거나, 황실의 관원들이 좋은 판본을 만들 수 있도록 관원들로 하여금 자기들의 서재에 와서 검토하는 일을 허락하기도 했다. 어떤 가문은 돌이킬 수 없는 물질적 희생을 감수했다. 또 어떤 가문은 정치적 위험에 처하기도 했다. 가치 있는 문헌을 찾는 일은 불온서적 또는 음란서적을 수색하는 일처럼 불쾌한 심문이기도 했기 때문이다. 만약 그런 책이 발견된다면 그 결과는 매우 심각할 수도 있었고, 위에서 말한 것처럼 몇몇 불온한 메시지는 지극히 의심스러운 마음만을 가졌음을 공표하는 것이었다. 당연히 건륭연간에는 일련의 문자옥文字獄으로 일이 여러 차례 중단되었고, 대부분 유죄 판결을 받은 사람이 좌천과 함께 공들인 자술서를 써서 출판하여 배포하라는 요구로 끝이 났다. 이렇게 배포된 책은 그 시대에 출판된 책의 양만을 엄청나게 증가시켰을 뿐이다.

당시 존재하는 서적들의 검토, 책의 기원과 의미에 대한 주석의 작성, 그리고 작품이 다시 출간되어야 할지, 한정된 부수를 유지해야 할지, 금서로 삼아야 할지, 또는 폐기해야 할지에 관한 수많은 보고서 등으로 생겨난, 전례가 없는 기회는 모두 이 편찬 사업에서 '고증'考證이라 불린 정교한 해석기법을 사용하는 18세기 지식인들의 성향을 강화시켰다. '고증'은 16세기에 민간 학자들의 노력으로 발전되었고, 이미 몇 가지 충격적인 학문적 발견을 보여주었다. 그러한 성과 중 하나가 공자에게 큰 영향을 끼쳤으며 1,500년 동안 진정한 고대의 문헌으로 받아들여졌던 『상서』尚書란 작품이 사실은 한대漢代의 위작이었음을 밝혀낸 일이었다. 홍력은 몇 세기에 걸쳐 생기기 시작한 오류를 제거하기 위해 자신이 다시 출간하고 싶은 문헌에 이러한 고증 기법을 적용할 것을 간절히 바랐다. 그는 요遼(거란), 금金(여진), 원元(몽골) 왕조의 역사에도 동일한 기법이 적용될 수 있겠다고 추론하며, 만주어와 몽골어에 대한 더욱 폭넓은 교육도 요구했다. 이것이 분명하게 의도한, 축적된 효과는 전대의 왕조인 명조가 중국 역대 왕조의 역사에 대해 가졌던 지배적인 권위와 북아시아와 내륙아시아의 여러 민족에 대해 가졌던 민족적 권위를 근절하려는 것이었다. 홍력은 근대적인 방식으로 만주족의 진정한 역사가 재건될 수 있다고 확신했다.

당시의 고증학풍에 몰두하여 다른 생각을 느끼지 못하는 관료들과는 달리, 학문적인 성향이 덜한 관료들은 18세기 중반기의 공직생활에서 청 제국의 기반이 서서히 침몰하고 있다는 압박을 느끼고 있었다. 처음으로 강력한 붕당이 형성되어 종종 한편은 기인으로 다른 한편은 한족으로 분열되는 현상이 고착화되고 있었고, 과거시험에서 각자의 세력이 될 만한 인물을 알아보고 발탁하여 모으려는 그들 사이의 투쟁은 이따금 재앙을 초래했다. 청초의 황제들은 붕당을 형성하려는 관료들의 성향을 맹렬히 비난했다. 그들은 명말의 극심한 당

건륭제가 1754년에 열하의 피서산장에서 서몽골의 항복을 받는, 거대한 예식용 유르트를 묘사한 이 개관적인 그림은 카스틸리오네와 아티레의 작품으로 알려져 있다. 이곳은 또한 1793년에 건륭제가 매카트니 사절단의 환영 연회를 연 장소이기도 했다. 사실 어린 조지 스톤턴은, 영국 대표단이 건륭제를 맞이하는 고두의 예를 행할 때에 유르트의 앞마당의 양편에 있는 군중에 합류한 것이 바로 이 순간이었다고 주장했다.

쟁이 주로 정실인사와 부패를 선호한 환관들 때문에 벌어졌다고 확신했기 때문에, 환관이 정부의 일에 참여하는 것도 금지했다. 물론 청조의 황제들은 (환관뿐만 아니라) 모든 사람이 (환관과) 같은 부패에 말려드는 것을 허락하려 하지 않았다. 건륭제 역시 당쟁에 반대했지만 종종 자신이 벌인 많은 문화적 사업에 정신이 팔려 있었고, 동시에 부분적으로는 어느 한쪽 당파에 기댐으로써 자신이 당파를 활용하여 정치적 영향력을 유지할 수 있다고 확신했다. 재위 초기의 몇십 년간 그는 이 수단을 효과적으로 활용했지만, 1760년대에는 관료제도의 복잡한 특성, 거대한 제국의 규모, 지나치게 다양한 황제의 관심사가 통제를 유지할 능력을 점차 억누르고 있다는 강한 조짐이 나타났다. 만약 화신 和珅이 나타나지 않았다고 해도, 화신과 같은 또 다른 인물이 만들어져야 했을 것이다. 황제는 자신이 예술적인 취미활동(그러한 활동에는 당대唐代의 건축물 또는 주대周代의 옥에 찬양시를 새긴 것이 다수 포함)에 몰입하는 동안 믿음직스럽고 능력 있는 동료가 정무를 맡아주기를 열렬히 바랐기 때문이다. 부패가 의심되는 화신이 신속하게 새로운 고발·재판·처벌을 받아야 한다는 비난의 화살을 받았다는 사실은, 황제가 그를 주변에 둘 필요성이 있었음을 보여주는 유일한 증거였다.*

건륭조 정부는 그의 부친과 조부의 기준으로는 규모가 크고 사치스러웠지만, 명조와 비교해보면 여전히 청조 특유의 검소함을 보여주었다. 18세기 중반의 청 제국은 명조보다 2배가 컸지만, 명조와 같은 수의 지방 주현관州縣官**을 계속 유지하고 있었다. 이것은 교육, 상업

---

* 건륭제는 화신이 비난의 중심이 된 것에 대해, 화신이 맡은 역할을 잘 수행하고 있는 것이라고 믿었다. 화신에게 비난의 화살을 돌리는 주체들이 게으르고 정직하지 못한 관료라고 생각했기 때문이다.
** 명·청대에 주·부·현 등의 행정과 치안을 담당한 관원의 총칭.

의 규정, 또는 범죄의 금지 등에서 정부의 지도력이 필요하다고 느낀 사람들에게 꼭 좋은 소식은 아니었다. 필요한 자금과 가용할 인력의 부족을 느끼는 지방의 주현관은 대체로 지역 내의 유지들과 협력관계를 유지하는 편이 가장 순조로운 방책임을 깨달았다. 지역의 유지가 존경받는 신사이든 기민한 상인이든 우직한 폭력배이든, 그들의 직업은 아무 상관이 없었다. 17세기 중반에는 정부에서 지방의 행정에 대해 몇 가지 주요한 재편을 시도했다. 재편의 일반적인 형태는 지방의 지주들에게 의숙義塾과 지역 사회의 의창義倉을 설립하고, 향용鄕勇을 조직하는 데 적극 나설 것을 권장하는 방식이었다. 몇몇 경우에 이러한 개혁은 지방의 사기 진작과 조정이 의도하는 조직의 구성을 장려했다. 그러나 정부 기능의 민영화는 포세제包稅制*, 착취를 일삼기 마련인 고용된 해결사, 또는 격분하고 다루기 어려운 백성에 직면하여 무력해진 지방 관리가 생겨나도록 길을 열어준 경우가 훨씬 많았다. 이처럼 시작된 무질서가 단순히 18세기 중반 이후 무렵부터 청 정부가 지역 단위에 재원을 기꺼이 쏟아부으려고 하지 않은 것 때문에 발생하지는 않았다. 그러한 무질서는 청조의 중국 지배가 안정화 단계에 접어든 이후 발생한 엄청난 인구 증가 때문에 더욱 악화되었다. 명말을 괴롭히던 전쟁·반란·전염병·농업 재해 대신에, 청초는 평화와 회복된 번영을 누리던 터였다.

추가적인 자극제는 전통적인 농작물을 보충하거나 대체하기 위해 청대에 일반적으로 도입된 수입 농작물이었다. 예를 들면 중국 북

---

* 관아에서 1년 동안에 낼 세금의 총액을 예측하여 대상인들에게 자금을 출자하여 일괄 납부하게 하고, 대상인들이 다시 소상인에게 자신이 낸 세금의 양만큼을 징수할 수 있도록 한 제도.

부 일대에서 매년 계속되는 밀과 보리 경작은 지력을 고갈시켰지만, 그래도 비교적 가벼운 수준이었다. 이 일대에서 미국산 옥수수의 도입은 잠시나마 농업생산력을 회복시켰다. 옥수수의 뿌리가 영양소를 찾기 위해 흙속으로 더욱 깊이 자랐기 때문이었다. 농작물은 가지런하게 고랑을 파서 파종기로 한 번에 파종되었는데, 당시 유럽의 대부분은 여전히 흩뿌리는 방법을 썼기 때문에 씨앗의 대부분이 낭비되었다. 중국 농업의 효율성 때문에, 인구 증가가 1인당 경지 면적을 한 세기 전의 경지 면적보다 3분의 1로 줄였다는 사실은 아직 총체적인 가난을 창출하지 않았다. 중국 중부와 남부 지역에서 고구마와 같은 아프리카 작물이 도입됨으로써 쌀이나 밀 농사에 적합지 않은 이 지역은 새로운 농업지대로 출발하게 되었다. 이와 같은 기호작물 덕택으로 그리고 전쟁 또는 질병 같은 인구 억제 요소의 결여로, 청초의 인구는 1650년대에 약 1억 5천만 명이었던 것이 1800년에는 최하 3억 명으로 2배 증가했다.

1700년대 초에 중국 본토에서 삼림지대였던 지역들은 18세기 말에 급격히 감소했다. 가옥은 그 후 벽돌로 건설될 수 있었지만, 삼림의 파괴는 더욱 많은 침식의 원인이 되어 지력의 손실을 가중시켰다. 침식이 진행됨에 따라 홍수의 위험이 커졌다. 이런 위험은 정부의 부패와 총체적인 비능률 때문에 홍수를 막을 능력 또는 홍수의 부작용으로부터 회복할 능력이 부족해졌을 때에 발생했다. 제방과 저수지의 건설, 토사가 쌓여 막힌 강 물길의 준설 등의 관개시설은 유지되지 않았고, 지역의 엘리트들이 가끔 그런 손실을 메꿀 수는 있었겠지만 그들도 곧 그러한 부담을 떠안을 수 없었다. 18세기 말에는 천 년간 황하와 장강을 이어주던 대운하마저 사실상 이용할 수 없었는데, 운하 주변의 도시들은 교역을 갈망하게 되었다.

열하의 피서산장에는 이곳이 청조 황제의 영역임을 보여주는 기구와 건축형태가 잘 표현되어 있었다. 여기에 라싸에 있는 달라이 라마의 궁전(포탈라궁)도 부분적으로 복원되어, 그 뒤에 펼쳐진 내몽골의 산들과 함께한다.

그 결과는 1800년까지 중국 내부의 많은 부분에서 국지적인 고통으로 나타났다. 환경의 악화와 농업의 쇠락은 많은 유동 인구를 발생시켰다. 그들은 더 나은 농업지대에서 계절에 따라 다른 일을 찾거나, 뱃사공이나 숯꾼이 되거나, 똥지게 지는 일을 하거나, 그 밖에도 하층민이 하는 일을 전전했다. 많은 사람이 구걸, 매춘 또는 도둑질 등으로 먹고 살기 위해 도시로 흘러들어왔다. 중국 중부지역과 서남부에서는 토착민들이 자기들의 전통적인 땅에서 쫓겨났고, 농민들은 상강湘江을 비롯한 여러 강의 심각한 범람으로 가난에 처했으며, 반란이 급속하게 확산되었다. 서남부 중국에서는 이를 극적으로 보여주는 증거가 있었다. 그곳에서는 새로운 작물의 도입을 통해, 대체로 묘족苗族과 요족瑤族으로 알려진 토착 원주민과 농업에 종사하지 않는 주민의 전통적인 고향이던 이곳에서 한족 농부들이 농사일을 시작할 수 있었다.

이들 소수 민족이 반란을 일으켰을 때, 지역의 관료와 무관들은 이를 완벽하게 진압할 수 없었다. 끝없이 계속된 이른바 금천金川전투는 한족이든 소수 원주민이든, 그 지역의 거주민에게 심각한 비극을 가져다주었다. 1780년대와 1790년대에 건륭제가 연로한 나이였다는 점, 화신의 측근들이 벌인 사건을 면밀히 검토하지 않고 오히려 조사를 미루었다는 점도 상황의 개선에는 도움이 되지 못했다. 화신의 측근들은 서남부 지역의 전쟁에 소요되는 군대의 책정액을 착복하면서도 조정에는 전쟁의 진척 상황에 대해 희망적인 보고를 올렸다. 1796년 중국 중앙부의 농촌 지역에서 끊임없이 반복되던 일련의 반란은 불교 미륵신앙의 한 종파인 백련교白蓮敎와 연결되었다. 백련교는 정복자인 만주족을 몰아내어 중국의 안정과 번영을 회복하기를 희망했

다. 반란군들은 건륭제가 사망한 1799년에도 여전히 맹위를 떨치고
있었다.

철인왕의 몰락

18세기의 유럽에서는 일반화할 수 있을 정도로 중국 황제들에 대한
평판이 높았다. 중화제국은 무엇보다도 차, 대황大黃*, 비단, 칠보, 벽
지, 장식용 부채, 자기, 곡목가구曲木家具처럼 유럽의 중산층과 상류층
이 높게 평가하는 물건들의 원산지였다. 천 년 이상 중국인에게 알려
진 우두접종 기술은 유럽에서 천연두 백신의 발명에 영향을 주었고,
청조 황실의 관요官窯에서 자기를 생산하는 방식은 조사이어 웨지우
드Josiah Wedgwood**에게 대량생산을 위한 일괄작업을 발명하도록 아
이디어를 제공했다.

　　또한 중국의 황제들을 정치적 덕목의 귀감으로 여기는 이미지
도 생겨났다. '동양적 폭정'Oriental despotism의 개념은 몽테스키외
Montesquieu 이후 오스만 제국의 술탄 정도를 가리키기 시작했다. 반
면 중국의 군주들은 막연하게, 합리적이며 심지어 자비로운 통치자
로까지 이해되었다. 그들은 거의 어떠한 이상도 적용시킬 수 있을 만
큼 멀리 떨어져 있다는 이점이 있었고, 건륭제 역시 그러한 역할로 칭
찬을 받는 것에 매우 기뻐했을 것이다. 1762년에 올리버 골드스미스

---

* 소염제로 사용되는 약초의 일종.
** 18세기 영국의 도기 디자이너 겸 도예가(1730~1795). 도기 제작에 과학적인 접근을 시도하고 재료에 대
한 끊임없는 연구를 통해 유럽의 도자기 제조에 혁명을 가져왔다.

카스틸리오네와 아티레는 건륭제를 도와 북경 근처의 원명원에 트리아농을 모델로 한 이 여름궁전을 설계한 예수회 선교사들이었다. 1747년에 미셸 브누아Michel Benoist가 중국의 십이지신상을 인공연못 주변에 배치한 중앙의 분수대를 추가로 제작했다. 원명원의 모든 건축물과 함께, 이 궁전은 1860년에 북경을 침입한 영국·프랑스 연합군에 의해 파괴되어 돌무더기와 잔해만 남았다.
_ 북경고궁박물원 소장.

Oliver Goldsmith는 개화된 중국 군주의 첩자라는 가상의 인물을 설정하여 유럽 사회의 한심한 상황을 고발했다.* 볼테르Voltaire는 유교의 합리주의와 심지어는 과학적 경향에 대해서까지 상세히 서술했다. 요컨대 그는 어떻게든 유교를 군주의 덕성 함양을 위한 처방전으로 묘사하려고 애썼다. 볼테르에 따르면 유교를 통해 덕성을 갖춘 군주는 정의를 추구하는 데 있어서 중용을 갖추고 이타적이며 흔들림이 없었으므로, 아무리 탐욕스럽고 기생하는 귀족이나 위선적인 성직자라도 흔해빠진 값싼 유리처럼 황제의 발꿈치 아래에서 산산조각이 날 수 있었다. 그는 자신의 독자들에게 자연신을 숭배하면서도 교권의 개입에 반대하는 중국 방식의 접근법을 높게 추천했다.

그러나 볼테르는 중국인들 사이에서 철인왕이 존재한다는 것에 관해 모호하고 가설적인 태도를 보일 필요가 없었다. 사실 그는 당시의 청조 황제가 쓴, 같은 시대의 유럽 군주들에게는 너무나 모자라 보이는 인덕·학식·인내·총명의 덕목이 세세하게 스며든 서사시를 일부나마 읽었다고 믿을 만한 이유가 있기 때문이다. 『성경부』盛京賦라 불린 이 작품은 청조의 건륭제가 쓴 원본 작품을 예수회 선교사인 아미요Amyot**가 번역한 것이라고 볼테르는 믿었다.

건륭제의 시대에는 예수회 선교사가 황제를 섬기기 위해 멀리서 온 이타적인 하인이라고 믿던 청조의 신뢰가 사라졌다. 많은 예수회 선교사들은 고문관, 의사, 조정의 건축설계자 겸 화가로 머물렀다. 예

---

* 영국의 시인이자 소설가 겸 극작가(1728~1774)인 올리버 골드스미스는 1762년에 발표한 『세계의 시민』 The Citizen of the World에서 한 중국인의 눈을 통해 국외자 또는 자국 문화에 오염되지 않은 외국인의 시각으로 당시의 영국 문화를 유머러스하게 비판했다.
** 중국어 이름은 전덕명錢德明.

를 들어 주세페 카스틸리오네Giuseppe Castiglione(1688~1766)와 장-드니 아티레Jean-Denis Attiret(1702~1768)는 다른 예수회 선교사들과 일했고, 수많은 중국 조정의 화가들과도 함께 일하며 전례가 없는 방식으로 빛과 크기를 활용한 새로운 형태의 중국수채화를 창작했다. 그 유파는 틀에 박히고 정형화되어 있어, 고정화된 패턴을 선호하는 18세기 청조의 기호를 맞추면서도 건륭제와 그의 수행단 하나하나의 모습을 손에 잡힐 듯이 생생하게 묘사하고 있었다. 그러나 청조의 황제들이 자신을 나타내는 방식과 그들의 동시대인과 후대의 사람들에게 자신들의 환경을 보여주는 방식을 변화시키는 데 카스틸리오네가 중요한 역할을 했지만, 17세기의 예수회 선교사들과는 달리 그가 황제에게 중요한 조언자는 아니었다.

사실 예수회 선교사들의 종교활동은 18세기의 청 조정을 불편하게 만들었다. 물론 만주어가 주요한 매체인 아이신 기오로 일족의 종교의식은 만주족의 공식 언어가 아닌 중국어를 면밀히 살핀다고 해도 잘 드러나지 않았고, 예수회 선교사 측이 만주족에게 보인 호기심은 환영받지 못했다. 후일 중국에 온 외국인들은 만주어가 중국에서 공식적인 의사소통 수단으로 제공하는 지배력을 계속해서 최대한 활용했으며, 19세기 초에는 신교도 선교사들이 기인들에게 포교하기 위해 만주어를 활용하기 시작했다. 만주어에 대한 지식이 유럽인들에게 전파되고 있음에 놀란 건륭제의 아들이자 후계자인 가경제嘉慶帝는 일련의 반기독교적 조서를 반포한 1805년에 외국인에게 만주어를 가르치는 것을 금지했다.

그 금지는 잘 지켜지지 않았다. 외국인들은 계속해서 만주어를 공부했고, 이제 서구에서는 만주어 지식과 만주어 자료의 관리에 주요

가문에서 가장 연장자인 여성을 공경했던 아이신 기오로 일족의 많은 다른 황제들처럼, 건륭제도 자신의 모후母后에게 헌신한 것으로 유명했다. 황태후皇太后의 생일을 축하하기 위해 자금성에서 개최된 성대한 연회를 그린 이 비단 족자 그림에는 건륭제 자신이 직접 모후인 황태후를 위해 마실 것을 가져다주는 모습이 묘사되어 있다. 모후는 영예로운 빈객으로 단상 위에 앉아 있다.

_ 북경고궁박물원 소장.

한 지위를 부여하지 않고서 아시아의 학술 발전을 기술하기란 불가능했다. 북경에서 만주어 자료를 끊임없이 보낸 17~18세기 예수회 선교사들 덕택에, 이제 프랑스와 이탈리아에는 '동양'oriental의 필사본 컬렉션의 정수라 불리는 것들이 형성되었다. 이는 마치 18세기 말과 19세기 초에 영국과 독일 출신의 무역상들이 각자 자기들의 컬렉션을 형성한 것과 같았다. 19세기 초반에 위대한 중국의 경전들은 모두 만주어로 번역되었다. 대부분의 고전은 대역판對譯版으로 이용할 수 있었고, 유럽인들은 고대 한어古代漢語(즉 한문)를 공부하기 위한 가교로서 만주어를 활용했다. 19세기 중반에는 신약성서가 만주어로 번역되어 중국의 몇몇 주요한 도시에 배포되었다.

페르 조제프–마리 아미요Père Joseph-Marie Amyot('Amiot'로도 표기, 1718~1793) 신부는 1750년에 마카오를 통해 중국에 도착했으며, 죽을 때까지 북경에서 살았다. 만주어는 그가 청조와 의사소통을 주고받는 주요한 수단이었고, 그는 18세기의 문화에 대한 연구에 (완벽한 것은 아니지만 그래도) 중요한 몇 편의 작품을 남겼다. 그중에는 『성경부』의 번역과, 금천전투 기간에 병사들이 외우는 주술적인 기도를 듣고 그가 옮겨 적은 제목 미정의 글이 있었다. 파리에 거주하는 독자들은 1770년에 아미요가 번역한 『성경부』를 숙독할 수 있었다. 공교롭게도 아미요는 관점을 가진 번역자였다. 그가 번역한 '부'賦는 건륭의 글을 필사한 등록관의 붓끝에는 아무런 신세를 지지 않고 있으며, 자신의 철학적 방백과 분명한 기독교적 상상의 나래로 가득했다. 후대의 학자들은 전체 구절이 분명 번역자의 머릿속에서 비롯되었고, 원본의 정신이나 문장 구절에 전혀 얽매이지 않았다고 지적하며 아미요의 작품 번역을 혹평했다. 그러나 그의 작품과, 그의 작품 때문에 유럽에서 나타난 청조에 대한 망상을 비판하는 일은 너무 늦은 한 세대 뒤에 나타났다. 만주 지역의 목가적인 풍경, 아이신 기오로의 조상이 처녀에게서 태어났다는 주장, 건륭제가 품은 개화된 기독교적 정신(그리고 아마도 놀라울 정도로 뛰어난 그의 프랑스어 실력)은 이미 그 작품을 읽은 사람들에게 지울 수 없는 인상을 심어주었다.

건륭제에 대한 유럽인의 견해가 빠르게 뒤집힌 점과 그 원인이 된 사건은 지난 200년 동안 감탄을 자아내게 했다. 본질적으로 영국 정부와 영국의 동인도회사 사이의 논쟁은 영국과 청 제국 사이의 논쟁으로 탈바꿈되었고, 그 파멸상은 중국의 정치적 통합과 국제적 신용도 또는 경제적 안정 등 겉모습을 모두 무너뜨릴 정도였다.

당시 동아시아의 다른 정부와 마찬가지로, 명 제국과 청 제국은 상업적 활동을 철저하게 규제하려고 했다. 이것은 부분적으로 농업이 가장 중요하고 가장 잘 보호받아야 하는 부의 원천이 되어야 한다는 그들의 희망 때문에 실행되었다. 그러나 그것은 상인들이 사회적·정치적 계급에서 언제나 학자들보다 낮아야 한다는 유가의 철학과도 일치했다. 청조의 경우에도 전매제도가 경제적 안정성의 토대라는 확고한 신념이 있었다. 누르하치의 국가는 전매제에 근거하여 설립되었고, 전매제를 통해 영토 보존의 강화책을 추진했다. 이러한 철학이 비적과 해적에 대한 늘어나는 근심과 결합하여, 청 제국은 중국의 무역도시에 외국 상인들의 접근을 엄격히 제한하게 되었다. 이것은 중앙아시아의 카슈가르에서 말린 대추를 팔기 위해 낙타를 타고 사막을 넘어온 대상隊商이든, 중국 동부 해안에 위치한 사포乍浦에 칠기를 팔려고 온 일본 상인이든, 모두에게 해당되는 사실이었다. 그것은 유럽의 상인들에게도 해당되었다. 1784년 이후 '광동 체제'廣東體制(Canton

System)로 알려진 관례가 확정되었다. 광동 체제란 유럽의 상인들이 광주廣州(즉 광동Canton)에서만 무역을 할 수 있도록 허락한 것으로, 그들은 광주에서 중국 상인을 통해 보장과 보호 및 혜택을 받았으며, 광주에서 진행된 무역의 이익에서 내는 모든 세수는 광주에 상주하는 대표를 통해 황실의 가문에 직접 제출되었다. 이 행방총관行幇總管은 유럽인들에게는 '호포'hoppo*로 알려져 있었다.

　이 체제가 독특하며 해상을 기반으로 한 자기들 제국과는 전혀 다른 원칙에 근거하고 있다고 생각한 유럽인들에게 광동 체제는 비이성적으로 보였다. 차 무역에서 엄청난 부가 축적되었지만, 중국에 팔 적당한 상품을 찾는 일은 여전히 여의치 않았다. 미국이라는 식민지를 상실한 이후, 영국은 특히 자기들의 시장이 감소할까 두려워했다. 영국과 일부 미국 상인들은 중국이 개척되지 않은 거대한 시장이라고 믿었다. 고래의 지방으로 만든 등유, 인도 또는 미국 남부에서 생산된 면화, 런던 또는 코네티컷에서 제조한 총기류의 잠재적인 소비자가 중국은 수억 명이나 되었기 때문이다. 여기에 방해가 되는 것은 오로지 광동 체제뿐이었다.

　차는 1644년에 처음 중국에서 영국으로 선적되었다. 그 이전까지 차는 러시아, 중앙아시아, 중동으로부터 들어오는 소중한 수입품이었다. 러시아, 중앙아시아, 중동 사람들은 차를 중국 북부의 이름인 '차' 茶(cha)로 알았고, 중세와 근대 초기에 유라시아의 육로를 통해 차를 얻었다. 그러나 포르투갈인과 네덜란드인들이 처음으로 개척한 바닷길을 건너온 그 제품을 유럽에서는 중국 연안의 복건성福建省에서 차

---

* 광주에서 관세를 징수하고 상업을 감독하던 중국 관리.

2명의 부인 및 9명의 자식과 함께한 건륭제의 모습. 섣달 그믐날에 편안한 자세로 폭죽을 터뜨리는 모습으로 보인다. 그림은 카스틸리오네를 비롯한 유럽인 화가들이 궁정화에 도입한, 사실적인 관점과 묘사를 보여준다. 그러나 이 그림은 보이는 것처럼 자연스러운 묘사는 아니다. 아이들의 모습은 실제로는 이즈음에 완성된 일련의 그림에서 반복적으로 나타나는 형태이고, 황제의 자세와 행동은 다가오는 새해에 행운이 깃들기를 바라는, 신년을 나타내는 일련의 상징물과 조화를 이룬다.
_ 북경고궁박물원 소장.

를 부르는 발음대로 '티'te로 알았다. 1600년대 중반에 영국에 도입되었을 때부터, 차는 기호음료로서 초콜릿과 커피를 대체했다. 1800년에 차는 중국에서 유럽으로 수출하는 모든 수출품의 80퍼센트를 차지했다. 그 나머지는 주로 자기가 차지했다. 자기는 1700년대 중반에 경덕진景德鎭과 덕화德化에 있는 청 황실의 관요에서 유럽 상인들의 요구대로 밝은 색채의 디자인으로 제작되었고, 그런 다음 수십만 점이 광주를 통해 유럽으로 운반되었다.

많은 유럽인들처럼 영국 동인도회사의 경영진은 중국의 기술적 성취와 거대한 잠재시장이 끝없는 이익을 가져다주는 열쇠가 될 것이라고 믿었다. 사실 개인의 부는 축적되었다. 영국 동인도회사의 직원인 영국인 상인들, 광동에서 영국인들의 은행가·보증인·교섭담당자·중개인 역할을 하던 중국 상인들, 그리고 영국 동인도회사의 독점을 피해 차를 영국으로 몰래 들여온 네덜란드·영국·스페인의 밀수업자들이 부를 축적했다. 그러나 조지 3세 정부는 중국과의 교역에서 총체적이고 불안을 조성하는 무역 불균형을 경험하고 있었다. 영국의 은이 중국에서 수출한 상품의 대금을 지급하기 위해 중국으로 건너갔기 때문이다. 18세기 말 영국 정부는 영국 동인도회사의 힘과 영향력을 의심하게 되었고, 영국 동인도회사의 활동을 규제하려는 시도의 일환으로 중국과 직접적인 외교관계를 개설하려고 했다.

영국에서 지급의 불균형은 청 제국이 외국 상품의 수입에 부과하는, 이른바 불공평한 규제에 대한 불안과 분노를 일으켰다. 설상가상으로 영국 동인도회사는 불법적으로 전 세계적인 자산을 운용했고, 파산의 기로에서 불안정하게 움직임에 따라 의회를 조종하려는 그들의 시도는 더욱 주제넘은 것이었다. 1773년에 영국 의회는 영국 동인도회사의 정치적 활동을 억제하고 그들의 독점권 일부를 해체하기 위해 마련된 일련의 법률안을 통과시켰다. 동시에 영국 의회는 영국 동인도회사가 회사의 자산 일부를 회복할 수 있도록 식민지인 미국에 대한 시장독점권을 부여했다. 영국 동인도회사는 미국에 질 낮은 차를 고가로 팔기 시작했다. 이에 대한 저항('차 사건')은 이후 보스턴, 필라델피아를 비롯한 여러 곳에서 발생했다. 영국령 북아메리카를 진정시키고 국내 정치에서 영국 동인도회사의 영향력을 말살시키기를 바란 영국 국왕은 아시아산 차의 접촉을 통제하는 동인도회사의 능력을 약화시키기로 결정했다. 그렇게 하려면 중국에서 진행되는 무역의 구조가 재편되어야 했을 것이다. 1792년에 영국은 청 제국과의 외교관계를 개설하기 위해 조지 매카트니George Macartney를 중국으로 파견했다.

매카트니와 그의 수행단은 1793년에 광주에 도착했고 영국 국왕 조지 3세의 서신을 제출하겠다며 건륭제에게 접견 허가를 요청했다. 일은 거의 즉시 꼬이기 시작했다. 중국 관료들은 매카트니가 건륭제에게 제출하기를 바란 중국어로 작성된 그 편지에서 청조 황제의 패권을 인정하는 필수 단어가 부족하다는 점을 발견했다. 매카트니가 자신의 방문 목적이 영국과 청조 통치자들 사이의 외교적 평등을 수립하려는 것이라고 설명했을 때, 그 설명은 거부되었다. 한참 후에 매카트니와 그의 수행단은 북경을 거쳐 승덕에 위치한 피서산장으로 진입하는 것이 허락되었다. 중국 관료들이 일단 그곳에서는 매카트니가 고두의 예를 올리고 청조 황제의 패권을 인정할 것이라고 믿었기 때문이다.

이는 관료들이 황제의 앞에서는 물론이고, 황제의 존재가 담긴 어떠한 물건(대개의 경우 옥좌) 앞에서도 받들어야 하는 엄격한 의례였다. 그 예식은 전통적으로 한족의 것이었지만, 후금이 건국되기 전에는 여진족도 자기들보다 강한 나라 앞에서 절하는 것에 익숙했고, 청대에는 황제의 어전 밖에서도 만주족의 관례로서 계속되었다. 고두는 종종 '삼궤구고두'三跪九叩頭라 불리기도 했다. 삼궤구고두는 그 예식의 횟수를 명시한다. 물론 땅에 머리를 '찧는 행위'도 분명히 예상되었고, 청조의 관리들은 자신의 진실성을 보여주기 위해 피를 흘릴 때까지 머리를 찧는 일도 있었다. 천진天津에서 매카트니를 맞이하고 그를 내륙으로 안내한 청조의 대신들은 몇 차례나 그에게 고두의 예식을 가르치려고 했다. 그러나 매카트니는 자신이 영국 국왕 앞에서도 한쪽 무릎을 공손하게 굽힐 뿐이며, 두 무릎을 다 꿇는 것은 오로지 하느님에게 경배를 올릴 때뿐이라며 매번 이를 거절했다.

격노한 매카트니는 만약 청조의 관리들이 건륭제에게 선물로 가져온 조지 3세의 초상화 앞에서 무릎을 꿇는다면, 자신이 건륭제 앞에서 규정된 의례를 수행하겠다고 제안했다. 그러나 청조 관료들은 자기들이 잘 알지도 못하는 사람의 그림을 숭배해야 한다는 그의 제안에 당황했다. 매카트니는 황제를 알현할 기회를 잡았지만, 협상은 뒤따르지 않았다. 그는 결국 병에 걸렸고, 청조 조정의 초대를 기다리며 몇 달간 침대에 누워 있었다. 임종을 앞두고 영국 사절의 완고함을 전해들은 아미요는 그에게 그런 식의 초대는 절대 이루어지지 않을 것임을 경고하는 편지를 썼다. 결국 매카트니는 자신의 임무를 수행할 수 없다는 데 절망한 채 런던으로 돌아갔다.

매카트니 사절단은 대체로 매력적인 실패를 한 것으로 알려졌지만, 유럽과 중국 양측에서 그 이후에 나타난 발전에 강한 영향을 주었다. 영국과 청조는 모두 특정한 의례를 완고하게 주장했고, 이러한 일이 매카트니 사절단의 결말을 불행하게 만들었던 것 같다. 그러나 의례 이상으로 청조 정부는 광동 체제를 그대로 지키기를 바랐다. 당시 광동 체제가 그들에게 매우 적절하게 운영되었기 때문이다. 광동 체제는 황실 일가에게 필요한 돈을 가져다주었고, 광주의 특정한 상인 가문들에게는 수익성이 좋은, 사실상의 독점권을 만들어주었으며(그들 가문은 이제 자기들에게 특권을 허락해준 관료들을 부자로 만들어주기 위해 세심하게 배려했다), 밀수품의 규제와 관련된 몇몇 문제를 간소화했다. 더군다나 매카트니가 청조 조정을 위해 선물로(실제로는 광고하기 위해) 가져온 몇몇 상품들, 그중에서도 특히 장식용의 흥미로운 시계와 풍경화에 청조 조정이 매료되기는 했지만, 유럽과 미국이 정말로 청 제국의 관심을 끌 만한 물건을 갖고 있지 않았다는 것은 완벽한 사실이었다. 차의 수출이 큰 이익임을 깨달은 건륭제는 무역대상국인 영국의 처지를 개선하기 위해 노력할 필요를 느끼지 않았다.

네덜란드, 프랑스, 러시아에서 파견된 사절단 일행도 곧 매카트니가 실패한 일을 달성하기 위해 시도했지만 그들 역시 실패했으며 그 후 중국에 대해 느끼는 유럽인들의 불만은 고조되었다. 영국 정부 처지에서 영국과 중국 사이의 무역 불균형은 매카트니 사절단을 파견한 이후에 더욱 분명해졌고 그에 대한 우려는 깊어졌다. 그 문제에 대한 정치적 해결의 기회가 감소되는 듯이 보였기 때문이다. 반면 청 제국과 청조의 문화에 대해 더욱 커진 친근함은 필요하다고 인식되었다. 매카트니 일행 중에는 중국어를 아는 영국인이 딱 1명만 포함되었다. 이 사람도 그나마 항해 중에 중국어를 배운, 어린 조지 스톤턴이었다.

1781년에 태어나 1859년에 사망한 조지 토머스 스톤턴George

Thomas Staunton의 생애는 중국과 유럽 간의 관계에 극적이고 엄청난 변화를 만들어냈으며, 스톤턴 자신이 수많은 중심적인 현장에 있었다. 일련의 첫 번째 사건들은 1793년부터 1794년까지 그가 부친인 조지 레너드 스톤턴George Leonard Staunton과 함께 매카트니 사절단의 중국 방문에 동행했을 때에 발생했다. 위에서 개괄한 것처럼 그 당시 청 제국은 방대한 상업적 부의 축적을 가능하게 해주는 열쇠이자, 법제가 투명하고 기술적으로 발전한 사회로 인식되었다. 매카트니는 중국과의 외교관계를 개설하고, 영국 입장에서 중국인이 대량으로 수입할 만큼 관심을 끌기를 바란 상품들을 청조의 황제에게 선물로 전달하라는 임무를 받았다. 여기에는 정교한 사륜마차가 포함되었는데, 불행히도 이 마차는 중국까지 오는 동안 여러 차례 조립과 해체가 반복되어야 했고, 결국 중국에서 거부되어 다시 영국으로 반송되었다.

사절단은 어떠한 통역자도 없이 유럽을 떠났지만, 당시 로마에서 공부하면서도 고국으로 돌아가고 싶은 4명의 성직자(3명은 한족, 1명은 만주족)와 함께했다. 스톤턴 부자는 중국으로 오는 동안 라틴어를 사용하여 4명의 성직자들과 의사소통을 했고, 그들로부터 중국어를 배웠다. 아버지 스톤턴은 중국어를 배우는 데 실패했지만, 정확한 기억력을 가졌고 이미 독일어, 프랑스어, 라틴어에 능숙한 12세의 아들 조지 스톤턴은 매우 빠르게 중국어를 익혔다. 사절단 일행이 중국 북부의 천진에 도착했을 때, 어린 스톤턴은 다정한 중국인 성직자들과 협력하여 일행의 의사소통을 문어와 구어 모두 적당하게 다룰 수 있었다.

세계에서 가장 야심이 크던 제국이 계획한 이처럼 중요한 일이 행실이 단정하고 집을 그리워한 한 소년의 어깨에 거의 전적으로 달려 있었다고 믿기는 어렵다. 그것은 두 제국 사이의 복잡하고 엄격한 의

화가 윌리엄 알렉산더는 북경까지 매카트니 사절단과 동행했지만, 건륭제와 매카트니 일행의 이 만남에 대해서는
구두 설명을 듣고 재구성해야 했다. 이 그림에서 건륭제는 조지 스톤턴의 아들이 중국어로 몇 마디 공손한 말을
하는 것을 들은 후, 자신의 요대에 달고 있던 비단 주머니를 그에게 하사한다.
_ 파리 아르템 파야르 출판사 제공.

례상의 요구가 점점 더 충돌의 상황으로 가는 와중에서 그 아이에게 가해진 압력을 상상하는 것만큼이나 어렵다. 처음에 영국 국왕 조지 3세가 건륭제에게 보낸, 어린 조지 스톤턴이 번역한 편지는 문법상의 실수 또는 의례상의 실례 때문에 즉석에서 거부되었다. 수정한 편지들은 받아들여졌지만, 열하의 피서산장에서 정무를 보던 건륭제는 매카트니 일행이 고두의 예를 행하지 않는다는 이유로 그들에게 자신을 접견할 기회를 주지 않았다.

의례를 둘러싼 논쟁은 장기화되었고, 결과적으로 회담에서 제안된 본질적 사항들을 무색하게 만들었으며, 어린 조지 스톤턴이 쓴 일기 때문에 논쟁은 의문으로 종결되었다. 중국 측 기록은 매카트니 사절단이 열하에서 황제를 만났을 때 의례에 대한 지침을 받고 이를 따랐다고 말하고 있다. 반면 매카트니의 기록과 매카트니와 동행한 성인들의 기록에서는 모두 영국 측 일행이 건륭제에게 한쪽 무릎만을 꿇었다고 말하고 있다. 그러나 있는 그대로의 사실을 기록하고 중국 또는 중국여행에 대한 낭만적인 이상화가 결여된 것으로 주목할 만한 조지의 일기에서는, 건륭제가 접견용의 대형 막사에 당도하여 영국인들이 청조의 고위관료들과 함께 황제를 맞이했을 때 "우리는 한쪽 무릎을 꿇고 머리를 땅에 조아렸다"고 진술한다. 이 진술은 고두를 묘사한 것이라고 볼 수 있었다. 조지는 또는 후일 그의 글을 읽은 누군가는 그러한 함의의 심각성을 깨달았고, "땅에"라는 구절은 그의 원본 일기에서 삭제된다. 불행하게도 그 아이의 일기는 영국인 일행이 광주에 있는 황제의 옥좌 앞에서 적어도 한 번 더 고두의 예를 올렸음을 강하게 시사한다.

영국인 일행이 고두의 예를 올렸든 그렇지 않든 간에, 그들은 연

매카트니와 스톤턴은 건륭제를 접견했을 때, 그로부터 각각 '여의'如意(뜻대로 이루어질 것)라는 일종의 홀笏을 받았다. 황제의 권위를 보여주는 지휘봉인 홀은 황제의 호의를 나타내는 징표로, 황족의 일원에게는 옥이나 금으로 만든 홀이, 그 이외의 사람들에게는 상아나 귀금속으로 만든 홀이 하사되었다. 위의 홀은 금박을 입힌 것이다. _ 북경고궁박물원 소장.

로한 건륭제를 알현하는 기회를 잡았다. 그들은 건륭제가 즐거워했다고 생각했지만, 건륭제는 잠시 후에 통역을 통해 말하는 것이 매우 피곤하다고 불평했으며 영국인 일행 중 누구든 중국어를 말할 수 있는 사람이 있는지를 물었다. 어린 조지가 앞으로 불려왔다. 그래서 "아빠와 나는 올라가서 적절한 의례를 올렸다. 황제는 아빠에게 여의如意(의례상의 선물)를 하사했고, …… 자신의 허리춤에 차고 있던 작은 황색 주머니를 꺼내어 내게 주었다. 그는 내가 중국어로 몇 마디를 해보기를 원했고, 나는 그의 선물에 감사드리기 위해 그렇게 했다." 여기서 다시 우리는 '적절한 의례'의 의미를 완벽하게 알 수는 없겠지만, 그 자리에 참석하지 않은 한 영국인 예술가는 이것을 조지가 황제 앞에서 무릎을 꿇은 것을 의미한다고 명확하게 해석했다.

지켜보던 중국인과 영국인들 모두 황제가 그 아이에게 보인 개인적인 의사표시에 모두 충격을 받았다. 얼마 후 영국인들이 황제와 함께 경극京劇 공연을 참관하는 사이에 유럽인들을 보겠다는 황제 후궁들의 요청에 따라 어린 조지는 그들 앞에서 다시 중국어로 말했다. 이는 황제가 그 아이에게 특별한 호의를 베푼 것임을 보여주는 또 다른 신호였다(이것은 모든 청조의 관리들에게 동성애적인 성향이 있었다는 영국인들의 추측에 따른 해석이었다).

임무를 완수하지 못하고 해결의 실마리를 찾지 못한 채 병까지 얻어 몇 달을 허비한 후 일행은 광주에 도착했다. 중국 남부를 처음 접한 조지는 놀랍기도 하고 환멸을 느끼기도 했다. 영국 동인도회사와 유럽 여러 나라의 국영회사에 소속된 상인들은 대체로 어느 정도 영어를 말할 줄 아는 중국인 사업 파트너와 소매상인과 하인들로부터 보호를 받으며 광주에서 편안하게 살고 있었다. 그는 만일 영국 정부가 영국 동인도회사가 확보한 소통창구를 무시하지 않았다면, 그 자신의 고생은 훨씬 감소했을 것이라고 믿었다. 남은 인생 동안 스톤턴은 자신이 연약한 아이였을 때 중국에서 받은 친절과 영예에 대한 추억과, 후일 건륭시대의 역할(그의 눈에는 결코 가치 있게 보이지 않았다)을 물려받았다고 주장한 엉성한 모방자들에 대한 실망감 사이에 머물러 있었다.

6장

스러져가는 제국의 최후

조지 스톤턴의 생애는 청조와 영국 두 제국 간의 관계 악화의 틀을 계속해서 만들어냈다. 그는 어린 시절 후반과 성년 시절 초기까지 여러 해를 광주와 마카오에서 보냈고, 영국 동인도회사에서 간부 직책까지 승진했으며, 1818년에 영국으로 돌아온 이후에는 정계에 입문하여 종종 영국의 중국 정책을 결정하는 토론에 참여했다. 그러나 그는 또한 근대 서구의 중국학을 개척한 창시자이기도 했다. 그는 어떤 작품을 중국어에서 영어로 번역한 최초의 인물이었는데, 그 작품은 청조의 법전을 축약한 판본이었다. 또한 1805년에는 종두법을 다룬 영국인 의사의 작품을 중국어로 번역했다. 이는 예수회 선교사들이 중국인들로부터 우두접종을 배웠을 때부터 시작한 기술 전수의 순환을 완수한 것이었다. 영국에서 스톤턴이 진행한 작업은 유럽과 러시아에서 청대의 문서에 관한 초기 연구가 성장한 것에 버금가는 성과였다. 유럽과 러시아에서는 아벨 레뮈자J.-P. Abel-Rémusat(1788~1832), 하인리히 율리우스 폰 클라프로트Heinrich-Julius von(Henri-Jules de) Klaproth(1783~1835)가 자신들의 연구에 입각하여 중국어와 만주어로 된 청조의 문서에 관한 일련의 번역과 전문 저작을 내놓았다.

1816년에 스톤턴은 영국 정부의 요청을 받고 윌리엄 피트 애머스트William Pitt Amherst와 함께 중국과의 외교관계 개설을 위한 두 번째 시도에 동참했다. 스톤턴은 외교관계 수립에 관한 생각에 찬성하고 애머스트의 통역이자 수석보좌관 역할로 활동하는 데에는 동의했지만, 고두의 예를 따르는 것에는 단호하게 반대의견을 제시했다. 아마도 그는 매카트니 일행을 비롯한 여러 유럽 사람들이 고두의 예를 따랐지만 그렇다고 해서 얻은 것은 아무것도 없다는 점을 깨달았던 것 같다. 어쩌면 그는 1793년에 자신을 데리고 온 어른들이 고두의 예를 따르지 않았으며, 따라서 이제 고두의 예를 따르기로 하는 것은 청 제국의 눈에 영국의 존엄성을 더욱 격하시키는 행동일 뿐이라고 철저히 믿었을 수도 있다. 어떤 경우든 스톤턴의 의심은 정당했다. 애머스트 사절단은 매카트니 사절단이 겪은 것보다 더욱 큰 재앙을 체험했다. 애머스트 일행이 고두의 예를 거절하자, 그들 전체가 원명원圓明園에 있는 황제의 여름궁전(유럽의 로코코 양식으로 설계·건축된 궁전)으로부터 쫓겨났기 때문이다.

영국으로 돌아와 정치적 이력을 쌓은 후 스톤턴이 중국에 대해 품은 감정은 양면적이었다. 그는 영국 동인도회사를 지원했고, 두 나라 사이의 무역 확대가 절대선일 것이라고 믿었다. 그는 영국에서 중국어와 중국 문화에 대한 더 많은 지식 쌓기를 계속했고, 1823년에는 헨리 토머스 콜브룩Henry Thomas Colebrooke과 함께 왕립아시아협회의 공동설립자가 되었다. 그는 중국에서 겪은 경험, 건륭제로부터 받은 총애, 특히 훌륭하고 아량 있는 만주족 관료 송균松筠(5장 참조)과 맺은 친분과 관련된, 강렬하고 당시로서는 독특한 어린 시절을 보냈다. 의회에 들어간 이후 스톤턴은 반反 아편 로비활동의 강력한 지원자였고, 1859년에 죽을 때까지 계속해서 그 활동을 지원했다. 그러나 1839년에 스톤턴은 청 제국이 전쟁의 원인을 대영제국에 제공했다고 믿게 되자 자신이 십대 초반에 형성한 원초적이고 미화되지 않은 중국관에 대응했으며, "정당한 이유도 없는 중국인들의 분노는 '우리' 측에 명분을 주었다"라고 주장했다.

무질서의 왕자

스톤턴은 청조가 영국의 요구에 협조하지 않는 이유를 분명히 구실로 삼으려고 생각하지는 않았지만, 청조의 비협조 이유가 단순히 그들의 둔감함과 자만심 때문만은 아니라는 것을 확실하게 알았다. 청조 후반기에 국내에서 정치상의 무질서를 생겨나게 한 많은 원인은 바로 18세기 초반에 청 제국이 거둔 성공 때문이었다. 청조의 중국 정복은 중국 중앙부에 안정을 가져다주었다. 과거 이 지역은 수십 차례의 반란과 농업상의 기근을 겪은 바 있었다. 청조는 계획한 정책에 따라 농지의 회복, 미개간지의 개간, 도로망의 복원과 확충을 장려했다. 그 결과로 농업적 기반은 거대한 인구의 급증과 함께 극적으로 팽창했다. 막대한 수의 농민, 상인, 일용노동자들이 덜 붐비는 지역을 찾아 대륙을 횡단하여 이주했고, 실직자와 노숙자로 구성된 항구적인 유동 인구가 등장했다. 18세기 말까지 중국의 인구 부담은 중국 중부와 서부의 몇몇 지역에서 심각한 환경상의 재앙을 일으켰다. 삼림 벌채, 침식, 지력 소모 때문에 팽창한 인구는 급속도로 황폐해져가는 땅에서 오도 가도 못하게 되었다.

이처럼 인구에 대한 불만은 중국 중앙부와 서남부에 살다가 18세기의 호황기 동안에 자신들의 땅에서 쫓겨난 소수 민족들, 자신들의 방목지를 차지하고 자신들의 전통적인 엘리트를 몰아낸 데 분개한 몽골족들, 재정이 부족한 청 정부의 무력함이 입증되어 적절한 치안이 유지되지 못한 지역과 변경 지대를 통치하는 데 익숙해진 향촌의 자치조직들, 모든 관료들이 부패했다고 의심하며 정부를 불신한 수많은 사람들의 불만과 결합되었다. 이처럼 19세기의 고질적인 사회 문제들은 개항장의 외국인 상인과 선교사들이 가진 특권과 늘어나는 그들의 숫자 때문에 더욱 악화되었다. 그들은 외국인의 침입으로부터 중국인을 보호해야 하는 청조의 무능 또는 소극성을 시각적으로 떠오르게 하는 존재였다. 중국의 몇몇 지역에서 청조 자체가 이민족인 정복자 정권이라는 이유로 미움을 받았고, 그 당시에 막 유럽에서 건너온 외국인과 한통속이라는 의심도 받았다. 사실 건륭제가 죽음을 맞이하는 동안, 부분적으로는 한족이 세운 명조의 부활과 부처의 강림을 예언한 신비주의적 관념에 고취된 백련교도의 반란이 중국 중심부 전역에서 급속히 번지고 있었다. 백련교의 난은 1804년에야 진압될 수 있었다.

건륭제와 화신의 죽음 이후, 새로 등극한 가경제嘉慶帝(재위 1796~1820)는 건륭연간 말기에 급속도로 악화된 도로, 급수 시설, 방위 시설의 파손을 일부나마 복구하려고 했다. 이러한 복구 작업에 방해가 되는 주요 요인은 백련교의 난을 시급히 진압해야 할 필요성이었다. 여러 현장에서 정부군과 중앙정부의 여러 지원을 이용할 수도 없고 그런 지원이 효과적이지도 않았다는 점이 입증되었다. 이에 대응하여 신사층은 자체적인 향용鄕勇부대를 구성하고, 성곽의 수리를 위해 자체 모금을 조직하며, 공격당할 것에 대비하여 곡물 창고에 곡식을 채우기 시작했다. 중앙정부는 반란군에 대한 방어를 유지하기 위해 세금 감면이 필요하다는 지방정부의 요청에 동의했다. 지방의 대응방법은 효과적으로 입증되었지만, 정부의 세수는 재정적으로 더욱 압박을 받았다. 백련교의 난이라는 긴급사태는 세수의 기반을 증대시킨 정부의 보편적인 무능력과 결합되어 가경제와 관료들의 개혁 열정을 시들게 했다.

청조 관료들은 백련교의 폭동이 1804년에 진압되었다고 생각했다. 그러나 중국에서 만주족의 축출, 세속적인 정치질서의 종말, 부처가 중생을 구제하는 시대의 도래를 예언한 백련교 운동의 관념은 계속해서 확산했고, 몇몇 지역의 고충과 결합하여 더욱 많은 반란을 점화시켰다. 이런 사태 중의 하나로 1813년에 중국 북부에서 일어난 팔괘교八卦敎의 반란은 실제로 자금성의 성문까지 박차고 들어왔다. 1821년에 도광제道光帝가 된 민녕旻寧 황자皇子는 자신이 공부하던 상서방上書房에서 침략자들을 보고서 공기총을 들고 현장으로 달려갔다. 그는 금군禁軍*이 자금성의 앞뜰을 재탈환하기에 앞서 반군 2명을 살해했다고 한다.

이와 같은 사건 때문에 1800년대 초반의 황제들은 팔기를 다시 강화하려고 시도했다. 그들은 특히 기인 군관들에게 만주어의 공부를 부활시키려는 건륭연간의 정책을 승인했다. 안전한 의사소통의 수단으로서 만주어는 1800년대 중반까지 계속해서 쓸모가 있었다. 무술 실력에 대한 건륭제의 강조 역시 가치 있는 것으로 생각되었다. 물론 건륭제가 기인들에게 이러한 무술 실력의 성취를 통해 고취하려고 한 만주족의 순수성에 대한 이상은 분명하게 실현되지 않았다. 물질적인

---

* 황궁을 수비하는 군대.

우대가 필요했지만 이런 것들을 제공하기에는 사실 조정의 능력이 부족했다. 민간인에 속한 신사층이 국가 지원의 부족을 보충하기 위한 계획을 수립하고 지방의 자원에 의지함에 따라, 다양한 차원의 절약, 엄정한 부기簿記, 분명한 규정의 파기를 활용하여 새로운 제도를 시도한 중국 각 성省의 기인주방 지휘관들도 그렇게 했다. 어떤 지역에서는 지휘관들이 종이와 먹에 드는 경비 지출을 거절했다. 이런 조치는 지역사회를 운영하는 데 필요한 많은 행정업무를 마비시켰다. 또 어떤 곳에서는 병마兵馬의 확보에 필요한 예산이 삭감되어, 사실상 기인을 전투에 활용하는 어떠한 희망마저 종식시켰다. 극단적으로 어떤 지휘관은 자신이 소유한 마지막 땅마저 팔아치웠다.

　국가에서는 기인 인구를 중국에서 만주 지역으로 계속해서 내보내고(그 정책은 총체적인 실패였다) 비교적 많은 급료를 받는 군관의 봉급액을 크게 감소시키는 한편 돈이 덜 드는 사병의 급료는 약간 증가시켜, 팔기의 예산 위기를 줄일 수 있기를 희망했다. 그 결과는 의도된 혼란이었다. 늘어난 기인 인구가 기인 자체의 지도력을 심하게 약화시켰기 때문이다. 1820년대에는 중국 내의 기인들이 제국에서 군사상의 보완 역할을 한다고는 거의 생각되지 않았다. 도광제는 기인들이 거지가 되어 행인들의 길을 막고, 강도가 되어 백성들을 위협하거나, 아편 판매업자와 중독자가 되어 사회를 병들게 하는 행위를 막을 방법을 끊임없이 생각해야 했을 정도로, 기인들은 주로 사회적인 문제가 되었다.

아편과 외국인의 특권

한 세기 이상 영국 관료들은 영국과 중국 사이의 막대한 무역적자에 불만을 품었다. 그러한 무역적자는 차를 원하는 영국의 요구와, 중국에 어떤 상품의 수입도 허용하지 않는 청조의 정책에서 비롯되었다 (5장 참조). 1700년대 초 몇몇 유럽 상인들과 그들의 중국인 파트너는 소량의 아편을 수입하고 있었고, 1729년에는 그러한 행동을 불법으로 규정한 첫 번째 청조의 법률이 제정되었다. 그 당시 적어도 2백 상자의 아편이 중국으로 반입되고 있었다고 추정되는데, 영국과 청조는 그 문제를 심각하게 생각하지 않았다. 그러나 1800년에는 아편 밀수가 연간 4천 상자에 육박할 정도로 그 양이 증가했다. 영국 상인들은 아편무역이 수익성이 매우 좋은 무역임을 깨달았고, 대규모 중국 무역은 외국인이 중국 해안으로 가져온 마약의 유통과 관련하여 발달하기 시작했다. 그러나 중국 사회에 가해진 가장 엄청난 손해는 1800년대 초반에 마약의 사용과 중독이 극적으로 증가한 점이었다. 영국인 수입업자들은 이제 미국인과 경쟁하고 있었으며, 1820년대 초반의 가격할인 경쟁이 수요를 가파르게 상승시켜 1830년대에는 3만 상자의 아편이 수입되고 있었다. 중독은 각계각층으로 퍼져나가 심지어 최고 위층의 관료 중에도 상당수가 아편에 빠져들었다.

관료들은 아편 사용의 확산에 관해 수년간 조정에 우려를 표명했지만, 해안과 주요 하천에 쉽게 접촉할 수 있는 중국 일부 지역의 사람들부터 청조의 엘리트층까지 아편중독이 확산했음을 보여주는 체계적인 조사는 1831년에 들어서야 이루어졌다. 기인 군관들, 최고위층의 문신들, 그리고 황족의 인사들이 아편의 사용에 연루되었음이 밝혀졌다. 도광제는 분노하며 어찌할 바를 모르겠다고 토로했다. 중국 경제는 50년 전에 은화가 넘쳐났던 것과 같은 높은 비율로, 밀수된 아편의 대금을 지급하느라 은이 고갈되고 있었다. 엘리트들은 재산을 전당포에 맡기고 있었고, 가난한 사람은 자식을 팔고 있었다. 조정의 관료와 각 지역의 지식인 사이에서는 그 문제를 다루는 해법을 두고 논쟁이 뒤따랐다. 한 집단은 도광제에게 아편무역을 합법화하고 그에 대한 세금을 거두라고 조언했다. 그렇게 하면 정부의 재정 위기를 완화하고, 적어도 아편중독을 1820년대의 가격할인 경쟁 이전의 단계로 돌아가게 할 만큼 아편을 고가로 만들 수 있다는 주장이었다. 한편 다른 한 집단은 그런 정책이 아편중독이 불러일으키는 사회적 병폐를 완화하는 데 아무런 도움이 되지 않을 것이라고 주장했다.

이 집단 가운데 특히 뚜렷한 목소리를 낸 사람은 호광총독湖廣總督 임칙서林則徐였다. 그는 아편을 사용한 사람들을 처벌하는 데 초점을 맞추는 것이 쓸모없는 일일 것이라며 이렇게 조언했다. "아편중독자에게는 점진적인 회복을 위한 계획과 유용한 취업을 위한 재교육이 처방되어야 한다. 동시에 아편을 수입하여 배포하는 사람들에게는 정부의 제재를 집중적으로 가해야 한다. 마약을 받아서 여러 도시와 시골로 운반한 중국 상인들에게는 그 일을 그만두라고 권고해야 하며, 만약 그렇게 하지 않는다면 목숨을 잃는 대가를 치러야 한다. 아편을 광주와 남부 해안 연안의 불법적인 창고로 가져온 외국 상인들은 그 일을 멈추어야 한다."

임칙서의 설득력 있는 논리와, 정직과 일관성으로 유명한 그에 대한 특별한 평판에 공감한 도광제는 그를 호광총독의 자리에서 사임시킨 후 흠차대신欽差大臣으로 임명하여 아편무역을 금지시키기 위해 광주로 내려가도록 했다. 광주의 상인들과 외국 무역업자들이 경악할 정도로 임칙서는 실제로 놀라운 작업을 진행했다. 각국의 상인들이 모인 공동체는 시시각각 임칙서로 하여금 생각을 다른 곳으로 돌리고 그를 속이거나 그에게 뇌물을 주려고 시도했지만, 그는 확고하게 밀수와 관련된 주요 상인들의 뒤를 밟았고 결국 외국 상인들이 이미 광주에 도착한 아편을 양도하고 다시는 아편을 수입하지 않겠다는 서면 약속을 하는 것에 동의할 때까지 외국인 공동체 전체를 구금했다. 그러나 영국인 함장 찰스 엘리엇Charles Elliott과 그의 해병대원 및 영국 해군의 파견함대가 도착하자, 아편 무역업자를 끊임없이 압박하던 임칙서의 활동은 한계점을 살짝 넘어서 전쟁의 첫 번째 교전에까지 이르게 되었다.

조정 내에서 한 당파는 즉각 임칙서를 소환하고, 청조가 영국과 시간을 끌어야 한다고 권유했다. 그런 주장을 한 일파의 지도자인 만주족 출신의 무장가Mujangga(穆彰阿)는 청 제국이 전쟁의 준비가 되어 있지 않고 영국군의 힘을 쉽사리 가늠할 수 없으므로, 외곬으로 임칙서 방식의 대처를 끝까지 고집하지 말고 차라리 패배를 인정하고 다른 길을 모색하는 편이 낫겠다고 주장했다. 도광제는 갈등했지만 임칙서를 지지하기로 했다. 그러나 이후의 사건들로 곧 이 결정은 치명적인 패착이라는 분위기가 형성되었으며, 1년이 채 지나지 않아 임칙서는 무장가의 재촉으로 파면되어 유배형에 처해졌다.

1839년부터 1842년까지 진행된 아편전쟁은 청조의 전통적인 정규군이 끔찍할 만큼 쓸모없는 구식군대라는 사실을 드러냈다. 전쟁은 주로 바다에서 벌어졌다. 영국의 함선들은 부대를 상륙시켜 목표지점의 도시들을 강탈하게 한 다음, 다시 부대가 함대로 돌아오면 새로운 목적지를 향해 출발했다. 청조는 정식 해군이 없었고, 육지에서 벌어질 장기전에서 영국군과 교전을 시작할 수 있을 때까지 영국군의 공격을 방어할 수 없었다. 심지어 육지의 교전에서도 청군의 지략은 그야말로 무능한 것으로 입증되었다. 영국군이 해안선을 따라 신속히 군대를 움직여 전략적인 위치에 주둔할 수 있었던 반면, 청군은 주로 도보로 이동했다. 증강 병력을 중국 중부에서 동부로 이동시키는 데에만 3개월이 넘게 걸릴 정도였다.

방어군은 전선에 도착하자마자 지쳤고, 사실상 무기도 갖고 있지 않았다. 청 제국이 1700년대에 수입한 극소수의 머스킷 총은 이제 영국 침략자들을 상대해야 하는 기인들이 사용했다. 머스킷 총은 신뢰할 만한 무기도 아니었고, 병사들이 손으로 총안에 장전된 화약을 점화시킬 필요가 있는 화승총이었다. 머스킷 총을 발포하는 일은 위험했고, 그 무기를 든 병사가 허리에 차야 하는 화약통은 그 주변에서 화재가 발생하면 폭발할 가능성이 있었으며 실제로 영국군의 대포를 만날 때마다 잦은 폭발이 일어났다. 기인들 대다수는 장검·단도·창·곤봉 등으로 싸웠다.

영국군의 지휘를 받는 병사들은(그들 대부분은 인도인들이었다) 자동으로 발사되는 라이플 총을 갖고 있었다. 라이플 총은 일부의 청군이 갖고 있는 구식의 화승총보다 훨씬 빠르고 안전하며 좀 더 정확했다. 영국군의 장거리 대포는 중국 동부의 도시와 향촌에서 사용하기에 안성맞춤이었고 매우 치명적이었다. 마침내 청군의 지휘관들은 영국의 포함砲艦들이 중국의 강으로 뚫고 들어오기에는 강의 수심이 매우 낮을 것이고, 해안가 사람들을 대피시키면 충분히 영국군의 위협으로부터 나라를 방어할 수 있다고 예상했다. 그러나 네메시스Nemesis 호처럼 새로운 포함들은 얕은 수심에도 잘 떴고, 장강을 거슬러 올라가는 데에 어떠한 장애도 없이 이동했다. 침략자들이 존경받는 명조의 수도 남경에 접근했을 때, 청조는 전쟁 종식에 대한 협상을 하기로 결정했고 1842년에는 남경조약南京條約이 체결되었다.

남경조약은 그야말로 1840년대 내내 줄줄이 이어진 일련의 조약 중 첫 번째에 해당했을 뿐이다. 이런저런 조약으로 청나라 해안의 통치권과 그 내부의 통제력 대부분은 결국 상실되었다. 광주의 지방 관료들은 조약의 조항 이행을 지연시킨 반면, 조정은 희생양을 찾아내려고 애썼고 영국군과 맞닥뜨렸던 중국 남부와 중부의 각 성 기인들에게서 쉬운 목표를 찾았다. 군관들은 반역죄와 비겁했다는 죄목으로 기소되었으며, 종종 최고의 형벌을 받았다. 기인들은 총체적인 무능으로 비난을 받았으며, 기인들의 죽은 시신을 묻어주고 그 시신을 기념하기 위해 걷던 특별기금도 거부되었다. 설상가상으로 주방의 공동체에 대한 조정의 냉담함이 심해지자, 조정과 기인들 사이의 관계를 느슨하게 하고 점차로 단절시키려는 의도로 기획된 일련의 경제적·정치적 조치가 진행되었다. 1840년대와 1850년대에는 쌀로 지급하던 급료의 지급이 지연되었고 이후에는 취소되었다. 주방에 할당된 토지는 종종 조정에 의해 팔렸다. 조정은 판매수익금을 갖고 있었음은 물론, 그 후에도 그 땅에 대한 세금까지 징수했다. 중원 정복 이후 언제나 침묵으로 고난을 견디지만은 않던 기인들은 공공연히 이의를 제기했다. 1850년대에는 폭동이 빈번하게 증가했다. 처음에는 만주 지역에서, 다시 중국 남부에서, 그리고 마지막에는 근근이 점령하고 있던 신강의 주방에서 폭동이 일어났다.

1850년대의 불안감은 남경조약과 그 협정을 강화하기 위해 새로운 전쟁을 일으키려는 서양 세력의 끊임없는 위협을 해결하지 못한 긴장감에서 비롯되었을 뿐 아니라, 조정의 심각한 재정파탄, 서양 세력이 특권과 토지를 차지하기 위해 나날이 일으키는 소요에 대해 청조가 진정한 방어선을 갖고 있지 않다는 인식 때문에도 생겨났다. 청조 조정이 호부戶部의 관리들에게 각자의 재산으로 회계의 손실분을 메꾸라고 요구하고 또 몇몇 관리들에게는 아편전쟁의 배상금을 영국에 지급하게 되면 국가는 개인에게 상당한 기부를 요청할 필요가 있다는 점을 통보하자, 북경에 있는 관료와 귀족들마저 그 구속이 심하다고 느끼기 시작했다. 1850년 백성의 사기가 급격하게 나락으로 떨어져갈 때, 인기 있던 도광제 민녕이 사망했다. 그의 개인적인 검소함과 사명감이 제국의 건전성을 회복하기에는 효과적이지 못했다. 그는 대체로 죽은 황제에게 많이 부여되는 찬사를 자신에게는 하지 못하게 하고 죽었다.

태평천국전쟁과 청 제국의 종말

태평천국太平天國운동이 기원한 광서성廣西省 지역은 반세기 동안 청 제국 내에서 무질서가 생겨나고 있었음을 보여주는, 이미 확고하게 자리 잡은 사회문제의 한 사례였다. 광서성 지역의 농업은 불안정했으며, 많은 사람들은 분뇨를 운반하고 숯을 생산하고 광석을 캐는 일처럼 몹시 힘들고 천대받는 일에 종사하며 생계를 꾸려나갔다. 경제적인 고통은 민족적인 계층화에 의해 더욱 복잡해졌다. 하카Hakka(객가客家, 본래 중국 북부에서 넘어온 이주자들)처럼 매우 하찮은 직업을 가진

미국인 프레더릭 타운센드 워드Frederick Townsend Ward는 1862년 30세의 나이에 태평군이 쏜 머스킷 총의 총탄에 쓰러지기 전까지, 중국에서 자신이 갈망하던 명성과 부를 어느 정도 이룩했다. 워드는 청 제국을 도와 태평군을 진압하러 중국에 오기 전까지, 특히 크림반도에서 복무했던 다국적 용병 네트워크의 일원이었다. 그의 사망 직전에 완성된 이 초상화는 국제적 시장을 위해 일했지만 중국적인 요소의 원근법과 작법을 갖춘, 광주 출신 화가들의 독특한 양식을 보여준다. 매사추세츠 주 세일럼 소재 피보디 에식스 박물관 소장. (이 초상화는 이전에 칼렙 카Caleb Carr의 『악마 병사』The Devil Soldier에 수록되었다.)

계층에서 자주 찾아볼 수 있었던 소수 집단과 다수층 사이의 갈등도 커지고 있었다. 지역의 경제가 아편무역의 급격한 성장과 몰락에 영향을 받았을 가능성도 있다. 1842년 이후 아편무역은 중국의 해안과 하안 지대에서 범람했고, 그 후 중국 국내에서 재배된 아편이 시장을 장악함에 따라 붕괴했다. 광서 지역은 개항장에 거주하던 날로 늘어나는 유럽인과 미국인들의 경제적·문화적 영향력을 충분히 느낄 수 있을 만큼, 광주에서 가까운 지역이었다.

이 모든 요인이 태평천국운동의 창시자인 홍수전洪秀全(1813~1864)의 경험에서 중요했다. 그는 변변치 않은 하카 가문 출신이었고, 정부의 관료 자리를 희망하며 수년간 향시鄕試의 준비에 매진했다. 그러나 시험에 번번이 낙방했고, 삼십대 후반에는 신경쇠약으로 고생한 것 같다. 그 후 그는 광주에서 얼마간의 시간을 보냈으며, 중국인과 미국인 선교사들을 만나 기독교에 대한 가르침에 영향을 받았다. 그러나 홍수전은 기독교에서 전달하는 메시지를 자신의 방식대로 해석했다. 그는 자신이 예수의 동생이며, 지상에 새로운 왕국을 건설하고 만주족 정복자인 청조를 중국에서 몰아내라는 하느님의 사명을 받았다고 생각했으며, 그렇게 되면 세상의 평화가 올 것이라고 예상했다. 홍수전은 후일 자신의 새로운 종교운동을 '태평천국'이라고 불렀다.

홍수전은 친구와 친척을 중심으로 빠르게 신도를 모아 공동체를 구성했다. 신도들은 주로 자형산紫荊山을 중심으로 그의 주변에 거주한 하카였다. 그들의 생각과 실천은 지역사회를 놀라게 했다. 그들은 꿈의 예언력을 믿었다. 태평천국운동 기간에 홍수전과 (태평천국 내부의) 그의 정적들은 환몽幻夢의 상태에 빠지고 벗어나기를 반복했다. 그들은 자기들이 무아지경에 이를 수 있다고 주장했다. 그들은 만주

프레더릭 타운센드 워드는 만주족의 초상화에서 묘사되는 물품들, 즉 예복, 만주족의 모자, 장화 등 팔기군관의
복장을 입은 채로 묻혔다.
_ 매사추세츠 주 세일럼 소재 피보디 에식스 박물관 소장.

족을 사탄의 생명체라고 맹렬히 비난했다. 이단적인 종교에 대한 소식이 정부로 올라오자, 태평군을 해산시키고 주모자를 체포하기 위해 청군이 파견되었다. 그러나 정부군은 완전히 참패했으며, 조정은 충격에 빠졌다. 태평군에 대한 지방의 호응이 빠르게 확산되자, 그들의 수는 증대되었으며 그들이 영토를 확장하기 시작했다. 그들은 함락시킨 촌락의 백성들을 강압하여 자기들의 운동에 참여시켰고, 일단 자기들의 활동에 흡수된 사람들에 대해서는 엄격하게 감시했다. 남성과 여성은 분리되었고, 10명을 단위로 작업조와 군사조로 나뉘어 조직되었다. 여성들은 전족纏足이 금지되었고(전족은 결코 하카의 관습이 아니었다) 농업과 노동에 충분히 참여했다. 또한 청군에 맞서 전투를 벌이는 여군부대도 있었다.

처음에 태평군은 하카의 배타주의와 신도를 끌어들이는 태평천국 교리의 카리스마 넘치는 매력에 의지한 것 같다. 그러나 신도의 수와 힘이 증가하자, 그들은 설교와 운영방법을 바꾸었다. 그들은 하카를 모집하여 다수인 한족과 상대하는 방식을 멈추고, 다수인 한족을 포섭하여 만주족과 맞서기 시작했다. 태평군의 우주론으로 볼 때 만주족은 악마와 같은 힘이 일찍이 발현된 존재였다. 태평군과 청군이 벌일 내전의 결과는 하느님이 중국을 통치하느냐, 악마가 중국을 통치하느냐를 결정하는 전투였다. 태평천국운동이 성장함에 따라 그 여파는 중국 동부와 북부까지 확산되었다. 극심한 공포감이 태평군의 공격보다 더 먼저 들이닥쳤다. 일반 주민들은 태평군의 노동조직과 군사조직에 징집될까 두려워했고, 엘리트층은 이질적인 신이 말하는 기이한 관념, 전체주의적 통치, 신체가 튼튼한 여성 등에 대한 공포감으로 움츠러들었기 때문이다. 지역의 관료와 지주들은 자기방어 작업을 주도했다. 먼저 향촌과 도심의 성벽을 수리·강화하고, 그다음에는 성벽 안의 지역사회에 식량을 공급했으며, 그런 다음 남성 주민들을 무장시키고 그들에게 군사훈련을 시켰다. 1850년대 초반에는 지역을 방어하는 이들의 시도가 전투에 동원할 수 있었던 막대한 숫자의 태평군에 압도되었다. 그러나 태평군이 정복과 점령의 기술을 터득한 것처럼, 각 지역의 공동체 역시 방어에서 더욱 큰 성공을 이룩하기 시작했다. 1853년에 태평군이 장강을 건너 남경에 도착했을 때, 그들은 탄력이 둔화하고 있었고 항구적인 근거지를 찾고 있었다.

남경이 태평군에게 함락되자, 청조의 수도인 북경도 극심한 공포의 물결에 휩싸였다. 남경은 이전의 몇몇 왕조에서 제국의 수도인 적이 있었고, 청조가 아편전쟁의 종식 협상에 동의할 수밖에 없었던 이유도 영국군이 이 소중한 도시까지 거의 근접했기 때문이었다. 북경의 귀족과 엘리트들은 이상한 사이비 종교가 막대한 군대를 모으고 남경을 탈취했다는 것을 상상도 할 수 없었다. 북경의 함락이 멀지 않았다는 생각으로, 수도의 거리에는 사람들과 그들의 재산을 좀 더 안전한 땅으로 옮기기 위해 짐을 산더미처럼 실은 여러 가문의 수레들로 가득했다.

사실 청조의 군사지휘관들은 태평천국운동의 성장을 막기 위한 여러 시도에서 이미 약간의 성과를 거두고 있었다. 그들의 성공은 전례 없는 도전에 직면한 상황에서 주로 정부군의 지휘관들이 보인 유연성 덕택이었다. 충돌의 초기에 기인들은 원래의 정규적인 직책에서 반란군과 싸우기 위해 만들어진 새롭고 비정규적이며 혼성적인 군대에 편입되었다. 이러한 종류의 군대에 나타난 최초의 혁신은 기인, 녹영병綠營兵, 각 지역의 향용으로 구성한 2개의 대영大營을 조직한 일이었다. 이들은 되도록 장강의 남쪽에서 태평군을 억제하기 위해 결집되었다. 이후에는 기인과 녹영병, 아울러 외국인 용병들이 대규모로 태평군과 대전하기 위해 몇몇 지역의 총독總督과 순무巡撫들이 조직한 군대에 포함되었다.

만주족인 타치부Tacibu(塔齊布)는 함풍제咸豊帝(재위 1851~1861)의 수행원인 시위侍衛의 직책에 있다가 지방의 순무인 증국번曾國藩이 새롭게 창설한 상군湘軍(호남 지역의 군대)에 소속되었다. 타치부가 가진 기술과 용맹은 증국번에게 처음에는 군대를 관리하는 것에 교훈을, 나중에는 자신감을 가져다주었다. 타치부가 1855년에 39세를 일기로 갑자기 사망할 때까지(아마도 사인은 심근경색인 듯하다) 증국번의 상군은 태평군이 북상하는 것을 여러 차례 저지했고, 반란을 진압하기 위한 청 제국의 노력을 상징하는 기반이 되었다. 다른 기인들도 때로는 주방에서 맡은 자신의 임무에서 벗어나 한족 출신의 지방행정 관료들이 이끄는 군대에 편입될 것을 요청하는 등 유례없는 일을 앞장서서 하며 비슷한 역할을 했다. 새로운 조직과 함께 일한 기인 엘리트층 가운데 가장 유명한 사람은 아마 성거린친Senggerinchin(僧格林沁)이었을 것이다. 성거린친은 몽골의 왕자이자 칭기즈 칸의 후예로서, 1853년에 중국 북부에서 태평군에게 첫 번째 패배를 안긴 연합군대를 이끌었다. 성거린친은 반란군에게 빠르게 두려운 존재가 되었다. 승리하고 나서도 그는 전투 때만큼이나 잔인했다. 그는 수도에 전리품으로 보내기 위해 반란군의 귀와 코를 잘라 쌓아놓았다. 후일 영국군과 프랑스군이 천진 근처 대고항大沽港의 해안에 진입하려고 하자, 그의 재능은 이제 그들에게로 향했다. 놀랍게도(청군 역시 놀랐다) 영국·프랑스 연합군은 성거린친에게 철저하게 격퇴당했다. 물론 그들은 이후 그를 피해가는 길을 찾아 북경을 위협했고, 함풍제는 할 수 없이 열하에 있는 피서산장까지 피해야 했다. 성거린친은 수도를 안전하게 지키지 못한 것에 굴욕감을 느꼈지만, 산동山東에서 늘어나는 반란군 세력인 염군捻軍과 맞서기 위해 다시 발탁되었다. 태평군과 대적했을 때처럼, 그는 무시무시한 상대였음을 입증했다. 얼마나 무시무시했는지 염군의 특별조직은 1865년에 매복하고 있다가 습격하여 그를 암살해야 했다. 증국번의 군대와 또 다른 지역의 행정관료인 이홍장李鴻章의 군대는 염군과의 전쟁을 마무리지었다.

군대의 지휘관들은 일군의 지방행정 관료들로부터 강력한 지원을 받았다. 그들은 지역의 자기방어를 위해 조직된 향용 조직이 발전시킨 전술을 공부했다. 본질적으로 각 성의 총독·순무들 중 일부, 그중에서도 가장 중요한 인물이었던 증국번은 민간의 자치방어 및 지형에 대한 지식에, 좀 더 능률적인 조직과 근대적인 무기를 사용한 일부 전통적인 청군의 장점을 결합시켰다. 그 결과는 새롭고 격식에 얽매이지 않는 군대조직이었다. 수많은 청조의 세습 군인과 기인들이 행정관료들의 지휘 아래 이 군대조직 안에서 자발적으로 복무했다. 청조는 새로운 군대에 자금을 지원하기 위해 특별세를 거두는 데 동의했고, 의용병과 직업군인을 새롭게 결합한 지도력을 인정했다. 태평군이 남경에 자리를 잡았을 때, 이 새로운 군대는 첫 번째 성공을 거두었고 태평군의 보급을 차단하려는 목적으로 남경을 빠르게 포위했다.

이것은 쉬운 일이 아니었다. 태평군은 자기들의 식량을 잘 확보하고 남경을 적절히 요새화했으며, 이수성李秀成처럼 매우 젊고 유능한 군사지휘관 여럿을 확보했다. 이수성은 중국 동부의 여러 인근 지역에서 온 거대한 군대를 수시로 동원하여 군량을 확보하고 남경의 포위를 뚫으려고 했다. 10년이 넘도록 태평군의 지도력은 남경에서 확고하게 자리를 잡았고, 그들의 '천국'天國은 지속되고 있었다. 청군은 반란군을 압박했지만, 반란군을 근절시킬 수 있다는 확신은 없었다.

1856년까지 영국과 프랑스는 중국의 상황을 걱정했다. 아편전쟁의 종결 이후 체결한 조약의 조항들을 중국 측이 이행하지 않자, 유럽의 인내심은 거의 한계에 도달하고 있었다. 비협조적인 청조가 내전에 처한 것을 도와야 할지, 조약의 의무사항을 무시한 데 대해 그들에게 제재를 가할 수 있는 상황을 이용해야 할지, 아니면 태평군이 협정을 준수할 새로운 나라를 건설할 수 있도록 그들을 도와야 할지, 그 여부를 결정하는 일은 중요한 정책문제였다. 유럽과 미국의 선교사들은 자신들의 동료 기독교인들이 무엇을 하고 있는지 보고 싶어 남경을 방문했다. 그들이 고국으로 보낸 보고서는 충격적이었고, 신앙심이 깊은 신도들을 낙담하게 했다. 태평군이 무엇을 실천하고 있든 그것은 기독교가 아니었고, 그들이 읽고 있는 것이 무엇이든 그것은 성경이 아니었다. 홍수전을 비롯한 태평군 지도자들은 탐욕과 방종의 삶을 영위하고 있었으며, 몇몇 선교사가 태평군 지도층의 동성애적 습관을 언급했다. 이제 매력적인 기독교운동을 진압한다는 비판에 대한 두려움에서 자유로워진 영국과 프랑스는 상황을 논의했다. 태평군이 청조 정부를 전복할 수는 없었겠지만, 1850년대에 중국 북부에서 발생한 염군의 난은 불길한 것이었다. 동시에 발생한 일련의 대규모 반란은 청 제국을 해체시키는 원인이었을 것이다.

유럽 측은 매우 신속하고 잔혹한 일련의 해안 공격을 결정했다. 이 사건이 바로 '애로호 사건'Arrow War이라고 불리는 2차 아편전쟁이었다. 이 사건은 1860년에 영국과 프랑스의 연합군이 북경을 침략하여 건륭제가 원명원에 건설한 로코코 양식의 여름궁전을 파괴하는 것으로 끝이 났다. 그 전쟁이 끝나자, 영국군과 프랑스군은 여러 지역에서 온 용병들과 함께 태평군과 전투를 벌이는 청군에 합세했다. 다국적 군대를 조직하려는 시도는 때때로 시끌벅적했고 때로는 애처로웠지만, 유럽의 무기와 자본의 투입은 1860년대에 태평군과 염군의 반란 모두를 진압하는 데 도움이 되었다.

많은 사람들의 눈으로 볼 때, 태평천국전쟁의 종말은 사실상 청 제국의 종말을 상징했다. 물론 청조의 황제들은 1912년까지 계속해서 황제의 자리에 있었다. 중국에 끼친 물질적 피해는 막대했다. 1850년부터 1864년까지 계속된 전쟁 기간에 사망한 사람의 추정치는 2천만 명에서 3천만 명가량이다. 이 전쟁은 세계에서 가장 피비린내 나는 내전이자, 20세기 이전에 발생한 가장 큰 무력투쟁으로 꼽힌다. 인명 손실은 주로 기근과 질병 때문이었다. 대부분의 교전이 성벽이 쌓인 요새에 있는 적들을 포위한 다음, 그들이 굶어죽거나 항복하거나 또는 그들이 쉽게 완파될 수 있을 정도로 쇠약해질 때까지 기다리는 것이었기 때문이다. 그런 식의 포위작전은 몇 달간 계속되었고, 많은 도시의 주민은 반란군 치하에서 1년간 굶주린 이후에 정부군의 점령 아래에서도 또다시 1년간 굶주려야 함을 깨달았다. 풀, 가죽, 대마, 인간의 살을 먹었다는 이야기가 널리 퍼졌다. 죽은 이의 시체가 잘 매장되는 경우가 없었으며, 전쟁지대에는 전염병이 널리 퍼졌다.

게다가 초기에 태평군과 교전이 이루어진 지역은 중국의 서남부 지역에서 가까웠다. 그 지역은 가래톳페스트*가 수 세기 동안 유행하

---

* 페스트균에 감염되어 림프샘이 붓고 아픈 병. 균이 발생시킨 독소가 간이나 지라에 퍼져 의식이 혼탁해지

는 지역이었다. 전쟁의 종결도 이 지역에서 이루어졌다. 많은 태평군 신도들은 라오스와 안남의 고지대로 도피하여 안전을 도모했다. 이 지역에서도 곧 페스트에 전염된 징후가 나타났고, 몇 년 안에 그 병은 홍콩에 도달했다. 병은 홍콩에서 싱가포르, 샌프란시스코, 캘커타, 런던으로 확산되었고, 19세기에는 가래톳페스트의 짧은 부활과 그 병이 크게 확산될 가능성에 대한 진지한 우려가 나타났다. 유럽과 미국에서 중국인 이민자들은 보균자 취급을 받았다. 그들은 종종 격리되었고 그들의 집은 파괴되었다. 샌프란시스코의 경우 이에 대한 대처법이라는 것이 오히려 병균을 옮기는 쥐를 흩어지게 함으로써 병의 전염을 확산시켰을 뿐이었다. 1882년에 중국인의 미국 이민은 법으로 금지되었다.

인명 손실 이외에도 중국의 여러 농업중심지가 전쟁으로 완전히 파괴되었다. 가장 강력하고 성공적인 재배지인 중국의 중앙부와 동부는 십몇 년 동안의 전쟁 이후 인구가 감소하고 토지가 황폐해졌다. 19세기 말까지도 일부 지역은 여전히 사람이 살지 않았고, 지역의 인구 통계는 중국 인구의 상당수가 20세기까지도 회복되지 않았음을 보여준다. 도시들도 매우 심각한 타격을 받았다. 주로 외국의 개항장으로 알려지고 태평천국전쟁 이전까지는 크기 면에서 매우 보통이었던 상해上海는 전쟁으로 파괴된 인근 절강성과 강소성江蘇省의 피난민이 몰려들면서 인구가 몇 배로 늘었다. 상해 역시 태평군의 공격을 받았으며, 늘어난 인구로 식량공급 없이 몇 달을 버티기도 했다. 중국 동부의 주요한 문화 중심지들은 예술과 건축의 걸작들을 잃었다. 제국에

고 심장 쇠약 증상이 나타나며 1주일 안에 사망한다.

서 세운 장서루藏書樓들은 불타거나 그 소장도서들이 비바람에 노출되었으며, 책은 물론이거니와 책을 만드는 데 사용되는 인쇄용 목판도 파괴되었다.

　마침내 청 정부는 다시 상환능력을 갖출 희망도 없는 채 내전에서 벗어났다. 자형산에서 태평군이 봉기하기 전에도 청조의 국고는 18세기 말의 부패, 그전까지 무시되고 있던 수로와 도로를 보수하려는 19세기 초반 청 정부의 시도, 영국이 아편전쟁의 승리 이후 요구한 기하학적으로 늘어난 배상금의 부담 때문에 파산 상태였다. 약 1850년경 청 정부는 과거에 소비하던 양의 10분의 1정도의 수입을 얻고 있었다. 내전은 이 상황을 더욱 악화시켰다. 이전까지 매우 비옥한 곡창지대였던 드넓은 지역은 황폐하게 변했고, 인구는 뿔뿔이 흩어졌으며, 난민에 대한 즉각적인 구제가 필요했고, 태평군을 제압한 정규군·지원병·외국군·외국용병군의 집합체도 미지급 급료 및 식량과 무기 비용을 지급해달라고 요구하고 있었다. 게다가 아편전쟁 이후 지급되지 않고 있는 배상금 외에도 애로호 사건 이후 영국과 프랑스군에게 지급해야 할 새로운 배상금이 있었다.

청 제국의 영토와 굶주린 제국들

중국에서 조약체제는 결국 청조 영토 내의 매우 좁은 지역에 공식적인 식민지 건설을 가능하게 했다. 그 지역 내에서는 외국 상인, 선교사, 그들의 무장 경비병이 청조의 법률에서 벗어난 채로 거주했다. 그러나 오스만 제국의 경우와 마찬가지로, 청조의 가장 큰 영토적 손실은 청조가 지배하던 지역이 실제로 또는 명목상으로 독립을 쟁취한 데에서 비롯되었다. 영국과 러시아는 모두 1800년대 초반에 중앙아시아에서 청조의 통치 흔적을 근절시키려는 시도에 적극적이었고, 1800년대 후반에는 프랑스가 베트남 조정에 청조에 대한 충성을 끝낼 것을 강요했으며, 영국은 티베트인들에게 독립을 부추겼다.

태평천국전쟁 이후 이런저런 섭정의 통제 아래 있던 청조의 황족은 계속해서 일련의 지방정부를 지배했다. 이들 중 몇몇은 더욱 강하게 성장하고 중앙집권을 통해 더욱 산업화되었으며, 몇몇은 점점 더 약해지고 가난해졌다. 예를 들면 만주, 몽골, 투르키스탄, 티베트 등 가장 약하고 가난했던 많은 지역이 국경을 접하고 있었다. 또한 청조의 해안 장벽은 처음에 유럽과 미국의 힘에 의해 나중에는 일본에 의해 군사적·정치적·경제적 침입으로 뚫리게 되었으며, 내륙아시아와 중앙아시아의 접경에서는 로마노프 제국으로부터 더욱 압박을 받게 되었다. 만주 지역에서는 기인과 지역민 군대의 결합을 통해 1860년까지 러시아인의 급습을 격퇴했지만, 2차 아편전쟁의 종식 이후 러시아와 체결된 조약으로 현재는 러시아의 연해주가 된 땅을 할 수 없이 이양했고 러시아의 무역도시인 블라디보스토크의 개발을 허가했다. 그 시점부터 만주 지역으로 진출하려는 러시아의 야망은 커졌으며, 로마노프 왕조는 결국 만주에서 가장 가공할 만한 적수가 청조가 아니라 팽창주의를 내세운 일본 제국임을 알게 되었다.

만주 지역에서 일본이 세력을 확대하기 위한 열쇠는 조선에 달려 있었다. 1868년에 자국의 국가개혁을 완수한 직후부터 일본은 조선에 대한 침략적인 정책을 시작했다. 1870년대와 1880년대에 조선에서 일본군과 청군 사이에서는 작지만 폭력적인 충돌이 있었고, 1890

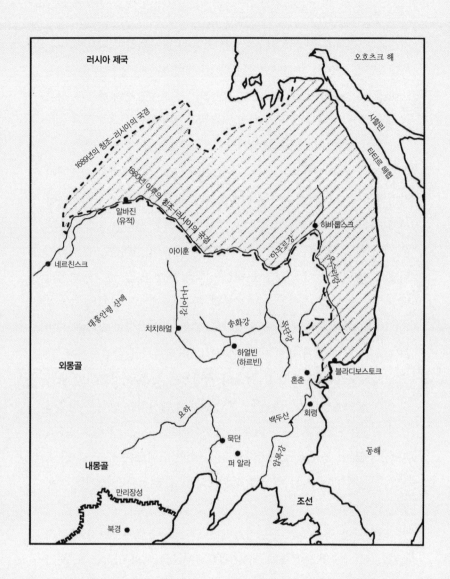

러시아 제국

오호츠크 해

1689년의 청조-러시아의 국경

1860년 이후의 청조-러시아의 국경

사할린

타타르 해협

알바진
(유적)

하바롭스크

네르친스크

아이훈

아무르강

대흥안령 산맥

눈강

우수리강

치치하얼

송화강

외몽골

하얼빈
(하르빈)

혼춘

블라디보스토크

요하

백두산

회령

내몽골

묵던

퍼 알라

압록강

동해

만리장성

조선

북경

동북아시아 지역에서 1860년의 조약으로 수정된 청조와 로마노프 왕조의 국경

년대에는 조선이 중국의 간섭으로부터 독립을 쟁취하기 위해 벌이는 폭력운동을 일본이 후원하고 있었다. 19세기 말까지 일본은 유구琉球 (오키나와를 포함)와 대만을 힘으로 차지하거나 청조로부터 빼앗은 힘으로 위협했고, 조선에 대한 군사적 지배권을 확보했다.

물론 중앙아시아와 내륙아시아도 1800년 이후 청 제국의 구조적인 쇠락에 깊은 영향을 받았다. 그 지역이 다른 제국들과의 접촉점이었기 때문이다. 예를 들자면 티베트는 중세시대 이래 중앙아시아를 지배하기 위한 지리적인 요충지로 주목받아왔다. 한족과 몽골족이 세운 제국과 청 제국은 모두 그 땅과 그곳의 종교적 지배층을 통제하기 위해 투쟁해왔다. 이제 인도에 대한 영국의 관심이 깊어지자, 영국의 탐험가들·병사들·상인들은 자기들의 관심을 인근의 티베트 쪽으로 돌리기 시작했다. 19세기 말에 그 가능성을 보인 영국의 티베트 식민화 정책은 청 제국에 대한 티베트의 커다란 의존성을 단절시키고, 중국의 남부와 서남부에 대한 영국의 직접적인 접촉을 가능하게 했을 것이다. 공교롭게도 영국은 간접적인 통제를 행사하는 방식을 선호했으며, 그 결과 1910년까지 티베트는 공식적으로는 청 제국의 일부였지만 실제로는 영국의 보호국이었다. 1910년 티베트는 청조로부터 독립을 선언했는데, 이는 영국과 티베트의 더욱 밀접해진 관계를 의미했을 뿐이다.

티베트의 북쪽에는 투르키스탄이 있었다. 투르키스탄도 공식적으로는 청 제국의 일부였다. 1840년대까지 러시아와 영국은 모두 각자의 정치적 지배력을 넓히기 위한 군사전략을 발전시키고 있었다. 이 두 정부의 음모는 몇 편의 드라마와 비극을 만들어냈지만, 두 나라 모두 투르키스탄의 전반적인 정치적 특성을 변화시키는 효과는 거의 발휘하지 못했다. 대상隊商 무역은 중앙아시아의 대도시들을 통해 계속되었지만, 더 이상 대륙 사이에서 중요성을 확보하지 못했다. 그 지역의 도시국가들은 독립적이고 이슬람교의 성향이 강한 족장들의 지배를 받았다. 그들은 자기들을 지배하려는 외국세력의 시도에 적대적이었다. 투르키스탄에 강렬한 전략적 관심을 두었던 로마노프 제국은 투르키스탄 지도자들의 환심을 얻기 위해 막대한 부와 정력을 쏟아부었다.

태평천국전쟁 이후의 시기에 그들에게 가장 큰 장애가 된 것은 한족의 지방관이었던 좌종당左宗棠이었다. 증국번과 이홍장처럼 좌종당도 관료행정과 군사전략을 배웠다. 청조 중앙정부의 약화와 태평군 및 염군의 분란은 섬서성陝西省, 감숙성甘肅省, 투르키스탄의 몇몇 이슬람교도 지도자들을 부추겨 청조의 통치에 도전하게 했다. 좌종당은 그 지역을 다시 진정시키는 작업에 착수했고, 청 제국의 경제적 불건전 상황과 직접 대면하게 되었다. 투르키스탄에서 부대의 전열을 가다듬자마자, 그는 러시아에서 물자를 조달하는 것이 중국 중부로부터 곡물을 운반하는 것보다 훨씬 싸다는 사실을 깨달았다. 그는 기꺼이 물자를 공급하려고 하는 러시아 상인들을 찾아냈지만 물자를 살 돈이 없었고, 청 제국의 정부 역시 물자를 확보할 어떠한 수단도 없었다. 좌종당은 상해의 외국계 은행에 대출을 요청해달라고 반복해서 제안했지만, 이홍장은 그의 요청을 계속해서 거절했다. 이홍장은 대출한 돈을 더 유용한 곳에 사용해야 한다고 생각했다. 좌종당은 한참 만에 승리했고, 중국 북서부에 존재한 독립적인 이슬람 정권의 일부를 그럭저럭 근절했다. 그러나 야쿠브 베그Yakub Beg 치하에 있던 한 정권이 카슈가르에 남아 있으면서 독립국임을 선언했고, 투르키스탄에 야심을 품고 있던 러시아와 영국 두 제국으로부터 즉각적으로 인정을 받았다. 만주족 숭후崇厚를 포함한 청조의 관료들은 러시아와 영국으로 급파되어 그들의 승인을 철회해달라고 설득했다. 그러나 이러한 노력은 결론에 도달하지 못했고, 좌종당은 힘으로 투르키스탄을 재점령하기로 했다. 1877년 야쿠브 베그는 자살했으며 좌종당의 군대는 그 지역을 손에 넣었다. 그 지역은 1884년에 처음으로 청 제국에 편입되어 신강성新疆省이 되었다.

19세기 내내 몽골과 만주 지역은 확고하게 청조의 통치 아래 있었다. 19세기 중반 청 제국이 영국과 프랑스와 벌인 연안 해역의 전투에서 처참한 패배로 고생하는 와중에서도 로마노프 제국의 군사적 침략 시도는 만주에서 섬멸되었다. 그러나 19세기 말과 20세기 초에 몽골과 만주 지역은 19세기 초·중반에 티베트와 투르키스탄에서 일어난 반발을 연상시키는 형태를 보여주곤 했다(그들은 명목상으로는 중국에 기반을 둔 청 제국의 통치를 받았지만, 실제로는 지방 군주들의 통제를 받았다). 외국 세력들은, 이 경우에는 러시아와 일본이 이 지방 군주들을 포섭 또는 살해하려고 끊임없이 시도했다. 이것은 지속적인 경제적·군사적 약화는 물론, 심각한 문화적·정치적 분열을 일으켰다. 오스만 제국과 청조의 변방에 해당하는 중앙아시아에서는 유명무실했던 청 제국의 지배가 1800년대 동안 해체되었다. 이는 이 지역을 정치적으로 분열된, 전략적으로 중요한 공백지대로 남겨놓았다. 특히 영국은 이 지역으로 침투하려고 시도했다.

부활의 착각

청조 정부가 극심한 부채에 시달리자, 영국과 프랑스는 전쟁의 종료 이후 중국의 회복기 동안에 적극 개입했다. 청조 정부가 영국에 부채 일부라도 갚기 시작하게 하려고, 로버트 하트Robert Hart는 새롭게 만들어진 청조의 세관에 감찰관으로 취임했다. 그가 징수한 세입은 영국과 청조의 몫으로 나뉘었다. 영국의 러더퍼드 올콕Rutherford Alcock과 미국의 앤슨 벌링게임Anson Burlingame은 청조 정부에서 고문관과 사절대사로 고용되어, 유럽이 청조와의 조약에서 요구하는 외교기구를 중국이 창설하는 동안 청조·유럽·미국 사이의 소통을 원활하게 하려고 했다.

그러나 회복의 실제 작업은 태평군과의 전투에서 핵심에 있었던 각 성의 행정관료들에 의해 진행되었다. 전쟁을 추진하기 위해 그들은 자체적으로 세금을 걷고 군대를 양성하며 관료조직을 운영할 수 있는 권리를 청조로부터 얻어냈다. 이처럼 특별한 힘은 전쟁이 종식되었을 때에도 완전히 폐지되지 않았다. 이들 지방관의 우두머리인 증국번은 농업·통신·교육·출판의 부활을 위한 계획을 입안했을 뿐 아니라, 중국의 자립을 위한 몇 가지 조치를 되찾는 데 필요한 개혁과 산업화 계획을 수립하려는 시도까지 감독했다. 많은 지방의 관료들처럼 증국번은 영국보다 미국의 지원과 미국식의 모델을 선호했다. 그는 근대식 무기를 제조하는 무기 공장과 조선소, 무관학교 등을 운영하기 위해 미국인 고문관을 고용했다. 그는 이전까지 필수적이라고 생각되던 유교 교육을 받기 위해 촉망받는 중국 소년들을 전통 서당에 보내는 대신, 영어로 과학·수학·기술·역사를 배울 수 있도록 미국 코네티컷 주의 하트퍼드Hartford로 보내는 대담한 프로그램을 후원했다. 그들은 중국으로 돌아와 증국번이 운영하는 제조업체와 학교에서, 이전까지는 서양인 고문관이 맡은 직책 몇몇을 담당했다. 여러 성의 지방관 중에서도 증국번은 가장 유능하고 충성스러우며 청렴하고 유연한 인물로 존경을 받았다. 1871년에 그가 죽음으로써 청조는 지도력에서 최고의 희망이었던 인물을 잃었다.

청 제국이 1860년대의 내전 종식 이후에 경험한 회복기에 대해서 많은 글이 기록되었고, 또 증국번을 모범으로 삼아 각자의 재주와 지역적 권위를 활용하여 어느 정도 경제적 활성화를 이끈 위대한 지방관들도 많은 주목을 받았다. 외국인 고문관들과 고용된 외국인의 역할에 관해서도 많은 기록이 남겨졌다. 그런데 전적으로 귀족만을 지칭하는 것은 아니지만, 특히 동치연간同治年間(1862~1874)에 역사적 변화의 지렛대를 이동하게 만든 받침대 역할을 한 만주족 지도층의 역할에 관해서는 거의 언급되지 않았다.

그 시대에 가장 유명한 사람은 문상文祥이었다. 그는 비교적 초라한 배경을 가진 인물이었지만, 1850년대에 태평군을 진압하는 과정에서 수훈을 세웠고 전쟁 이후 외국세력과의 협상에서 가장 노련한 협상가로 떠올랐다. 문상은 서양세력의 갑작스러운 등장과 특별한 영향력이 불쾌하고 무섭다고 생각했다. 그러나 그의 조언은, 제국을 강화하고 그 밖의 다른 일들에 대해서는 시간을 끌 수 있으려면 언제나 이 새로운 세력과 어떻게든 협력해야 한다는 것이었다. 문상은 총리아문總理衙門을 창설하기 위해 공친왕恭親王 혁흔奕訢과 함께 일했고, 혁흔과 함께 총리아문이 조약의 규정을 준수하기 위한 엄격한 원칙을 세웠다(그는 애로호 사건처럼 또다시 보복적인 침략이 일어나지 않기를 희망했다).

동시에 그를 만난 대부분의 서양인이 그의 인간적 성실성과 영민함에 경외심을 보였다는 사실에도 불구하고, 그는 그러한 조약 규정의 개정을 요구하며 서양세력을 단호하게 압박했으며, 이 때문에 달갑지 않은 존재가 되었다. 토머스 웨이드 경Sir Thomas Wade은 "나는 그보다 더 대단한 지적 능력을 갖춘 사람을 만난 적이 없다"고 말했다. 문상은 결코 조약의 개정을 이루어내지 못했다(1946년 국민당 정부가 공산주의자들과의 내전에서 지고 있는 상황에서 개정을 이룩할 때까지, 조약의 개정은 누구도 성취하지 못한 위업이었다).

개혁의 다른 영역에서 문상은 더욱 큰 성공을 거두었다. 그는 팔기제도를 포함한 정규군을 10년간 90퍼센트까지 감축시키자는 계획안을 처음 주창한 인물이었다. 그 정책은 기인들 자체를 군대에서 최대한 해방시키려는 19세기 중반 청조 황제들의 일반적인 경향과 일치했다. 문상은 청 제국이 더 작고, 더 숙련되고, 더 좋은 무장을 갖춘 군대로 더욱 튼튼한 안보를 이룩할 수 있다고 확신했다. 그는 직접 그런 조직을 창설했다. 그는 '신기영'神機營*이라 불린 부대를 거느리고, 지방의 비적떼 소탕작업을 성공적으로 이끌었다. 신기영은 다른 신식군대의 모델이 되었는데, 이런 신식부대는 주로 한족의 총독·순무 또는 그들의 보호를 받는 사람들의 명령을 받았다. 그러나 신식부대의 창설은 군사조직의 지역화를 보여주는 신호탄이 되었고, 20세기 초에 중국의 통합 시도를 무력하게 만든 군벌주의가 나타나게 했다.

기인으로 구성된 군대의 일부는 문상과 만주족 귀족 영록榮祿 등

---

* 신식무기로 무장한 금위군禁衛軍으로, 항상 자금성 일대를 지키며 황제의 순행巡후 때 호위의 업무를 맡았다.

여러 사람의 지휘 아래 엘리트 부대로 개편되어, 1911~1912년에는 혁명을 이끌었고 계속해서 군벌 원세개袁世凱 군대의 선봉을 비롯하여 여러 신식군대의 근간이 되었다. 그럼에도 불구하고 팔기는 기학旗學과 같은 전철을 밟았고 그들이 탄생시킨 새로운 형태의 군대에 의해 쓸모없어지고 노쇠해졌으며 빛을 잃게 되었다. 청조와 외국 무기 모두에 관한 과정이 팔기관학八旗官學의 교과 과정에 추가되었지만, 이것은 어쩔 수 없이 19세기 중반까지 제한된 기술학으로 이어졌다. 그 후 기인 조직의 정체성이 특수화됨에 따라 기학은 19세기 말에 전문화된 군사학교, 언어학교, 기술연구소의 원천이 되었다.

동시에 1841년에 영국인 침략자들을 격퇴하기 위해 강남에서 구성한 대영大營으로 시작된, 혼합적인 형태의 군사조직이 발전함으로써 번역가의 재능과 같은 새로운 요구가 창출되었다. 이 혼합적인 부대에 소속된 기인 군관들이 부대 내의 동향과 내부 권력의 협력에 대해 보안된 언어인 만주어로 조정에 보고하기 위해서는 중국어와 만주어 모두로 기록을 유지할 필요가 있었기 때문이다. 사실 국가의 군사조직이 더욱 복잡해졌기 때문에 만주어에 대한 기인의 전문성이 새롭게 필요할 것이라고 생각한 도광제는 1843년 이후 모든 기인 군관들에게 만주어 시험을 준비하여 응시하라고 요구했다. 이 규정은 1865년에 조정에서 주방의 관리를 전반적으로 감소시킬 때까지 유지되었다. 게다가 총리아문 산하에 설립된 동문관同文館이 실제로는 기인 군관들의 학교인 기학을 본떠 만들어졌다는 것은 바로 훌륭한 증거에 근거한 가설이었다. 두 기관이 모두 주방의 관료들에 의해 운영되고 거의 만주족 기인만이 조직에 참여했다는 점은 틀림없는 사실이다. 19세기 말까지 동문관에는 원래의 영어 과정에 프랑스어, 독일어, 일본어 과정이 추가로 개설되었고, 황궁 안에 있는 구식 러시아어 학교는 북경에 있는 동문관에 흡수·개편되었다. 확장된 교과 과정에는 결국 수학, 천문학, 화학(총포의 뇌관 제조와 기인 군관을 밀접하게 연관시킨 결과물)이 포함되었으며, 결국 동문관과 각 지방의 분관은 1896년 북경에 설립이 인가된 경사대학당京師大學堂의 전신 형태를 띠었다.*

동치중흥同治中興의 개혁 프로그램은 지속적인 성과를 이룩하지 못했다. 한 가지 이유는 끊임없는 외국의 간섭 때문이었다. 개항장의 증가로 외국인의 거주가 늘어났고, 중국 백성들과의 갈등도 많아졌다. 1870년의 한 프랑스 장교가 언쟁의 와중에 만주족 관리 숭후崇厚를 향해 권총을 발사한 이후에** 발발한 천진 대학살***과 같은 사건은 중국 정부에 배상금의 증가를 가져왔다. 이러한 사례에서도 입증되듯이, 사실상 서양세력은 중국인과의 사소한 차이를 이용하여 위기를 격화시키고 침략이라는 명분으로 위협하며 합의조건으로 배상금 또는 새로운 특권을 요구할 수 있는 결정적인 혜택을 받았다. 1884년에 중국과 베트남 사이의 전통적인 조공관계를 단절시키기 위해 프랑스가 획책한 전쟁 이후 총리아문의 수장인 혁흔은 사실상 지위를 상실했다(그리고 그 직후 베트남은 프랑스의 식민지가 되었다).

또 한 가지 이유는 개혁이 너무 약하고 늦었기 때문이었다. 그들은 근대기술을 신식군대에 도입하고 여타 경비를 지방에 분산시킴으로써 항상 경비를 절감하는 기본적인 전략을 바탕으로 했다. 이처럼

---

* 경사대학당은 오늘날 북경대학北京大學의 전신이며, 통상적으로 1898년에 창립된 것으로 알려져 있다. 그러나 실제로 설립이 인가된 해는 1896년으로, 그해에 일부 교사진이 일본으로 파견되어 훈련을 받았다. 1898년이 창립 연도가 된 것은 그해부터 정식으로 학생을 모집했기 때문이다.
** 총에 맞은 사람은 숭후가 아니라 유걸劉傑이었다.
*** 중국에서는 천진교안天津敎案으로 알려짐.

늘어난 변화 때문에 청조 정부는 끝이 안 보이는 빚을 근절시킬 수 있을 만큼 절약하지 못했고, 극적인 기술적 진보와 함께 한창 제국주의 국가로 변신하는 과정에 있는 서양세력에 대항할 만큼 군사적으로 강성할 수도 없었다. 이처럼 점진적인 계획은 한 세기 전이라면 얼마간의 효과를 거두었을지 모르겠지만, 19세기 후반의 환경에서는 희망이 없었다.

더욱 중요한 것은 개혁의 본질이 필연적으로 청 제국의 해체를 이끌었다는 점이다. 사실 태평천국전쟁을 비롯한 당시의 여러 갈등 이후, 청조 제국은 연못 위에 떠 있는 수련의 잎처럼 늘어나는 자립적 형태의 지방 정권들 사이에 떠 있는 신세였다. 증국번은 이러한 지역의 통치자들이 청조 황제에게 충성하도록 하는 기풍을 세웠다. 그러나 이것이 신뢰를 잃는 것은 시간문제였을 뿐이다. 만주족 특히 문상은 이와 같은 독립을 장려했고, 그러한 독립에 근거하여 몇 가지 기본적인 군사 및 행정상의 혁신을 이룩했다. 19세기가 막을 내리자, 황제들이 기인 또는 그 밖의 사람들로부터 계속해서 충성을 받을 가치가 있는지에 대해서 만주족 내부에서 어떠한 합의도 찾아볼 수 없었다.

이것은 주로 자희태후의 자질이 부각된 때문이었다. 후일에는 부패하고 오만한 괴물로 매도되었지만, 1860년대와 1870년대에 자희태후는 지방의 총독·순무들이 지니고 있는 자유재량권의 제도화를 합법화하고 촉진하는 데 중요한 역할을 했다. 이를 통해 일부 지방의 총독·순무는 국내 문제는 물론, 청조의 외국정책을 운용할 강력한 힘을 얻었다. 그녀는 처음에는 함풍제의 후궁 자격으로서 초기의 건설적인 역할을 수행했다. 함풍제는 그녀의 교육과 정치적 사건에 대한 식견에 탄복했고, 종종 그녀에게서 조언을 들었다. 1862년에 함풍제가 사망하자, 그녀의 아들 재순載淳이 황위를 계승하여 동치제同治帝가 되었다. 그 소년 황제의 섭정들은 함풍제의 부인이었던 자안慈安과 자희慈禧를 모두 황태후皇太后로 인정했다. 두 여성은 곧바로 섭정들을 공격하며 1860년에 북경이 침략을 받고 원명원의 여름궁전이 파괴된 것에 섭정들의 책임이 있다고 비난했다. 공친왕 혁흔과 순친왕醇親王 혁현奕譞이 그 정변에 황태후들의 편을 들었고, 주요 섭정인 숙순肅順은 그 숙청의 결과로 참수되었다.* 동치제는 후사 없이 요절했다. 동치제가 숨을 거두기 직전에 자희태후는 혁현의 아들 재첨載湉을 광서제光緒帝로 즉위시킬 계획을 세웠다. 1881년에 자안태후가 죽을 때까지는 자희태후와 자안태후가 함께 조정의 대소사를 장악했고, 자안태후의 사망 이후에는 자희태후가 점점 더 폭군의 방식으로 조정을 통치했다.

광서제의 재위는 자희태후가 몰락하는 원인이었다. 비록 그 역시 후계자를 남기지 않은 채로 사망했지만, 앞선 두 황제와는 달리 광서제는 그렇게 일찍 요절하지 않았다. 1889년에 자희태후는 광서제의 성년을 인정하고 그의 결혼을 허락할 수밖에 없었으며, 그 후 몇 년간 젊은 황제와 늙은 황태후 사이에서는 권력투쟁이 계속되었다. 1891년에 혁현이 사망하자, 광서제 재첨은 조정에서 환관의 영향력을 축소해야 한다고 주장하는 등 더욱 단호해졌다. 이는 명조의 몰락이 환관의 간섭 때문이라고 생각한, 청초의 황제들의 강한 신념과 일치하는 원칙이었다. 재첨은 내무부內務府의 예산도 삭감하려고 했는데, 이는 잔존하고 있는 수많은 한군漢軍 관료와 환관의 급료를 삭감하는 것이었다. 자희태후는 이 계획을 무효로 만들려고 애썼지만, 젊고 개혁적

* 이 사건을 신유정변이라 한다.

인 성향의 만주족과 한족들 사이에서 황제의 추종세력이 늘어가는 상황에 대해 어떠한 일도 할 수 없었다. 일본에서 젊은 황제 무츠히토睦仁가 국수적·진보적·산업화적 변화의 상징이 된 메이지 유신은 매력과 찬양의 대상이 되고 있었다.

이 생각은 1895년에 치러진 전쟁에서 청의 해군이 일본에게 빠르게 불의의 일격을 당한 이후 더욱 확실해졌다. 근대 해군의 창설은 순친왕 혁현이 가장 심혈을 기울인 사업이었다. 그는 자신의 조선소와 무기공장의 재원이 된, 청조로부터 받는 이자금의 수익이 점점 감소하는 것 때문에 고군분투했다. 그 결과로 창설된 해군은 규모가 크고 표면적으로는 눈길을 끌었다. 그러나 지휘관과 해병들은 형편없이 훈련이 안 되어 있었고, 군함에는 이따금 부정하게 화약 대신 쌀이 가득 실려 있기도 했다. 이는 자희태후가 석방石舫*이나 이화원의 경극극장의 건설처럼 자신의 취미를 위해 해군의 경비를 유용했기 때문일 가능성이 크다. 1894년 조선의 지배권을 둘러싸고 중국과 일본 사이에서 전쟁이 발발하자, 일본 군함들은 중국 해군의 대부분을 해저로 침몰시켰다. 청조는 어쩔 수 없이 시모노세키 조약에 동의해야 했다. 이 조약의 첫 번째 공식문서를 통해 청조는 일본에 대만과 팽호澎湖 군도를 할양하고, 일본이 중국의 산업에 직접 투자하고 운영할 수 있는 유례없는 특권을 부여했다. 일본이 요구한 특권에 놀란 서양세력들은 조약의 조항을 약화시키기 위해 간섭했다. 그러나 중국은 여

---

* 중국의 연못이나 호수에 유람선을 모방해서 돌로 만드는 건축물. 보통 인공호수의 물가에 만들어놓는데, 하부는 물속에 가라앉아 고정된 배의 형태이고, 상부는 목재를 써서 배의 선상모습으로 만들었다. 건륭제는 1755년에 높이가 35미터에 달하는 화려한 석방을 건설하여 곤명호의 기슭에 세워놓았다. 이후 1893년 자희태후는 이 석방을 복원하면서 선루를 서양식으로 개조하여 청안방淸晏舫으로 개조하였다. 이 석방을 건설하는 데 청조가 근대식 해군을 양성하기 위해 마련한 막대한 자금이 상당 부분 투입되었다고 한다.

전히 대만을 일본의 식민통치에 전적으로 할양해야 했다.

북경 등의 여러 대도시에서는 과거응시생을 비롯한 지식인들 중심으로 일본과의 합의를 맹렬히 비난하는 공개시위가 휘몰아쳤다. 자희태후를 대신하여 영록榮祿은 경사대학당의 후원자 중 한 사람이 되었다. 중국인과 외국인 직원들의 협력으로 운영되던 경사대학당은 국가를 강성하게 할 근대적인 훈련을 제공하려고 했다. 젊은 만주족 개혁가인 수부壽富처럼 직원 중 다수는 자칭 진보주의자였다. 수부 자신은 일본으로 선진 지역 견학을 다녀왔고, 입헌정치제도의 옹호자였다. 그러나 반체제 인사들에게 새로운 대학의 창설은 거의 만족스럽지 않았다. 그들 중 한 사람인 강유위康有爲는 젊은 황제에게 제사帝師인 옹동화翁同龢의 동의를 얻은 개혁정책을 진언했다. 옹동화는 몇 주 만에 강유위 및 젊은 동료 양계초梁啓超와 황제 간의 만남을 주선했다. 재첨은 그때부터 강유위와 양계초를 자신의 참모로 생각했고, 1898년 초에는 자신의 실질적인 통치를 선언하며 정부를 철저하게 개혁하는 일에 착수하기로 굳게 마음먹었다. 후일 '백일유신'百日維新으로 불리게 된 그 개혁정책은 정부의 지출이 효율적이 되어야 한다고 제안했다. 그렇게 되려면 농업이 개혁되어야 할 것이고, 산업은 정부로부터 동의를 받아야 하며, 새로운 교육정책은 과학과 기술을 강조하고, 귀족에게 지급하는 급료는 매우 혹독하게 삭감되어야 했다. 팔기제도가 폐지되는 대신 만주족을 위해서는 '유용한 고용'이 이루어져야 하고, 일본에서 이미 확립된 것처럼 중국에서 입헌군주제를 실현할 수 있도록 자문기구가 설립되어야 했다.

혼자 힘으로 통치하며 정부를 개혁하려는 황제의 공표된 야망을 2년간 마음껏 하도록 방치하던 자희태후는 드디어 조치를 취하기로 결심했다. 그녀의 생각에 광서제는 너무 멀리 나아갔다. 귀족과 더불어 재정적으로 궁핍해진 기인들은 이전까지 황태후를 골칫거리이자 악이라고 규정했지만, 이제 자신들에게 경제적 지원을 해줄 수 있는 마지막 희망을 지키고 강유위의 개혁정책에 나타난 반만적反滿的 요소(특히 청조 황제들이 사용한 연호의 포기, 만주족을 싫어하는 강유위의 추종자 담사동譚嗣同이 여기저기에 써대는 과장된 문장)에 항거하기 위해 그녀와 힘을 합쳤다. 영록은 자신의 병사들에게 황제와 개혁세력들을 체포하라고 명령했다. 재첨은 자금성에 감금되었다. 담사동을 비롯한 개혁 성향의 육군자六君子는 모두 사로잡혔고, 짧은 시간 안에 처형되었다.* 그러나 강유위와 양계초는 상해에 있는 외국인 조계지로 피신했고, 이후 일본으로 건너갔다. 수부를 포함한 개혁동조 세력들은 경사대학당에서 축출되었다.

개혁주의적인 만주족들은 백일유신에 대한 무자비한 탄압 이후 침묵을 지키라는 압박을 받았다. 자희태후와 만주족 관료 강의剛毅처럼 극악무도한 인물들은 만주족의 정치 풍경에서 가장 지배적인 특징이 되었다. 강의는 "개혁은 만주족에게는 해롭고 한족에게만 이롭다"라는 문구를 좌우명으로 삼을 정도였다. 자희태후는 황제의 제안으로 희망 없이 떠나야 했던 기인들로부터 사례를 받는 상황에 이르렀다. 이때 만주족의 대다수는 실제로 주방을 떠났지만, 여전히 주방에 남아 있는 사람은 자희태후에게 열렬히 충성했다. 자희태후는 반세기 동안 기인의 권리를 박탈하기보다는 인정하려고 한 첫 번째 통치자였

---

* 이때 처형된 여섯 개혁가는 담사동, 강광인康廣仁, 임욱林旭, 양심수楊深秀, 양예楊銳, 유광제劉光第이다.

다. 그녀는 기인들에게 무술실력을 늘리기 위해 무장 결사에 가입할 것을 권유했고, 1890년대 말에는 많은 기인들이 이처럼 거의 체제 전복적인 여러 조직의 구성원이었다. 그러한 조직 중 하나가 의화단義和團, 즉 권비拳匪였다. 의화단의 한 지부가 1897년에 산동山東에서 반란을 일으켰을 때, 그 지부는 호광총독湖廣總督 장지동張之洞에 의해 신속하게 흡수되었고 이후 의화단 운동은 외국인을 중국에서 몰아내고 청조를 지지하는 대중적인 폭동으로 변질되었다. 사실 1900년 6월 29일에 외국 대표단을 포위하기 시작하고 독일 대사 폰 케틀러von Ketteler를 암살한 것은 신기영神機營 정자창대霆字槍隊 소속의 만주족 군관인 은해恩海였다. 이 사건은 서양 언론의 시각에서 볼 때 의화단 사건이 발발했음을 보여주는 신호탄이었다. 황제의 동생인 재이載漪와 재풍載灃은 의화단을 지휘하고 있었다. 1900년 8월 서양연합군이 북경으로 진입하자, 자희태후는 포로처럼 잡고 있던 광서제를 데리고 서안西安으로 달아났다. 수부는 자살했다.

비록 기인 부대가 19세기 중반까지 러시아를 만주 지역 밖으로 몰아냈지만, 의화단의 폭동은 로마노프 제국에게 만주 지역으로 진출하여 영구적인 점령을 시도할 단초를 제공하였다. 이러한 계획에 대한 일본의 반발은 결국 1904~1905년 사이에 러일전쟁을 일어나게 했다. 이 전쟁을 통해 동아시아에 대한 러시아 제국의 야심은 무너졌고, 일본이 한반도와 만주의 지배를 굳히게 되었다. 의화단 폭동은 청조 정부에게 추가로 4억 7천만 달러의 배상금을 부과하게 했으며, 수도 북경은 심각하게 파괴되었다. 재이와 재풍은 마침내 조약의 체결을 약속하라는 외국의 압력에 굴복했고, 이 조건에 따라 자희태후가 북경으로 돌아올 수 있었다. 자희태후는 이화원 내의 한 건물 안에 광서제를 유폐시켰고, 그곳에서 광서제는 여생을 마쳤다.

　태평천국전쟁 이후의 회복 기간에는 청 제국에 근본적인 구조상의 변화가 있었다. 군사집단과 그에 협조하는 문관들이 지배하던 정복적 성격의 정권 대신에, 청 제국은 이제 개혁적인 귀족과 무관, 독립적인 권력을 가진 지방의 총독과 순무, 몇몇 외국인 고문관으로 구성된 컨소시엄 형태에 의해 지배되었다. 분권화된 통치형태는 내전 이후 시대의 특징이 된 지방 상황의 극심한 변화와, 지방의 개선을 가져올 수 있도록 지방의 재정을 확보할 필요성에 잘 맞았다. 그러나 복잡한 국제관계의 상황 속에서 청조는 강하고 중심적이고 통일된 지도력이 부족했다. 청조 정부는 가중되는 외국의 도전(특히 일본)과 늘어나는 배상금, 영토의 손실, 불가피하게 그에 잇따르는 국경의 붕괴에 직면하여 속수무책이었다. 게다가 한때 지방의 총독과 순무에게 이양되었던 과세제도, 법률 제정, 군령 등의 권한이 일단 지방에 이양되고 나자 다시 회복되지 못했다. 1860년대부터 청 제국은 하나의 거대한 권력지대로 발전했고, 이 권력지대 내에서 지휘권은 지방의 총독과 순무에서 그들의 후계자들에게 이양되었다. 청조 정부는 결국 의례상으로만 이들을 승인할 수 있었다.

꽃을 피우지 못한 유라시아 육상제국들

앞서 언급한 것처럼 중앙아시아에 대한 지배와 군사적인 통제라는 공동의 전통, 크고 방대한 토지 기반, 국경 관리의 복잡한 문제 등 청조와 오스만 제국은 공통점이 많았다. 그러나 아마도 19세기 후반과 20

세기 초의 상황을 이해하는 데 가장 핵심적인 것은, 근대적인 국가기구가 출현하도록 물질적·정치적 자원을 제공한 외국세력에 의해 두 제국이 점차 약화를 경험한 정도이다.

육지에 기반을 두고 있는 유라시아의 여러 제국들에서 인구는 그 이전의 백 년간 매우 급격하게 증가했지만 이제 농경지는 매우 느리게 늘어나고 있었고 어떤 경우에는 지력의 손상으로 줄어들고 있었다. 한편 군사적 팽창은 국고의 재원이 감당할 수 없을 만큼 확대되었다. 유럽(후일에는 미국)이 잠식하면서 이들의 약화된 질서를 위협하자, 다양한 반응이 일어났다. 19세기의 초반에는 인도의 무굴 제국이 제국의 일부를 영국 동인도회사가 통치할 수 있도록 허가했다. 이것은 인도가 영국에게 전면적인 식민통치를 받게 되는 과정의 시작이었다. 오스만 제국에서, 제국의 통제를 중앙으로 집중시키기 위해 군사 및 종교의 지배층이 가진 독자적인 세력기반을 무너뜨리려 한 19세기 초반의 시도는 반복되는 폭력과 미약한 정부 개혁만을 낳았다. 러시아에서는 과세 기준을 확대하고 정부의 세수를 늘리려는 시도에서 19세기 중엽에 농노에게 자유를 주었다. 대략 같은 시기에 청 제국은 같은 이유로 많은 기인을 명부에서 삭제하고 있었다. 유라시아 대륙의 육상제국에서 적자재정 정책은 군사적 준비와 제국의 화려함을 유지하기 위해서 감소하는 정부 수입에도 불구하고 실행되었다. 그 결과는 이들 제국이 팽창하는 유럽의 해상제국에게 빚을 지는 것으로 나타났다. 이들 해상제국은 이제 유라시아의 육상제국을 갈취하는 입장에서 식민지, 낮은 수입세, 여러 특권을 원했다. 많은 경우에 유럽의 경제적 압박에는 군사적 대결까지 동반되었다. 중국에서 벌어진 아편전쟁과 카스피 해 연안에서 벌어진 크림전쟁은 각각 청 제국과 로마노프 제국으로부터 토지와 정치적 특권을 강탈하려는 시도였다.

많은 관료들은 정부를 더욱 효율적으로 만들고 근대적인 기술을 군대에 도입할 시간을 벌 수 있을 것이라는 희망에서 유럽의 차관을 받아들이라고 충고했다. 그러나 그 결과는 전쟁 또는 혁명을 통해 국가가 식민지화되거나 파괴되기 전에 제국의 정부가 몰락과 쇠약을 겪는 기간만 연장했을 뿐이었다. 유럽 언론들은 수명이 다한 오스만 제국과 청 제국을 각각 유럽과 아시아의 '환자'라고 풍자했다. 무굴 제국은 1857년에 공식적으로 인도를 지배하는 지위를 상실했다. 그 후 (칭기즈 칸의 영향을 받은) '무굴'이라는 제국의 호칭*은 빅토리아 여왕이 1876년에 '인도의 황후'Empress of India라는 칭호를 쓰면서 그녀에게 넘어갔다. 청 제국은 1911년에서 1912년까지 벌어진 내전으로 무너졌다. 이 내전은 민족주의 공화국의 탄생을 이끌었지만, 수십 년간의 내부 폭동과 무질서를 촉발시켰다. 오스만 제국은 1922년에 해체되었고 터키에는 강한 민족주의 정부가 들어섰지만, 오스만 제국 주변부의 붕괴는 동유럽과 중동에서 거의 한 세기 동안이나 폭력적인 혼란을 일으켰다. 로마노프 제국은 1917년에 종말을 맞았고 뒤이어 여러 정부가 들어섰지만 수십 년간 정치적 폭력과 경제적 혼란이 이어졌다.

이 제국들은 모두 안정과 강화를 모색하기 위해 유럽 세력들이 가진 힘과 공격성의 기반으로 보이는 기술적·관리적 기법을 배우려고 시도했다. 동시에 엘리트의 지위를 정당화하고 국가의 정의에 몇 가지 상징성을 제공하는, 전통적 문화의 가치 수호를 걱정했다. 유럽

---

* '무굴'은 페르시아어로 '몽골'을 의미한다.

의 특정한 상품, 지식, 조언자를 수입하면서도 그들의 영향력을 제한하려고 한 도전은 복잡하였고, 궁극적으로는 정치적인 불안감을 조성했다. 아마도 더욱 중요한 사실은, 그러한 도전이 이들 제국에게 경제 및 정치생활의 철저한 구조조정 없이 군사와 재정적인 영역에서만 개혁프로그램을 추구하게 한 점이었다. 사실 많은 경우에서 개선이 있었지만, 유라시아의 방대한 토지를 기반으로 하는 제국들과 날로 팽창하는 유럽·미국 정부 사이의 권력 균형을 다시 맞추기에는 개선의 정도가 미약하고 그 속도도 너무 느렸다.

1800년대 중반까지 문관과 무관 영역에서 나타난 젊은 지도층들은 때때로 국가의 구조조정을 위해 극약 처방을 하라고 조언했다. 어떤 이는 유럽식 의복과 교육을 주장했고, 많은 경우에 영국·프랑스·독일의 형태와 유사한 입헌군주국을 만들기 위해서 정부를 급진적으로 구조조정해야 한다는 요구까지 있었다. 이처럼 비교적 극단적인 개혁을 진행하자는 제안은 종종 도시의 상인들과 전문직업군의 지지를 받았지만, 황실과 황실의 협력자, 문화적 전통주의자, 대부분의 농민과 노동자층에서는 격렬하게 반대했다. 엘리트 서구화주의자와 전통주의자 사이에서 벌어진 이러한 갈등은 19세기 유라시아 대륙에서 종종 폭력까지 결합되어 널리 확산되었다. 그런 현상은 러시아에서 가장 먼저 일어났고, 1830년대에는 오스만 제국에서도 분명하게 나타났다. 1800년대 중반에는 인도에 영향을 끼쳤고, 1800년대 말기에는 중국이 이러한 분열을 보이기 시작했다. 문화와 권력 사이의 관계를 둘러싼 이 논쟁은 유라시아 대륙의 여러 사회를 계속 고통스럽게 했으며, 어떤 형태로는 그 논쟁이 오늘날까지도 계속되고 있다.

유럽의 상인들은 살아 있는 시체나 다름없는 유라시아의 여러 제국으로부터 주로 몇 가지 천연자원과 자기들의 완제품을 팔기 위한 시장을 요구했다. 유럽의 제국들은 유럽인의 원칙에 따라 통제될 수 있는 상업적·군사적 기지를 얻는 것 이외에, 존재하는 정부를 파괴하거나 이 국가들을 직접 통치하는 데에는 별다른 관심이 없었다. 이러한 관계 양상은 유럽에 빚지고 있는 유라시아 대륙의 심각한 부채가 늘어난 이후에 더욱 강해졌다. 유라시아의 전통적인 정권의 붕괴는 유라시아 제국들이 유럽에 진 빚으로 인해 유럽으로 넘어온 이익과 특권의 종식을 의미했을 것이다. 1800년대 초반의 유럽인들이 가진 관점으로 볼 때, 유라시아의 제국들은 빈곤하더라도 생존해서 유럽에게 군사적으로 해로울 것이 없는 편이 더 나았다. 이러한 관점은 생존을 원하는 유라시아 대륙의 전통적인 정부의 희망과도 부합했다. 황실은 자기들의 부와 특권을 지키기에 급급했고, 부를 지키거나 심지어 늘리기 위해 약탈적인 행위에 기대는 경우도 나날이 늘어났다.

유라시아의 육상제국들이 무너지게 된 법적인 절차는 매우 유사한 점을 가졌다. 청조와 오스만 제국에서는 새로운 서양의 제국이 기존의 다른 서양세력을 희생시켜 이 두 나라에서 권력을 강화하는 길을 봉쇄하는, 일종의 금지 규정이 신중하게 도입되었다. 예를 들어 1842년에 아편전쟁이 끝나고 체결된 남경조약에서는 영국에게 최혜국 대우를 보장했고, 이는 미래에 중국과 조약을 맺은 조인국에게 부여된 모든 특권이 영국에게도 적용될 것임을 의미한다. 이것은 조인국 중 한 국가에게 토지를 넘겨주면 다른 조인국에게도 나눠주어야 했기 때문에, 중국 영토의 식민화를 효과적으로 막았을 것이다. 마찬가지로 1856년에 크림전쟁이 끝나고 체결된 파리조약에서도 오스만 제국의 온전한 영토를 분명하게 보장했다. 이것은 동유럽과 중동 지역으로 확장해가는 로마노프 왕조의 팽창이 오스만 제국의 술탄과 영국·프랑스의 공식적인 동맹으로 저지되었음을 의미했다. 또한 이것은 오스만 제국의 술탄들이 영국과 프랑스의 협조와 호의에 명백하게 의존했으며, 무역 또는 외교상의 특권을 요구하는 영국이나 프랑스에 대해 더 이상 거절할 위치에 있지 않았음을 의미했다. 결국 그 조약의 조건은 영국과 프랑스에게 중동에서 상대방의 식민지 야욕을 서로 감시할 수단을 제공하였다. 또한 파리조약의 조건에 따르면 어느 나라도 오스만 제국의 영토를 배타적으로 사용할 권리를 확보하지 못했다.

오스만 제국의 통치자들처럼 청조의 통치자들은 한동안 이와 같은 유럽 세력들 간의 상호 불신이 유럽 각국의 야망으로부터 자신들을 보호해줄 것이라고 생각했다. 중국에서는 이런 상황을 '이이제이' 以夷制夷(오랑캐로 오랑캐를 제압함)라고 표현했다. 그러나 이것은 사실 청 제국이 불평등조약 체제 안에서 단기간의 국지전 또는 위협적인 전쟁에 열렬한 참여자로 끊임없이 휘말려들었음을 의미했다. 새로운 조약이 체결될 때마다 유럽과 미국의 참여자들에게 주어지는 새로운 형태의 특권이 생겨났다. 남경조약에서 영국은 다섯 곳의 중국 개항장에 거주할 권리를 확보하였고, 매우 낮은 수입관세와 전쟁을 벌이게 한 데 대한 배상금 또는 벌금의 형태로 청 제국이 영국에게 장기간 갚아야 할 부채를 부과했다. 곧이어 미국은 조약을 통해 치외법권, 즉 개항장에서 외국인들이 자체적인 법률에 따라 살 수 있는 외국인 거주자들의 권리를 확보했다. 그 조약에서는 외국인이 중국에 아편을 들여올 권리도 합법화했다. 이후 프랑스는 조약을 통해 외국 선교사들이 중국의 향촌을 두루 여행하면서 자신들의 종교를 전파할 권리를 확보했다. 각각의 조약으로 개항장의 숫자 역시 늘어나, 19세기 말에는 개항장이 90여 곳이 넘었다.

국내·국제적 관점을 두루 종합해볼 때, 크림전쟁과 태평천국전쟁은 각각 오스만 제국과 청 제국이 중앙집권제와 자치권을 상실하게 되는 분수령이었다. 그 과정은 몇 가지 두드러진 공통점, 특히 그중에서도 각각의 충돌에서 두 제국은 명목상으로 승리했다는 공통점이 있다. 이 두 경우에서 토지를 기반으로 한 유라시아 제국들은 18세기 후반에 지나친 영토 확장, 감소하는 세수, 사회적 혼란을 경험했고, 이런 상황에 대해 제한적이지만 국가의 개혁적 대처가 있었다. 늘어나는 영국과 프랑스의 압박은 그 두 제국의 재정적 고민과 정치적 긴장을 심화시켰고, 군사 개혁의 필요성에 대한 엘리트의 인식을 고조시켰다. 크림전쟁과 태평천국전쟁이라는 충돌을 겪는 과정에서 두 제국이 진 재정적 부채와 두 제국이 존재하는 것의 전략적 이점 때문에, 영국과 프랑스는 두 제국과 동맹을 형성하게 되었다. 그리고 그 충돌의 여파로 두 제국은 지방분권화, 국내 인구의 이동과 국경에 대한 통제력의 상실, 영구적인 부채와 물가 상승, 대내외적 신뢰의 점진적인 하락, 외국의 보호에 대한 의존 등 심각한 문제를 겪었다.

유럽의 군사기술과 의약 및 교육이 19세기에 유라시아 대륙의 엘리트들에게 매우 생생한 충격을 주었다는 사실은 놀랍지 않다. 유럽과 미국 자신도 19세기 중반의 주요한 군사적 대치가 초래한 변화의 속도와, 전쟁이 빚어내는 극적인 상황과 그 함의가 알려지는 속도에 종종 당황했다. 미국의 내전, 인도인 용병의 반란 즉 세포이 항쟁을 비롯하여, 크림전쟁과 태평천국전쟁은 1800년대 중반에 매우 대규모로 벌어진 일련의 피비린내 나는 전쟁의 일부였다. 이들 전쟁 기간에는 더욱 치명적인 기술이 도입되었고 새로운 시대의 살상무기가 발명되었으며, 그 결과 사상 유례 없는 비율로 군인과 민간인의 학살이 자행되었다. 1800년대 초반 미국과 유럽에서 나타난 소총 제조업의 발전으로 이들 전쟁에 투입된 병사들에게 정밀한 후장식後裝式* 소총이 지급되었는데, 이는 많은 경우에 근접 전투에서 연발로 쏠 수 있는 무기가 지급되었음을 의미했다. 이와 같은 라이플 총은 실제로 1857년에 일어난 세포이 항쟁을 점화시키는 데 일조했다. 이미 반감을 품은 채 영국군에 복무하던 인도의 병사들 사이에서 새로운 무기를 동물성 윤활유로 기름칠해야 한다는 말이 떠돌았기 때문이다(봉지의 형태로 담겨 있는 이 윤활유는 병사들이 입으로 찢어서 열어야 했다). 힌두교와 이슬람교에서는 그런 동물의 도살이 금지되어 있었다.

대규모로 배치되었을 때 라이플 총으로 무장한 보병부대는 전쟁의 전략적·사회적 구조를 변화시켰다. 중포병 부대는 좀 더 안전한 위치에 있는 진지의 후방에 배치될 수 있었다. 한때 군사엘리트의 집합소이던 기병대는 주변의 해자와 지뢰로 종종 보호되는 보병들의 진지에 비해서 갑자기 매우 비효율적으로 변했다. 알프레드 테니슨 Alfred Tennyson이 쓴 「경기병대의 돌격」Charge of the Light Brigade에서는 이와 같은 새로운 환경에서 기병대가 겪은 절망적인 상태를 추도하고 있다. 이 서사시는 크림전쟁의 발라클라바Balaclava 전투에서 벌어진 한 사건을 극적으로 표현하고 있다.

이 전쟁터에서 채택된 기술과 전략들은 전 세계 어느 전쟁터를 막론하고 이후의 교전에서 빠르게 영향을 미쳤다. 부분적으로 이것은

---

* 탄알을 총신의 뒤쪽에서 장전하는 방식.

연거푸 다른 대륙에 모습을 보이는 군인들 사이에 구축된, 새로운 국제적 네트워크 때문이었다. 이 네트워크는 군인들에게 새로운 기술에 접근할 수 있게 해주었음은 물론이고, 그러한 기술에 대한 전문지식을 갖추게 해주었다. 찰스 고든Charles Gordon 장군처럼 이러한 군인들 중 일부는 제국의 이익이 보이는 윤곽을 따라 전장에서 전장으로 떠돌아다녔다. 예를 들어 고든은 1852년에는 영국군에서 복무했고, 그런 다음 영국이 오스만 제국의 편에 서자 크림전쟁에 참전했다. 그 전쟁이 끝난 지 3년 후에는 다시 중국으로 파견되어 애로호 전쟁에 참여했고 1860년에 발생한 북경의 약탈 기간에는 영국군으로 복무했다 (그는 가공할 만한 존재인 성거린친에게 굴욕을 안겨주는 역할을 했다). 그는 중국에 머물렀고 1864년에 태평군을 제압할 때까지 청 제국 정부에 파견되어 '중국인 고든'이라는 별명을 얻었다. 말년에 그는 이집트의 통치층을 위해 나일강 연안 지역의 총독으로 근무했으며, 1885년에 그 지역의 종교 지도자인 마디Mahdi가 일으킨 폭동을 진압하기 위해 하르툼Khartoum 시市를 방어하며 이집트 군대를 이끌다가 그곳에서 피살되었다.

그 밖에 이 국제적 군사 네트워크의 일부였던 사람들 중 미국의 프레더릭 타운센드 워드Frederick Townsend Ward와 헨리 버기바인 Henry Burgevine 같은 경우는 군 경력의 시작부터가 용병이었다. 모험을 찾아다닌 두 사람은 이십대 초반에 크림전쟁에서 프랑스군 소속으로 참전했다. 후일 두 사람은 태평군을 진압하기 위해 청 제국 정부에 복무하려고 지원했다. 청조의 군사·문관 엘리트들의 존경을 받던 워드는 서양 용병으로 구성된 상승군常勝軍의 지휘관이 되었다. 상승군의 서양인 용병들은 청조를 위해 특별한 기량을 발휘했다. 워드와 그의 동료들은 크림전쟁에서 겪은 경험에 입각하여, 청 제국의 관군과 향용들에게 근대식 라이플 총의 사용법과 유의사항, 신속히 움직이며 벌이는 무기 전투의 새로운 형태, 지뢰의 설치와 초보적 형태의 수류탄에 대해 훈련시켰다. 관군과 태평군 사이에서 무기와 인원 모두가 급속히 변화되었기 때문에, 서양의 개입으로 서양의 전쟁과 무기에 대한 지식은 중국 전역에서 빠르게 확산되었다. 워드는 청조를 위해 싸우다가 1862년에 겨우 30세의 나이로 전사했고, 만주족 고위 관료로 추증되는 영예와 함께 만주족 고위관료의 복장을 갖춘 채 땅에 묻혔다.

빠른 정보교환 또한 이 군사적 혁명의 일부였다. 이전에는 상상조차 할 수 없는 빠른 속도로 대규모의 군대와 보급물자, 대포를 이동시키는 데 증기선과 철도가 종종 이용되었으며, 많은 경우에는 사령부와 전장 사이의 의사소통 속도를 높이기 위해 전보가 활용될 수 있었다. 이러한 의사소통의 역할은 전투와 이들 전쟁의 정치적 의미뿐만 아니라, 전쟁이 사용하고 발전시키고 있는 기술에 관한 정보를 세계에 전달하는 데도 중요했다. 이렇게 하여 붕괴하고 있는 청 제국과 오스만 제국은 매체와 근대성의 모습이 교차로 배열된 그물망과 같았다.

전보를 통해 런던에 있는 독자들이 사건 발생 일주일 후 또는 바로 며칠 후 크림반도와 중국에서 벌어지는 전쟁드라마를 상세하게 알 수 있었기 때문에, 저널리즘은 이 시대에 시작되었다고 할 수 있었다. 크림전쟁에 대한 윌리엄 하워드 러셀William Howard Russell의 보도와 태평천국전쟁에 대한 앤드루 윌슨Andrew Wilson의 보도를 통해, 대중들은 이전까지는 상상조차 할 수 없던 대학살과 감동적인 영웅주의에 관해 흥미진진한 해설을 읽을 수 있었다. 그들은 곧 미국의 내전에서 활약한 매슈 브래디Matthew Brady처럼 그 고통의 현장을 더욱 생생하고 잊히지 않게 하려고 사진기자들과 동행했다. 언론 산업이 성장하는 사회가 초래할 수 있는 결과는 복잡한 것이었다. 서양의 우월성이 기반에 깔린 주전론적 환상과 국제적인 사고방식을 갖춘 반전운동은 모두 이처럼 새롭게 전투현장에 근접하게 됨으로써 그 영감을 얻을 수 있었기 때문이다.

인쇄 및 사진 저널리즘은 이러한 전쟁 경험으로부터 새로운 스타를 만들어냈다. 찰스 고든은 그 자체로 스타였지만, 그와 동급의 지명도를 갖게 된 이가 플로렌스 나이팅게일Florence Nightingale이었다. 1800년대에 발발한 이 엄청난 여러 전쟁에서 사망자의 절대다수는 부상 자체보다는 전염병 또는 불필요한 출혈 때문에 발생했다. 나이팅게일은 유년시절부터 병원 경영과 간호학으로 명성을 날렸다. 그녀는 고등기술을 공부하기 위해 프러시아와 프랑스로 갔고, 크림전쟁의 발발 이전에 영국 의료서비스의 뚜렷한 개선을 주도했다는 인정을 받았다. 대중들이 참상의 보도에 반응하게 되자, 영국 정부는 나이팅게일을 크림반도로 파견했다.

나이팅게일의 개인적인 지도력, 자기희생, 인내는 러셀을 비롯한 사람들을 통해 널리 보도되었는데, 그녀의 기여는 굉장히 놀라운 일이었다. 그녀가 도착한 지 1년 만에 육군병원의 사망률은 45퍼센트에서 5퍼센트 아래로 떨어졌다. 그녀의 동료와 후배들은 패혈증과 이질을 막고 치료법을 증진하기 위한 그녀의 기술을 신속하게 배웠다. 불행하게도 미국의 내전, 태평천국전쟁, 인도의 세포이 항쟁처럼 동시에 벌어진 전쟁들은 나이팅게일의 혁신으로부터 제한된 방식으로만 도움을 받았다. 물론 나이팅게일이 양쪽의 사령관들에게 멀리서나마

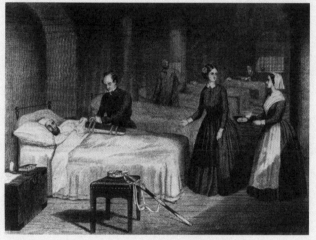

찰스 고든은 프레더릭 타운센드 워드처럼 쇠퇴하는 여러 제국과 유럽의 이익을 위해 일하며 유라시아를 왕래한 군인 네트워크의 일원이었다. 그들은 가는 곳마다 새로운 무기와 용병술을 전파했다. 새로운 전쟁기술 중에는 전보가 있었다. 전보는 사령부와 전장 사이의 의사소통 속도를 향상시켰고, 유럽과 미국의 대중들이 멀리 떨어진 무대에서 펼쳐지고 있는 드라마를 사실상 즉시 알 수 있게 했다. 또 한 가지 결과는 새로운 매체를 통해 명사가 탄생했다는 점이었다. 이 스타에는 군인은 물론이고, 전쟁의 확대와 함께 늘어난, 다른 참여자들까지 포함되었다. 특히 크림전쟁의 현장에 플로렌스 나이팅게일이 참여한 것은 후일 런던 민간병원의 위생에 직접적인 이익을 가져다주었다. 이 새로운 정보시대의 배출구 중 하나였던 『일러스트레이티드 런던 뉴스』에는 이처럼 명사 대접을 받았던 고든과 나이팅게일의 화보가 실렸다.

자주 상담을 받기는 했다. 그녀는 런던으로 돌아오자마자 간호학 기관을 설립하여 전 세계에서 지도자로 빠르게 인정받았고, 죽기 3년 전인 1907년에는 공로훈장을 받을 만큼 영국의 대중들로부터 명사 대접을 받았다. 여성이 전쟁터에 없었던 적은 없었지만, 나이팅게일은 두드러지고 전문적이며 전문직업화된 여성의 기능을 확립했으며, 이 기능은 매우 최근까지도 여성이 현대 전쟁에 참여하는 주요한 방법이었다. 1800년대 살상무기의 새로운 효율은 그녀의 일을 필수적으로 만들었고, 그 시대 정보전달의 새로운 효과는 그녀의 재주를 널리 알렸다. 더욱 중요한 것은 나이팅게일이 유라시아 여러 제국의 말기 상황과 조우함으로써 유럽인들의 시민생활이 변화된 방식을 입증했다는 점이다.

그러나 청조와 오스만 제국의 차이는 분명하다. 두 제국 모두 18세기 말까지는 거대하고 지나치게 방만한 제국이었지만, 오스만 제국은 이전보다 군대를 근대화하고 정부를 효율적으로 만들려고 노력했다. 유럽과의 가까운 거리 때문에 그들은 나폴레옹 시대와, 19세기에 부상하는 민족주의에 대한 직접적인 경험을 제공받았다. 특히 프랑스와 러시아 사이의 격렬한 충돌의 틈바구니에서 오스만 제국은 전략적 위치를 획득했고, 영토 투쟁에서 자기들 편을 들어줄 프랑스에게 명백히 유리하도록 처신했다. 오스만 제국의 입장에서는 프랑스의 문화적 측면과 군사적 관행, 상업제도에 비교적 신속하게 적응했다. 이러한 융통성은 유럽에서 그리스의 독립전쟁이라는 중요한 시기 동안에 오스만 제국의 정치적 신뢰를 유지시켰고, 이후 마무드Mahmud 2세의 통치 아래 19세기 중반에 다시 중앙집권화를 추진한 개혁프로그램의 설계와 성취를 가능하게 했다. 다시 이룩한 중앙집권화에 힘입어, 터키의 민간 영역과 그에 수반되는 터키인의 정체성을 규정한 세속적인 프로그램은 결과적으로 제국을 파괴하는 데 일조한 민족주의 운동에 힘을 부여했다.

오스만 제국과는 달리 청조는 태평천국전쟁 이전까지 보통 정도의 중앙집권과 개혁조차도 이룩할 수 없었다. 태평군, 염군, 투르키스탄의 이슬람교도 등에 대한 진압에는 전통적 군사구조의 체계적인 해체, 지휘와 지원의 지역화, 최종적으로는 외국의 사령관·군인·무기를 '제국'의 것으로 일체화시키는 일 등을 필요로 했다. 유럽세력과 미국이 청조의 영토를 식민지화하려는 일본의 시도를 여러 차례 가로막게 되면서, 영국과 프랑스의 연합은 19세기에 더욱 적극적이 되었다.

오스만 제국과 다르게 청조는 19세기 중반까지도 유럽인들이 멀리 떨어져 있고 오로지 무역에만 관심을 두고 있다고 믿었다. 그들은 19세기 초에 중국으로 아편을 밀수하는 유럽인과 미국인 상인들이 막대한 부를 거둬들이고 있다는 사실을 거의 알지 못했다. 그들은 불법적인 아편무역으로 얻은 은이 영국의 버밍엄과 미국 로드아일랜드의 주도州都 프로비던스의 산업자본으로 변환되는 자금의 일부임을 알지 못했다. 그러나 청조의 관리들이 차차 이 상황을 알게 되자, 영국은 그렇게 멀리 나아가지 못했다. 영국은 인도를 식민지로 만들었고, 그곳에서 양귀비를 재배했다. 또한 싱가포르에 주요한 해군기지를 두었으며, 그곳을 통해 중국을 비롯한 동아시아의 여러 지역으로 아편을 수송할 수 있었다. 영국은 차 무역 때문에 중국과의 사이에서 발생하는 무역불균형을 바로잡기로 했는데, 아편이 그 열쇠였던 것 같다. 유럽인과의 무역을 광주로 엄격하게 제한하고 아편무역을 금지한다는 청조의 주장은 영국으로서는 참을 수 없는 무역규제이자, 영국의 경제적 건전성에 직접적으로 위협을 줄 요인으로 보였던 것 같다. 지중해와 흑해 사이에 있는 오스만 제국이 해군력의 중요성은 인식했지만 이를 완전히 익힐 만큼 배우지 못한 데 반해, 청조가 해군력의 진가를 알게 된 것은 그보다 한참 뒤였다. 사실 아편전쟁이 거의 끝날 때까지도 청조의 전략가들 사이에서 외국 해군의 침입과 해적의 차이는 분명하지 않았다.

오스만 제국의 영토에서 그랬던 것처럼, 유럽인이나 미국인들은 혜택받은 지위를 누리기 위해 청조를 식민지로 만들 필요가 없었다. 오스만 제국의 땅도, 청 제국의 땅도 식민통치국의 힘에 의한 발전을 필요로 하지 않았다. 그들은 착취하는 데 필요한 만큼의 재력을 가졌고, 따라서 착취는 식민화처럼 대가가 크고 위험한 방법에 의해서가 아니라 전략적인 동맹이나 외교적인 수단을 통해서 잘 이루어졌다. 두 제국이 자신들의 영토를 보전해주겠다고 마음먹은 유럽세력(그리고 중국의 경우에는 미국)으로부터 결국 유라시아의 '병자들'이라는 조롱을 받고, 자기들을 지켜주겠다는 국가에 맞서 자신들을 지킬 수도 없었으며, 자기들보다 훨씬 작지만 더 역동적인 국가에 시장과 원료, 전략적 이익을 제공함으로써 낮은 단계의 생존을 유지하는 국가로 남은 것은 우연의 일치가 아니다.

동아시아에 대한 유럽인들의 전략적 관심은 중동과 동유럽에 비해 훨씬 느리게 발전했지만, 그들이 관심을 보였을 때 내비친 표현은 거의 마찬가지였다. 영국과 프랑스는 오스만 제국과 청조의 재정적 보증인이자 군사적 후견인으로 자임했고, 다른 나라들이 중앙의 제국 영토를 식민지로 만들려는 시도를 차단했다. 그들은 이 채무국의 존립에 도전하는 국내의 반발에 대해서도 주의했고, 민족주의적·혁명적 운동의 발전도 좌절시켰다. 결국 이는 두 제국의 정부에 불이익으로 작용했다. 청조 및 오스만 왕조의 존재 자체와 외국세력들의 간섭은 두 나라 대중들의 심리를 철저히 옭아매었고, 두 제국과 외국세력에 대해 늘어가는 대중들의 거부감에 불을 지폈다.

유럽세력의 침해는 19세기에 개혁을 이룩하려는 오스만 제국과 청 제국의 시도와 실패를 모두 만들어냈지만, 19세기의 가혹한 압박을 견뎌내는 능력과 개혁의 뿌리는 그 제국들 자체에서 찾아볼 수 있었다. 18세기 말에 다가갈수록 두 제국은 줄어드는 농업생산력, 늘어나는 인구, 증가하는 도시이주민, 지방분권이 가속화되는 정치적 구조에 처해 있었다. 몇몇 영역에서 두 제국은 강렬한 지방자치 운동에 대항하여 싸웠다. 이처럼 새로이 전개된 국면 이후에 도착한 유럽인들은 이들 제국이 자신의 내부적인 도전에 반응하는 방식을 변화시켰다. 그들은 점차 재정을 더욱 효율적으로 개선하면서 조금씩 군사적 힘을 증강하려는 시도에 초점을 맞추었다. 그러나 이러한 개혁프로그램은 경제적 쇠락, 사회적 혼란, 유럽과 미국(그리고 청조의 경우 일본)의 침입이 만들어낸 파괴적 기운을 앞설 수 없었다. 19세기 말까지 청조와 오스만 제국은 외부적으로는 유럽세력의 침입, 내부적으로는 부상하는 민족주의 혁명운동을 이끄는 정치적 과격화의 압력 아래에서 붕괴하고 있었다.

7장

에필로그:
20세기의 만주족

서양의 문화에는 20세기의 만주족에 대한 세 가지의 생생한 인상이 남아 있다. 하나는 1932년부터 1945년까지 만주를 지배한 일본군의 괴뢰국, 즉 만주국滿洲國에 대한 인상이다. 두 번째는 1930년대와 1940년대에 서양에서 큰 인기를 끈 상상의 악당인 푸 만추Fu Manchu이다. 그의 이름과 성격에는 '타타르'의 전설적인 '야만성'과 반골 기질의 호색한인 '동양인'의 전형적인 이미지가 결합되어 있었다. 세 번째는 베르나르도 베르톨루치Bernardo Bertolucci가 〈마지막 황제〉*The Last Emperor*라는 제목의 영화로 만들어낸 자기도취적인 공상의 산물이다. 이 영화에서 무력해진 한 남자는 자신이 어린아이 시절 알던, 완전히 제멋대로 굴던 폐쇄적 세계를 되찾으려고 애쓴다. 그리고 자신만이 누렸던 진귀한 세상을 결코 경험해보지 못했으며 영원히 그의 하급자로 남을 사람들로부터 학대받는 꼭두각시가 된다.

물론 이러한 인상은 모두 연관이 있으며, 무엇보다도 먼저 다음과 같은 관점을 바탕에 두어야 한다. 즉 현재 수백만 명의 만주족이 있고, 아마 앞으로도 계속 그럴 것이라는 점이다. 지난 2백 년 동안 만주족은 부자보다 가난한 사람이 훨씬 많았고, 몇 대에 걸쳐 중국이 이민족인 자기들에게 종종 화풀이를 일삼는 경우를 경험했다. 어떤 이들은 저명한 소설가, 서예가, 역사가, 영화배우가 되었지만, 대부분은 지극히 평범한 사람들이 되었다.

"태평천국전쟁이 없이 만주족에게 어떤 근대적인 정체성이 있었 겠느냐?"라는 의문은 역사학자, 사회학자, 그리고 만주족 본인들에게 도 남아 있는 문제이다. 처음으로 태평군은 민족적인 어휘를 도입했 다. 그들은 민족적으로 중국인에게 '한족'漢族이란 단어를, '만주족'에 게는 '만족'滿族을, 몽골족에는 '몽족'蒙族이라는 근대적인 용어를 제시 했다. 다수의 기인이 주방에 거주하는 것을 불편하게 느끼도록 만들 고 그들을 세상으로 내보내 차츰 세상과 융화되게 하려고 청조 정부 가 유도하고 있는 상황에서, 태평군이 만주족을 민족으로 그리고 적 으로 규정한 것이다. 그들은 민족을 구별했을 뿐 아니라, 그런 구별을 행동으로 옮겨 만주족이나 만주족처럼 보이는 사람들을 끝까지 추적 하여 동물처럼 도살했다. 이러한 압박 아래에서 만주족 기인들은 신 속히 자기들을 우선은 만주족으로, 그다음은 기인으로 인식할 수 있 었다. 많은 이들은 전쟁이 지속되는 동안 어떤 부대에서든 복무하기 위해 주방을 떠났다. 한족 문관들이 지휘하든 외국인 용병이 지휘하 든 청 제국의 지휘관들이 지휘하든 간에 그들은 자신과 자기 가족들 을 위협하는, 민족적으로 편향적인 운동을 분쇄하기 위해서 전쟁에 참여했다.

이러한 경험은 제국을 파괴하고 처음으로 근대적인 중화민국中華 民國을 수립한 민족주의 혁명에서도 반복되었다. 만주족에 대한 민족 적인 저주는 1903년 사법 개정 이전에도 청조의 백성들이 보복에 대 한 두려움 없이 제국을 비난할 수 있었던 개항장(치외법권 지역)에서 쏟 아져 나왔다. 1895년에 일본에게 중국이 패배한 여파로, 만주족의 결 함은 크게 비난받았다. 육호동陸皓東은 만주족이 생존할 수 있을지 한족이 살아날 수 있을지 둘 다 아닐지에 대해 증명함으로써, 그 공식의 창안자가 되었다. 그는 만주족이 "복수의 대상이며, …… 청조를 몰살시키지 않고서는 중국이 어떠한 경우에도 부활할 수 없다는 사실을 꼭 이해해주기 바란다"라고 했다. 아직 어린 급진주의자 추용鄒容은 1902년에 『혁명군』革命軍에서(이 책 때문에 그는 결국 여러 나라의 공조에 의해 투옥되었다) 솔직하고 유쾌하게 정복자들에 대항하는 민족전쟁을 요청하며, '적만인'賊滿人의 제거를 요구하는 다채로운 많은 방법에 관해 썼다.

후일에는 서양세력의 동정을 얻으려는 계산으로 계몽적이고 폭넓은 정치적 수사를 점잖게 구사한 민족주의 지도자들도 초창기에는 상스럽고 민족차별적 형태의 편파 발언을 쏟아낼 수 있었다. 저명한 자유주의자가 되기 전까지 양계초梁啓超(1873~1929)는 "나는 만주족이 중국을 정복한 글을 읽을 때마다 눈에서 뜨거운 눈물이 쏟아진다. …… 만약 국가를 구하는 동시에 우리가 만주족에게 복수하는 데 도움을 주는 방법이 있다면, 나는 기쁘게 그 방법을 따를 것이다"라고 썼다. 또한 대체로 중화민국의 국부로 추앙받는 손문孫文은 오족공화五族共和의 기치를 내세우기 전에 다음과 같은 의견을 밝힌 바 있었다. "우리 조상들은 만주족에게 항복하기를 거부했다. 눈을 감고 격렬한 전투의 장면을, 피가 강이 되어 흐르고 쓰러진 시체가 땅을 덮은 모습을 상상해보라. 그러면 우리 조상들의 양심이 고결함을 깨닫게 될 것이다."[1]

1890년대 말 이러한 표현은 주방의 기인들, 만주족 출신의 개혁적 엘리트, 여전히 자희태후의 손아귀에 있는 조정 등 다양한 현실 상황에서 하나의 확고한 비난의 대상을 만들어내려는, 민족주의 선동가들의 입장이 반영된 의도적인 전략이었다. 정복 그 자체가 그랬던 것

색스 로머Sax Rohmer(아서 사스필드 워드Arthur Sarsfield Ward)가 지은 가장 초기의 푸 만추 이야기는 셜록 홈스의 후계자로 영웅 닐런드 스미스를 제시하려는 의도가 분명하게 드러났다. 푸 만추는 런던의 오래된 차이나타운에 출몰하는, 유령 같은 모리어티 교수의 모습이었으며, 거의 보이지 않을 정도였다. 그러나 흘끗 보았을 때, 그는 분명 중국인이 아니었다. 최초의 시리즈에서는 그를 '밝은 녹색의 눈동자에 잿빛 머리칼'을 가진 모습으로 묘사했다. 마찬가지로 이 초기의 삽화들은 그를 전형적인 '중국인'으로 묘사하려고 하지 않는다. 오히려 이 시리즈에서 푸 만추는 '타타르'의 흉포성과 새로운 글로벌 범죄계층의 국제적인 냉혹함이 전형적으로 결합된 모습을 보여준다. 로머가 만든 세계에서 중국인은, 특히 런던 동쪽을 비롯한 모든 빈민가에 흘러든 범죄의 유혹을 극복하려고 분투한 사람들은 거의 언제나 그에게 희생을 당했다. 할리우드가 푸 만추 이야기를 스크린에 옮기려고 결정했을 때, 그 캐릭터는 분명한 중국인으로서 '악랄한' 버전의 찰리 챈Charlie Chan(1919년에 얼 더 비거스Earl Derr Biggers가 만든 중국계 미국인 경찰로서 푸 만추와는 달리 착하고 영웅적인 인물로 묘사되고 있다—옮긴이)으로 재설정되었다. 이러한 이유로 대만의 중화민국 정부는 그 이야기를 영화화하는 초기의 프로젝트에 반대하여 성공적으로 로비를 벌였고, 그 이후로 푸 만추는 서구에서 중국인을 폄하하여 희화화한 실례로 인용되었다.
_ 「콜리어스 매거진」, 1913.

처럼, 정복 과정에서 벌어진 대학살 역시 주로 소수의 기인이 아니라 다수의 명조 탈영병들이 자행한 일이라는 역사적 사실에는 관심이 없었다. 동시대의 현실도 전혀 관심 대상이 아니었다. 혁명가들은 한족이 축사 같은 누추한 곳에서 굶주리고 있는데도, 기인은 은과 곡식을 배급받으며 기생하고 있다고 끝없이 비난했다. 그러나 사실 몇몇 예외는 있지만, 주방에 대한 물자보급은 몇 세대 전에 멈추었고, 실제 기인들은 거지, 인력거꾼(위대한 만주족 출신의 소설가 노사老舍의 작품을 통해 불후의 명성을 얻은 삶)[2], 매춘부, 똥지게꾼, 곡예사를 비롯하여 극도로 가난한 일에 종사하고 있었다. 한족과 마찬가지로 많은 기인들은 집이 없었고 야외에서 겨울밤을 지새다가 동사하거나 가뭄이 들어 굶어 죽었다.

19세기 말에 자행된 대부분의 만주족이 처한 상황에 대한 의도적인 왜곡은 급진적인 민족주의자들에게 한 가지의 뚜렷한 장점과 한 가지의 분명한 단점을 가져다주었다. 혁명가들은 오로지 청조 조정만을 적으로 규정하는 것에 반대함으로써, 20세기 초반에 급진적인 정치개혁을 단행하겠다는 청조의 약속을 거부할 만반의 준비가 갖추어져 있었다. 자희태후의 정부는 헌법의 제정을 약속하고 관료 부분을 개혁하며 군대를 근대화했지만, 모든 사항은 의미 없는 것으로 거부될 수 있었다. 그것은 문제가 되고 있는 만주족의 본질이었고, 청조의 구성원으로서 만주족은 어쩔 수 없이 약자를 위협하고 거짓말을 할 수밖에 없었다. 조정은 개혁을 할 수 없었고, 혁명은 애초부터 유일하게 가능한 과정이었다. 초반에는 약간의 희생이 필요했다. 수부壽富의 세대에 출현한 개혁주의적인 만주족의 힘과 재능, 그들의 정치적 능력은 강유위의 시대부터는 개혁운동에서 무자비하게 배제되었고, 심오하고 체계적인 정치적 변화를 위한 광범위한 연합의 가능성은 일찌 감치 배제되었다.

민족주의 운동이 주창한 의도적인 민족차별의 정치적 타당성이 무엇이든 간에, 살아 있는 만주족이 (그리고 몽골족, 이슬람교도를 비롯하여 새로운 사회에서 환영받지 못하게 된 사람들이) 치르는 희생은 엄청났다. 한 족 민족주의 운동이 과격화된 시기인 1905년부터 1911년의 사이에, 고위급의 만주족들이 암살의 표적이 되리라는 사실은 예상 가능한 일 이었다. 그들은 종종 저격수들에게 살해되기도 했지만, 오늘날 우리 모두에게 익숙한 테러 기술의 개척자인 폭탄전문가들에 의해 더욱 많 이 희생되었다. 그러나 1911년에 혁명이 본격적으로 시작됨에 따라, 민족주의자들과 지방의 비밀결사 출신인 그들의 지지자들은 본격적 으로 자신들의 민족적 증오심을 입증했고, "혁명이 시작된 무한武漢에 서는 도시를 장악한 이후 며칠 동안 만주족 색출이 계속되었음"을 알 리는 서양 언론들의 신속한 특전을 통해 세계는 모든 상황을 지켜보 았다. 한 영국인 기자는 다음과 같이 묘사했다. "거리는 텅 비었고 사 방에는 만주족의 시체가 즐비하며, 50구의 시신이 성문 밖의 한쪽 구 석에 수북이 쌓여 있었다. 반란군은 여전히 만주족을 사냥하고 있고, 만주족 8백여 명이 살해당했다고 한다." 민족주의를 표방하는 반군이 청 제국을 지키기 위해 싸울 것으로 예상되는 만주족을 학살하고 있 었다는 평가는 전혀 허위가 아니었다. 이와는 대조적으로 무한 근처 의 의창宜昌에서는 교전이 비교적 가벼웠다. 그런데도 17명의 만주족 여성과 아이들이 체포되었고, 교전한 지 며칠 후에는 공개 처형으로, 호남성湖南省 정부의 표현대로 하자면 '군대를 달래는 것'으로 끝이 났 다. 그 절정은 11월에 서안西安에서 발생했다. 서안의 주방 공동체에 있는 약 2만 명의 만주족에게 몇 주간 음식공급이 중단되었다. 결국 그 지역 비밀결사의 인내심이 다하자 혁명군들은 주방의 경내로 진입했고, 사흘 동안 쇠약한 전체 주민을 학살했다.

1912년 2월 전쟁의 최종 합의에서 만주족과 그들의 재산에 대한 안전을 보장했다. 그러나 (1924년에 폐지된) 그 조항이 준수될 것이라고 기대한 만주족은 거의 없었다. 소수의 만주족은 만주 지역으로 돌아갔다. 만주 지역의 충성스러운 보황파保皇派 군벌들은 그들이 안전할 것임을 선언했다. 그러나 대다수의 만주족은 자기들에게 낯선 지역으로 도주할 수단도, 의지도 없었다. 그들은 남의 눈에 띄지 않으려 했고, 가족사에 관한 질문에는 거의 대답하지 않았으며, 정치에는 관여하지 않는 등 좀 더 쉬운 전략을 택했다. 아마 현재 중화인민공화국 1천만 명의 만주족 인구는 비교적 안전한 상황에 처해 있는데, 이들의 인구 비율은 전체 중국의 인구 중에서 100명 중 1명에 약간 못 미치는 실정이다.[3]

중국에 살든 대만에 살든 이제 자신을 만주족으로 규정하기로 한 최근의 젊은 세대에 의해 만주족의 민족적 '정체성'이 다시 회복되었다. 20세기에 만주족이 겪은 고통은 많은 근대 소수 민족집단이 겪은 공동의 경험이다. 많은 만주족은 자기의 부모와 조부모들이 평생 떳떳지 못한 비밀을 가진 것처럼 행동했고, 임종의 순간에야 갑자기 만주족의 혈통을 밝히며 기인과 종족의 상세한 정보를 실토했다고 말한다. 비교적 젊은 일부의 만주족은 청조의 정복 기간에 양주揚州와 가정嘉定에서 벌어진 대학살에 대한 역사상의 기록으로 고통을 받았다고 주장하고, 또 어떤 사람들은 (쿠빌라이 칸이든 강희제이든 간에) 정복자 황제들이 중국에 유익한 업적을 성취한 점에 대해 아무런 인정도 받지 못한다는 평가에 분노한다. 그러나 대부분은 자기 부모와 조부모들이 그렇지 못했기 때문에, 그저 자신들이 만주족 조상을 가졌다고 말할 수 있게 된 상황에 안도감을 표현한다. 그리고 그 점을 단지 피할 수 없는 평범한 인생의 현실(건륭제 시대의 만주족이라면, 더욱 만주족답고 기마와 궁술에 더욱 전념하며 아이신 기오로 조상들의 혼령을 더욱 숭배하라는 황제의 끊임없는 요구 아래에서 환호하며 당연히 갈망하는 일이었을 게다)로 받아들인다.

이러한 안도감은 사실 새롭다. 〈마지막 황제〉의 영웅담은 그러한 안도감이 나타난 이유 가운데 일부이다. 베르톨루치가 만든 공상 속에서 조잡한 근대정치에 갇힌 채 감정에 흔들리는 탐미주의자 부의溥儀는 절대 소심하지 않았고, 자신의 제한된 선택권을 능숙하게 다룰 만큼 놀랄 정도로 예리한 능력을 보여주었다. 그가 돌아가기를 갈망한 것은 자기 내면의 세계가 아니라, 실재하는 외부의 세계였다. 그러나 그의 노력에도 불구하고, 실제 세계는 그의 힘이 미치지 못하는 곳으로 살짝 비껴나 있었다.

1908년 11월에 자희태후가 죽을 때까지, 그녀는 자신보다 앞서 광서제를 제거하고 세 살 된 재풍의 아들 부의가 새로운 황제가 되도록 이미 조처를 해놓았던 듯하다. 섭정 재풍(부친의 작위인 순친왕의 작위를 세습)은 자기 아들을 위해 선통宣統이라는 연호를 선택했고, 야심 차고 새로운 군사조직 체계를 만들어 그 조직이 자신과 자신의 형제들을 위해 일하는 계획을 계속해서 추진해나갔다. 이 행동은 그가 빌헬름Wilhelm 2세의 호엔촐레른Hohenzollern 왕조의 조직체계를 본뜬 것이었다. 그러나 1911년 10월에 혁명이 발발함으로써 그의 계획은 차질을 빚었다. 위에서 설명한 것처럼 전쟁은 대재앙까지는 아니더라도, 청조 측에 매우 불리하게 돌아갔다. 청조는 중국 북부의 강력한 순무·총독세력으로부터 지지를 받았고, 협상에 의한 타결에 도달했다. 부의는 황제의 자리에서 퇴위하지만 황족들은 여전히 그 자산을 보유하고 양분된 자금성의 북쪽에서 계속 거주할 수 있으며, 내무부와 팔기는 축소된 형태로 유지되고(공화국 예산에서 보조금을 지원하는 형태), 「청실우대조건」清室優待條件은 만주족·몽골족·티베트인·이슬람교도들의 자산과 그들의 정치적 권리를 보장하고 있었다. 부의가 미래에 맡을 수 있는 공공의 역할 같은 것에 제한조치가 부과되었다. 즉 그는 보상금을 내거나, 정치적인 선언을 할 수 없었고, 정부의 승인 없이 자금성 밖으로 나올 수 없었다.

통일된 질서를 창조해야 할 공화국 지도층의 무능 탓에 많은 형태의 정치적 대혼란이 계속되었고, 부의를 다시 권력의 자리로 복권하려는 지속적인 시도가 그런 혼란 중의 하나였다. 일부 사람들은 어떻게든 일본세력으로부터 자금을 받거나 그들의 권유에 따라 움직였다. 예를 들자면 이런 사례가 바로 몽골족의 왕자 바보자브Babojab와 만주족 숙친왕肅親王 선기善耆가 추진했지만 실패한 복벽復辟 운동이었다. 그들은 일본인이 후원한 약간의 자금과 일본군부 지원이라는 모호한 약속을 얻어냈지만 자신의 추종자들을 조직하여 하나의 폭동으로 발산시킬 수 없었다. 바보자브는 1916년에 지방의 군벌에게 살해당했고, 선기는 일본인들의 보호 아래에서 살기 위해 만주 지역의 여순旅順으로 피신하여 1921년에 사망했다. 선기의 딸 김벽휘金壁輝는 가와시마 요시코川島芳子라는 일본 이름으로 개명했고, 카바레 가수 겸 아마추어 간첩으로 활동하는 등 기이한 생활을 했다. 1917년 청조의 충신이자 변수辮帥(변발을 한 장군)였던 장훈張勳은 지역의 정세를 활용하여 자신의 군대로 자금성을 장악하여 약 2주 동안 부의를 황제의 자리로 복권시킬 수 있었다. 만약 당시의 기록을 신뢰할 수 있다면 그 기간은 축제와 같았다. 사업가들은 그 사건의 기념품을 만들어 팔기 위해 재빠르게 움직였고, 사람들은 가두행진을 하기 위해 청조의 전통적인 예복을 창고에서 꺼내왔다. 그러나 군벌 단기서段祺瑞의 군대가 자금성 상공으로 복엽기複葉機*를 띄우고 충분한 포탄을 투하하여 장훈의 군대를 거리로 몰아내어 체포하자 끝이 나고 말았다. 이 코미디 같은 사건 외에도 강항호江亢虎 같은 정치행동주의자, 호적胡適 같은 지식인, 라빈드라나드 타고르Rabindranath Tagore 같은 세계평화주의자들이 입헌군주제 아래에서 중국에 평화를 가져올 책임이 사실상 부의에게 달려 있다는 생각을 떨쳐버릴 수 없었다. 그들은 종종 과거로 회귀하려는 영감을 받았지만, 그 이상을 추진할 어떠한 세력도 얻지 못했다.

부의의 스무 번째 생일이 가까워오자, 자금성 및 황실의 자산과 관련된 문제들이 심각해졌다. 「청실우대조건」에 따르면 황실 일족은 자금성을 소유하지 않았다. 사실 그들은 형편 닿는 대로 자금성을 비워주고 북경의 변두리인 해정海淀에 있는 이화원에 들어가기로 동의했다. 그러나 그들은 결국 이주하지 않았는데, 그렇게 한 이유 중의 하나는 분명 황실의 귀중한 보물 가까운 곳에 여전히 머무르고자 하는 소망 때문이었다. 그런 보물들은 몇 세기에 걸쳐 묵던(지금은 다시 심양)과 북경에 축적되어온 것들이었다. 「청실우대조건」에 따르면 이 보물은 황실의 자산이었다. 그러나 혁명 당시에 민족주의 군대가 그 자산 대부분을 압수했고, 그 상당수는 부의가 들어갈 수 없도록 규정된

---

* 2장의 날개를 위아래로 배치하여 양력을 얻은 초창기의 비행기.

자금성 내의 한 구역에 전시되어 있었다. 부의의 영국인 선생인 레지널드 존스턴Reginald Johnston의 증언에 따르면, 1916년 당시에 보물의 추정 가치는 400만 멕시코 달러가 넘는 금액이었고, 그중에서 총 50만 달러 이상의 물품이 황실의 소유였다. 그것은 공화국이 부의와 그의 친척들에게 약 350만 멕시코 달러의 빚을 지고 있음을 의미했다.

총 추정액은 그 당시로써는 믿기 어려운 금액이었다. 그러나 결국 약간의 위기를 촉발시킨 것은 50만 달러였다. 존스턴을 비롯한 부의의 선생들은 그가 통치를 맡고(즉 재풍의 섭정을 폐지하고) 그 돈을 스스로를 위해 쓰라고 주장했다. 그들의 충고는 그가 공익을 위해 그 자산을 사용하여 좋은 이미지를 구축하면 복벽의 열기를 일으키는 것이 가능하며, 그가 국제적 위신과 애정을 이끌어낼 만큼 매력적인 존재가 될 가능성이 크다는 이야기였다(이를 통해 많은 보상이 밀려들 수 있었다). 부의는 돈을 자선단체에 기부한다는 생각이 다소 진부하고 이로울 것이 없다고 생각했지만, 돈을 차지한다는 생각은 좋아했다. 반면 구매자는 쉽게 확보할 수 있었고(미국의 백만장자 모건J.P. Morgan은 이미 관심을 표명했다), 쓸모없는 물품들은 현금으로 변환될 수 있었다. 부의는 유럽에서 평범한 시민으로 살면서 대학생이 되고 세상을 구경하고 즐기고 싶은 마음에 더 끌렸다.

순친왕은 이를 단호하게 반대했다. 사실 그는 그 계획을 반대한 유일한 사람이 아니었다. 꽤 규모가 큰 내무부 소속의 환관 일파들도 반대했는데, 이들은 즉각 부의의 지지자들로부터 의심을 샀다. 이들 환관이 황실의 보물을 몰래 빼돌렸다는 오래된 풍문의 진실은 무엇이며, 이들은 왜 보물들을 숨겨 조금씩 수레에 싣고 남창가南昌街의 골동품상으로 가져갔는가? 왜 강희제와 건륭제가 모아놓은 진장품珍藏

品으로 사복을 채우고, 그 보물들이 부유한 서양인들의 난롯가 장식품 또는 정원의 석상이 되게 한 것인가? 부의가 1923년에 그 문제에 대한 진상을 밝혀내겠다는 생각을 공표하자, 황실 수장품의 주요한 창고였던 자금성의 궁궐 중 한 곳이 잿더미가 되었다. 전소되지 않았더라도 그 수장품들은 후일에 확인할 수 없었을 것이다.

더 큰 재앙이 기다리고 있었다. 엄청난 보물의 물색이 자금성 안에서 계속되고 있는 동안, 봉천奉天(이전에는 요동)과 직예直隷의 군벌 간의 다툼이 끝없이 계속되고 있었다. 1924년에 휴전이 선포되었고, 군벌 풍옥상馮玉祥이 북경의 통제권을 차지했다. 공화국은 이제 황제의 수행원들을 자금성 밖으로 쫓아내고, 「청실우대조건」을 철폐하며 황실의 보물을 국가의 자산이라고 선언할 수단을 확보했다. 자금성 안에 살던 사람들은 거리로 쫓겨났고, 황족과 부의, 그리고 그의 제사帝師들은 모두 천진으로 갔다. 그곳에서 그들은 일본의 조계지에서 거주했다.

부의가 어린 시절부터 꿈꿔 온 부유한 일반인이 되겠다는 계획은 사라졌으며, 기록들은 그와 수행원들이 천진의 한 저택에서 오랫동안 집단적인 우울의 상태에서 살았음을 보여준다. 그는 이미 만주 지역에 대한 경제적·군사적 지배를 강화한 일본 측의 대리인들을 소개받았지만, 그들의 명분에 많은 관심을 보일 수 없었다. 그러나 1928년에 그에게 충격을 준 사건이 발생했다. 군벌 시대에 지역의 유력자인 손전영孫殿英이 군대를 동원하여 청조의 황릉인 동릉東陵을 도굴한 것이다. 동릉에는 건륭제, 자희태후, 자안태후를 비롯하여 아이신 기오로 일족의 여러 인물이 안장되어 있었다. 황릉은 파헤쳐졌고 중앙의 제단은 기관총 사격으로 폭격을 당했다. 건륭제와 자희태후의 황릉 입구인 외벽의 문에 폭약이 가해졌으며, 그 나머지 부분은 도끼질을 당했다. 시신을 담은 관이 박살이 나서 부서졌고, 시신은 춤을 추듯 움직이다가 결국은 갈기갈기 찢겨졌으며, 황릉 안의 부장품들은 수레에 실려 나갔다. 그 소식을 들은 부의는 안색이 창백하게 변할 만큼 충격을 받았다. 이전까지 정치에 관심을 두지 않던 그는 자신의 조상을 모욕한 데 대한 복수심에 불타올랐다.

4년이 채 못 되어 부의(이제는 헨리 푸이Henry Puyi)는 묵던에서 만주국滿洲國의 집정執政이 되었다. 일본군은 1931년에 심양과 봉천의 나머지 지역을 장악하기 위해 철로의 폭파를 활용했다. 이제 심양은 다시 묵던이 되었고, 아이신 기오로 일족은 누르하치와 홍타이지가 건설한 황실의 궁전에 살고 있었다. 그의 주변에는 이루 말할 수 없는 잔인함에도 몸을 사리지 않던 일본인의 군사적 점령이 무르익고 있었다. 부의가 만주국의 강압적인 구조를 구체적으로 어느 정도 알고 어느 정도 모르고 있었는지를 밝힐 수 있는 증거는 없었다. 확실한 것은 만주국이 벌인 사업에 그가 열심히 참여했고 그 사업이 약간의 역사적 정당성을 갖추었다고 생각했으며, 일본인이 주도적인 역할을 하고 있는 점은 어쩔 수 없는 불편이라고 생각했다는 점이다.

부의가 일본의 완전한 꼭두각시는 아니었다. 일본인들은 부의를 집정에서 황제로 격상시키겠다는 의도를 분명히 밝혔고, 그 역시 그것이 적절하다고 생각했다. 하지만 그는 일본의 황제를 자신의 상관으로 인정해야 했다. 그는 이 점이 부당하다고 생각했고, (키도 크고 어느 정도 품위도 갖춘 사람인) 자신이 공개석상에서 조그마한 히로히토에게 의례상 하급자로서 행동해야 한다는 사실에 분명하게 짜증을 냈다. 가능한 경우 부의는 그에게 복종하지 않았다. 특히 그가 1934년에 만주국의 강덕제康德帝로 즉위하는 즉위식에서 청조의 전통적인 관복을 입고 전통적인 무속신앙과 불교식의 의례를 거행하겠다는 계획을 일본의 선전부서에서는 거부했지만, 그는 어쨌든 그렇게 했다. 그렇지만 물론 부의는 자신이 얼마만큼 밀어붙일 수 있을지를 알았다. 그가 만주 지역에 도착하기 전후로 일본에 협조하던 야심적인 조력자들이 귀찮은 존재가 되자 그들을 거리낌 없이 제거했다.

일본이 전쟁에 대패하고, 소련이 만주 지역을 점령했다(그들은 만주를 자기들이 차지해야 할 권리가 있다고 생각했다). 부의는 1946년에 소련에 의해 구금되었다. 한참 후에 연합국 당국은 그를 전범으로 재판에 회부하지 않기로 했고, 중국의 국공내전이 끝나자 부의는 1950년에 중화인민공화국으로 인도되어 감금되었다. 그는 수형 생활 대부분의 기간을 무순의 감옥에서 보냈다. 무순은 그의 가문이 청 제국의 토대를 구축한 곳이었다. 당시 무순은 막 시작된 중국의 산업화에 자원을 공급하는, 칙칙한 석탄과 철 생산의 중심지였다.

부의의 논쟁적인 자서전이 출간된 것은 그가 만주에 구금되어 있을 때였다. 과연 그 자서전을 부의 자신이 직접 쓴 글로 인정해야 할지의 여부는 확실히 글을 쓰는 행위의 정의에 달려 있는데, 여기에는 자서전을 쓰게 된 결코 해결될 수 없는 동기의 문제가 있다. 물론 그런 문제들은 치밀한 취조와 결합된, 강요된 글쓰기의 결과물이었다. 다소 아이러니하지만 영화 〈마지막 황제〉에서 심문관 배역을 맡은 배우 영약성英若誠(그는 종종 중국의 가장 위대한 배우로 평가받는다)은 사실 만주족이었다. 그는 대대로 작가와 학자를 배출한 만주족 집안의 후예였다. 영화에서 묘사하는 것처럼 부의가 정신을 뒤흔드는 자신과의 대립을 경험했는지는 의심해볼 만한 문제이다. 그 문제는 봉건적인 주인이 자신의 방식을 뉘우치고 인민을 위해 굴복한 사실을 강요한 이 이야기에서 매우 중요하며, 중국 당국이 베르톨루치에게 영화에서 표현해야 한다고 주장한 그 이야기에서 꼭 필요하다.

부의는 1959년에 감옥에서 풀려났다. 중국에서 일본 제국주의를 상징하는 최고의 아이콘이었던 그에게는 다소 짧은 기간의 감금이었다. 물론 중국의 구속제도 이론에서 구속 기간은 반사회적 행동을 처벌하는 데 걸리는 시간에 달려 있는 것이 아니라, 퇴행적인 사람을 올바른 사고를 하는 사람으로 바꾸는 데 걸리는 시간에 달려 있었다. 그러나 부의의 석방은 명백히 정치적이었고, 여기에는 다음과 같은 교훈이 남아 있다. 즉 비록 최근까지도 많은 역사가의 눈에는 만주족이 현실에서 사라졌지만, 중화인민공화국은 전 만주족 황제를 구금하는 것이 정치적 부담으로 작용한다고 믿었다는 사실이다. 산업적으로 발전한 만주 지역에서는 독립적인 성향의 지방 장관들이 소련과 중국 국경을 두고 타협하려는 음모를 꾸몄다는 혐의를 받고 그 직전에 물러난 바 있었다. 1959년에는 소련과 벌어진 새로운 국경 분쟁이 임박해 있었는데, 사실 완벽한 관계 단절도 가능한 일이었다. 부의의 석방은 그 지역의 만주족(당시 240만 명)에게 호의를 얻으려는 노력으로 해석될 수 있었다. 그러나 역사는 그처럼 고리타분한 견해를 가져야 하는 어떠한 이유도 제시하지 않는다. 초기의 청나라는 만주족의 동조가 아닌(당시에는 그런 마음이 존재할 수 없었다), 만주 지역의 연대를 기반으로 하여 건설되었다. 이는 만주 지역의 지역주의가 누르하치의 시대부터 강하게 존재했음을 보여주는 증거이다. 어쨌든 소련과의 단절은 실제로 실현되었고, 만주 지역에는 확실하게 중국인만 남았다.

석방된 이후에도 부의의 삶이 완전히 개인적이지는 않았다. 사실 그랬다면 국가에 거의 필요하지 않은 존재였을 것이다. 다른 명목상의 소수 민족들처럼 그는 국가의 비입법 상설자문기구인 전국인민대표대회全國人民代表大會의 중요한 일원이었다. 1960년대 초반 내내 그는 정원사로 일했고, 간호사와 결혼했으며, 동생인 부걸溥傑과 재회했다. 부걸 역시 감옥에 구금되었다가 풀려났다. 그러나 〈마지막 황제〉를 본 사람들에게는 놀랍겠지만, 부의는 결국 나비로 변신하여 날지 못했다. 공식적인 기록은 그가 문화대혁명 기간에 암에 걸려 60세를 일기로 사망했다고 간결하게 발표했다. 그러나 적어도 다른 기록이 사실일 가능성도 있고, 그가 1967년에 홍위병紅衛兵에게 살해되었을 가능성도 마찬가지로 존재한다. 이것은 위구르족 역사학자 전백찬翦伯贊의 경우라든가, 이 기간에 홍위병에게 얻어맞고 물에 빠져 죽은 만주족 출신의 소설가 노사老舍, 또는 소수파로 인식될 만한 많은 학자·작가·예술가들에게는 틀림없이 가능한 사실이었다. 중국에서 정치과격화의 시대는 다수파가 아닌 사람들에게는 위험했다. 소수파들이 민족감정을 품거나, 역사와의 연계로부터 영향을 받아 사회주의적 변화를 방해하거나, 또는 사회가 그들에게 할당한 주변부의 삶을 회의적으로 바라볼 것 같았기 때문이다. 이 만주족 출신의 전 황제는 상황이 더욱 나빠지지 않았겠는가!

누르하치努爾哈赤	건주위의 버일러	1582～1616
	호르친 몽골의 칸	1606～1616
	건주국의 칸	1605～1616
	후금의 칸(연호: 천명天命)	1616～1626
홍타이지皇太極	후금의 칸(연호: 천총天聰)	1627～1635
	청조의 황제(연호: 숭덕崇德)	1636～1643
복림福臨	(연호: 순치順治)	1644～1661
현엽玄燁	(연호: 강희康熙)	1662～1722
윤진胤禛	(연호: 옹정雍正)	1723～1735
홍력弘曆	(연호: 건륭乾隆)	1736～1795
옹염顒琰	(연호: 가경嘉慶)	1796～1820
민녕旻寧	(연호: 도광道光)	1821～1850
혁저奕詝	(연호: 함풍咸豊)	1851～1861
재순載淳	(연호: 동치同治)	1862～1874
재첨載湉	(연호: 광서光緒)	1875～1908
부의溥儀	(연호: 선통宣統)	1909～1912
	만주국의 집정	1932～1934
	만주국의 황제(연호: 강덕康德)	1934～1945

부록 ‖ 우전 초오하(소중한 병사들)

'우전 초오하'ujen cooha(烏眞超哈)라는 용어가 도입된 정확한 날짜와 그 용어의 엄밀한 의미는 해결되지 않고 있다. 나는 이 용어의 언어적·사회적·관념적 관련성은 물론이고, 그 의미에 관해서도 내 생각을 바꾸었다. 유가구劉家駒(Liu Chia-chü)는 그 용어가 무장한 채 여진족/만주족 침략군의 앞에 '총알받이'로 내세워진, 논란이 되고 있는 병사들을 의미하는 것 같다고 제안했다("Creation of the Chinese Banners in the Early Ch'ing", p.60을 보라). 침략군보다 먼저 포로를 앞세우는 관습은 전통적이었다고 입증되었지만, 갑옷의 높은 가치를 고려한다면 이런 방식으로 다루어지는 사람들에게 그러한 보호 장치를 아낌없이 제공할 것 같지는 않으며, 당연히 이것은 그 용어의 기원에 대한 아주 그럴듯한 가능성을 드러내는 것 같지는 않다. '우전'ujen은 짐을 나르는 동물처럼 또는 대포를 끌어다 배치하고 가동시키려고 하는 부대원들처럼(여진족들은 먼저 무순에서 대포를 확보했다) 짐을 짊어지고 일한다는 의미에서 '무겁다'라는 뜻인 것 같다. 나는 이전에 대안으로 말을 타지 않은 보병步兵이 자신의 식량을 직접 운반한다는 의미에서 '느리다'라는 의미일 것이라는 의견을 제시했다. 물론 만주족은 말을 탔고 그들의 식량은 노예가 운반했다.

　김계종金啓琮의 『여진문사전』女眞文辭典의 인용구문을 공부하고 또 만주어의 관련 단어에 관해 새롭게 생각해보며 '우전 초오하'라는 용어가 출현한 맥락을 검토한 후에, 나는 이제 이 용어에 대해 다른 의견을 갖게 되었다. 여진어 '우저'udzə는 만주어 '우전'ujen처럼, '무겁다'는 뜻과 '중요하다, 강조되다, 심각하다, 가치 있다, 훌륭하다'라는 의미를 동시에 지니고 있다. 김계종(『여진문사전』, pp.100~101)은 분명 서로의 변형인 두 동사, '우저비머이'udzəbimei와 '우주비마이'udzubimai를 인용한다. 두 단의 의미는 모두 '존경하다'이다. 두 단어는 만주어 '우절럼비'ujelembi라는 단어에 반영되어 있다. 제리 노먼 Jerry Norman은 그 의미를 "①무겁다, ②공손하게 행동하다, 공손하게 다루다, ③심각하다, 심각한 태도로 행동하다, ④관대하게 행동하다, ⑤매우 소중하게 생각하다"라고 설명한다(*A Concise Manchu-English Lexicon*, p.292). 이 단어의 어원은 여진어 "키우다, 아끼다, 기르다"의 뜻을 가진 '우주-지-루'udzu-dzi-ru와도 관련이 있으며, 만주어 '우짐비'ujimbi에도 같은 의미가 반영되어 있다. 위에서 언급한 것처럼(3장 참조), 이것은 누르하치가 평소에 자신이 '거런 구룬'geren gurun(여러 나라)을 '우지러, 우지키니'ujire, ujikini(기르고 키우며 아낀다)라고 묘사한 것과 이러한 단어를 지극히 밀접하게 연결시킨다. 나는 아래에서 누르하치가 소중하게 아끼던 원래의 대상이 '거런 구룬'이 아니라 '우전 초오하'였을 것이라는 의견을 제안한다.

이 명칭의 기원이 무엇이든 간에, 결국 이 단어는 한군기인漢軍旗人들을 가리키는 것으로 일반화되었고 청대 내내 그들을 지칭하는 고아古雅한 방식이었다(牟潤孫, 「明末西洋大炮由明入後金考略」을 보라).

우전 초오하는 종종 한군팔기漢軍八旗와 동일시되지만, 이 연관성이 기록상으로 확립되기까지는 약간의 시간이 걸렸다. 이 용어가 채택된 이후 기록된 후금의 역사책에서, 이것은 '한족漢族(즉 중국 북부 사람들)의 군대'를 의미하는 수식명사(또는 복합명사)였다. 그러나 팔기제도에서 한군漢軍은 한군팔기 또는 한군기인을 묘사하는 데 사용되는 형용사였다. 이 단어는 청조의 공식적인 기록에서 '한족의 군대'를 의미하는 것으로 사용되지 않았고, 몇몇 특이한 사례를 제외하면 '한군'은 만주족 기인과 몽골족 기인을 부르는 호칭과도 전혀 문법적 등가성이 없다(즉 '만군'滿軍 또는 '몽군'蒙軍이란 말은 없다). 그에 상응하는 것은 그저 '만주'滿洲(만주팔기)와 '몽고'蒙古(몽고팔기)뿐이다. 이 책에서는 '한군'과 17세기 중반에 쉽게 '한족' 주민으로 인식할 수 있었던 존재를 구분하는 것이 중요하며, 그러한 구분을 하는 데 도움이 되는 단어를 갖는 것이 유용하다는 점을 입증한다. 형용사적으로 사용하는 '한군'에 적합한 실질명사인 'Chinese-martial'은 (secretary[ies]-general, court[s]-martial 등과 같이) 내게 '한군'의 특색과 그 문법적 기능과 의미를 잘 보여주는 것 같았다. 'martial Chinese'도 똑같이 괜찮고 문법적으로 대체할 수는 있다. 그러나 세세한 사항이기는 하겠지만, 그 번역은 '한군'이란 단어의 원래 해석 순서를 지킬 수 없다. 영어 단어 'Chinese'는 문법적으로 기이하여 'Chinese-martial'이 형용사/명사 또는 단수/복수의 용법에서 그 형태가 변화하지 않는다. 이 번역어의 고안에 편의성을 넘어선 가치가 있다면, '한군'이라는 단어가 청대의 어법상 'Chinese army' 즉 '한족의 부대'를 의미하는 명사였다는 개념에서 벗어날 기회를 제공한다는 점이다. 명사적 어형 형태에도 불구하고 '한군'이라는 단어는 'martial Chinese' 즉 '한족군인의' Chinese-martial를 의미하는 형용사이다.

여기에서 모순된다는 비난을 받지 않기 위하여, 독자들은 내가

'한족의 군인들'Chinese martials이라는 용례를 지지하지 않는다는 점에 주의해야 한다. Elman and Woodside, *Education and Society in Late Imperial China, 1600~1900*에 수록된, 내가 쓴 논문("Manchu Education")의 출판본에서는 그 용법이 나오고 있기 때문이다. 이 특별한 경우에 나타난 편집 이면의 문법적 논리 또는 어휘상의 논리에 대해, 내가 해명하기는 당혹스러운 면이 있다.

※원서에서 알파벳 순으로 되어 있는 항목을, 한국어판에서는 가나다 순으로 배치했다.

금金　　'황금'을 의미하는 이 이름은 여진제국(1121~1234)의 왕조 명칭으로 채택되었다. 한문으로 기록된 금조의 역사에 따르면, 그 이름은 여진족의 흰색 때문에 선택되었다. 물론 이것이 그들의 피부색을 가리키는 것인지, 그들의 전통적인 흰색 옷을 가리키는 것인지는 분명하지 않다. 어쨌든 그 이름이 여진족의 신체적 특성 중 하나를 가리키기 위해 선택되었을 것 같지는 않다. 원래 여진족의 세력이 모여 있던 곳과 초기의 수도인 상경上京의 위치는 안출호수按出虎水(지금은 송화강의 지류로서 아십하阿什河라 불림) 유역이었다. 그것의 이름은 여진어로 '안춘'anchun('황금'의 의미)이라는 단어와 흡사했다. 왜 이 민족이 자신들을 '금'이라고 부르기를 원한 것인지 그 이유를 설명할 필요가 있다면, 그에 대한 설명은 아마도 여기에 있을 것이다.

누르하치努爾哈赤(로마자로는 Nurgaci, Nurhaci, Nurhachi, Nurhachu 등으로 표기)　　1559년에 태어나 1626년에 묵던에서 사망했다. 1582년부터 건주여진을 통합하고 이끄는 일을 했다. 1586년부터 버일러로 인식되었다. 1595년에 자신을 '건주위建州衛와 야인여진'의 '주'主(어전ejen)라고 불렀다. 1606년부터 호르친 몽골의 칸으로 인식되었다.

1616년에 자신을 여진의 한汗(칸)으로 선언했고, 1618년에는 자신의 국가명을 '금'이라고 발표했다. 1621년에 이전까지 명조가 관할하던 만주의 요동 지역 대부분을 자신의 영토에 편입시켰다. 요동 서부를 정복하는 과정에서 사망했다.

만주滿洲　　　'만주'라는 명칭은 1635년까지 공식적으로 사용되지 않았다. 청초의 기록에서는 그 이름의 의미라든가, 그 이름이 채택된 이유를 언급하지 않고 있다. 그 이름에 대해 설명하려는 가장 초기의 시도는 그 이름을 '만주스리'Manjušri와 연결시킨 것이었다. '만주스리'는 청조 황실의 일부 제례의식에서 중요한 부처의 현현顯現이었다. 이 용어는 왕조의 초기에 티베트와의 결합을 통해 청조에 축적·사용된 것 같다. 티베트는 매년 청조의 황제를 '만주스리'로 부르는 서면의 인사말을 올렸다.

'만주'는 일찍이 말갈 시대부터 관직 또는 족장의 칭호로서의 요소도 있었던 것으로 보인다. 말갈족은 자기들의 족장을 '다모포 만주'damofo manju라고 불렀던 것 같고, 중국의 대역사학자 맹삼孟森은 몽케 테무르의 정적이었던 이만주李滿住의 이름이 사실은 건주연맹의 적법한 족장으로서 그의 지위를 보여주는 작위였을지도 모른다고 추측했다. 이와 같은 추론에 따르자면, '만주'는 누르하치의 조상들이 1400년대에 이만주로부터 권력을 빼앗은 후에 그들이 차지한 관작이었을 것이다. 그 당시 명조는 '만주'라는 작위가 전체 민족을 지칭하는 것이라고 잘못 오인했을 것이고, 이 명칭이 1635년에 홍타이지의 정책에 의해 법제화되었는지도 모른다.

'만주'라는 이름에 대한 청조의 공식적인 설명은 18세기에야 비로소 나타났다. 청조에서는 '만주'가 본래 어느 시점에서 건주연맹에 가입한 한 부족의 이름이었고, 그 지역의 작은 강의 이름이었을 수도 있다고 설명한다. 불행하게도 이 설명 중 어느 쪽이든 사실임을 확인해주는 증거는 발견되지 않고 있다.

중국의 역사가들은 전통적으로 만주라는 이름의 도입이 여진족의 국가 정체성을 모호하게 만들려는 수단이었다고 설명한다. 이는 분명 여진족이 명조의 속국이었고, 따라서 중국을 지배하는 합법적인 통치자가 될 수 없다는 사실을 숨기기 위해서였다. 그러나 청조의 통치자 중에 누구든 청나라가 여진족에게서 기원했다는 사실을 '잊으려고' 한 사람이 있었을 리는 없다. 그 점은 청조 자체가 누누이 강조했고, 어떤 경우에든 청조가 그 점을 통해 자신들의 통치권을 타협했다고 생각한 적이 없기 때문이다. 1635년에 '만주'라는 말이 민족의 이름으로 공식적으로 채택되기 전에도, 그 단어는 여진족에게 익숙했을 것 같다. '만주'라는 말은 일찍이 말갈 시대부터 족장을 가리키는 고대의 용어와 약간의 어원적 연관성이 있었을 가능성이 꽤 높다. 그리고 1635년에 '만주'라는 단어를 사용한 것은, 문자 그대로 '만주'를 국가 내의 지배민족으로 규정하려는 의도였을 것이다. 그러나 지금 이 순간으로서는 모든 것이 엉성한 추측일 뿐이다.

말갈靺鞨 물길勿吉의 직계 후손으로, 아마도 같은 이름을 공유했을 것이다. 당대唐代에 말갈은 점차 2개의 큰 집단으로 분리되었다. 하나는 만주 지역 북부 일대의 흑수말갈黑水靺鞨이고, 다른 하나는 남부의 속말말갈粟末靺鞨(발해의 조상)이다. 말갈은 발해보다 먼저 출현했지만, 일부가 발해 시대에도 계속 존재했고 이후 초기의 여진족을 형성했다.

몽케 테무르Möngke Temür(猛哥帖木兒)　　　'오래가는 철'이란 의미의
몽골어 이름으로 만주와 몽골 지역의 여러 지도자가 사용한 이름이
다. 그중 하나가 건주연맹의 전신인 오도리Odori(斡朶里) 여진의 지도
자였다. 몽케 테무르는 조선 조정이 조선을 괴롭히는 여러 여진족을
근절하는 시기인 1434년에 한반도 북부에서 살해되었다. 그의 동생
범찰凡察은 후일 오도리를 이끌고 북서쪽으로 이동하여 만주 지역 남
부에 도착했고, 그곳에서 한동안 정착하다가 다시 서쪽으로 이동하여
명조의 요동 근처에 정착했다. 명조에서는 몽케 테무르에게 그의 연
맹을 다스리는 '도독'都督의 직책을 하사했다. 이 직책은 그의 아들 동
산董山*에게 세습되었고, 후일 그의 5대손인 누르하치에게까지 이어
졌다.

무쿤mukūn　　만주족의 혈연관계에 대한 초기의 논의는 청조의 신조
어 '할라무쿤'halamukūn을 '씨족' 또는 '종족'을 가리키는 일상적인 용
어로 규정했다(Shirokogoroff, *Social Organization of the Manchus*와 凌純
聲, 『松花江下游的赫哲族』을 보라). 제기된 것처럼 이것은 중국어의 '씨족'
과 어원이 같은 말이며, 또한 후자의 단어가 전자에 속한 단위임을 보
여준다. 즉 할라hala(또는 씨氏)는 'clan'이고, 무쿤mukūn(또는 족族)은
'sub-clan', 즉 '종족'이다. 사실 '무쿤'은 두 개의 만주어 용어 중에서
더 오래된 단어이고, (족처럼) 원래 혈연집단임을 분명하게 보여주는

---

* 그의 이름은 동산童山, 동창童昌, 충상充尙, 충선充善, 사산查山 등으로도 알려져 있다.

단어가 아니었다. '할라'는 후일 '무쿤'의 연맹을 지칭하게 되었고, 청대에 '무쿤'은 종족 또는 확대된 가정을 가리키는 일반적인 단어가 되었다. 반면 '할라'는 한 종족의 이름을 공유한 사람들 전체를 언급할 때(그들이 실제로 관련이 있느냐의 여부는 상관없음) 드물게 사용하는 단어이다. 여진어의 '모극'謀克(금조의 역사에서 한자로 표기한 것)은 근대 만주어 '무쿤'의 원형이었다. 도진생陶晉生이 생각한 것처럼, 그것은 '1백'을 의미하는 것이 아니라(1백을 의미하는 단어인 '탕구'tanggū는 만주어와 마찬가지로 여진어에서도 같았다), '무쿤'이 의미하는 것, 즉 협동하는(후대에는 친족) 집단을 의미했다.

물길勿吉　　　　읍루挹婁, 물길, 말갈, 여진이 모두 주대周代(기원전 1046~기원전 256)의 중국 기록에 언급된 숙신肅愼의 후예라고 생각하는 중국의 전통은 이를 뒷받침할 직접적인 증거가 전혀 없으며, 그렇다고 현대의 학자들이 이 주장을 종종 반복하는 사례도 막을 근거가 없다. 물길은 자신 있게 여진의 조상으로 분류할 수 있는 최초의 민족 이름이다. 그들은 북위 왕조의 시대에 만주 지역에 거주한 유명한 민족이었다. 청대 이래 많은 학자들은 이 이름이 근대에 들어오며 변형된 만주어 '워지'weji(숲 또는 숲의 거주자를 의미함)와 밀접하며, '물길'(Wuji)이 그것의 어원이라고 주장했다. 그러나 그 단어는 어떤 근대의 단어와도 관련된 것 같지 않다. 그것의 현대 발음은 아마도 '말갈' 같은 단어와 유사하거나 같다.

발해渤海(Parhae)　　　　발음상으로는 분명히 말갈과 관련이 있지만, '발해'라는 이름의 실제 한자는 한대漢代에 한반도에서 건립된 조선朝

鮮 지휘관의 관할구역 중 한 곳에서 비롯되었다. 2장 참조.

백두산白頭山　　한국, 러시아, 만주 지역의 경계가 합류되는 이 산의 지점과 그 높이는 동북아시아의 여러 민족의 역사에서 이 산을 중요한 곳으로 자리매김하게 했다. 북위의 역사서에 따르면, 초기의 정착민들은 그 산맥을 도태산徒太山이라고 불렀지만, 후한대後漢代부터 중국인들은 그 중심의 가장 높은 봉우리를 '불함산'不咸山(소금이 없는 산)이라고 불렀는데, 아마도 그 봉우리가 소금처럼 흰 눈으로 뒤덮였으면서도 소금은 없었기 때문인 것 같다. 북위시대에는 그 산의 외형에 따라 '태백산'太白山 또는 '장백산'長白山이라고 불렀다. 그곳은 발해 영토의 최남단을 표시하는 지역이자, 1400년대에는 건주여진의 최동단 지역이었다. 18세기에 청조는 자신의 '조상'들이 살았을 것으로 추정되는 백두산 일대의 지역과 수 세기 동안 끊임없이 접촉한 것을 근거로 낭만적인 구비설화를 만들어내려고 했다. 표준적인 만주족에게 그 산은 '샹기얀 알린'Sanggiyan-alin 또는 '산얀 알린'Sanyan-alin이다(어떤 경우에도 '하얀 산'이란 의미이다). 그 산의 중국어 명칭은 중국어 '장'長의 대안적 의미를 사용하여 종종 영어 'the long white mountain'으로 번역된다. 이 지역은 현재 유네스코 보존지역이다.

버일러beile(貝勒)　　누르하치의 젊은 시절 이것은 만주 지역의 족장을 가리키는 보통의 작위였고, 권력의 규모는 매우 작은 것에서부터 칸으로 인식되기에 필요한 것들이 약간 부족한 수준까지 다양하게 걸쳐 있었음이 드러난다. 그 단어 자체는 분명 외래어로서, 아마도 초기 튀르크어에서 온 것 같으며, 유사한 의미를 가진 근대의 터키어 단

어 '베그'beg와 연관이 있다. 여진족에게 그 단어는 '버길러'begile였
다. 그 단어는 몇 가지 이유로 여진어에서는 어형이 변화된 형태로 채
택되었음을 보여준다. 복수형(종종 그렇게 추측됨)으로 변환되었을 수
도 있고, 또는 '~처럼, ~의 방식으로'의 의미인 튀르크어의 접미사
'-lar'와 결합되는 경우도 많은 것 같다. 이런 의미에서 그 단어는 러시
아어 '보야르'boyar와 어원을 같이할 수도 있겠다. '보야르'는 족장을
나타내는 근대 만주족의 언어인 '보기야'bogiya와 틀림없이 같은 어원
에서 분화되었을 것이다.

이 차용어의 정상적인 복수형은 만주어로는 '버이서'beise였겠지만,
'타이서'taise의 경우에서처럼 '버이서'는 작은 왕국의 왕자, 특히 누르
하치의 딸들과 결혼하여 '어푸'efu(사위)가 된 몽골왕족의 직책을 가리
키는 단수로 사용되었다.

부여夫餘   1세기경 한반도에 나라를 세운 백제百濟와 고구려高句
麗의 조상으로 추정된다.

석백족錫伯族(Sibo)   석백족錫伯族은 이제는 만주어로 인정받는 언
어의 방언을 구사한다. 그들은 만주족과 밀접한 관계가 있지만, 고유
한 역사가 있었다. 그들의 이름을 선비족鮮卑族과 연결하려는 시도가
자주 있었다. 북위 왕조를 건국한 탁발족拓跋族(Tabghach)은 선비족의
후예이다. 만약 이것이 정확하다면, 당시 석백족의 조상은 퉁구스어
군의 언어를 말하던 사람들이 아니라 튀르크 내지 원시 몽골인의 언
어를 사용한 사람들이었다. 선비족과 석백족 사이에는 사실상 수 세
기에 달하는 시간상의 어려움이 있다. 그 기간에 사실 석백족의 존재

에 관한 어떠한 증거도 없다.

과거 6세기 동안 석백족은 퉁구스계에 속했고, 태평양 쪽으로 이동해 온 러시아인들에게 잘 알려졌다. 러시아인들은 석백족의 이름을 따서 그 지역을 '시베리아'라고 불렀다. 만주족은 1640년대에 석백족을 정복했고, 그들을 기인제도 안에 '새로운 만주족'으로 편입시켰다. 이 명칭은 팔기 내에서 석백족의 고유한 정체성을 보존하는 데 도움이 되었다. 그들은 신강성의 이리伊犁에 있는 그들만의 주방 공동체로 유명했다. 그곳에서 그들은 계속해서 자신들의 언어를 말했고, 청조 말엽까지 다소 전통적인 문화를 실천했다. 오늘날 만주어를 말하는 사람들은 사실 석백족이다. 그들은 오늘날의 우리가 만주어의 발음이 어떠했는지 이해한 것에 자신들의 억양을 첨가했다.

여진족女眞族　　10세기에 이 이름을 사용한 민족은 틀림없이 말갈의 문화적 전통을 계승한 사람들이었고, 그 두 이름은 연관이 있었던 것 같다. 반면에 명칭에 대해 여러 가지 변형을 인정한다면, '여진'이란 이름의 초기 형태는 당대 초기의 기록에도 나타나고 있는 것 같다. 그렇다면 여진이 정치적으로 독립된 민족으로 출현한 요대遼代(11세기 말~12세기 초)의 한참 이전에도 독립적인 이름 내지 '말갈'이 약간 변형된 형태로서 존재했을 가능성도 있다. 12세기 초에 아골타阿骨打가 이끌던 여진족은 만주 지역에 제국을 건설했고, 거란이 세운 요 제국으로부터 중국 북부의 통제권을 강탈했다.

금 제국 시기와 그 이후, 여진족 집단은 만주 지역과 중국 북부에 널리 분포했고, 그들의 문화 또한 다양했다. 건주여진(누르하치가 흥기한 지역)을 포함한 동여진은 계속해서 그 이름을 사용했지만, 여진 문자를 사용하지는 않았다. 그 이름은 1635년에 공식적으로 중단되었다.

요遼　　　907년에 건립되어 1125년에 여진족에게 멸망당한 거란의 제국. 요나라의 기반이 된 정치연맹은 만주 지역의 요하遼河 근처에서 발원했다. 중국어로 '요遼는 '철'을 의미하기도 하며, 그래서 만주 지역과 중앙아시아의 경제사와 정치적 관념과도 많은 공명을 가졌다.

우량하Uriangkha(올량합兀良哈)　　　종종 몽골족으로 간주되지만, 그들은 여진족에서 파생된 민족일지도 모른다. 어쨌든 그들은 아마 여진족의 금 제국 몰락 이후 아무르강에 정착한 여진족에게 몽골의 영향력을 전파한 사람들이었던 것 같고, 원대와 명대 동여진 민족들의 형성과정에서 독특한 요소였다. 우량하는 만주 지역에서 발원하여 후일 몽골족으로 분류된, 쉽게 가늠할 수 없는 기원을 가진 첫 번째 민족이 아니었다. 흥안령興安嶺 일대에서 기원한 것 같은 탁발씨拓跋氏는 중국인들에게 '선비족'으로 불렸고, 이는 퉁구스계의 기원을 암시하는 것으로 판단된다. 그러나 후대의 학자들은 한번쯤 그들을 튀르크어로 불렀고, 이제는 '원시 몽골족'이라는 용어를 선호한다. 시간상으로는 몇 세기 전에 분리되었지만, 탁발씨와 우량하는 대체로 만주라는 동일한 지역에서 출현했고, 그들의 발전은 동일한 모호성을 자주 보여준다. 초기의 우량하는 탁발씨 잔여 세력의 후손이었을 가능성이 있다. 그 이름은 요대遼代 초기의 사료에 '온랑개'溫娘改와 '알랑개'斡朗改라고 기록되어 있다. 이것은 지명으로 추측되지만, 1241년에 동유럽을 위협한 위대한 몽골의 사령관 수부데이Sübüdei의 종족명이기도 했다. 거란족이 세운 요 제국의 정사에 수록된 몇몇 언급은 우량하가 10세기 초에 요동과 시라무렌Shira-Muren 강 부근에 존재했음을 암시한다. 명 제국의 시대(1368년 이후)에 우량하는 그 지역의 북서쪽에 자리했고, 명말에는 서몽골 동맹의 일부로 인식되었다. 명조는 우량하를 당시에 존재하던 몽골동맹의 일부로 생각했지만, 우량하의 기원은 한 제국 멸망 이후 시대의 월지月支 사람들(대체로 소그드족으로 간주됨)에게 있다고 생각했다.

옛날부터 우량하의 여진족 또는 퉁구스계 기원설은 사실일 것으로 추정되었다. 그들은 아마도 당조 및 발해 시대에 말갈족 백성과 관련이 있거나 말갈족의 일부였을 것이다. 몽골족의 원 제국 기간에, 라시드 앗 딘Rashid ad-Dīn은 그들을 '삼림 민족'으로 묘사했다. 이는 이들이 몽골족보다는 여진족에 더 가깝다는 것을 암시한다. 15세기에 우량하와 여진족의 유대관계는 돈독했다. 얼마나 돈독했던지 조선 조정은 몽케 테무르를 비롯한 여러 족장들을 '오랑캐'라고 불렀다. 한국어로 '오랑캐'는 '야만인'과 같은 의미이다. 여진족은 우량하의 명성을 자신들과 함께 남쪽으로 퍼뜨리고 있었지만, 우량하는 투바족Tuvin, 투발라르족Tubalar, 사얀족Sayan, 야쿠트족Yakut을 비롯한 여러 민족들에 의해 시베리아와 동북아시아의 극지방까지 밀려가고 있었다.

청淸　　홍타이지가 세운 제국의 왕조명. 중국어로 '청'이라는 글자는 물과 관련되어 있기 때문에 '순수하다', '분명하다', '맑다' 등을 의미하는데, 이는 왕조의 명칭으로서 놀랍지 않다(왜냐하면 그것은 명조의 이름이 함축하고 있는 '불'의 느낌과 주기적으로 연결되고, 또 우주론적으로는 물이 불을 제압함으로써 청조의 정복을 설명하고 있기 때문이다). 그것은 또한 불교적인 함축을 지니고 있는 것으로 알려져 있고(물의 이미지는 반성, 통찰, 계몽이다), 문수보살文殊菩薩(Bodhisattva Manjuśri)와 왕조의 관련성을 강조하기 위해 보완적으로 선택되었을 수도 있겠다(7장 참조).

'청'은 만주 지역에 있는 몇몇 강들의 이름이며, 1619년에 벌어진 청하清河전투가 요동을 차지하려는 누르하치의 작전에서 중요한 전투였다는 점도 특기해야 할 것이다. 그 전투는 만주족의 기록에 남아 있는 여러 삽화 중의 한 주제이다. '청하'라는 이름이 담고 있는 함축된 의미가 얼마나 크든 간에, 어쩌면 이 초기 전투의 중요성 때문에 '청하'가 처음으로 후금의 구비설화 중의 일부가 되었을지도 모른다. '금'처럼, '청'은 의도가 빠르게 축적될 수 있는 이름이다.

만주족 역사학자 김량金梁은 심양에 중국어와 만주어 두 가지로 된 현판이 있었으며, 그 현판에서 '청'은 만주어 '아이신'aisin, 즉 '금'의 번역어로 사용되었다고 주장했다. 그는 누르하치의 국가인 후금과 홍타이지의 국가인 청의 명칭이 실제로는 다르지 않다는 가설을 세웠다. 이 현판은 더 이상 존재하지 않으며, 설사 그 현판이 그런 의미가 있었더라도 쉽게 해독되기는 어려웠을 것이다. 불행하게도 홍타이지는 만주족의 국가명이든, 청조의 왕조명이든 널리 알리려는 자신의 의도를 설명하지 않았다. 어쨌든 정확한 의미를 보여주는 증거는 아직 제시되지 않은 상태이다.

칸khan(만주어로는 '한'han)　　　'칸'이라는 용어는 어떤 형태로든 만주 지역에서 오랜 역사가 있다. 그 용어는 4세기경에는 한반도의 고위 지배층에게 알려졌을 가능성이 있다. 당대唐代에는 확실히 '칸'이라는 용어가 만주 지역에서 매우 익숙했다. 거란의 반란군 지도자는 600년대 후반에 자신을 '누구에게도 밀리지 않는 칸'이라고 불렀다.

누르하치의 젊은 시절에 그 작위는 희귀했고 고위층의 사람이 쓰는 말이었지만, 1606년에 호르친 몽골이 그에게 항복하기 전까지 그 명칭은 누르하치에게도 적용되지 않았다. 심지어 그 후에도 그는 여전히 여진족의 백성들에게 버일러로 알려졌다. 그는 1616년에 국가의 건립을 선언하는 것과 동시에 '칸'이라는 작위를 사용했다.

이 단어의 기원은 잘 알려지지 않았다. 이 단어를 서아시아의 용어인 '샤'shah와 연결하려는 시도가 있었다. 이것은 기원전 2500년 이전에 인도-유럽어족이 중앙유라시아를 지배하던 시대에 해당할 만큼, 매우 초기의 기원을 암시한다. 한 가지 관련 가능성이 있는 해석은 이 작위를 흉노족의 지배자와 연결시킨다. 흉노족의 지배자는 중국 역사서에서 '선우'單于라고 음역된다. 또 한 가지 대안적인 가설은 '칸'의 동방기원설이다. 이것은 칸의 기원을 중국어 '관'官(관리)에서 이끌어낸다. 그것은 '관'이 서주시대西周時代(기원전 1046경~기원전 771) 동안 '패'覇, 즉 패권을 가진 고대 중국인의 관직을 일컫는 보편적인 이름으로 널리 퍼졌을 것이라는 생각이다. 고대 중국의 패자覇者는 칸과 마찬가지로 여럿 중의 1인자였으며, 패자의 역할은 전쟁의 시대에는 강조되었고 그렇지 않을 때에는 약화되었음을 의미했다. 이것은 튀르크계의 여러 민족과 역대 몽골족, 그리고 만주 지역의 여러 민족 사이에서 칸이 한 역할과 매우 흡사한 방식이다. 따라서 만약 이 해석이 정확하다면 어떤 단어로 표현했든 그것은 매우 오랫동안 거의 유일하게 의미의 불변성을 확보했다는 인정을 받는 것이다. 아무튼 어떤 형태로든 '칸'이라는 용어는 이미 5세기경에는 유라시아 전역에서 흔하게 나타났다.

몽골족 사이에서도(칭기즈 칸의 사망 이후 대체로) 칸의 작위는 '카간'

khaghan(可汗) 즉 '칸의 칸'(이란의 작위인 샤한 샤shahan shah, 즉 '샤의 샤'의 영향을 받은 듯함), 또는 '대칸' 大汗 등으로 발전되었다. 몽골의 용어인 '칸'과 '카간'의 관계와 그 어원에 대한 논의로는 Lawrence Krader, "Qan-Qaγan and the Beginnings of Mongol Kingship"을 보라. 최고의 작위는 칭기즈 칸이 죽을 때까지 그에게 적용되지 않았을지도 모르겠지만, '카간'이 '칸'보다 더 오래된 단어였던 것 같으며, '카간'은 지리적인 범위에서 양극단을 달리는 중세 불가리아어와 한국어 모두에서 사용된 증거가 존재한다. 김계종이 두 음절의 여진어 '하간'ha-(g)an을 인용한 것처럼, 여진어의 증거도 이를 입증한다. 그 단어는 영녕사 永寧寺의 비석에 보인다(『女眞文辭典』, p.122). 그러나 만주어에서는 '칸'과 '카간'의 차이가 알려져 있지 않다. 한 단어 '한'은 약한 자음의 수축에서 비롯되었을 것 같다. 더욱 중요한 것은 그 작위의 사용이 몽골 제국으로부터 직접 차용한 것이 아니라, 후일에 만주 지역을 장악한 여진족 제국에서 별개의 정치적 용어로 나타난 것 같다는 점이다.

타이지/타이서 taiji/taise　　　'왕자'를 가리키는 몽골어. 한자로는 '태자' 太子. 만주족의 사료에서 이 작위는 보통 칸이 다스리는 지역에서 버일러이자 팔기의 소유자였던 누르하치 아들들의 이름 앞에 붙었다. 이 차용어의 정상적인 복수형은 '타이서'taise였지만, 누르하치의 아들 추연과 공동통치자로 임명되었을 때에는 '타이서'가 단수형으로 사용되었다.

팔기 八旗(만주어로는 자쿤 구사 jakūn gūsa)　　　(각각의 부대가 다른 깃발을 가지고 있었기 때문에) 군사단위를 기 旗로 조직하겠다는 생각은 이 용어에 따라 군대를 조직하는 명조의 관습을 통해 만주 지역으로 전래되었다. 누르하치의 시대부터 원세개가 청조를 공식적으로 해체한 1924년까지, 팔기를 청조의 사회·군사 조직의 토대인 것으로 생각하는 것은 편리한 일이다. 그러나 기인제도의 초기 역사가 얽혀 있다는 점도 기억해야 한다. 사기四旗(황기, 백기, 남기, 홍기)가 만들어진 것은 대체로 누르하치가 자신의 일족 중 4명을 사기의 우두머리로 임명한 1601년부터라고 알려져 있다. 그러나 신충일의 증언에 따르면, 그 조직은 1595년에 이미 구성되어 각자의 깃발을 갖고 있었다. 1616년에 사기의 각각은 둘로 쪼개져, 하나는 '있는 그대로의'(正) 깃발이 되고, 다른 하나는 '가선을 두른'(鑲) 깃발이 된다.*

기인들은 본래 무쿤mukūn을 기초로 한 부대(중국어로는 '좌령'左領, 만주어로는 '니루'niru)로 구성되었다. 애초에 누르하치의 지지자 중에는 무쿤에 속하지 않은 이민자들도 포함되었다. 그들은 별개의 자체 조직으로 편성되었다. 이들은 아마 처음부터 검은 깃발을 들고 있었을 것이다. 1600년대 초에 이 조직은 '우전 초오하'로 알려졌고(부록II 참조), 1642년에 공식적으로 팔기에 합류하여 한군기인이 되었다.

팔기는 실제로 24개의 기인조직에 약간의 특수한 조직이 합쳐져 있었다. 17세기 중반에는 8개의 만주팔기, 8개의 몽고팔기, 8개의 한군팔기가 있었고, 각각은 그 휘하에 일련의 다른 부대를 거느렸다. 새로운 만주족과 포로로 잡힌 투르키스탄의 이슬람교도를 위해서 만들어진 특별한 기인도 있었다.

---

* 있는 그대로의 깃발은 정황기·정백기·정남기·정홍기, 가선을 두른 깃발은 양황기·양백기·양남기·양홍기가 된다.

홍타이지Hung Taiji(중국어 표기법에 따라 'Hong Taiji', 'Hongtaiji', 'Huang Taiji'

[황태극皇太極]라고도 함. 'Huang Taiji(황태극)'는 잘못된 표현이지만 가장 잘 알려진

이름이다.)

1592년에 출생하여 1643년 묵던에서 사망했다. 누르하치의 여덟째

아들. 이 이름은 수수께끼로 남아 있다. 그것은 '황태자'皇太子를 의미

하며, 어쩌면 이름이 아니라 작위인 것도 같다. 여기에 해당하는 사람

은 후금의 두 번째 칸이자 청조의 첫 번째 황제이며, 만주족의 초기

기록에는 '두이치 버일러'duici beile(네 번째 버일러)라고 기록되어 있다.

이것 역시 이름이 아니다. 어떤 작가들은 사료 편찬의 착오에 근거하

여, 그를 아바하이Abahai(阿巴亥)라고 착각했다.* 사실 그의 진짜 정확

한 이름은 알려져 있지 않으며, 알려져 있지 않은 이유 역시 알려져

있지 않다. 그는 청 제국의 창건자이다.

---

* 아바하이는 누르하치의 후궁으로 아지거Ajige, 도르곤Dorgon, 도도Dodo를 낳았으며, 초기 만문 사료
에서 홍타이지와 동일한 인물로 묘사되고 있다.

미주

1장
만주족의 역사적 평가를 둘러싼 모순

1 1979년 전까지 매우 보편적으로 사용되던 웨이드-자일스 방식의 표기법에서는 '청'을 'Ch'ing'이라고 표기했다. 그러나 중화인민공화국이 제창하여 1979년 이후 서양의 출판물에서 표준이 된 병음 방식은 'Qing'이다. '청'은 1636년 제국의 설립자들이 세운 왕조의 이름이었다. 그 이전의 국가로서 1618년 누르하치의 통치 아래 세워진 칸의 영토는 당시에 '황금'이란 의미가 있는 금金(병음으로는 'Jin', 웨이드-자일스 방식으로는 'Chin')으로 알려졌다. 현재 역사학자들은 1616년부터 1636년까지의 시기를 '후금後金의 시대라고 부른다. 이는 그 이전 여진족이 세운 제국을 인정한 것이며, 누르하치는 여진족의 왕조명으로부터 그 이름을 따온 듯하다. 이처럼 청대의 시작을 확정 짓는 데에는, 선택할 수 있는 기준 시점이 몇 가지 있다. 하나는 누르하치가 칸의 지위를 확정한 1616년, 다른 하나는 제국의 명칭을 공포한 1636년, 마지막 하나는 북경을 점령한 1644년이다. 청조의 멸망 시점에도 약간의 모호함이 남아 있다. 대부분의 역사학자는 임시 공화정부가 수립된 1911년 말을 그 기점으로 택한다. 그러나 청조의 마지막 황제인 어린 부의는 1912년 2월에야 퇴위했다.

2 예를 들자면, Pierre Joseph d'Orleans(1641~1698)의 회고록 *History of the two Tartar conquerors of China*와 Joseph-Marie Amiot, *Éloge de la ville de Moukden, poème composé par Kien-Long, empereur de la Chine et de la Tartarie, actuellement régnant*을 보라.

3 D. O. Morgan, "Edward Gibbon and the East", p.88.

4 이와 같은 초기의 학술 중에 영어로 된 글은 거의 없다. 다만 이검농李劍農의 혁신적인 저작인 『중국정치사』의 영역본, *The Political History of China*, pp.3~10에 그 흔적이 남아 있다.

5 다음 장에서 지적하겠지만, 태평천국에 관한 많은 글이 있다. 하지만 그중에서도 가장 최근의 연구는 Jonathan D. Spence, *God's Chinese Son*이다.

6 이것은 근대 중국학의 어떠한 분야에서도 볼 수 있는 패러다임이 되었다. 이 특정한 관점에 대해 반기를 드는 상세한 연구에 대해서는 Crossley in Bentley (ed.), *The Routledge Companion to Historiography*를 보라.

7 기 조직은 누르하치 시절에 확립된 독창적인 군사적·사회적 운영조직이었으나, 청 제국 아래에서도 계속 유지되며 정교하게 발전했다. 기 조직은 이후 청대에 만주족이 하나의 민족으로서 부상하게 한 결정적인 기구가 되었다. 팔기를 연구한 국제적인 수준의 2차 자료는 매우 많다. 최근의 연구에 대해서는 Mark Elliott, "Resident Aliens: The Manchu Experience in China, 1644~1760"; P. K. Crossley, *Orphan Warriors*; Kaye Soon Im(임계순), *The Rise and Decline of the Eight Banner Garrisons in the Ch'ing Period(1644~1911)*를 보라.

8 이곳은 오늘날의 요령성遼寧省으로, 만주의 남서쪽에 해당한다. 청대와 민국民國 시기에는 봉천奉天으로 불렸다.

9 이와 같은 정복자 엘리트층의 하위집단의 역사가 P. K. Crossley, *A Translucent Mirror* 첫 부분의 주제이다.

10 신충일의 원본 초고는 오래전에 없어진 것으로 보이지만, 그 내용은 조선왕조의 공식 기록인『조선왕조실록』에 수록됨으로써 보존되었으며, 손상된 필사본을 영인한 것이 이용 가능하다. 신충일의 보고서는 Giovanni Stary, "Die Struktur der Ersten Residenz des Mandschukans Nurgaci", pp.103~109에 그 내용이 간략히 요약되어 있다. 1977년에는 서항진徐恒晉이 새롭게 교감하고 부분적으로 손질한 판본을 출간했다(중국어 간체자본).

11 Morgan, *The Mongols*, p.30을 보라. 플레처의 생전에 출판된 작품 중 가장 잘 알려진 것으로는 "China and Central Asia, 1368~1884", Fairbank, *The Chinese World Order*; "Ch'ing Inner Asia c.1800", *The Cambridge History of China*(Vol.10, part I); "The Mongols: Ecological and Social Perspectives", *Harvard Journal of Asiatic Studies*(1986)를 보라. 플레처가 사망했을 당시에 그의 작품 대부분은 원고 상태였고, 이후 다른 학자들에 의해 출판되면서 수정되었다. 특히 그의 글을 교정·개정·편집하여 출판한 Beatrice Manz, *Studies on Chinese and Islamic Inner Asia*(Aldershot and brookfield, VT, 1995)를 보라. 이 책에서는 18~19세기 서아시아와 중국의 종교문화 사이의 관계에 대한 플레처의 뛰어난 발견을 처음으로 완전한 형태로 제시하고 있다. 또한 플레처를 위한 헌정판으로 간행된

Late Imperial China, 6:2(December, 1985)의 "A Bibliography of Published and Unpublished Work"를 보라.

12 청대 기간에 만주어에 관한 정책과 현실을 더욱 상세하게 묘사한 것으로는 Pamela Kyle Crossley and Evelyn Sakakida Rawski, "A Profile of the Manchu Language"를 보라.

13 영어 번역본으로는 Lo Kuan-chung, *Three Kingdoms*를 보라.

14 영어 번역본으로는 Clement Egerton, *The Golden Lotus*를 보라.

15 Crossley, *Orphan Warriors*, pp.82~86, 251 f.n. 18~21을 보라.

2장
샤먼과 '씨족': 만주족의 기원

1 혼란을 피하고자 나는 중국의 가장 동쪽에 위치한 성省을 지칭할 때에만 '흑룡강'黑龍江이라는 이름을 사용할 것이다. 중국인들이 강의 이름으로서 '흑룡강'을 부르는 경우, 나는 대부분의 서양 독자들에게 익숙한 명칭대로 '아무르강'이라고 부를 것이다. 이번 장의 대부분에서 '만주'Manchuria라는 단어가 시대에 맞지 않게 사용되는 것을 독자들은 흔쾌히 이해하겠지만, 나로서는 시대착오적이라 해도 이 단어를 사용할 수밖에 없었다. '만주'라는 단어가 이미 익숙하고, 또 이 단어가 이 책에서 의미하는 지역을 일관되게 가리키기 때문이다. 중요한 것은 만주족이 만주 지역 출신이어서 '만주족'이라고 불리지 않았다는 점이다. 만주족의 조상이 살았던 지역을 '만주'라고 부르기 시작한 것은 오히려 근대 이후부터이다.

2 Shirokogoroff, *Social Organization of the Manchus*, p.16.

3 Ibid., p.31(원문에서 이탤릭체로 표기함).

4 『淸史稿』1:1. 설화의 다양한 판본은 『滿洲實錄』(*Manju I yargiyan kooli*에 근거), p.1과 『東華錄』, p.1에서도 찾아볼 수 있다. 그 내용은 일부 세세한 사항이 포함되거나 생략된 것을 제외한다면 모두 동일하다. 또한 "Introduction to the Qing Foundation Myth"를 보라.

5 이 민족서사시의 배경과 내용에 관해서는 Chuang chi-fa(莊吉發), *Nisan saman i bithe*(『尼山薩滿傳』)와 Margaret Nowak and Stephen Current, *The Tale of the Nisan Shamaness*를 보라.

6 예를 들어 몽골의 파스파 문자와 한글의 관계에 관해 게리 레드야드Gari Ledyard

가 진행 중인 연구를 보라.

7 1400년대 초반부터 명조의 담당 당국은 만주족 지도자들이 위소의 관리인 것처럼 그들에게 군사적 계급을 부여했다. 이 체제의 운용방식에 대해서는 Morris Rossabi, *The Jurchens of the Yüan and Ming*을 보라.

8 閻崇年, 『努爾哈赤傳』, p.134, pp.182~183에서 인용.

9 이와 같은 혁신에 대한 영향은 아마도 조선이 한글을 창제한 데에서 비롯되었을 것이다. 이것은 킹J. P. R. King을 비롯한 사람들의 가설이다. King, "The Korean Elements in the Manchu Script Reform of 1632," pp.252~286을 보라.

10 Giovanni Stary, "A New Subdivision of Manchu Literature : Some Proposals," p.289.

3장
누르하치의 수수께끼

1 영화에서 라오 처는 오늘날의 전형적인 푸 만추Fu Manchu 같은 사람이지만, 극중 이름은 흥미롭다. 그 이름은 악당과는 거의 관련이 없지만, 분명 '라오 서'Lao She(老舍)로 알려진 만주족 출신의 소설가 이름에서 따온 것 같다(에필로그 참조).

2 청조의 건립자인 청 태조의 이름은 다양한 방식으로 표기되어왔다. 'Nurgaci'는 묄렌도르프 방식에 따라 만주어를 평이하게 전사한 것이다. 타무라 지츠조田村實造가 주편한 『五體淸文鑑譯解』(1966)와 제리 노먼Jerry Norman이 쓴 *A Concise Manchu-English Lexicon*(1978)에서도 묄렌도르프 방식을 사용함으로써, 이 방식은 이제 보편적인 기준이 되었다.

3 「小憨的故事」, 烏丙安 編, 『滿族民間故事選』, pp.122~125.

4 Joseph F. Fletcher Jr., "Turco-Mongolian Monarchic Tradition in the Ottoman Empire," pp.240~241.

5 즉 나침반의 방위표시점처럼 '중요하다'라는 말이다. 후대의 기록에서는 서양 나침반의 방위표시점처럼 4명의 '호쇼이 버일러'가 있었다고 이야기한다. 그러나 아래에서도 논의하겠지만, 동북아시아의 무속적 형태의 나침반에 여덟 방위가 표시된 것처럼 8명의 호쇼이 버일러가 있었다.

6 청조에 들어 점점 더 정교한 형태로 계속된 황실 연회의 이러한 측면은 고대 여진족의 관습이었다. 1163년에 금 세종金世宗은 기마술과 궁술 시범으로 연회의 참석자

들을 즐겁게 해주는 고대의 관습이, 점점 더 앉아서 하는 활동으로 사라져가고 있다고 불평했다. 이에 대해서는 Herbert Franke, "Some Folkloristic Data in the Dynastic History of the Chin(1115~1234)", p.137을 보라. 금대에 거행된 기마술 시범에는 종종 폴로 경기도 포함되어 있었다. 황실의 궁술 시범의 기원은 거란의 종교예식에서 시작되었음을 기억해야 할 것이다. 이에 대해서는 Franke, "Some Folkloristic Data", p.148을 보라.

7 Gertrande Roth (Li), "The Manchu-Chinese Relationship," p.9의 영역英譯 부분 참조.

4장
청 제국의 팽창

1 구식으로 된 만주족의 문서, 『舊滿洲檔譯注』, 문서번호 2564.
2 Pamela Kyle Crossley, *Orphan Warriors*, p.51에서 재인용.

5장
건륭제의 황금시대

1 이것은 옹정제가 원래 황위에 오르게 된 방식과 관련된, 또 다른 한 편의 정교한 이야기와 연관되어 있다. 이 이야기는 다양한 정도의 부패, 왜곡, 어쩌면 살인과도 관련된 것 같다. 그 내용은 Silas Wu, *Passage to Power*와 Pei Huang, *Autocracy at Work*에서 폭넓게 (그리고 논쟁적으로) 다루어졌다.
2 Bawden, pp.81~186을 보라.
3 *Mongghol Borjigid Oboghü teüke*. Bawden, p.114에서 번역된 것을 인용.
4 Bawden의 글에 번역된 것을 인용. 이 책의 일관성을 유지하기 위해 음역 표기는 바꾸었다.

7장
에필로그: 20세기의 만주족

1 Pamela Kyle Crossley, *Orphan Warriors*, p.61을 보라.

2 노사는 원성原姓이 수수 기오로 씨舒舒覺羅氏인 서경춘舒慶春의 필명으로, 세기말의 북경에서 노동자 계급의 생활을 다룬 매우 생생한 소설을 많이 썼다. 그의 작품 대부분에서 만주족인 주인공들의 정체성은 은연중에 드러나지만(『낙타상자』駱駝祥子가 매우 유명함), 미완성 유작인 『정홍기하』正紅旗下에서 분명하게 엿볼 수 있다.

3 劉先照, 『中國民族問題研究』, p.342.

참고문헌

※ 원서에는 동양서와 서양서의 구분 없이 참고문헌을 배열하였으나, 한국어판에서는 중국/일본/
  한국/서양 문헌 순으로 책을 나누고 배열했다.
※ 지은이가 인용한 책 중 국내에서 출간된 책의 경우, 옮긴이가 〔 〕안에 서지사항을 추가로 실
  었다.

중국 문헌

(淸世宗), 『大義覺迷錄』(臺北, 1966, 近代中國史料叢刊, 沈雲龍 編).

─────, 「試析淸王朝入關前對漢族的政策」, 『民族研究』3(1983), pp.15~22.

『滿族簡史』(北京: 1979).

『五體淸文鑑』(北京: 1957, 乾隆刊本의 영인).

『淸代檔案史料叢編』(北京: 1987).

姜相順·佟悅, 『盛京皇宮』(北京: 1987).

郭成康, 「淸初牛錄的數目」, 『淸史研究通訊』1(1987), pp.31~35.

關德棟·周中明, 『子弟書叢鈔』(2册), (北京: 1984).

關孝廉, 「《滿文老檔》的修復與重抄」, 『歷史檔案』3(1987), pp.125~129.

酈東, 「舅權的産生·發展和消亡初探」, 『民族研究』2(1985), pp.19~28.

紀大椿, 「論松筠」, 『民族研究』3(1988), pp.71~79.

金光平·金啓孮, 『女眞語言文字研究』(北京: 1980).

雷方聖, 「荊州旗學的始末及其特點」, 『民族研究』3(1984), pp.57~59.

凌純聲, 『松花江下遊的赫哲族』(2册), (南京: 1934).

杜家驥, 「淸代八旗領屬問題考察」, 『民族研究』5(1987), p.91.

滕紹箴, 「試論明與後金戰爭的原因及其性質」, 『民族研究』5(1980).

滕紹箴,『努爾哈赤評傳』(沈陽: 1985).

馬文升,「撫安東夷記」, 萬曆年間, 潘喆 編,『清入關前史料選輯』1.

莫東寅,「清初滿族的薩滿教」,『滿族史論叢』(北京: 1958年 初版, 1979年 영인).

孟森,「八旗制度考實」,『歷史研究所集刊』VI:3(1936), pp.343〜412.

孟森,『清初三大疑案考實』(沈雲龍 編,『近代中國史料叢刊』, 對北: 1966).

牟潤孫,「明末西洋大炮由明入後金考略」(II),『明報月刊』(1982年 10月).

傅貴九,「《東華錄》作者新證」,『歷史研究』5(1984), pp.168〜170.

傅克東,「八旗戶籍制度初探」,『民族研究』6(1983), pp.34〜43.

傅宗懋,「清初議政體制之研究」,『國立政治大學學報』11(1965年 5月), pp.245〜295.

孫甄陶,『貳臣傳』(國史館繕本, 1785).

孫文良,『努爾哈赤評傳』(沈陽: 1985).

孫孝恩,『光緒評傳』(沈陽: 1985).

神田信夫, 王凌摘 譯,「清朝的《國史列傳》和《貳臣傳》」,『清史研究通訊』, pp.57〜60.

阿桂 編,『欽定滿洲源流考』, (臺北: 1966, 1783년 간본의 영인본)〔남주성 옮김,『흠정
    만주원류고』(상·하), 글모아출판, 2010.〕

阿桂,『清開國方略』, (臺北: 1966, 영인본, 乾隆丙午版)

鄂爾泰 等編,『八旗通志(初集)』(1739年版).

愛新覺羅 溥儀,『我的前半生』, (北京: 1977).〔이충양 옮김,『황제에서 시민으로: 푸이
    自敍傳』(상·하), 문학과비평, 1988.〕

楊暘·孫與常·張克,「明代流人在東北」,『歷史研究』4(1985), pp.54〜88.

楊暘·袁閭琨·傅朗雲,『明代奴兒幹都司及其衛所研究』(河南: 1981).

楊餘練,「明代後期的遼東馬市與女眞族的興起」,『民族研究』5(1980), pp.27〜32.

楊啓樵,『雍正帝及其密折制度研究』(香港: 1981).

楊學琛·周遠廉,『清代八旗王公貴族興衰史』(沈陽: 1986).

呂光天,「清代布特哈打牲鄂溫克人的八旗結構」,『民族研究』3(1983), pp.23〜31.

閻崇年,『努爾哈赤傳』(北京: 1983).

烏丙安·李文剛·兪智先·金天一,『滿族民間故事選』(上海: 1982, 1983).

吳元豊·趙志强,「錫伯族由科爾沁蒙古旗編入滿洲八旗始末」,『民族研究』5(1984),
    pp.50〜55.

汪宗衍,『讀清史稿札記』(香港, 1977).

劉慶華,「滿族姓氏述略」,『民族研究』1(1983), pp.64〜71.

劉選民,「清開國初征服諸部疆域考」,『燕京學報』, 23:6(1936),『清史論叢』1(1977).

pp.107~146에 재수록.

劉先照, 『中國民族問題硏究』(北京: 1993).

李喬, 「八旗生計問題述略」, 『歷史檔案』1(1981), pp.91~97.

李新達, 「入關前的八旗兵數問題」, 『淸史論叢』3(1982), pp.155~163.

李治亭, 「明淸戰爭與淸初歷史發展趨勢」, 『淸史硏究通訊』1(1988), pp.7~12.

李學智, 『從幾個滿文名詞探討滿洲(女眞)民族的社會組織』(臺北: 1981).

莊吉發, 『尼山薩滿傳』(臺北: 1978).

蔣良騏, 『東華錄』(北京: 1980, 乾隆版本 影印).

章伯鋒, 『淸代各地將軍都統大臣等年表 1796~1911』(北京: 1977).

張書才, 「再談曹俯獲罪之原因曁曹家之旗籍」, 『歷史檔案』2(1986), pp.80~88.

張晉藩·郭成康, 『淸入關前國家法律制度史』(瀋陽: 1988).

翟玉樹, 『淸代新疆駐防兵制的硏究』(臺北: 1976).

箭內亘, 『兀良哈及韃靼考』(1914年版 『兀良哈三衛名稱考』의 중국어 번역).

田村實造 等編, 『五體淸文鑑譯解』(京都: 1966).

趙爾巽, 『滿洲名臣傳』(臺北: 1928).

朱誠如, 「淸入關前後遼瀋地區的滿(女眞)漢人口交流」, 白壽彝 編, 『淸史國際學術討論
　　會』(瀋陽: 1990).

周遠廉, 「關於八旗制度的幾個問題」, 『淸史論叢』3(1982), pp.140~154.

周遠廉, 『淸朝開國史硏究』(沈陽: 1981).

朱子方·黃鳳岐, 「遼代科擧制度述略」, 陳述 主編, 『遼金史論集』第3輯(北京: 1987).

朱希祖, 『後金國汗姓氏考』(北平: 1932).

陳競芳, 『淸末滿漢政治權力消長之硏究』(臺北: 1961).

陳文石, 「淸代滿人政治參與」, 『中央硏究院歷史語言硏究所集刊』48: 4(1977),
　　pp.529~594.

陳捷先, 『滿洲叢考』(臺北: 1963).

鐵良 等纂, 『(欽定)八旗通志』, 1977(臺北影印本: 1966).

淸格爾泰 等編, 『契丹小字硏究』(北京: 1985)

佟靖仁 點校, 『綏遠城駐防志』(呼和浩特, 1984, 1958년판 영인).

佟靖仁, 『呼和浩特滿族簡史』(呼和浩特: 1987).

彭勃, 『滿族』(北京: 1985).

彭國棟, 『淸史開國前紀』(臺北: 1969).

馮爾康, 『雍正傳』(北京: 1985).

賀海, 「八旗子弟的興衰與"皇都"北京」, 『燕都』6(1986), pp.36~37.

許曾重, 「曾靜反清案與清世宗禛統治全國的大政方針」, 『清史論叢』5(1984年 4月), pp.158~178.

弘曆(淸高宗純皇帝), *Han I araha Mukden I fujurun bithe*(『御製盛京賦』), 武英殿版, 1748.

華立, 「淸代的滿蒙聯姻」, 『民族研究』2(1983), pp.45~54.

일본 문헌

三宅俊成, 『東北アジア考古學の研究』(東京: 1975)

三田村泰助, 『清朝前史の研究』(京都: 1965).

石橋秀雄, 「清朝と華夷思想」, 『人文科學』1:3(1946), pp.150~154.

石橋秀雄, 『清代史の研究』(東京: 1971).

石田幹之助, 「女眞語研究の新資料」, 『東亞文化史叢考』(東京: 1973, 1940年 初版).

小野川秀美, 「雍正帝と大義覺迷錄」, 『東洋史研究』16:4(1958年 3月), pp.441~453.

小野川秀美, 『清末政治思想研究』(京都: 1960).

神田信夫, 「清初の議政大臣について」, 『和田春樹還曆記念東洋史論叢』(東京: 1951年 復刻).

神田信夫, 「清初の貝勒について」, 『東洋學報』40:4(1958年 3月), pp.349~371.

神田信夫·松村潤, 『八旗通志列傳索引』(東京: 1965).

衛藤利夫, 『韃靼』(東京: 1956).

衛藤利夫, 『滿洲文化史上の一揷話: 奉天が生んだ世界的の詩編』(東京: 1934).

周藤吉之, 「清朝における滿洲駐防の特殊性に關する一考察」, 『東方學報』11:1(1940年 3月), pp.176~203.

한국 문헌

申忠一, 『建州紀程圖記』(臺北: 1971, 1597年版의 영인).

申忠一, 徐恒晉 編, 『建州紀程圖記』(瀋陽: 1979).

최학근, 『국역몽문만주실록』(2책, 서울: 1992).

서양 문헌

Ahmad, Zairuddin. *Sino-Tibetan Relations in the Seventeenth Century* (Rome: 1970).

Amiot(Amyot), Joseph-Marie. *Éloge de la ville de Moukden, poème composé par Kien-Long, empereur de la Chine et de la Tartarie, actuellement régnant* (Paris: 1770).

Bartlett, Beatrice S. *Monarchs and Ministers: The Grand Council in Mid-Ch'ing China, 1723~1820* (Berkeley: 1991).

Belov Y. A. "The Xinhai Revolution and the Question of Struggle against the Manzhou" In S. L. Tikhvinsky (ed.), *Manchzhurskoe vladichestvo v Kitae* (Moscow: 1983).

Bentley, Michael (ed.). *The Routledge Companion to Historiography* (London: 1966).

Bol, Peter K. "Seeking Common Ground: Han Literati under Jurchen Rule", *Harvard Journal of Asiatic Studies* 47 (December, 1987), pp.461~538.

Borokh, L. N. (D. Skvirsky, trans.). "Anti-Manzhou Ideas of the First Chinese Bourgeois Revolutionaries (Lu Huadong Confession)" In S. L. Tikhvinsky (ed.), *Manchzhurskoe vladichestvo v Kitae* (Moscow: 1983).

Brackman, Arnold C. *The Prisoner of Peking* (New York: 1975).

Brunnert, H. S. and V. V. Hagelstrom (Beltchenko and Moran, trans.). *Present Day Political Organization of China* (Shanghai: 1911).

Ch'en Wen-shih(陳文石, P.K. Crossley, trans.). "The Creation of the Manchu Niru" In P. Huang (ed.), *Chinese Studies in History* XIV, No.4 (White Plains, 1981). 원래 「滿洲八旗牛彔的構成」, 『大陸雜志』 31:9, 31:10(1965)으로 출간.

Chan Hok-lam(陳學霖). *Legitimation in Imperial China: Discussions under the Jurchen Chin Dynasty* (Seattle: 1985).

Cleaves, Francis W. "A Mongolian Rescript of the Fifth Year of Degedü Erdemtü(1640)", *Harvard Journal of Asiatic Studies* 46 (June, 1986), pp.181~200.

Crossley, Pamela Kyle. "*Manzhou yuanliu kao* and the Formalization of the Manchu Heritage", *Journal of Asian Studies* 46:4(1987), pp.761~790.

―――. *Orphan Warriors: Three Manchu Generations and the End of the*

Qing World(Princeton University Press, 1990).

─────. "Thinking About Ethnicity in Early Modern China", *Late Imperial China* 11:1(June, 1990), pp.1~35.

─────. "The Rulerships of China: A Review Article", *American Historical Review* 97:5(December, 1992), pp.1468~1483.

─────. *A Translucent Mirror: History and Identity in Qing Ideology*(Berkeley: University of California Press, 1999).

─────. "The Qing Conquest Elites", in Willard J. Peterson, (ed.), *The Cambridge History of China*, Vol.9, Part I(Cambridge: Cambridge University Press, 2001).

Crossley, Pamela Kyle and Evelyn Sakakida Rawski. "A Profile of the Manchu Language", *Harvard Journal of Asiatic Studies* 53:1(June, 1993), pp.63~88.

Egerton, Clement. *The Golden Lotus: A Translation, from the Chinese Original of the Novel Chin Ping Mei*(London, 1972).

Elliott, Mark. "Bannerman and Townsman: Ethnic Tension in Nineteenth-Century Jiangnan", *Late Imperial China* 11:1(June, 1990), pp.36~74.

─────. *The Manchu Way: The Eight Banners and Ethnic Identity in Late Imperial China*(Stanford: Stanford University Press, 2001). 〔이훈·김선민 옮김, 『만주족의 청제국』, 푸른역사, 2009.〕

Fairbank, John K. (ed.). *The Chinese World Order*(Cambridge: 1968).

───── (ed.). *The Cambridge History of China, Vol.11: Late Ch'ing, 1800~1911, Part I*(Cambridge: 1978). 〔김한식 외 옮김, 『캠브리지 중국사 11(상): 청 제국 말 2부』, 새물결, 2007.〕

───── (ed.). *The Cambridge History of China, Vol.11: Late Ch'ing, 1800~1911, Part II*(Cambridge: 1978). 〔김한식 외 옮김, 『캠브리지 중국사 11(하): 청 제국 말 2부』, 새물결, 2007.〕

Farquhar, David. "The Origins of the Manchus' Mongolian Policy", In J. K. Fairbank (ed.), *The Chinese World Order: Traditional China's Foreign Relations*(Cambridge: 1968).

─────. "Emperor as Boddhisattva in the Governance of the Ch'ing Empire", *Harvard Journal of Asiatic Studies* 38:1(June, 1978), pp.5~34.

Fletcher, Joseph Francis Jr. "Manchu Sources", In Donald D. Leslie et al., *Essays on the Sources for Chinese History* (Canberra : 1973).

Franke, Herbert. "Chinese Texts on the Jurchen: A Translation of the Jurchen Monograph in the San-ch'ao hui-pien", *Zentralasiatische Studien* 9 (1975), pp.119~186.

─────. "Etymologische Bemerkungen zu den Vokabularen der Jurcen-Sprache", In Weiers, Michael and Giovanni Stary (eds), *Florilegia Manjurica in Memoriam Walter Fuchs* (Weisbaden : 1982).

─────. "Some Folkloristic Data in the Dynastic History of the Chin (1115~1234)", In Alvin Cohen (ed.), *Legend, Love and Religion in China*.

Goodrich, Luther C. and Chao-ying Fang. *Dictionary of Ming Biography* (2 vols) (New York : 1976).

Grousset, René (Naomi Walford, trans.). *The Empire of the Steppes : A History of Central Asia* (New Brunswick NJ : 1970). 〔김호동 · 유원수 · 정재훈 옮김, 『유라시아 유목제국사』, 사계절, 1998.〕

Grube, Wilhelm. *Die Sprache und Schriften der Jušen* (Leipzig : 1896).

Grupper, Samuel Martin. "The Manchu Imperial Cult of the Early Ch'ing Dynasty : Texts and Studies on the Tantric Sanctuary of Mahakala at Mukden", Indiana Unviersity 박사학위논문 (1980).

─────. Review of Sagaster, *Die Weisse Geschichte*. *Mongolian Studies* 7 (1981~1982), pp.127~133.

Guy, R. Kent. *The Emperor's Four Treasuries : Scholars and the State in the Late Ch'ien-lung Era* (Cambridge : 1987). 〔양휘웅 옮김, 『사고전서』, 생각의나무, 2009.〕

Halkovic, Stephen A., Jr. *The Mongols of the West* (Bloomington : 1985).

Hao Yen-p'ing (郝延平) and K.C. Liu (劉廣京). "The Importance of the Archival Palace Memorials of the Ch'ing Dynasty : *The Secret Palace Memorials of the Kuang-hsü Period, 1875-1908*", Ch'ing-shih wen-t'i 3 : 1 (1971), pp.71~94.

Harrell, Stevan, Susan Naquin and Ju Deyuan. "Lineage Genealogy : The Genealogical Records of the Qing Imperial Lineage", *Late Imperial China* 6 : 2 (December 1985), pp.37~47.

Hiu Lie. *Die Manschu-Sprachkunde in Korea* (Bloomington : 1972).

Huang, Pei. *Autocracy at Work : A Study of the Yung-cheng Period, 1723~1735*

(Bloomington: 1974).

Hummel, Arthur W. et al. *Eminent Chinese of the Ch'ing Period* (Washington DC: 1943).

Ilyusheckkin, V. P. "Anti-Manzhou Edge of the Taiping Peasant War", In S. L. Tikhvinsky (ed.), *Manchzhurskoe vladichestvo v Kitae* (Moscow: 1983).

Im, Kaye Soon(임계순). *The Rise and Decline of the Eight-Banner Garrisons in the Ch'ing Period (1644~1911): A Study of the Kuang-chou, Hang-chou, and Ching-chou Garrisons* (Ann Arbor MI: 1981).

Kahn, Harold L. *Monarchy in the Emperor's Eyes: Image and Reality in the Ch'ien-lung Reign* (Cambridge: 1971).

Kanda Nobuo(神田信夫). "Remark on *Emu tanggū orin sakda-i gisun sarkiyan*", In 松筠, *Emu tanggū orin sakda-i gisun sarkiyan*(『百二十老人語錄』, Wiebaden: 1983).

Kanda Nobuo(神田信夫) et al. (trans. and annotators). "The Secret Chronicles of the Manchu Dynasty", *tongki fuka sindaha hergen i dangse*(『點圈加字的檔子』) 1~7冊(Tokyo: 1956).

Kane, Daniel. *The Sino-Jurchen Vocabulary of the Bureau of Interpreters* (Bloomington: 1989).

Kessler, Lawrence. "Ethnic Composition of Provincial Leadership during the Ch'ing Dynasty", *Journal of Asian Studies* 28:3(May, 1969), pp.489~511.

————. *K'ang-hsi and the Consolidation of Ch'ing Rule, 1661~1684*(Chicago: 1976).

King, J. R. P. "The Korean Elements in the Manchu Script Reform of 1632", *Central Asiatic Journal* 31:3-4(1987), pp.252~286.

Kiyose, Gisaburo(清瀨義三郎) N. *A Study of the Jurchen Language and Script: Reconstruction and Decipherment* (Kyoto: 1977).

Klaproth, Jules. *Chrestomathie Mandchou, ou Recueil de Textes mandchou* (Paris: 1828).

Kostyaeva, A. S. "The 'Down with the Qing' Slogan in the Pingxiang Uprising of 1906", In S. L. Tikhvinsky (ed.), *Manchzhurskoe vladichestvo v Kitae* (Moscow: 1983).

Krader, Lawrence. "Qan-Qaγan and the Beginnings of Mongol Kingship",

Central Asiatic Journal I, 1(1955), pp.17~35.

Kuhn, Philip A. *Rebellion and its Enemies in Late Imperial China : Militarization and Social Structure, 1796~1864*(Cambridge MA: 1970).

Kwong, Luke S. K. *A Mosaic of the Hundred Days : Personalities, Politics and Ideas of 1898*(Cambridge: 1984).

─────. "On 'The 1898 Reforms Revisited' : A Rejoinder", *Late Imperial China* 8:1(June, 1987), pp.214~219.

Lee, Ki-Baik(이기백). E. Wagner, trans. *A New History of Korea*(Cambridge: 1984). [이기백 지음, 『한국사신론』, 일조각, 1990.]

Lee, Peter H(이학수). *Songs of Flying Dragons : A Critical Reading*(Mass.: 1975). [김성언 옮김, 『용비어천가의 비평적 해석』, 태학사, 1998.]

Lee, Robert H. G. *The Manchurian Frontier in Ch'ing History*(Cambridge: 1970).

Leung, Man-Kam(梁文金). "Mongolian Language Education and Examinations in Peking and Other Metropolitan Areas During the Manchu Dynasty in China (1644~1911)", *Canada-Mongolia Review/Revue Canada-Mongolie* 1:1(1975), pp.29~44.

Levin, Maksim Grigor'evich (H. N. Michael, trans.). *Ethnic Origins of the Peoples of Northeastern Asia*(Toronto: 1963).

Li Chien-nung(李劍農) (Ssu-yu Teng and Jeremy Ingalls, trans. and eds.) *The Political History of China*(New York: 1956).

Liu Chia-chü(劉家駒). (P. K. Crossley, trans.). "The Creation of the Chinese Banners in the Early Ch'ing", *Chinese Studies in History* XVI, No.4(1981), pp.47~75. 원제는 「淸初漢軍八旗的肇建」, 『大陸雜志』, 34:11, 34:12(1967).

Liu Guang'an. "A Short Treatise on the Ethnic Legislation of the Qing Dynasty", *Social Sciences in China* 4(Winter 1990), pp.97~117(『中國社會科學』 6(1989)).

Lo Kuan-chung(羅貫中). (Moss Roberts, trans. and annotator.) *Three Kingdoms : A Historical Novel Attributed to Luo Guanzhong*(Berkeley: 1991).

Lui, Adam Yuen-chung. "The Ch'ing Civil Service : Promotions, Demotions, Transfers, Leaves, Dismissals and Retirements", *Journal of Oriental Studies* 8:2(1970), pp.333~356.

————. "The Imperial College(*Kuo-tzu-chien*) in the Early Ch'ing(1644~1795)", *Papers on Far Eastern History* 10(1974), pp.147~166.

————. "Syllabus of the Provincial Examination(hsiang-shih) under the Early Ch'ing(1644-1795)", *Modern Asian Studies* 8:3(1974), pp.391~396.

————. "Censor, Regent and Emperor in the Early Manchu Period(1644~1660)", *Papers on Far Eastern History* 17(1978), pp.81~102.

————. "Manchu-Chinese Relations and the Imperial 'Equal Treatment' Policy, 1651~1660", *Journal of Asian History* 19:2(1985), pp.143~165.

Mair, Victor H. "Perso-Turkic Bakshi=Mandarin Po-shih: Learned Doctor", *Journal of Turkish Studies* 16(1992), pp.117~127.

Mancall, Mark. *Russia and China: Their Diplomatic Relations to 1728*(Cambridge: 1971).

Meadows, Thomas T. *Translations from the Manchu with the Original Texts* (Canton: 1849).

Morgan, D. O. "Edward Gibbon and the East", *Iran* XXXIII(1995), pp.85~92.

Naquin, Susan. *Millenarian Rebellion in China: The Eight Trigrams Uprising of 1813*(New Haven: 1976).

Naquin, Susan and Evelyn S. Rawski. *Chinese Society in the Eighteenth Century* (New Haven: 1987). [정철웅 옮김, 『18세기 중국사회』, 신서원, 1998.]

Nivison, David. "Ho-shen and his accusers: Ideology and Political Behavior in the Eighteenth Century", In David S. Nivison and Arthur R. Wright (eds), *Confucianism in Action*(Stanford: 1959).

Norman, Jerry. *A Concise Manchu-English Lexicon*(Seattle: 1978).

Nowak, Margaret and Stephen Current. *The Tale of the Nisan Shamaness*(Seattle: 1977).

Okada Hidehiro. "How Hong Taiji Came to the Throne", *Central Asiatic Journal* 23:3-4(1979), pp.250~259.

————. "Mandarin, A Language of the Manchus; How Altaic?" In Martin Gimm, Giovanni Stary and Michael Weiers (eds), *Historische und bibliographische Studien zur Mandschuforschung*(third volume in the series *Aetas Manjurica*). (Wiesbaden: 1992).

Oxnam, Robert B. *Ruling from Horseback: Manchu Politics in the Oboi*

Regency, 1661~1669 (Chicago: 1970).

Polachek, James. *The Inner Opium War* (Cambridge: 1992).

De Quincey, Thomas. Charles W. French, ed. *Revolt of the Tartars; or, Flight of the Kalmuck Khan and his People from the Russian territories to the Frontier of China* (Chicago: 1899).

Rawski, Evenlyn Sakakida. *The Last Emperors: A Social History of Qing Imperial Institutions* (Berkeley: University of California Press, 1998). 〔구범진 옮김, 『최후의 황제들』, 까치, 2010.〕

Rossabi, Morris. *The Jurchens in the Yüan and Ming* (Ithaca NY: 1982).

Roth 〔Li〕, Gertraude. "The Rise of the Early Manchu State: A Portrait Drawn from Manchu Sources to 1636", Doctoral dissertation, Harvard University. (1975).

─────. "The Manchu-Chinese Relationship", In Jonathan D. Spence and J. Wills (eds), *From Ming to Ch'ing: Conquest, Region and Continuity in Seventeenth-Century China* (New Haven: 1979).

Samuel, Geoffrey. *Civilized Shamans: Buddhism in Tibetan Societies* (Washington DC: 1993).

Saunders, John B. de C. M. and Francis R. Lee. *The Manchu Anatomy and its Historical Origin, with Annotations and Translations* (Taipei: 1981).

Serruys, Henry. *Sino-Jürched Relations in the Yung-lo Period(1403~1424)* (Wiesbaden: 1955).

Shavkunov, Ernst Vladimirovich. *Gosudarstvo Bokhai i pamyatniki ego kulturi v primor'e* (Moscow: 1968).

Shirokogoroff, Sergei Mikhailovitch. *Social Organization of the Manchus: A Study of the Manchu Clan Organization* (Shanghai: 1924).

Sinor, Denis. "The Inner Asian Warriors", *Journal of the American Oriental Society* 101:2 (April-June 1981), pp.133~144.

Snellgrove, D. A. "The Notion of Divine Kingship in Tantric Buddhism", In *The Sacral Kingship* (Leiden: 1959).

Song Ki-Joong(송기중). "The Study of Foreign Languages in the Yi Dynasty(1392~1910)", *Bulletin of the Korean Research Center: Journal of the Social Sciences and Humanities* 54 (December, 1981), pp.1~45; p.55 (June,

1982), pp.1~63.

Spence, Jonathan D. *Ts'ao Yin and the K'ang-hsi Emperor: Bondservant and Master*(New Haven: 1966).

─────. *The Search for Modern China*(New York: 1989). 〔김희교 옮김, 『현대중국을 찾아서 1, 2』, 이산, 1998.〕

─────. *God's Chinese Son*(New York: 1996). 〔양휘웅 옮김, 『신의 아들: 洪秀全과 太平天國』, 이산, 2006.〕

Stary, Giovanni. "A New Subdivision of Manchu Literature: Some Proposals", *Central Asiatic Journal* 31:3-4(1987), pp.287~296.

─────. *China's erste Gesandte in Rußland*(Wiesbaden: 1976).

─────. "Die Struktur der Ersten Risidenz des Mandschukand Nurgaci", *Central Asiatic Journal* X X V(1985), pp.103~109.

─────. "L'Ode di Mukden' dell'imperator Ch'ien-lung: Nuovi spunti per un analisi della tecnica versificatoria mancese", *Cina* 17, pp.235~251.

─────. "The Manchu Emperor 'Abahai': Analysis of an Historiographic Mistake", *Central Asiatic Journal* 28:3-4(1984), pp.296~299. 원본은 *Cina* 18(1982), pp.157~162에 수록.

Struve, Lynn. *The Southern Ming, 1644~1662*(New Haven: 1984).

─────. *Voices from the Ming-Qing Cataclysm: China in Tiger's Jaws*(New Haven: 1993).

Sungyun. *Emu tanggü orin sakda-i gisun sarkiyan, Bai er lao ren yulu*(Taipei: 1982, 1791년[?]판의 영인).

Tao Jingshen(陶晉生). *The Jurchen in Twelfth-Century China: A Study of Siniciation*(Seattle: 1976).

Telford, Ted A. and Michael H. Finegan. "Qing Archival Materials from the Number One Historical Archives on Microfilm at the Genealogical Society of Utah", *Late Imperial China* 9:2(December, 1988), pp.86~114.

Teng, Ssu-yü(鄧嗣禹), *Historiography of the Taiping Rebellion*(Cambridge: 1972).

Torbert, Preston M. *The Ch'ing Imperial Household Department: A Study of its Organization and Principal Functions, 1662~1796*(Cambridge, 1977).

Vorob'ev, M. V. *Chzhurchzheni i gosudarstvo Czin'(X v.-1234g.) Istoricheskii*

Ocherk (Moscow: 1975).

Wakeman, Frederic, Jr. *The Great Enterprise: The Manchu Reconstruction of Imperial Order in Seventeenth-Century China* (Berkeley: 1985).

Wang Xiuchou(王秀楚). L. Mao, trans. "A Memoir of a Ten Days' Massacre in Yangzhow", *T'ien-hsia Monthly* 4:5, pp.515~537.

Weins, Mi-chu. "Anti-Manchu Thought during the Ch'ing", *Papers on China*, vol. 22A(Harvard East Asian Research Center: May 1969), pp.1~24.

Widmer, Eric. *The Russian Ecclesiastical Mission in Peking during the Eighteenth Century* (Cambrige: 1976).

Wilhelm, Hellmut. "A Note on the Migration of the Uriangkhai", In Omeljan Prisak (ed.), *Studia Altaica* (1957).

Wright, Mary C. *The Last Stand of Chinese Conservatism: The T'ung-Chih Restoration, 1862~1874* (New York: 1966).

———— (ed.). *China in Revolution: The First Phase, 1900~1913* (New Haven: 1968).

Wu, Silas(吳秀良). *Passage to Power: K'ang-hsi and his Heir Apparent, 1661~1722* (Cambridge: 1979).

Wylie, Alexander. *Translation of the Ts'ing Wan K'e Mung* (Shanghai: 1855).

Yang Lien-sheng(楊聯陞). "The Organization of Chinese Official Historiography", In Beasley and Pulleyblank (eds), *Historians of China and Japan* (London: 1961).

원서가 출간된 1997년 이후 서구에서 발간된 만주족 관련 추가 자료*

Crossley, Pamela Kyle. *A Translucent Mirror: History and Identity in Qing Imperial Ideology* (Berkeley, CA: University of California Press, 1999).

di Cosmo, Nicola. "Marital Politics on the Manchu-Mongol Frontier in the Early Seventeenth Century", In Diana Lary (ed.), *The Chinese State at the*

---

* 이 자료는 지은이의 요청으로 추가 수록한 것임을 밝혀둔다.

Borders (Vancouver : University of British Columbia Press, 2007).

Elverskog, Johan. *Our Great Qing : The Mongols, Buddhism and the State in Late Imperial China* (Honolulu : University of Hawaii Press, 2006).

Isett, Christopher. *State, Peasant, and Merchant in Qing Manchuria, 1644~1862* (Stanford : Stanford University Press, 2007).

Perdue, Peter C. *China Marches West : the Qing Conquest of Central Eurasia* (Cambridge MA : Harvard University Press, 2005). 〔공원국 옮김, 『중국의 서진: 청의 중앙유라시아 정복사』, 길, 2012.〕

Rhoads, Edward J. M. *Manchus & Han : Ethnic Relations and Political Power in Late Qing and Early Republican China, 1861~1928* (Seattle : University of Washington Press, 2000).

Rowe, William T. *China's Last Empire : the Great Qing* (Cambridge MA : Harvard University Press, 2009).

옮긴이의 말

만주족과 그들의 역사와 문화에 관한 관심이 높아지고 있다. 학자들 사이에서 만주어 배우기 열풍이 불고, 몇몇 대학에서 만주어 강좌가 개설되어 만주어를 배우려는 일반인이 늘고 있으며, 만주족과 그들의 문화를 연구의 중심에 둔 역사책과 논문이 속속 출간되고 있다. 최근 병자호란丙子胡亂을 배경으로 한 어느 한국영화에서 만주족 역할을 한 배우들이 만주어로 대사를 함으로써 관객들의 큰 호응을 얻기도 했다.

사실 일이십 년 전만 하더라도 우리나라 학계와 독서계에서 '중국' 하면 떠오르는 것은 한족의 역사와 문화였을 뿐, 한족과 함께 지금의 중국을 형성하고 있는 여러 소수 민족에 관해서는 그다지 관심이 없었다. 한족 민족주의자들이 서술한 역사를 통해, 만주족을 비롯하여 과거에 중국을 점령했던 이민족들은 모두 한족에게 동화되었다는 학설을 무비판적으로 받아들였기 때문이다. 이 학설은 20세기 내내 거의 전 세계적으로 통설이 되다시피 했다. 그러나 최근 구미학계를 중심으로 이를 반박하는 내용의 책이나 논문이 꾸준히 발표되었고, 이런 성과들이 국내에 소개되자 국내의 학자와 독자 사이에서도 새로운 관점에 동조하는 사람들이 늘고 있다.

특히 청 제국을 세운 만주족이 한족에게 동화되었다는 기존의 주장은 이 책의 지은이인 패멀라 카일 크로슬리를 비롯하여, 마크 엘리엇Mark Elliott, 조애나 웨일리-코헨Joanna Waley-Cohen, 에벌린 로스키 Evelyn Rawski, 피터 퍼듀Peter Perdue 등 십수 명의 미국학자들에 의해 거의 완전하게 부정되고 있다. 이 일군의 학자들은 이른바 '신청사'新 淸史(New Qing History)라는 이름의 학파를 형성할 만큼 근래에 활발히 활동하고 있다. 신청사 학파는 만주족이 한족에게 동화된 적이 없었 다는 자신들의 주장을 밝히기 위해 만주어로 된 사료를 활용한다. 한 족이 기술한 사료에는 드러나지 않는 만주어로 작성된 여러 문건과 기록을 통해 이들은 만주족의 청 제국이 중국을 통치한 기존의 한족 왕조와 여러 가지 방식에서 달랐다고 주장한다. 이 신청사의 요점은, 청 제국에서 중국이 제국의 일부였을 뿐 전체가 아니며, 만주족 고유 의 여러 가지 특성이 청 제국의 제도와 문화에 고스란히 남아 있었다 는 것이다. 청 제국은 중국의 전통적인 영역인 중국 본토는 물론이고, 몽골 지역을 비롯하여 티베트 지역, 만주 지역, 동투르키스탄 지역(즉 신강) 등을 지배하고 있었다. 비단 영토적인 측면에서뿐만 아니라 청 제국의 정치·군사제도라든가 만주족 황실의 종교적·의례적 측면에 는 한족의 유교전통에서 보이는 특징뿐만 아니라 몽골족과 티베트인 이 믿은 라마교와 만주족의 전통적인 샤머니즘적 요소 등이 많이 섞여 있었다. 따라서 청대사는 기존의 전통적인 한족 왕조를 연구하는 방식 과는 다른 시각에서 접근해야 한다는 것이 신청사 학파의 주장이다.

신청사 학파의 일원인 수전 만Susan Mann이 '장구한 18세기의 성 세盛世'the long eighteenth century(1683~1820)라고 표현한 청조의 전성 기에 청조를 다스린 여러 황제들은(그중에서도 특히 건륭제는) 자신이 한 족들의 황제이자, 만주족·몽골족의 칸이며, 티베트 불교의 차크라바 르틴임을 분명히 드러내고 있다. 건륭제는 한족 문인사대부의 특징인

'문'文, 만주족 전사의 특징인 '무'武, 티베트인들의 종교인 '불'佛이라는 요소를 겸비한 '보편주의자'로 자부하고 있다. 이처럼 당시 만주족 통치계층에서도 자신들의 청 제국에서 전통적인 중국은 제국의 일부에 불과하다는 인식이 있었다.

이와 같은 신청사 학파의 공통된 인식에 따라 크로슬리 교수는 청 제국을 중국의 전통 왕조가 아닌 '유라시아 육상제국'의 하나로 간주한다. 그래서 로마노프 제국이나 오스만 제국과의 비교를 통해 청 제국을 바라본다. 지은이는 청 제국이 여러 가지 측면에서 이 두 제국, 특히 오스만 제국과 유사하다고 판단한다. 청 제국과 오스만 제국 모두 중앙아시아를 군사적으로 지배했으며, 다양한 민족으로 구성되었다는 점, 방대한 영토를 소유했다는 점, 국경 관리의 복잡성, 근대에 들어오면서 외국세력의 침략을 받았다는 점 등의 공통점이 있기 때문이다. 이처럼 청 제국을 유라시아 육상제국의 하나로 간주함으로써, 송·원·명·청 제국으로 이어지는 전통적인 중화제국의 틀에서 청조를 분리한다.

그런데 지은이는 자신을 기존의 신청사 연구자와 한데 뭉뚱그려 분류하려는 시각에는 동의하지 않는다. 이 책 『만주족의 역사』에서 제시하고 있듯이, 이른바 '만주족의 정체성'에 관해서 몇몇 신청사 연구자들과는 다른 생각을 하기 때문이다. 특히 팔기제도의 확립과 함께 만주족의 정체성이 확고하게 고정되었다고 주장한 여타 신청사 학파의 학자들과는 달리, 지은이는 만주족의 정체성이 시기에 따라 변화하였다고 주장한다. 지은이에 따르면 만주족의 정체성은 17세기에는 정치적 또는 기능적인 신분을 나타냈는데, 18~19세기로 넘어오면서 민족 또는 인종적인 정체성을 표현하는 것으로 변화했다.

16세기 말 건주여진의 지도자 누르하치가 명나라 출신의 한족과 조선인, 그리고 여진족을 비롯한 만주 지역의 여러 민족을 통합할 당시에는 만주족 또는 만주인이라는 명칭 자체도 없었으므로 만주족이라는 민족 고유의 정체성이 아직 완전히 형성되지 않았다는 것이 지은이의 생각이다. 각기 다른 언어·문화·역사를 지닌 여러 민족이 통합되어 '만주족'으로 형성되기 위해서는 의식적인 노력이 필요했다는 것이다. 따라서 이러한 인위적인 노력에는 정체성의 요소를 제도화하려는 국가의 입장이 반영되어 있었고, 여기에서 가장 중요한 역할을 한 것이 바로 팔기제도였다. 따라서 지은이는 16세기 말부터 17세기까지 형성된 만주족의 정체성에 있어서 민족으로서의 정체성보다 팔기에 소속된 기인이라는 신분으로서의 정체성이 훨씬 강했다고 주장한다. 즉 1635년에 '만주'라는 민족명을 국가가 공식적으로 선포했다는 사실 자체가, 만주족의 민족적 요소가 청대 동안 만주족의 정체성을 제도화하려는 국가의 노력과 불가분의 관계에 있음을 강하게 보여준다고 할 수 있다. 그런데 만주족의 정체성이 기능적·신분적인 특성에서 인종적·민족적 특성으로 부각하는 데 큰 역할을 한 것이 바로 태평천국전쟁이었다. 태평천국운동을 일으킨 홍수전이 자신들이 벌이는 전쟁에서 청조의 통치자를 '만주족 요괴'로 규정함으로써 아이러니하게 만주족이 자신들을 한족과 다른 민족으로 인식할 수 있었다는 것이다.

　　그렇다면 우리에게 만주족은 어떠한 의미가 있었을까? 사실 만주족은 우리 민족과 아주 밀접한 관련이 있었다. 만주족의 조상이 확실한 여진족은 조선왕조의 개국에 큰 공헌을 했다. 조선을 건국한 이성계는 여진족의 집단 거주지인 함경도에서 성장했고, 그의 지지세력

376

중에는 분명 많은 여진족이 있었다. 이성계의 의형제이자, 우리에게는 이지란李之蘭(1331~1402)으로 알려진 툰드란修豆蘭이 바로 여진족이었다. 또한 누르하치의 팔기조직에는 여진족은 물론이고, 한족, 몽골족 등과 함께 많은 '조선인'도 참여하고 있었다. 이 책의 초반에 자주 언급된 요동총병 이성량의 조상 또한 조선인이었을 만큼, 당시의 만주 일대에는 수많은 조선인 후예가 살고 있었다(이성량의 아들이 바로 임진왜란 당시에 조선을 구원하러 온 명조의 장수 이여송李如松이다). 지은이가 한국어판 서문에서 밝히듯이, 건륭제 또한 『만주원류고』의 서문에서 만주족의 흥기와 초기 한반도의 관련성을 언급하고 있고, 현재 한국 민족의 조상으로 평가받고 있는 부여와 발해 등의 왕조로부터 만주족이 받은 영향 등을 거론하며 만주족과 한국 민족의 친족관계를 분명히 언급하고 있다.

그렇다고 이 점을 근거로 유사역사학pseudo-history 신봉자들이 주장하는 논리를 따르자는 것은 아니다. 현재 이런 논리에 심취한 일부 아마추어 역사학도들은 『만주원류고』를 근거로 우리 민족이 중원을 제패했다는 식의 과장된 논리를 전파하고 있는데, 조선의 사대부들은 여진족과 그 후신인 만주족을 분명 '타자'로 인식하고 있었다. 『열하일기』를 쓴 박지원을 비롯한 무수한 연행록의 작자들이 그러했고, 건주위 지역을 직접 답사한 신충일의 생각도 그러했다.

이런 여러 가지 사항을 모두 고려함으로써 우리는 만주족이 주축이 된 청 제국의 역사를 우리 시선에서 바라볼 수 있는 새로운 역사상을 정립해야 할 것이다. 그러기 위해서는 중국의 한족 민족주의자들이 청사淸史를 보는 시각에서 벗어나야 함은 물론이고, 구미권의 신청사 학파가 제시한 관점을 수용할 때에도 우리의 시선을 가미할 수 있어야 한다. 이 책의 저자는 이런 점에서 우리에게 도움이 될 만한 아이디어를 제공하고 있다. 그녀는 이 책에서 조선인 신충일이 누르하치의 동향을 살핀 뒤 조선 조정에 보고한『건주기정도기』를 주요 사료로 활용한다. 조선과 청조 간의 긴밀했던 국제관계와 문인 교류 등으로 볼 때, 우리에게는 아직 알려지지 않은 사료가 많이 남아 있을 것이다. 이처럼 우리만이 알 수 있는 사료를 발굴하고 여기에 한국 민족과 만주족 간의 인종적·관습적·문화적 유사성 등을 적절히 살핀다면, 청 제국의 역사를 이해하는 우리의 역사상을 수립할 수 있다고 믿는다. 비록 외국의 역사일지라도 청조는 우리와 밀접한 관계를 맺고 있었던 제국이었고 여러 방면에서 현대 중국에 두루 영향을 끼치고 유산을 물려준 왕조이기 때문에, 우리의 시선으로 그 시대를 바라보려는 노력은 매우 중요하다.

이 책을 번역하면서 개인적으로 십여 년 전 한 만주족 친구와 교류했던 추억이 떠올랐다. 당시 옮긴이는 중국 톈진(天津)에서 중국어 어학연수를 했는데, 어느 정도 기본적인 회화를 할 수 있게 되자 일상적인 대화를 넘어 중국 역사를 주제로 좀 더 깊은 이야기를 할 상대가 필요했다. 그래서 난카이南開대학 박사과정에 재학 중인 학생을 소개받아 개인교습을 하게 되었다. 옮긴이는 이 학생과 '태평천국'을 주제로 중국책 한 권을 함께 읽으면서 중국 역사에 관한 이런저런 이야기를 나누었다. 그러던 어느 날 청대사를 주제로 이야기하는 중에 이 학생이 한족이 아니라 만주족이라는 사실을 알게 되었다. 당시 옮긴이는 현재 중국인의 90퍼센트 이상이 한족이므로, 중국 서남부의 오지나 동북부의 변경이 아닌 대도시에서 만주족 같은 소수 민족을 만날 일은 거의 없을 것으로 생각하고 있었다. 참으로 무지한 생각이었다.

현재 만주족의 인구는 중국 전체 인구의 1퍼센트에도 못 미치지만, 그 숫자는 무려 1천만 명이 넘기 때문이다.

이 만주족 친구의 이름은 루신(魯鑫)이었다. 당시 옮긴이는 이 친구에게 그의 성씨가 '아이신 기오로 씨'나 '니오후루 씨'와 같은 만주족의 전형적인 성씨가 아닌 이유를 물었다. 그는 자신의 조상이 20세기 초엽에 산동성山東省 지역에 정착했고, 아마 그래서 성씨를 '루'(魯)로 바꾸었을 것이라고 했다. 공자의 고향이기도 한 산동성의 약칭이 바로 '노'魯(중국어 발음으로는 '루')이기 때문이다. 그의 조상이 만주족 성씨를 간단하게 바꾼 것이 편의성을 위한 것인지, 아니면 20세기 초반에 받아야만 했던 핍박을 피하기 위해서였는지는 알 수 없다. 그러나 이 책의 에필로그에서도 언급되고 있듯이, 만주족은 20세기에 참으로 고단한 삶을 살았다. 그때 자세히 물어보지는 못했지만, 이 친구의 조상 역시 그런 상황을 겪었을지도 모르겠다. 당시에 옮긴이가 이 책처럼 만주족 문제를 다룬 책에 관심을 두었다면 여러 가지 이야기를 나눌 수 있었을 텐데 그러지 못한 점이 아쉬움으로 남는다. 수소문을 해보니 그는 난카이대학에서 학위과정을 마치고 현재 톈진사범대학天津師範大學 역사문화학원歷史文化學院의 강사로 활동하고 있다고 한다. 다음 중국여행에서는 꼭 한번 찾아가 그간의 회포를 풀려고 한다.

마지막으로 책을 번역하면서 도움을 주신 분들께 고마운 마음을 전하고 싶다. 먼저 이 책의 지은이 패멀라 카일 크로슬리 교수께 감사를 드린다. 이 주제에 대한 옮긴이의 지식이 깊지 못한 점과 원서 편집상의 여러 가지 오류 때문에, 옮긴이는 여러 차례 이메일을 통한 질문으로 지은이를 괴롭혔다. 크로슬리 교수는 그때마다 불쾌하게 생각하지 않고 바로 답변을 주셨다. 경험상 일부 학자들은 이런 질문을 받으면 약간의 불편한 감정을 드러내기도 하는데, 지은이는 옮긴이의 질문에 충실하게 답변을 해주었고 몇몇 오류 지적에 대해서는 흔쾌히 인정을 했다. 또한 옮긴이와 주고받은 이메일 서신을 자신의 개인 홈페이지에 공개하여 독자들과 공유했다. 옮긴이에게 본인의 의견을 솔직하게 밝혀주신 점, 한국어판 서문에서 옮긴이를 과도하게 칭찬해주신 점, 한국어판 책날개에 수록될 사진을 직접 보내주신 점 등 여러 가지로 깊이 감사드린다. 또 바쁜 와중에도 번역 교정지를 읽어주고 논평을 해준 권용철 님께도 감사드린다. 진부한 말일 수도 있겠지만, 번역에 미흡한 점이 있다면 이는 모두 옮긴이의 책임임을 밝혀둔다. 이 책을 기획한 조성웅 님, 부실한 원고를 꼼꼼하게 다듬어준 김진구 님께도 고마움을 전한다.

2013년 3월 6일
양휘웅

찾아보기

386

인노켄티우스Innocentius 7세 167

〈인디아나 존스 2: 마궁의 사원〉Indiana
  Jones and the Temple of Doom 97

임칙서林則徐 264, 265

ㅈ

자르투, 피에르Jartoux, Pierre 166

자안태후慈安太后 291, 327

자희태후慈禧太后 29, 146, 203, 290~
  295, 317, 320, 323, 327

장족壯族 190

장지동張之洞 295

장헌충張献忠 149, 162

장훈張勛 324, 325

재순載淳→동치제

재이載漪 295

재첨載湉→광서제

재풍載灃 295, 323, 326

저오창가Jeocangga(周昌哈) 91

전륜성왕轉輪聖王→차크라바르틴

전백찬翦伯贊 331

정통제正統帝 172

제르비용, 장 프랑스와Gerbillon, Jean François
  166, 167

조선朝鮮 31, 36, 59, 77, 79, 81~85, 88,
  90, 91, 101, 106, 111, 113, 116~120,
  129, 133, 136, 137, 140, 144, 148,
  173, 184, 189, 190, 280, 282, 292

조설근曹雪芹 220

존스턴, 레지널드Johnston, Reginald 326

좌종당左宗棠 283, 284

증국번曾國藩 28, 274, 275, 283, 285,
  286, 290

증정曾靜 195~198, 214

지르갈랑Jirgalang 123, 129

ㅊ

차크라바르틴čakravartin 199, 202~205,
  211

차하르Chakhar 144, 145, 173, 175, 200

천진 대학살 289

철인왕哲人王 35, 206, 235, 237

「청실우대조건」清室優待條件 324, 325, 327

체왕 아랍탄Tsewang Araptan 177, 178, 180

추연Cuyen 123~125

추용鄒容 317

칠대한七大恨 107, 131

칭기즈 칸Genhis Khan 26, 146, 175, 180,
  200, 201, 212, 213, 274, 298

ㅋ

카스틸리오네, 주세페Castiglione, Giuseppe
  218, 229, 236, 238, 243

캬흐타 조약 185, 186, 212

케틀러, 폰Ketteler, von 295

코사크인Cossacks 185

콜브룩, 헨리 토머스Colebrooke, Henry
  Thomas 258